献给
宿白 先生
徐苹芳

南宋临安城复原研究

Research on the Restoration of Lin'an City in Southern Song Dynasty

刘 未／著

上海古籍出版社

2014年度国家社科基金后期资助项目

（项目编号：14FKG004）

作者简介

刘未,男,1979年生,辽宁辽阳人。北京大学考古文博学院暨中国考古学研究中心副教授,主要从事宋元考古教学和研究。著有《辽代墓葬的考古学研究》《鸡冠壶:历史考古札记》,发表论文三十余篇。

目 录

第一章　南宋临安城研究绪论 ·· 1
　　第一节　研究缘起 ·· 3
　　第二节　研究史 ··· 4
　　第三节　研究目标与方法 ·· 10

第二章　南宋临安城复原论证 ·· 13
　　第一节　复原说明 ··· 15
　　第二节　外城 ··· 53
　　第三节　皇城 ··· 65
　　第四节　街巷 ··· 90
　　第五节　水系 ··· 95
　　第六节　桥梁 ·· 105
　　第七节　厢界 ·· 108
　　第八节　建置 ·· 116

第三章　南宋临安城的形制与布局 ··· 177
　　第一节　街巷系统 ·· 180
　　第二节　建置分布 ·· 184
　　第三节　市场 ·· 188
　　第四节　南宋临安城在中国古代都城史上的地位 ······································ 191
　　第五节　跋语 ·· 200

附　录 ·· 201
　　第一节　《咸淳临安志》图校勘表 ·· 203

第二节　南宋临安城复原图坊巷地名表……………………………………………… 208
　　　第三节　南宋临安城复原图桥梁地名表……………………………………………… 221
　　　第四节　南宋临安城复原图建置资料表……………………………………………… 237
　　　第五节　南宋临安城复原图地名索引………………………………………………… 267
　　　第六节　南宋临安城考古年表………………………………………………………… 277
　　　第七节　南宋临安城营建史料编年…………………………………………………… 285

复原地图……………………………………………………………………………………… 347
参考文献……………………………………………………………………………………… 374
插图索引……………………………………………………………………………………… 392
后　　记……………………………………………………………………………………… 395

第一章 南宋临安城研究绪论

第一节　研究缘起
第二节　研究史
第三节　研究目标与方法

第一节　研究缘起

城市考古是历史考古学的重要领域。宋元时期城市遗迹众多,但考古学研究并不均衡。塞外旷野之上的辽金元城址,开展工作障碍较少,在调查和发掘方面都取得了显著成果;而内地数量更为庞大的宋元旧城多被今日城市建筑所叠压,考古工作极难进行,研究进展相对缓慢。在这种情况下,针对古今重叠型城市的基本特点,运用与之相适合的考古学研究方法就变得非常关键,本书就是在汲取前贤经验基础上进行的一次实践。而选择南宋临安城作为研究对象,则是基于以下几点考虑:

(1)南宋临安城是宋室南迁后以原地方城市改建的行都,其城市形态在中国古代都城史上占有重要的地位。

(2)南宋以降,虽然杭州城垣范围有所变动,但城市格局前后沿袭,旧的街巷、水系直至近代都没有做出大的调整,历史遗痕得以清晰保留。

(3)古代文献中关于临安城的公私记载非常丰富,南宋以来地方志修纂连续不断,提供了与城市复原研究相关的各项历史信息。

(4)南宋末年《咸淳临安志》附有详细的城市示意图,清代晚期绘制了较为准确的城市街巷图,民国时期更有精确测绘的大比例地形图,地图资料详备。

(5)近年来临安城考古获得了多项新发现,一些重要建筑遗迹得以揭示,可以与文献记载对比分析。

因此,南宋临安城具备了进行考古学复原研究的各项基本条件,并且与其他城市相比优势更为明显,可以编绘出内容最为丰富的宋元时期城市复原图。

第二节　研究史

一、古代记录与考证

（一）南宋

对临安城记述最为系统的是三部官修方志[1]，周淙《乾道临安志》、赵与𥲅修陈仁玉纂《淳祐临安志》[2]和潜说友《咸淳临安志》[3]。另有四部以临安为专题的笔记，吴自牧《梦粱录》[4]、周密《武林旧事》[5]、灌圃耐得翁《都城纪胜》和《西湖老人繁胜录》[6]。此外，陈世崇《南渡行宫记》[7]对皇城内部情况亦有较为详细的描绘。

---

[1] 朱士嘉《临安三志考》，《燕京学报》第20期，1936年12月，421—454页。

[2] 旧题施谔撰，误。陈仁玉所撰序文收入《永乐大典》卷七六〇三，参：陈杏珍《〈淳祐临安志〉的卷数和纂修人》，《文献》1981年3期，185—190页。

[3] 常用者为《宋元方志丛刊》影印清道光十年（1830）钱塘汪氏振绮堂重刻同治六年（1867）补刻本。今存宋咸淳临安府刻本三部，中国国家图书馆藏杨氏海源阁旧藏本、中国南京图书馆藏丁氏八千卷楼旧藏本、日本静嘉堂文库藏陆氏皕宋楼旧藏本。参：丁延峰、郝秀荣《海源阁藏宋本〈咸淳临安志〉散佚考》，《图书馆研究与工作》2006年1期，55—59页；郝秀荣、丁延峰《丁丙藏宋本〈咸淳临安志〉考略》，《新世纪图书馆》2006年4期，68—71页；静嘉堂文库《静嘉堂文库宋元版圖錄》，東京：汲古書院，1992年。

[4] 吴自牧，生平不详。《梦粱录》推测成书于元代。参：梅原郁《〈夢粱錄〉解題》，《夢粱錄3：南宋臨安繁昌記》，東京：平凡社，2000年，373—393页。梅原郁《关于〈梦粱录〉及其作者吴自牧》，《宋史研究论文集：国际宋史研讨会暨中国宋史研究会第九届年会编刊》，保定：河北大学出版社，2002年，438—449页。石勘言《〈梦粱录〉制作方式考辨：兼议作者及年代问题》，《宋代文化研究》第28辑，北京：线装书局，2022年，243—272页。

[5] 著者题为四水潜夫，即周密别号，参郎瑛《七修类稿》卷二八《周公谨》条。

[6] 两书均收入《永乐大典》卷七六〇三。

[7] 陶宗仪《南村辍耕录》卷一八引，校以涵芬楼本《说郛》卷二引《随隐漫录》。

（二）元代

至元十三年（宋德祐二年，1276）正月，元兵入临安，宋亡。对于南宋临安城，元人没有留下详细的记录，所见只是凭吊凤凰山南宋故内撰写的纪游诗文。其中以郭畀《客杭日记》内容稍详，反映了当时毁宫殿建寺塔的情况。此外，西人马可·波罗（Marco Polo）等入华游历，对杭州也曾有简单的描绘[1]。

（三）明代

洪武间，杭州府学教授徐一夔纂《杭州府志》[2]；嘉靖间，仁和郎瑛撰笔记《七修类稿》，均以短文形式对吴越、南宋史迹作有简略考证。内容以文献清理为主，也不乏对遗迹的关注。如徐氏对俗传吴越铁箭的辨析[3]，及郎氏对南宋皇城范围的认定[4]。同在嘉靖时期，钱塘田汝成著《西湖游览志》[5]，名系西湖，旁及城市，叙述明代情况的同时追述南宋旧迹，提供了有益的线索，但也颇有讹误，并被后人长期沿袭[6]。

（四）清代

与徐、郎考证相类的是朱彭《南宋古迹考》[7]，实摘抄文献，殊少创见。清季杭人多以所居

---

[1] 冯承钧译《马可波罗行纪》，北京：中华书局，2004年。何高济译《鄂多立克东游录》，北京：中华书局，2002年，73—75页。马金鹏译《伊本·白图泰游记》，北京：海洋出版社，2008年。《马黎诺里游记》，张星烺《中西交通史料汇编》第1册，北京：中华书局，1977年，253页。另参：向达《元代马哥孛罗诸外国人所见之杭州》，《东方杂志》第26卷第10号，1929年5月，91—104页。

[2] 徐一夔纂〔洪武〕《杭州府志》六十卷，明洪武十一年（1378）修成，洪武十二年（1379）刻本，参《永乐大典》卷七六〇三，洪武十二年徐一夔序。《永乐大典》卷七六〇三引《杭州府志》："志之所载类皆山川、城郭、官署之迹，故老相传不能无讹，然不辨而证之，则以讹传讹，愈远愈晦矣。厥既成书，乃本旧志，并以今之所闻所见者叙考证。"

[3] 徐一夔《辨铁箭》，《永乐大典》卷七六〇三引《杭州府志》。其余考证文字有：《宋行宫考》《南渡大小官署考》《吴越国考》，均见陈让等修，夏时正等纂《成化杭州府志》卷六一《纪遗》。

[4] 郎瑛《七修类稿》卷二《杭州宋宫考》条。其余考证文字有：《杭州宋祀典考》《杭州宋勋臣郎官宅考》《杭州宋官署考》《杭城门名更革》《杭城来历》，出处同前。

[5] 有明嘉靖二十六年（1547）严宽刻本、明万历十二年（1584）范鸣谦修本、明万历二十五年（1597）季东鲁重修本、明万历四十七年（1619）商维濬刻本。

[6] 如天庆坊、孝仁坊、登平坊、明庆寺、千顷寺诸条。

[7] 据嘉庆二十四年（1819）锁成跋，嘉庆元年（1796）朱彭手稿毁于火，仅存其弟子徐轼传抄城郭、宫殿、园囿、寓居四考。

区域为题撰写笔记[1]，记录掌故，间或涉及南宋临安。其中以厉鹗《东城杂记》较为突出，不但熟谙文献，并且注意以地名为线索考证旧迹。同光间，丁丙纂《武林坊巷志》[2]，于每条坊巷之下罗列历代相关文献，实际也表明了编者对南宋旧迹所在方位的认识。丁氏藏书既富，文献搜集堪称赅备，旧迹考订则着力不多，难免有失[3]。

二、历史学研究

（一）1970年代以前

（1）国内研究。张其昀《南宋都城之杭州》[4]、孙正容《南宋临安都市生活考》[5]、徐益棠《南宋杭州之都市的发展》[6]等，均依据文献勾勒南宋临安城概况，并注意用地图作为辅助说明。谭其骧《杭州都市发展之经过》[7]则开创性地从历史地理角度分析了杭州发展衰落的过程及原因。此外，钟毓龙《说杭州》[8]、徐映璞《杭州驻防旗营考》[9]两书，出版虽迟而编纂较早，记述杭城风物掌故，间涉南宋旧迹。

（2）西方研究。西方对南宋临安城的关注起初是从马可·波罗的描绘引发的，较早的代

---

[1] 厉鹗《东城杂记》，杨文杰《东城记余》，罗以智《新门散记》，黄士珣《北隅掌录》，丁丙《北隅缀录》《北隅续录》，翟灏《艮山杂志》，徐逢吉辑、陈景钟订《清波小志》，陈景钟辑、莫栻订《清波三志》，姚礼《郭西小志》。另有廷玉《城西古迹考》，已佚，张大昌《杭州八旗驻防营志略》卷二一《撰述志目》收录序文，书中亦有引用。

[2] 据光绪二十二年（1896）丁氏自序："同治甲子（1864），杭既收复，搜得胡君次瑶旧绘《省城坊巷图》。访胡君手辑《坊巷志稿》，不能得。……于是归寻胡绘旧图，按图排目。若街、若坊、若巷、若弄，都八百余条。稽之图志，证之史传，下至稗官小说，古今文集，靡不罗载。"又据光绪二十三年（1897）孙峻序，丁氏晚年委其增订，"为卷八十，为图四十又四，冠以宋《京城图》、明与国朝《省城图》，别著凡例、总目、坊巷韵编、引用书目各一卷以附之"。

[3] 如天井坊、教钦坊、西桥、平籴仓、草料场、天宗酒库等项。

[4] 张其昀《南宋都城之杭州》，《史地学报》第3卷第7期，1925年6月，83—96页。

[5] 孙正容《南宋临安都市生活考（上）》，《文澜学报》第1集，1935年1月，1—22页。

[6] 徐益棠《南宋杭州之都市的发展》，《中国文化研究汇刊》第4卷上册，1944年9月，231—287页。

[7] 谭其骧《杭州都市发展之经过》，《浙江民众教育》复刊第1卷第3期，1948年4月，1—6页。

[8] 钟毓龙《说杭州》，杭州：浙江人民出版社，1983年。钟肇恒增补本收入《西湖文献集成》第11册，杭州：杭州出版社，2004年。

[9] 徐映璞《杭州驻防旗营考》，《杭州史地丛书》第2辑第12册，杭州图书馆，1985年；后收入《两浙史事丛稿》，杭州：浙江古籍出版社，1988年，319—351页。

表性研究是曾经旅居杭州的英国人慕稼谷（Georges Evans Moule）《玉儿版马可波罗行记行在注》[1]及其子慕阿德（Arthur Christopher Moule）《行在》[2]。后来法国人谢和耐（Jacques Gernet）《蒙元入侵前夜的中国日常生活》[3]则是对南宋临安城社会生活更为详细的描绘。关于复原图的绘制，任职于美国旧金山亚洲艺术文化中心的法国人达京赛（René-Yvon Lefebvre d'Argencé）曾有计划，但仅见初步成果[4]。

（二）1980年代以来

与南宋临安城相关的历史学研究成果有以下几项：

（1）杭州城沿革：魏嵩山《杭州城市的兴起及其城区的发展》[5]、虞家钧《杭州沿革和城市发展》[6]、阙维民《杭州城廓的修筑与城区的历史演变》[7]，都是历史地理角度的研究，在早年谭其骧论述的基础上进一步细化，并配有杭州城演变示意图。

（2）临安城概述：林正秋《南宋都城临安》[8]《南宋都城临安研究》[9]、周峰主编《南宋京城杭州》[10]、徐吉军《南宋都城临安》[11]，从城市建设、城市生活等方面对临安城加以介绍。

（3）皇城专题：张劲《两宋开封临安皇城宫苑研究》[12]，分析文献并结合实地考察，对南宋

---

[1] Georges Evans Moule, "Notes on Col. Yule's Edition of Marco Polo's 'Quinsay'", *Journal of the North-China Branch of the Royal Asiatic Society*, New Series No. IX, 1875, pp.1–24.

[2] Arthur Christopher Moule, *Quinsai: With other Notes on Marco Polo*, Cambridge: Cambridge University Press, 1957.

[3] Jacques Gernet, *Daily Life in China: On the Eve of the Mongol Invasion 1250–1276*, Stanford: Stanford University Press, 1970. 谢和耐著，刘东译《蒙元入侵前夜的中国日常生活》，南京：江苏人民出版社，1995年。

[4] René-Yvon Lefebvre d'Argencé, "Ecological Atlas of Southern Sung Hangchow", *Sung Studies Newsletter*, No.4, October, 1971, pp.7–10. 附南宋临安城复原简图。

[5] 魏嵩山《杭州城市的兴起及其城区的发展》，《历史地理》创刊号，1981年，160—168页。

[6] 虞家钧《杭州沿革和城市发展》，《地理研究》第4卷第3期，1985年9月，59—67页。

[7] 阙维民《杭州城廓的修筑与城区的历史演变》，《浙江学刊》1989年6期，112—114页。更为详细的论述见氏著《杭州城池暨西湖历史图说》，杭州：浙江人民出版社，2000年。

[8] 林正秋《南宋都城临安》，杭州：西泠印社，1986年。

[9] 林正秋《南宋都城临安研究》，北京：中国文史出版社，2006年。

[10] 周峰主编《南宋京城杭州》，杭州：浙江人民出版社，1997年。

[11] 徐吉军《南宋都城临安》，杭州：杭州出版社，2008年。

[12] 张劲《两宋开封临安皇城宫苑研究》，济南：齐鲁书社，2008年。

皇城的范围及建筑布局试图提出新的意见。

（4）城市史、城市规划与城市地理：比较重要的成果是日本梅原郁《南宋の临安》[1]、斯波义信《宋都杭州の商业核》[2]《南宋都城杭州の商业中心》《南宋都城杭州の城市生态》[3]等一系列论著，并以现代实测地形图为依据，结合文献记载绘制了多幅专题地图[4]。中国学者研究则以孙宗文执笔《中国古代建筑技术史》[5]、杨宽《中国古代都城制度史研究》[6]及贺业钜《中国古代城市规划史》[7]中有关南宋临安城的部分具有代表性，也配备了较详细的复原示意图[8]。此外，阙维民曾绘制较全面的南宋行在临安府复原图[9]，收入《中华人民共和国国家历史地图集》，不过迟至近年方才出版[10]。

三、考古学研究

南宋临安城的考古工作分为两个阶段[11]。

---

[1] 梅原郁《南宋の临安》，梅原郁编《中国近世の都市と文化》，京都：京都大学人文科学研究所，1984年，1—33页。

[2] 斯波义信《宋都杭州の商业核》，梅原郁编《中国近世の都市と文化》，京都：京都大学人文科学研究所，1984年，35—63页。

[3] 斯波义信《宋代江南经济史の研究》，东京：汲古书院，1988年；方健、何忠礼中译本，南京：江苏人民出版社，2001年。

[4] 南宋临安坊厢桥梁图、南宋临安官署军营官宅图、宋杭州卸卖组织分布图、杭州城内娱乐设施分布图、南宋杭州官绅聚居区军营区域图、南宋杭州城内外瓦子和酒库分布图、南宋杭州主要宫观寺院分布图、南宋杭州的厢界划分、宋杭州著名店铺分布图。

[5] 中国科学院自然科学史研究所《中国古代建筑技术史》，北京：科学出版社，1985年。

[6] 杨宽《中国古代都城制度史研究》，上海：上海古籍出版社，1993年。

[7] 贺业钜《南宋临安城市规划研究》，《中国古代城市规划史论丛》，北京：中国建筑工业出版社，1986年。《南宋临安城市规划》，《中国古代城市规划史》，北京：中国建筑工业出版社，1996年，607—618页。

[8] 《中国古代城市规划史》所附南宋行都临安城市规划概貌图，似据《中国古代建筑技术史》图改绘。

[9] 阙维民《南宋行在临安府的地图再现——历史地图学个案研究》，《历史地理》第12辑，上海：上海人民出版社，1995年，247—259页。

[10] 国家地图集编纂委员会《中华人民共和国国家历史地图集》第1册，南宋行在临安府城图，北京：中国地图出版社、中国社会科学出版社，2012年。此图集城市图编纂情况参李孝聪《〈中华人民共和国国家历史地图集〉城市遗址及布局图组的编纂——兼谈历史地图与读史地图之别》，北京大学历史地理研究中心《侯仁之师九十寿辰纪念文集》，北京：学苑出版社，2003年，358—366页。

[11] 具体项目参本书附录第六节南宋临安城考古年表。

（1）1983年秋，中国社会科学院考古研究所、浙江省文物考古研究所、杭州市文物管理委员会组建临安城考古队，至1993年暂停工作。其间重点对皇城的范围、宫殿基址的位置进行调查勘探，并发掘了乌龟山窑址。

（2）1993年以后，临安城考古工作由杭州市文物考古所承担，主要清理城市基本建设中发现的遗迹。比较重要的成果是太庙、老虎洞窑、临安府治、恭圣仁烈皇后宅、德寿宫、御街、钱塘门、宗学等遗址的发掘。2004年，为编制南宋皇城遗址保护规划，中国社会科学院考古研究所又对皇城遗址进行勘查，进一步推定了皇城的范围和部分宫殿基址的位置。

唐俊杰、杜正贤《南宋临安城考古》[1]和杜正贤《南宋都城临安研究：以考古为中心》[2]对历年考古发现作了概述，重要遗址的发掘报告正在逐步编写出版[3]。

四、简评

南宋临安城现有研究成果比较丰富，但还存在着一些明显的问题，表现如下：

（1）历史学研究很少利用考古材料，而考古工作则文献准备不足。

（2）很多研究属城市面貌概述，范围包括外城、皇城、河道、桥梁、坊巷、厢界，城内大量建置则较少涉及。

（3）《西湖游览志》《武林坊巷志》等明清文献很受倚赖，南宋原始资料却无系统梳理，文献不辨史源，建置未理沿革，明人以来讹误遂多沿袭不改。

（4）城市规划方面，侧重从南宋末年情况出发考虑城市功能分区，缺乏历时性的动态分析，关于街巷系统的讨论也较少。

（5）复原图以《咸淳临安志·京城图》为线索，比照少数文献记载标绘，注记未加详细考证，位置多有误判。

---

[1] 唐俊杰、杜正贤《南宋临安城考古》，杭州：杭州出版社，2008年。
[2] 杜正贤《南宋都城临安研究：以考古为中心》，上海：上海古籍出版社，2016年。
[3] 杭州市文物考古所《南宋太庙遗址》，北京：文物出版社，2007年。《南宋恭圣仁烈皇后宅遗址》，北京：文物出版社，2008年。《南宋临安府治与府学遗址》，北京：文物出版社，2013年。《南宋御街遗址》，北京：文物出版社，2013年。《杭州老虎洞窑址》《南宋德寿宫遗址》等报告尚待出版。

第三节　研究目标与方法

一、研究目标

基于以上对南宋临安城所具备的研究条件及以往研究不足的分析，本书将研究目标设定为：首先运用古今重叠型城市考古的方法，以现代实测地形图为底图，结合考古材料与文献资料，通过全面细致的考证，编绘出一份比较准确的城市复原图。在此基础上，通过对复原工作的总结，对南宋临安城的城市形态问题加以讨论，并进一步申明其在中国古代都城史上的历史地位，为日后相关考古工作的继续开展奠定基础。

二、研究方法

现存的中国古代城市遗迹可以分作两种情况：第一种，城市早年完全废弃，已沦为废墟，至今保存较好，在地面上还可以看出遗迹。对这种城市可以按常规的考古学方法，采用钻探发掘进行工作，也可以借助航空摄影和遥感等科技手段，达到实测及复原城市布局的目的。第二种，城市在原址使用时间很长，有的从唐代甚至更早的时期以来一直沿用，古代城市遗迹处于现代城市地下，形成古今重叠型城市[1]。杭州便是如此，南宋临安城的遗痕直到近现代还有较多保留。对于这类城市的考古学研究，已经积累了一套比较成熟的研究方法[2]，元大都就是一

---

[1] 徐苹芳《元大都城市考古序论》，未刊讲稿。孙华《中国城市考古概说》，《东亚都城和帝陵考古与契丹辽文化国际学术研讨会论文集》，北京：科学出版社，2016年，21—84页。

[2] 徐苹芳《现代城市中的古代城市遗痕》，《远望集：陕西省考古研究所华诞四十周年纪念文集》，西安：陕西人民美术出版社，1998年，695—699页；后收入《中国城市考古学论集》，上海：上海古籍出版社，2015年。宿白《现代城市中古代城址的初步考查》，《文物》2001年1期，56—63页。元大都之外代表性研究成果有：安藤更生《唐宋時代に於ける揚州の研究》，《鑒眞大和上傳之研究》，東京：平凡社，1960年，323—381頁。宿白《隋唐城址类型初探（提纲）》，《纪念北京大学考古专业三十周年论文集》，（转下页）

个很典型的例子[1]。其基本研究程序为:

(1) 查阅文献资料。了解城市的自然环境、历史沿革等,做该城市的营建史料编年,对城市发展历程和主要建置的兴废历程都有清楚的了解。

(2) 收集地图资料。包括古代方志中的示意图及古代石刻图,近代按比例绘制的城市图,以及现代实测地形图。选择最能反映古代城市遗迹遗痕的现代大比例地形图作为复原工作底图。

(3) 收集航空、卫星照片。尤其是早年拍摄的大比例航片卫片,地形图中漏测或标注有误的遗迹现象有时可以据此补充或校正。

(4) 调查、钻探与发掘。考察城墙、城门、街道、桥梁、水系、宫苑、衙署、寺观、祠庙等古代遗迹,并注意古墓、古井、古树的分布状况,将各类遗迹标绘到底图上。并须充分重视对古代城市遗痕(包括现存的及早期地形图上曾经存在的)的分析。

(5) 复原城市布局。将考古资料和文献资料结合起来,首先确定城墙基本范围和城门位置,其次是街道系统,然后是主要建置。由晚及早,由点到线到面,渐次复原。并须充分注意历史上的扩建、缩建、改建等情况。

南宋临安城相关文献资料丰富,地图资料较全,南宋以后至近代破坏改动较少,具备复原

(接上页)北京:文物出版社,1990年,279—285页;《宣化考古三题》,《文物》1998年1期,45—63页;《青州城考略》,《文物》1999年8期,47—56页;宿白诸文均收入《魏晋南北朝唐宋考古文稿辑丛》,北京:文物出版社,2011年。杭侃《宋元时期的地方城镇》,《燕京学报》新23期,北京大学出版社,2007年10月,1—98页;杭侃、王子奇《宋代北方地区新建城市的考古学研究》,《东北亚古代聚落与城市国际学术研讨会论文集》,北京:科学出版社,2014年,333—362页。蒋忠义《隋唐宋明扬州城的复原与研究》,《中国考古学论丛》,北京:科学出版社,1993年,445—462页。孙华《唐末五代的成都城》,《宿白先生八秩华诞纪念文集》,北京:文物出版社,2002年,255—290页。

[1] 赵正之《元大都平面规划复原的研究》,《科技史文集》第2辑,上海:上海科学技术出版社,1979年,14—27页。徐苹芳《元大都的勘查和发掘》,《中国历史考古学论丛》,台北:允晨文化公司,1995年,159—172页;《元大都也里可温十字寺考》,《中国考古学研究》,北京:文物出版社,1986年,309—316页;《元大都枢密院址考》,《庆祝苏秉琦考古五十五年论文集》,北京:文物出版社,1989年,550—554页;《元大都御史台址考》,《中国考古学论丛》,北京:科学出版社,1993年,490—494页;《元大都中书省址考》,《中国文化研究所学报》新6期,1997年,385—392页;《元大都路总管府址考》,《饶宗颐学术讨论会论文集》,香港翰墨轩出版有限公司,1997年,158—165页;《元大都太史院址考》,《宿白先生八秩华诞纪念文集》,北京:文物出版社,2002年,345—352页;均收入《中国城市考古学论集》,上海:上海古籍出版社,2015年。《元大都城市考古序论》,未刊讲稿。

研究的基本条件。不过以往的考古工作主要集中于南部城区，范围较小，发表资料也少。并且现代城市改造破坏了大部分古代遗迹遗痕，全面调查无从开展。这样的情况使得我们很难以现存的遗迹（发掘）和遗痕（调查）为主要依据来进行复原工作，只能以最大程度反映南宋城市遗痕的民国时期地形图为基础，从图上记录的信息入手，结合文献记载，绘制复原图。

由于缺乏足够的现存遗迹遗痕作为支撑，这样的复原工作显然有其局限，然而就南宋临安城考古研究整体来说，仍然具有积极的意义。南宋皇城一带及其他少数未被城市改造破坏的区域将来可能会展开考古工作，目前的复原研究将为发掘提供必要的参照。已遭破坏的大部区域，失去了考古工作的条件，以地形图为基础的复原虽然准确程度受限，但仍然是进一步历史研究的基本空间前提，有助于从整体上把握南宋临安城的形态。

第二章 南宋临安城复原论证

第一节　复原说明

第二节　外城

第三节　皇城

第四节　街巷

第五节　水系

第六节　桥梁

第七节　厢界

第八节　建置

第一节 复原说明

一、复原资料

南宋临安城研究所依据的文献资料，包括史书、地方志、寺观祠庙志、诗文集、笔记、金石等，数量虽多，但内容及版本情况大多比较清楚，无须特别介绍。这里仅对复原研究中作用非常关键的几种地图资料略加说明。

（一）方志示意图

最为重要的是《咸淳临安志》中所附《京城图》《皇城图》《浙江图》《西湖图》及《府治图》。通常使用的版本是清道光十年（1830）钱塘汪氏振绮堂重刻本及同治六年（1867）补刻本。事实上，五幅地图均存有南宋临安府刻本。一为中国国家图书馆藏杨氏海源阁旧藏本，原刻五图俱全[1]（图1—图5）；一为日本静嘉堂文库藏陆氏皕宋楼旧藏本，原刻仅存府治图[2]。汪刻本之图本自卢氏抱经堂钞本，其字迹不辨者以方围代替，或予阙略[3]，并不是理想的本子。明刻《西湖游览志》将京城、西湖、浙江三图改变版式重新刊刻附于

---

[1]《中华再造善本》影印，北京：北京图书馆出版社，2006年。

[2]"静嘉堂文库所藏宋元版"电子数据库。影印本见傅熹年《中国科学技术史》（建筑卷），北京：科学出版社，2008年，392页。

[3] 黄士珣《校刊咸淳临安志札记》上："卢跋云：宋本四图，字已多漫漶，其依稀有字迹而不可辨者，余以方围识其处。是卢氏曾见宋本，校各本传写者为详，今悉从之。"卢文弨《咸淳临安志跋》，《抱经堂文集》卷九："宋本前有四图，但字已多漫漶。余请友人图之，其依稀有字迹而不可辨者，余以方围识其处。"

图1 《咸淳临安志·京城图》

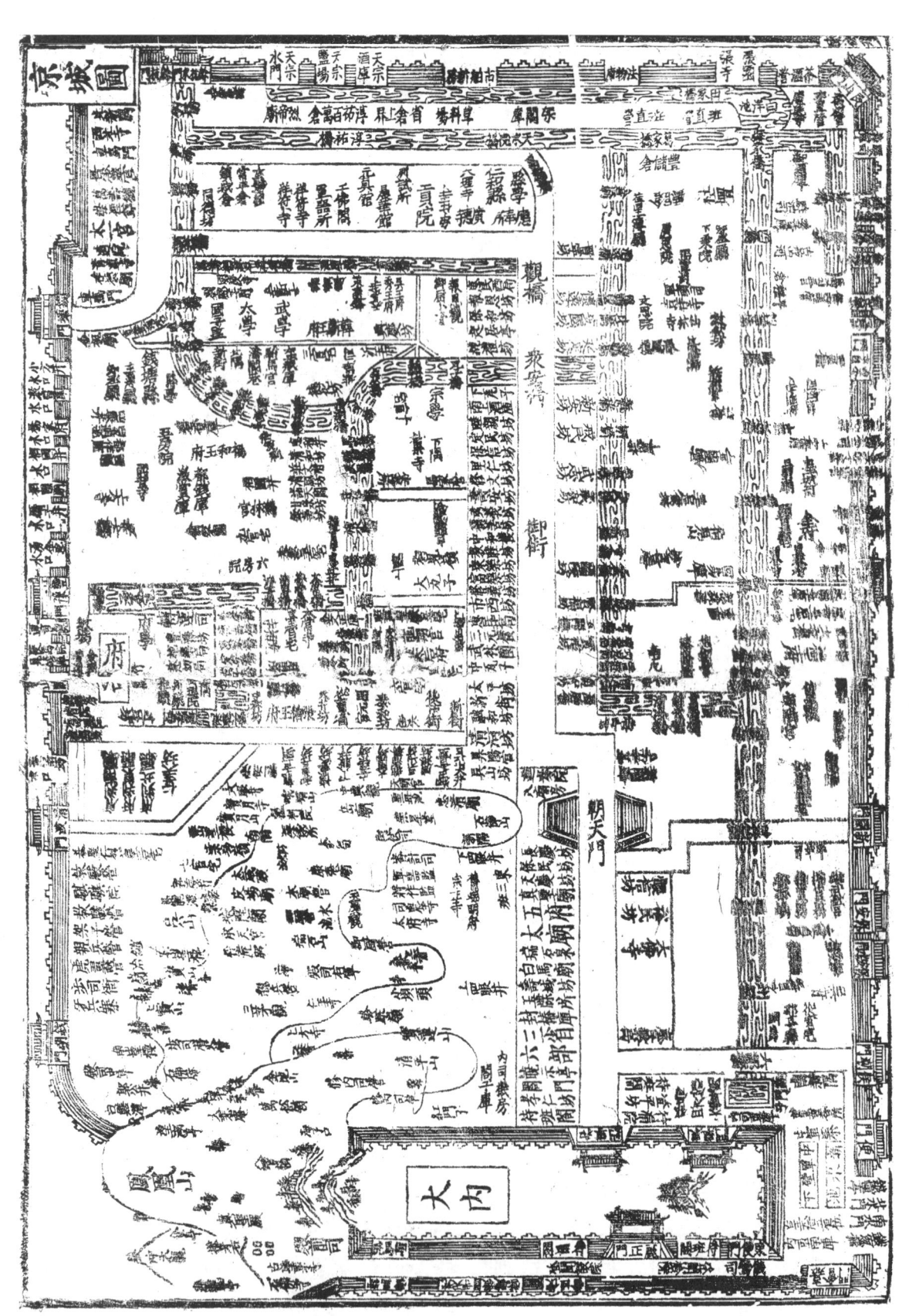

图 2 《咸淳临安志·皇城图》

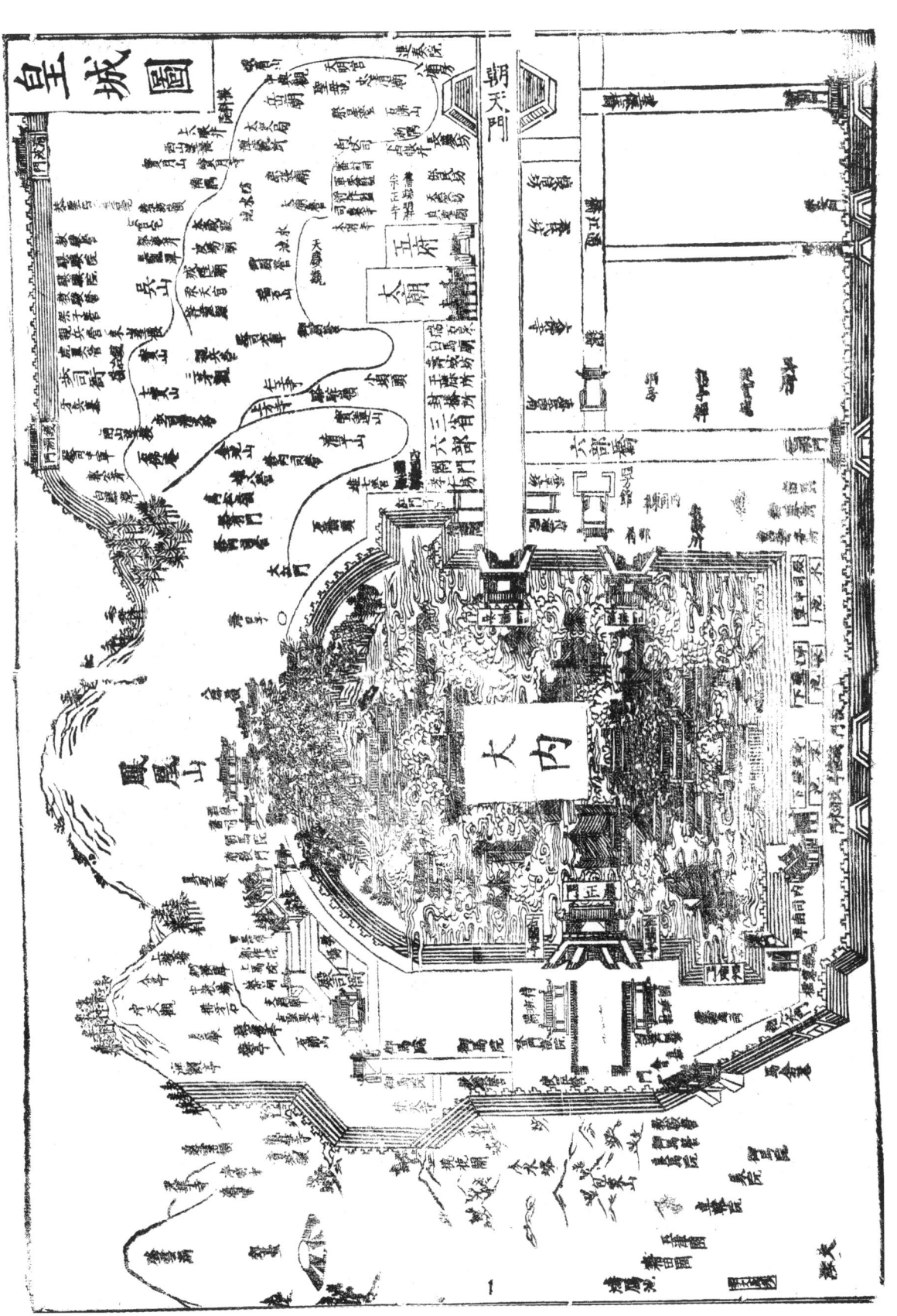

图 3 《咸淳临安志·西湖图》

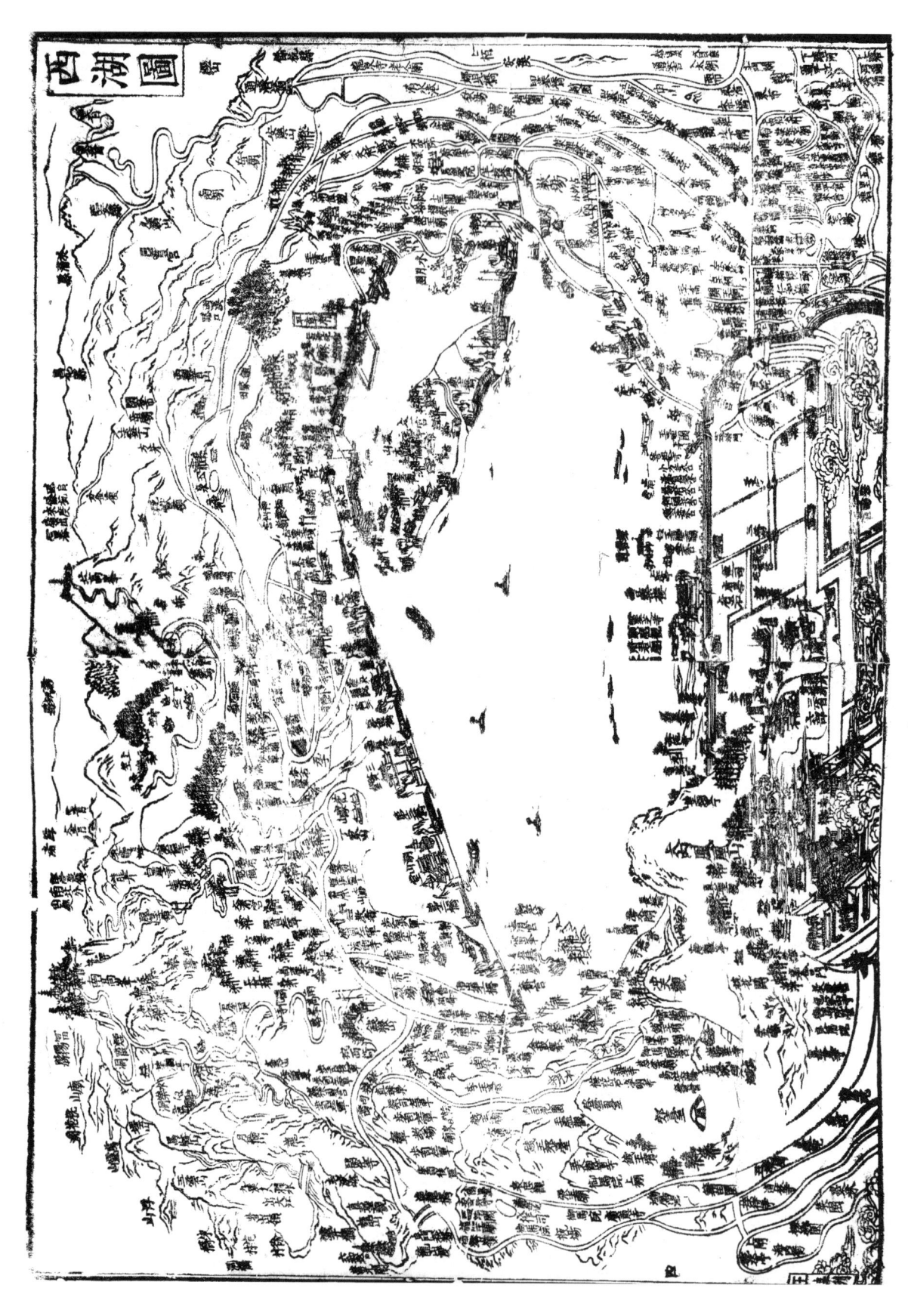

图 4 《咸淳临安志·浙江图》

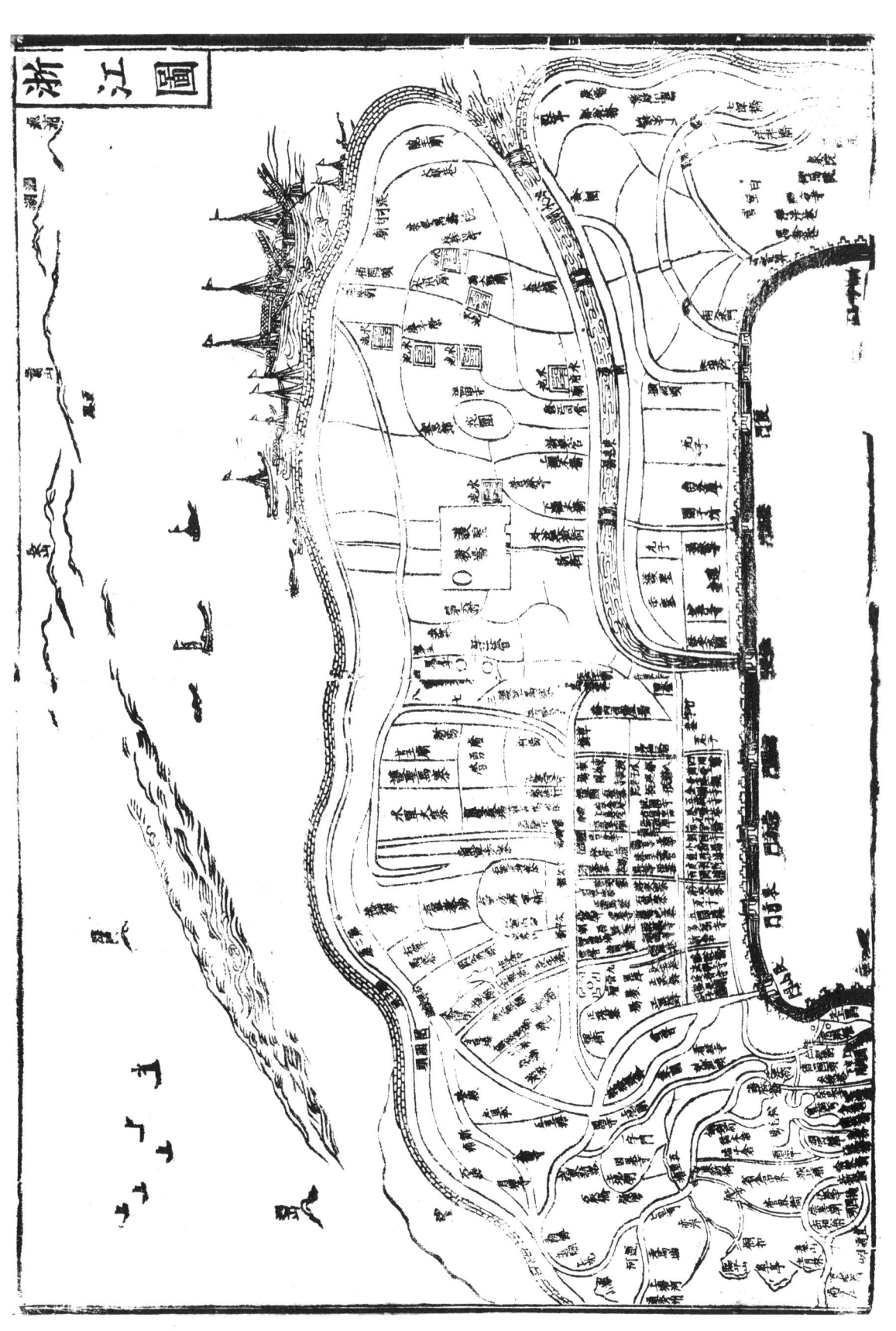

图 5 《咸淳临安志·府治图》

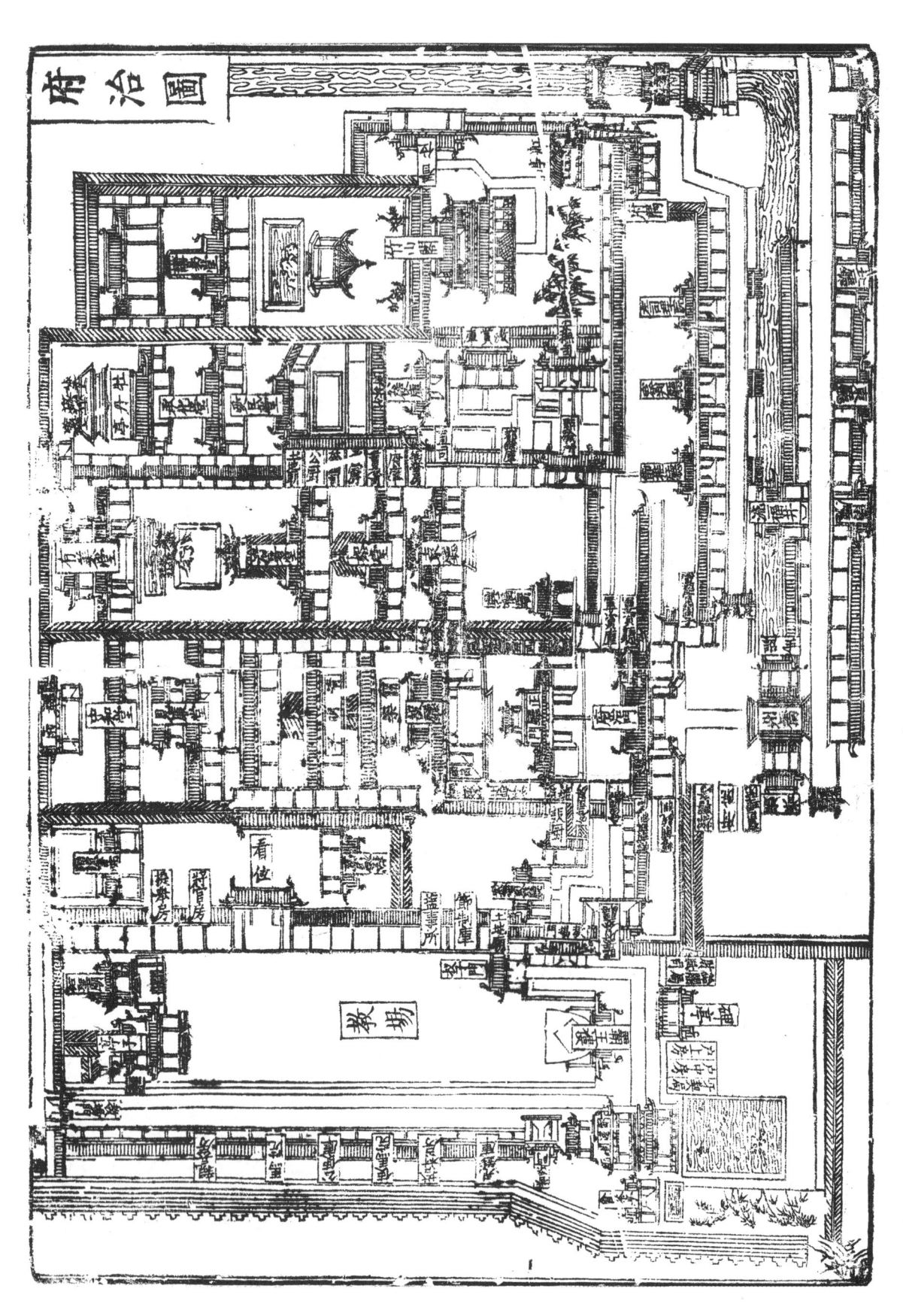

卷首[1]（图6—图11），其文字信息可据以校补宋刻本模糊注记[2]（图12—图16）。

（二）近代城市图

1.《浙江省垣坊巷全图》，今见有咸丰九年（1859）坦坦居主人初刻同治六年（1867）许嘉德重刻本[3]（图17）、光绪四年（1878）许嘉德再刻本[4]（图18）及光绪间浙江官书局刻本[5]。图尾许氏题跋云：

---

[1] 《西湖游览志》有明嘉靖二十六年（1547）严宽刻本、万历十二年（1584）范鸣谦刻本、万历二十五年（1597）季东鲁刻本、万历四十七年（1619）商维濬刻本。其中前三种刻本收录京城、西湖、浙江三图，版式及内容相同；而后一种刻本则只收录京城图，且版式及内容有别于前者，注记亦有篡改。另清光绪二十二年（1896）钱塘丁氏嘉惠堂刻本，附图为石印，补汪刻《咸淳志》图阙字，然颇有妄增者。是书牌记为："光绪乙未（1895）仲春，余杭孙树义、仁和罗榘、孙峻校字，姜德铨摹图。"丁丙《重刻西湖游览志跋》："图绘字细，以西法照之。"香港中文大学图书馆藏《春在堂全书》卷首光绪二十二年（1896）俞樾序："姜子仁德铨茂才，用西人石印法，设肆于杭，乃就谋焉，不数月而书成。"丁刻《西湖游览志》附图即此类石印者。

[2] 作者2011年博士学位论文《南宋临安城复原研究》中附有《京城图》《皇城图》《浙江图》《西湖图》《府治图》校正本，当时底本所用《咸淳临安志》为《中华再造善本》影印中国国家图书馆藏杨氏海源阁旧藏本，图面已经修饰；校正所据《西湖游览志》为《中国方志丛书》影印明嘉靖二十六年严宽刻本，图片质量较差，部分文字模糊，影响注记识读。《咸淳临安志》现以中国国家图书馆藏杨氏海源阁旧藏本原件为准，《西湖游览志》同时参考同馆藏明嘉靖二十六年严宽刻本、万历十二年范鸣谦刻本及日本早稻田大学图书馆、东洋文化研究所图书馆藏明万历二十五年季东鲁刻本，综合各项信息对此前校正本的注记加以修正。另外，校正本与2015年姜青青《〈咸淳临安志〉宋版"京城四图"复原研究》一书注记复原意见相左者列表对照，见附录第一节《咸淳临安志》图校勘表。

[3] 中国国家图书馆藏，见杭州市档案馆编《清代杭城全图》，杭州：浙江古籍出版社，2011年，6—7页；上海博古斋2018年春季艺术品拍卖会海上旧家古籍文献专场，见拍卖图录编号：1310。

[4] 大连图书馆藏，见刘镇伟主编《中国古地图精选》，北京：中国世界语出版社，1995年，39页；嘉德2006年春季拍卖会邮品专场，见拍卖图录编号：4851；屠燕治藏，见杭州市档案馆编《清代杭城全图》，杭州：浙江古籍出版社，2011年，8—9页；国家基础地理信息中心藏，见浙江省测绘与地理信息局编《浙江古旧地图集》，北京：中国地图出版社，2011年，82—83页。

[5] 大英图书馆藏，参李孝聪《欧洲收藏部分中文古地图叙录》，北京：国际文化出版公司，1996年，114页；浙江图书馆藏，见阙维民《杭州城池暨西湖历史图说》，杭州：浙江人民出版社，2000年，168页。此本无许嘉德重刻题跋，字体与官书局所刻其余舆图相同，刷印不精，部分字画模糊。是图与下文提到的《浙江省垣城厢总图》《浙江省垣城厢分图》《浙江省垣水利全图》均著录于清光绪十八年刻本《浙江官书局书目》。民国时刻版归浙江省立图书馆，图本尚有印售。参毛春翔《浙江省立图书馆藏书版记》，《浙江省立图书馆馆刊》第4卷第3期，1935年6月，18页；《浙江公立图书馆附设印行所书目》，民国九年、民国十九年刻本。

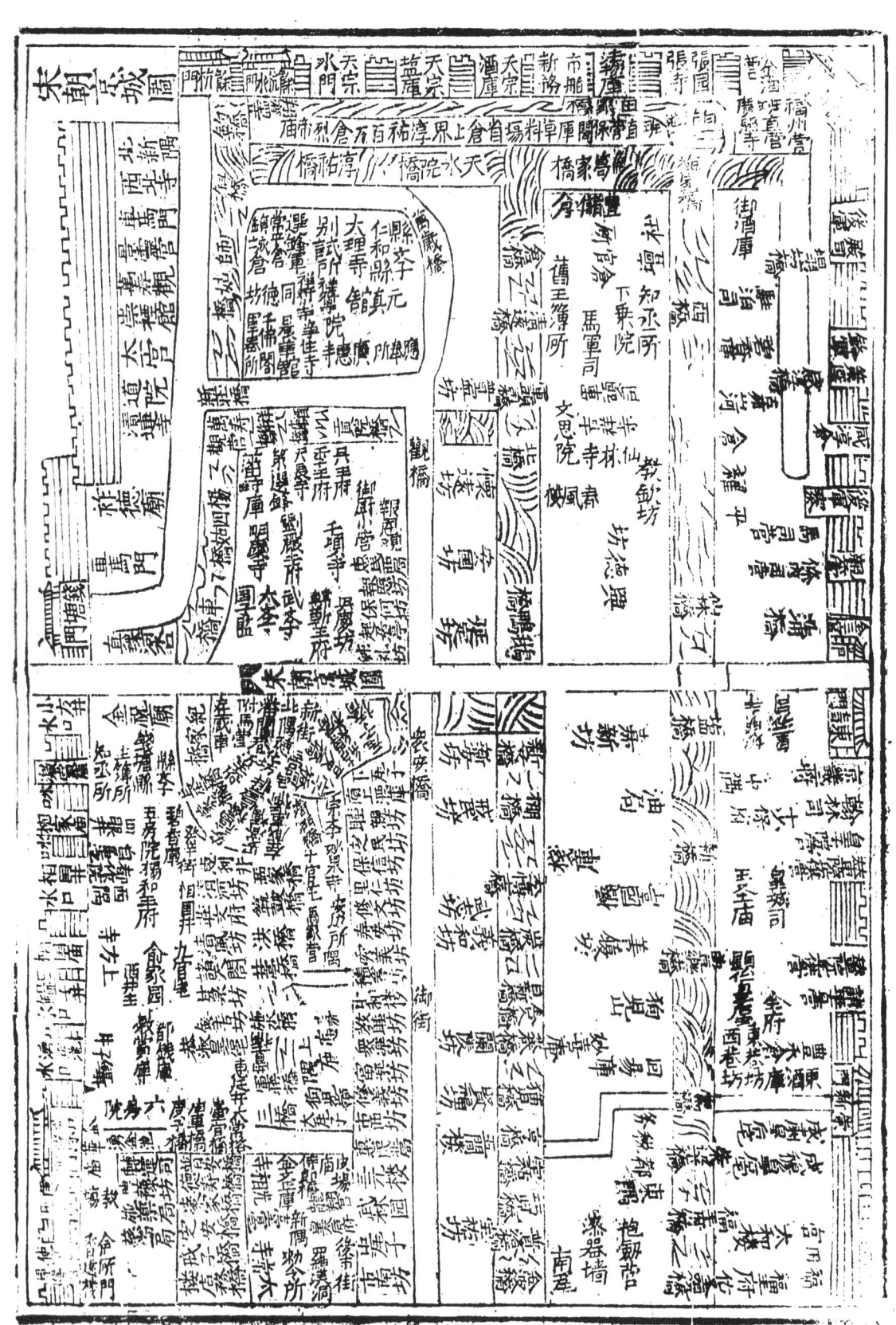

图 6-1 嘉靖二十六年严宽刻本《西湖游览志·宋朝京城图》1

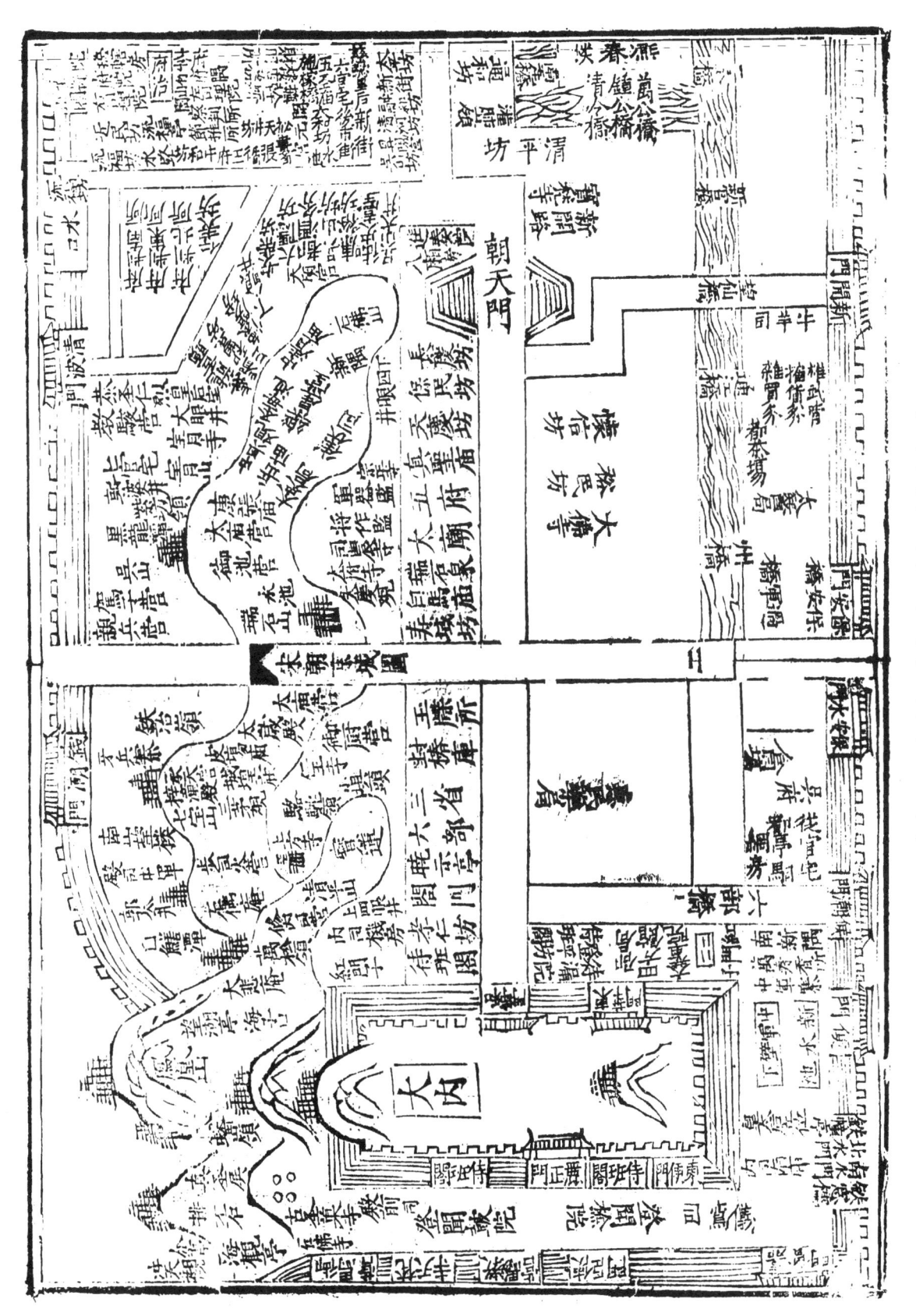

图 6-2 嘉靖二十六年严宽刻本《西湖游览志·宋朝京城图》2

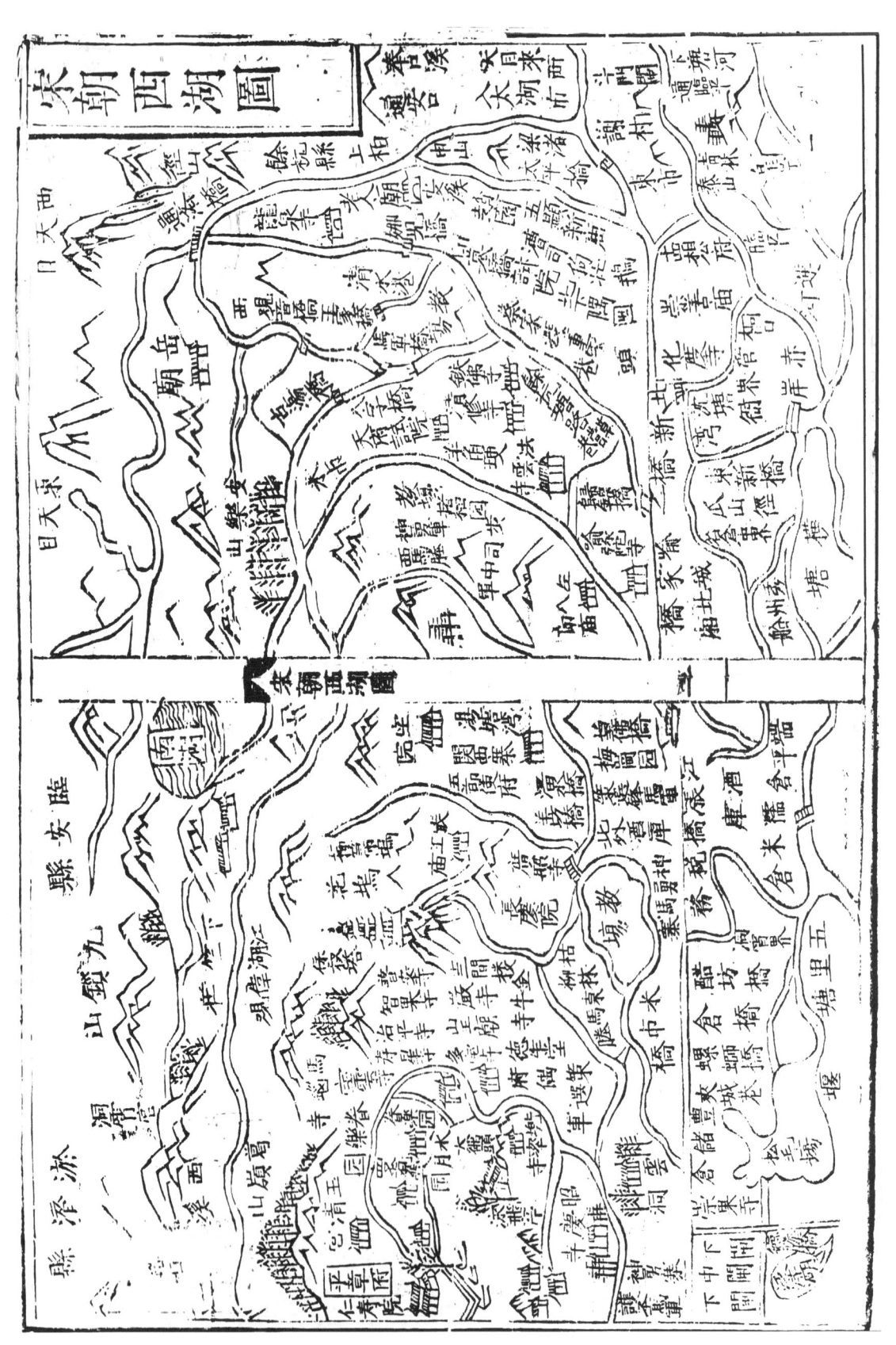

图7-1 嘉靖二十六年严宽刻本《西湖游览志·宋朝西湖图》1

第二章 南宋临安城复原论证 25

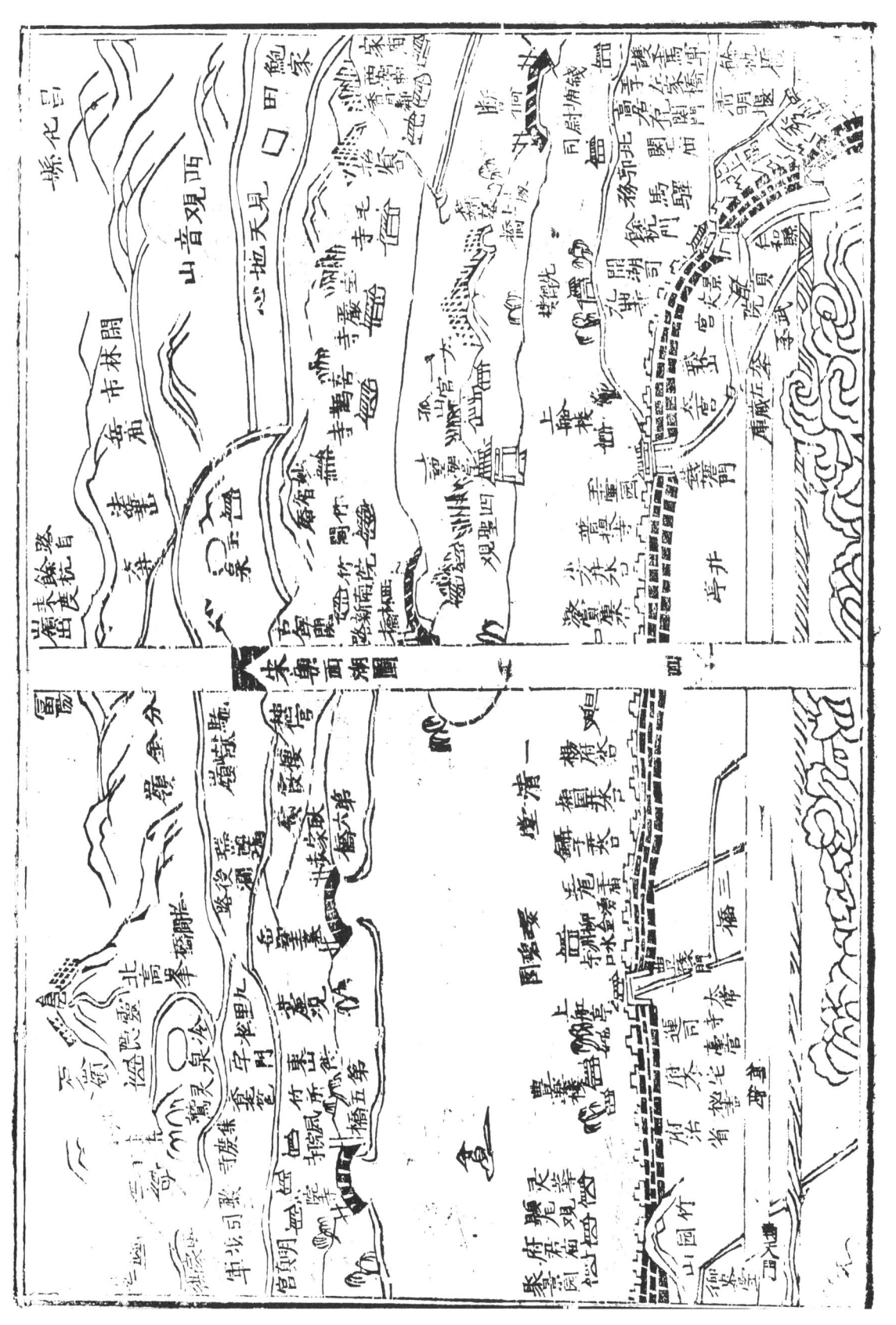

图 7-2 嘉靖二十六年严宽刻本《西湖游览志·宋朝西湖图》2

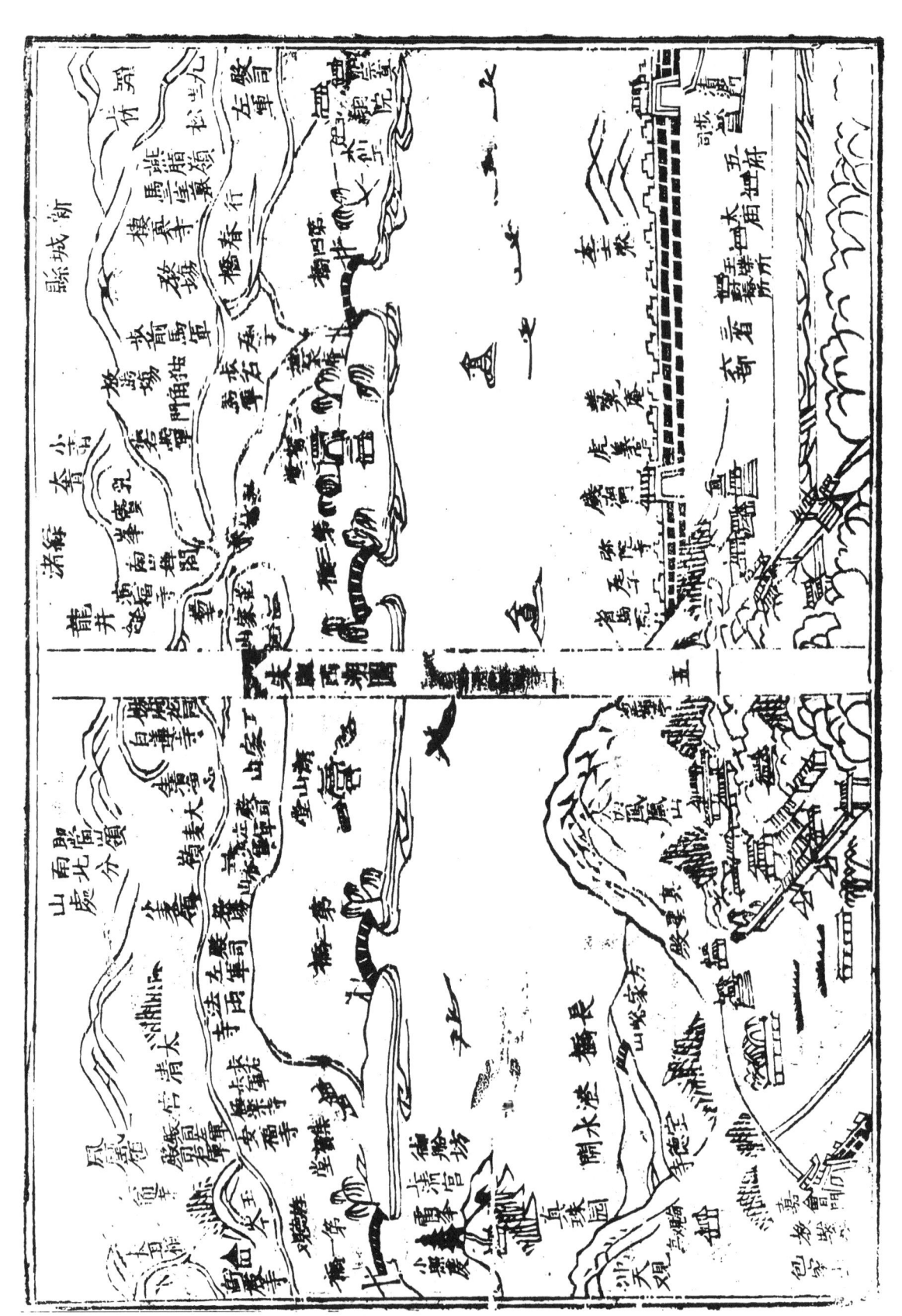

图 7-3 嘉靖二十六年严宽刻本《西湖游览志·宋朝西湖图》3

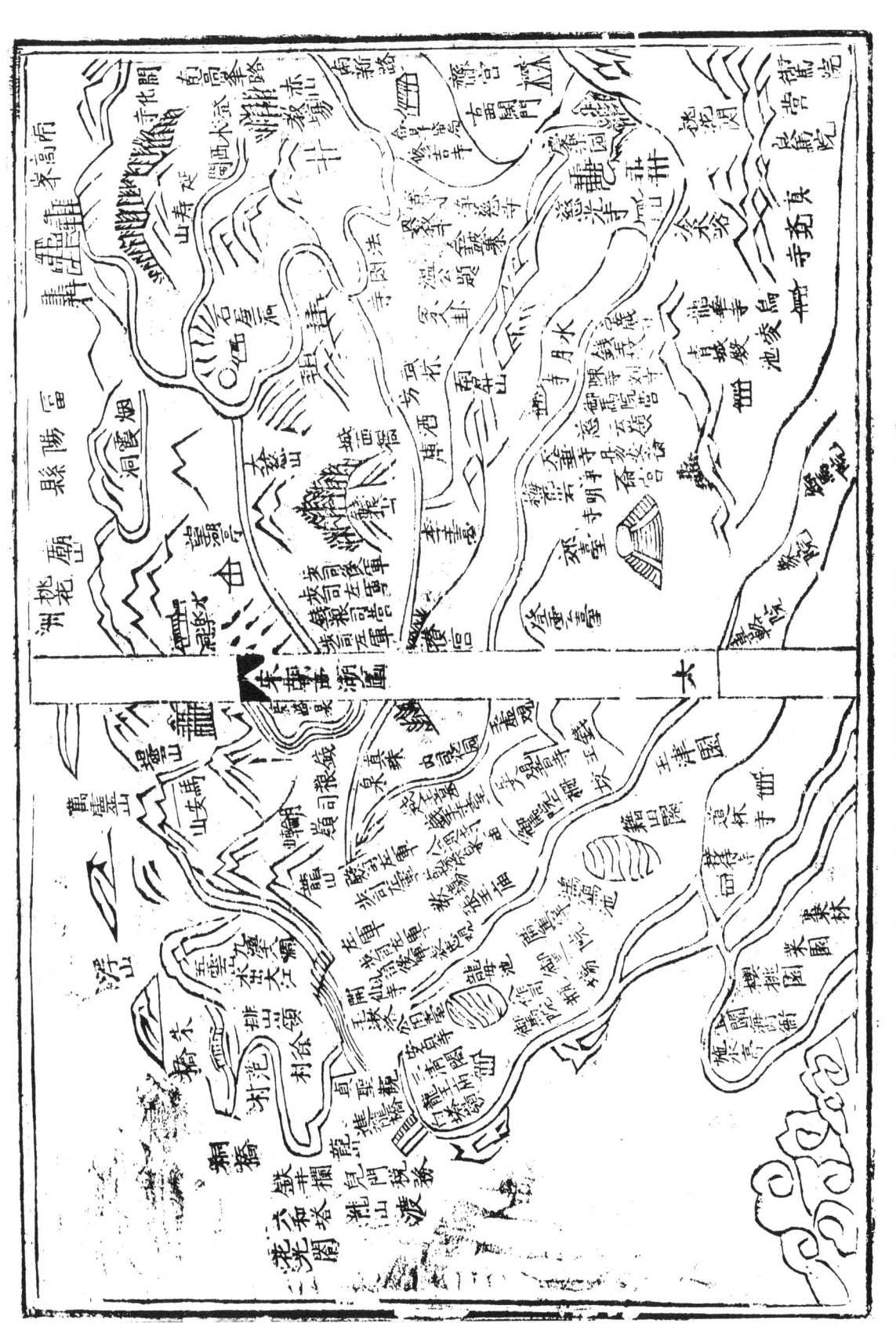

图 7-4 嘉靖二十六年严宽刻本《西湖游览志·宋朝西湖图》4

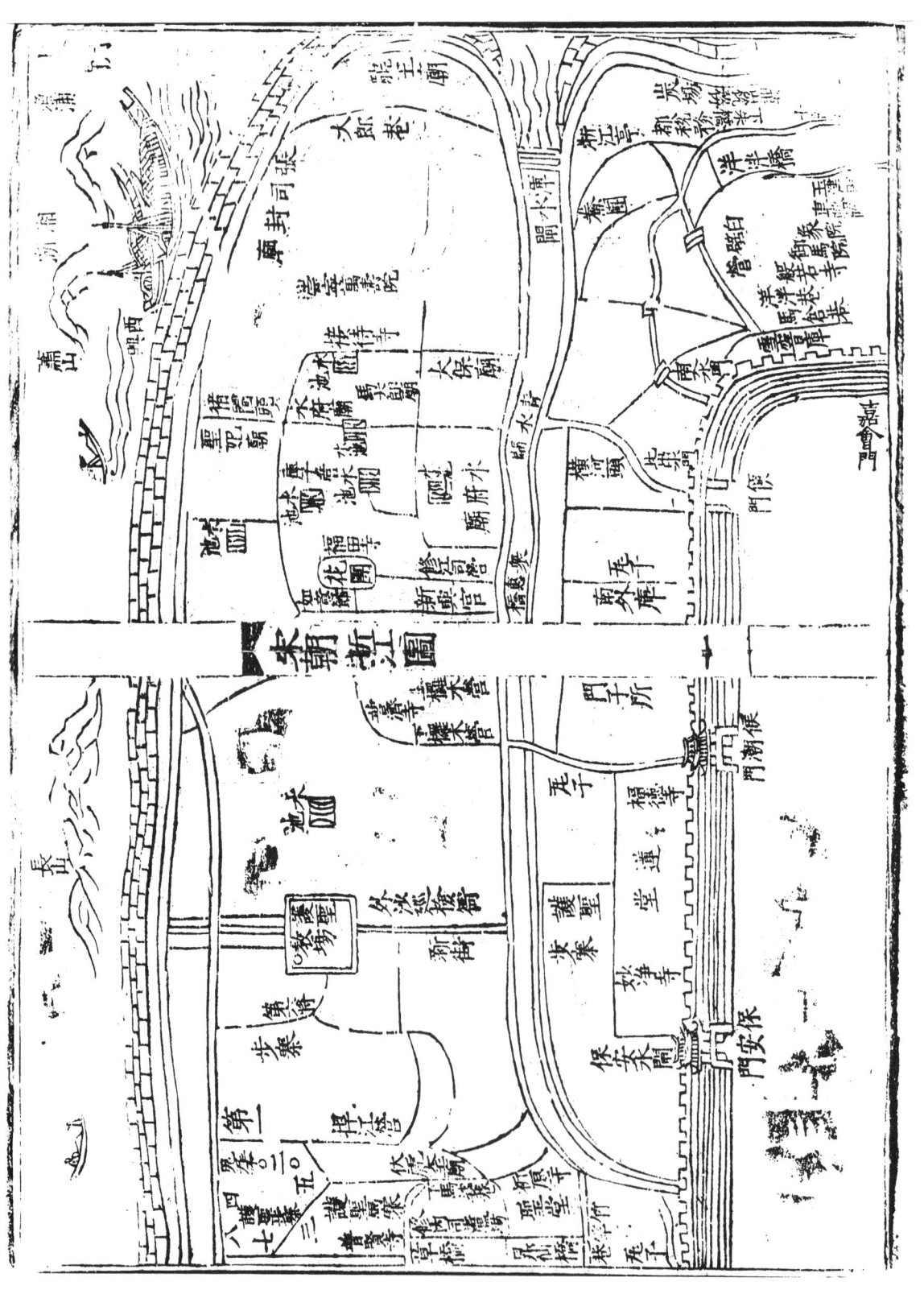

图 8-1 嘉靖二十六年严宽刻本《西湖游览志·宋朝浙江图》1

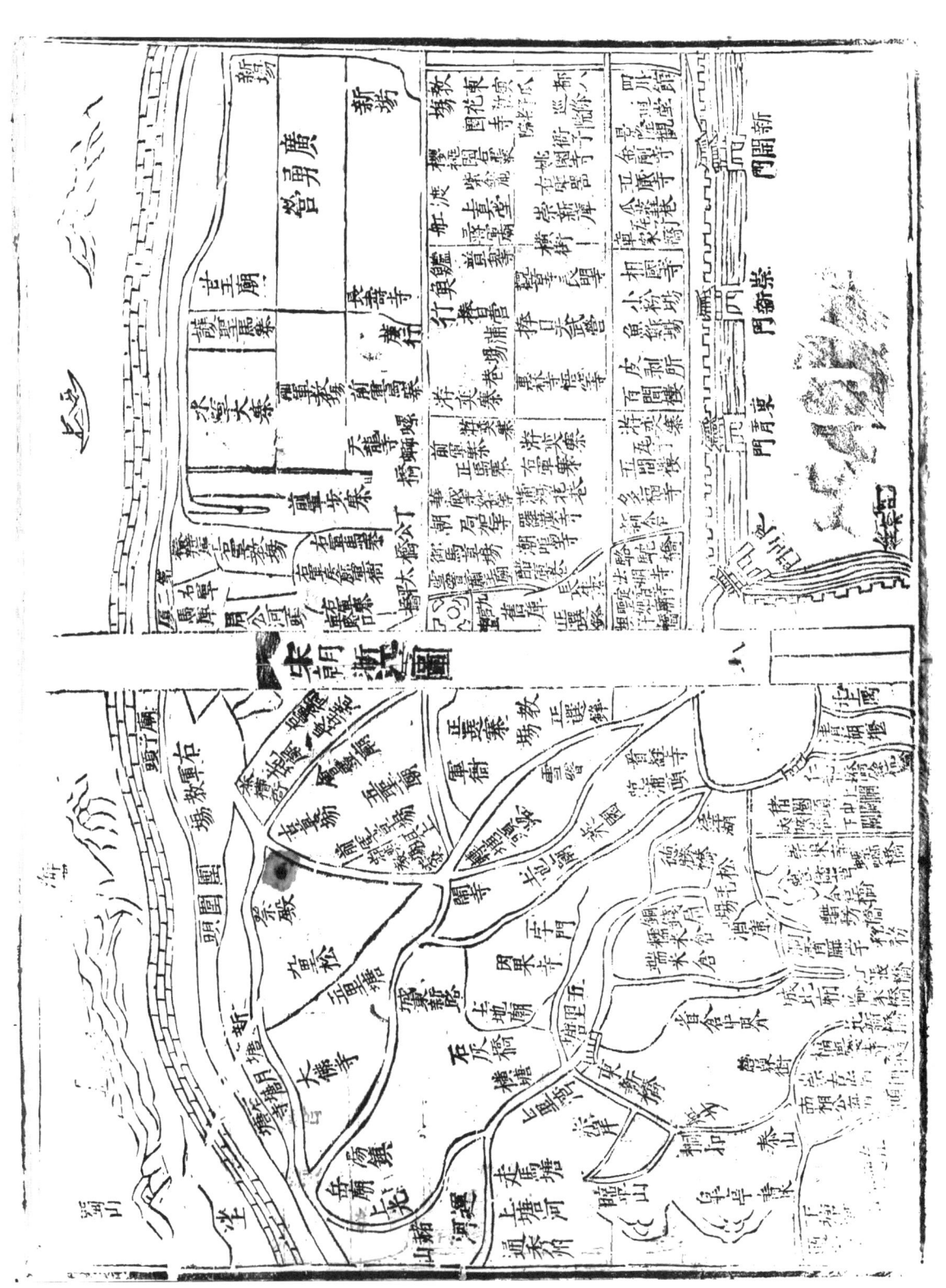

图 8-2 嘉靖二十六年严宽刻本《西湖游览志·宋朝浙江图》2

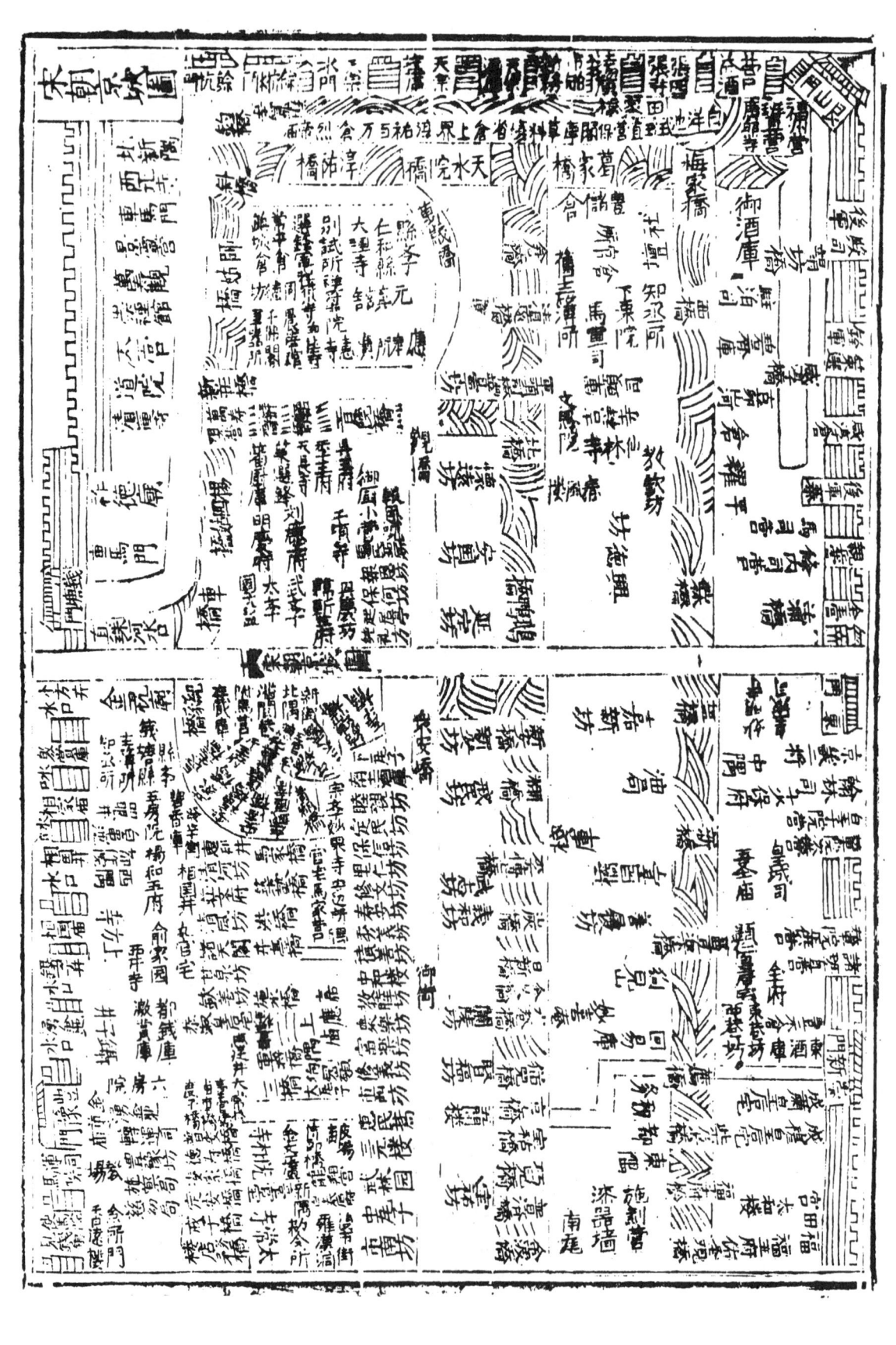

图 9-1 万历十二年范鸣谦重修本《西湖游览志·宋朝京城图》1

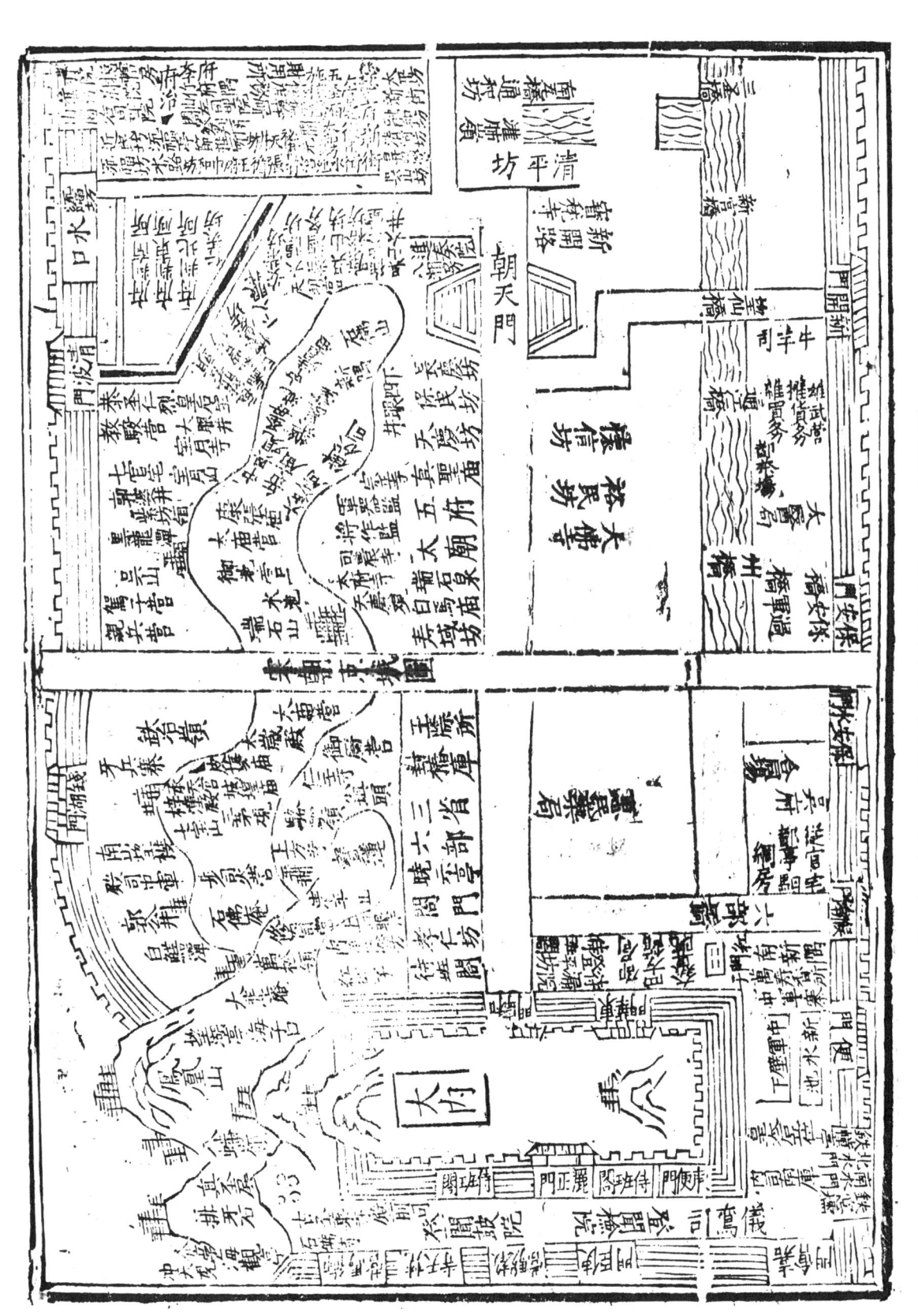

图9-2 万历十二年范鸣谦重修本《西湖游览志·宋朝京城图》2

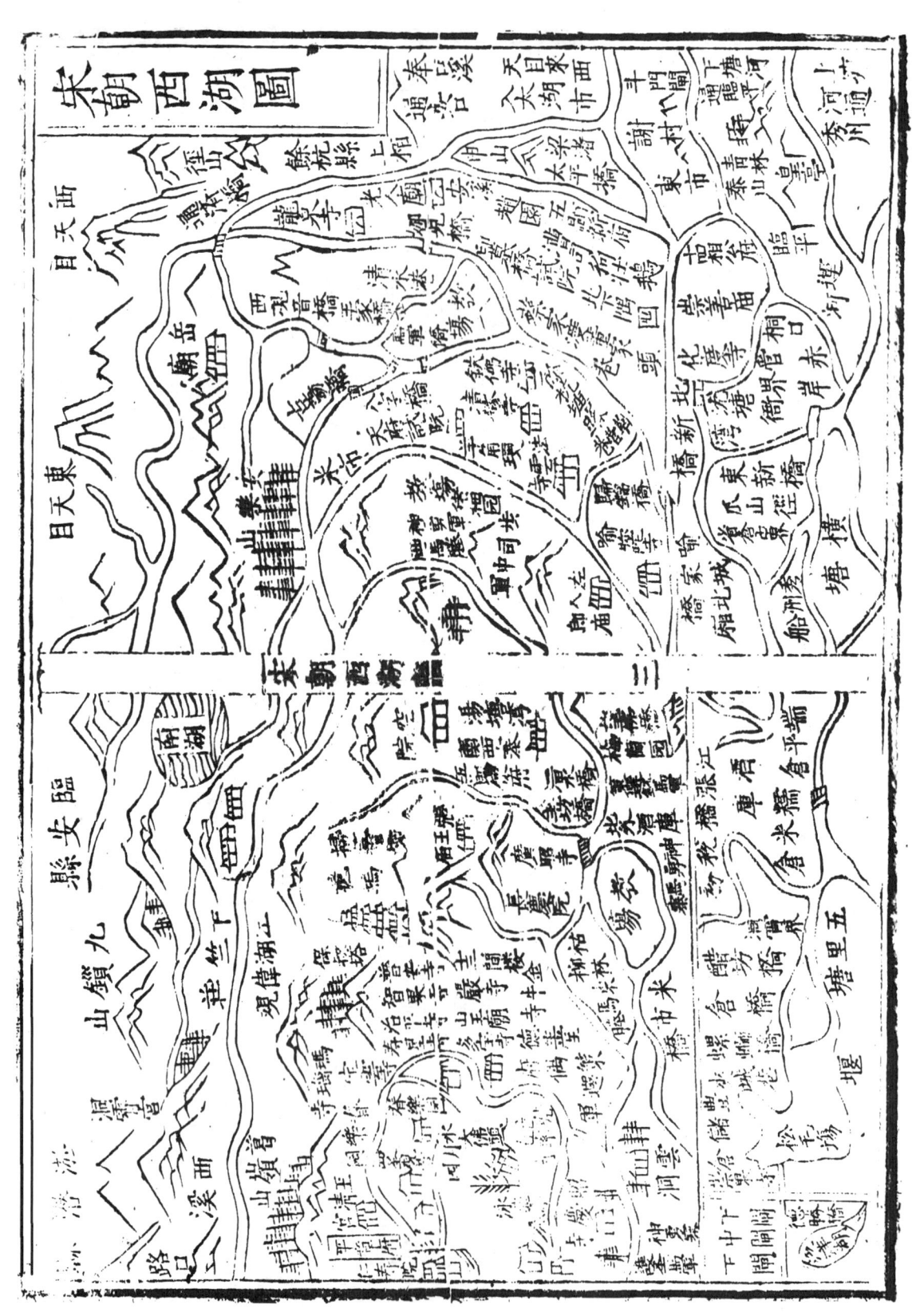

图10-1 万历十二年范鸣谦重修本《西湖游览志·宋朝西湖图》1

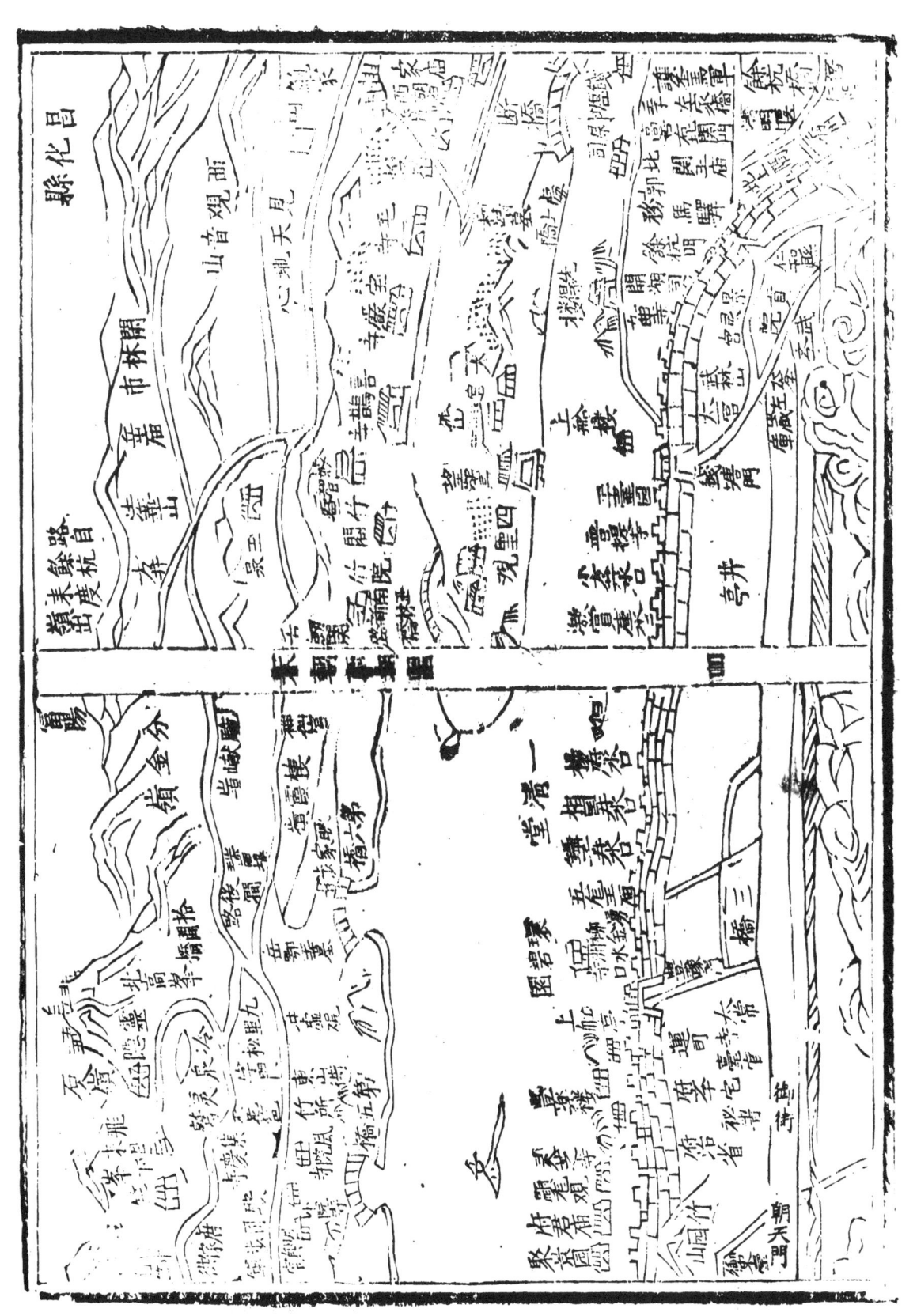

图 10-2 万历十二年范鸣谦重修本《西湖游览志·宋朝西湖图》2

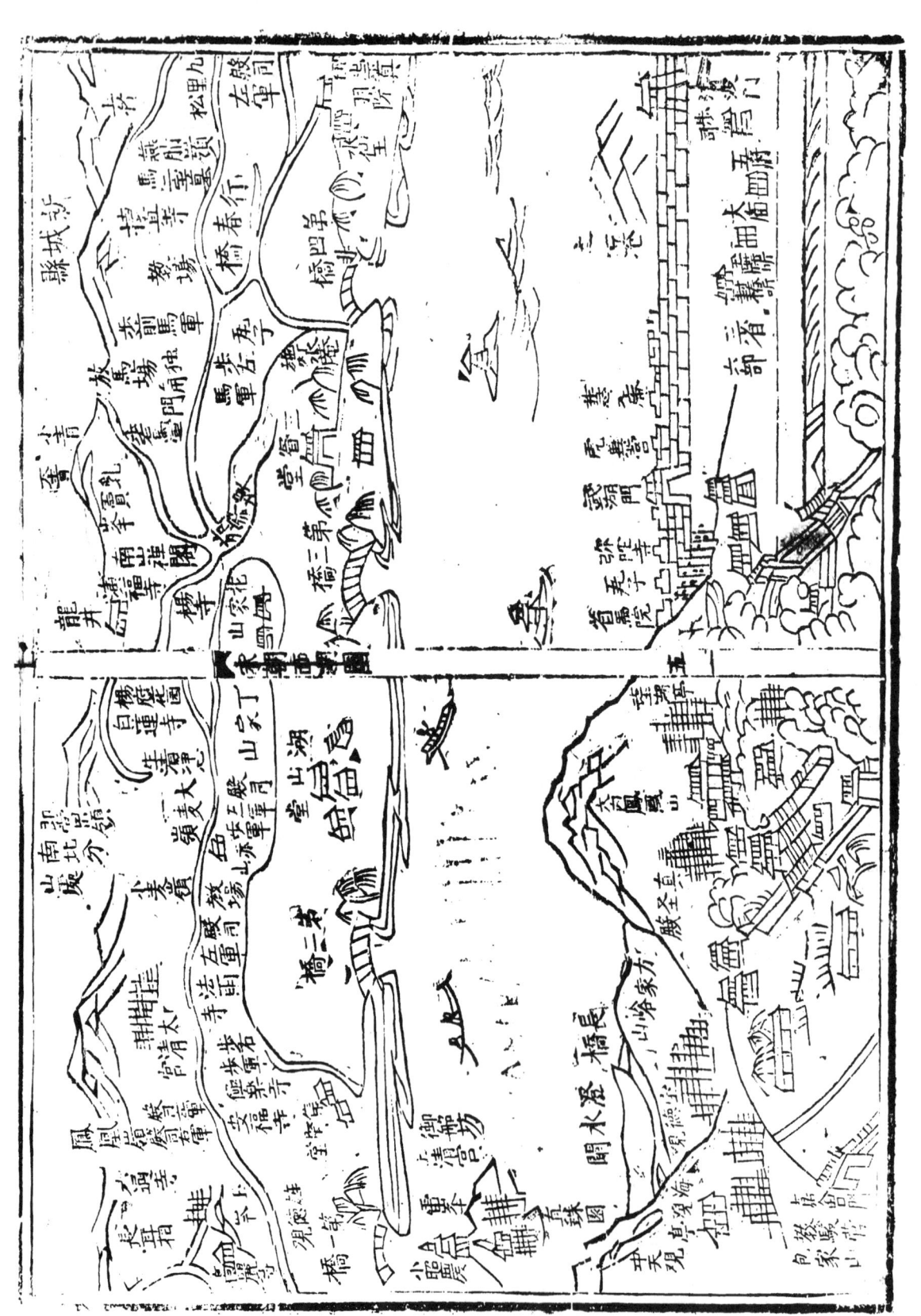

图10-3 万历十二年范鸣谦重修本《西湖游览志·宋朝西湖图》3

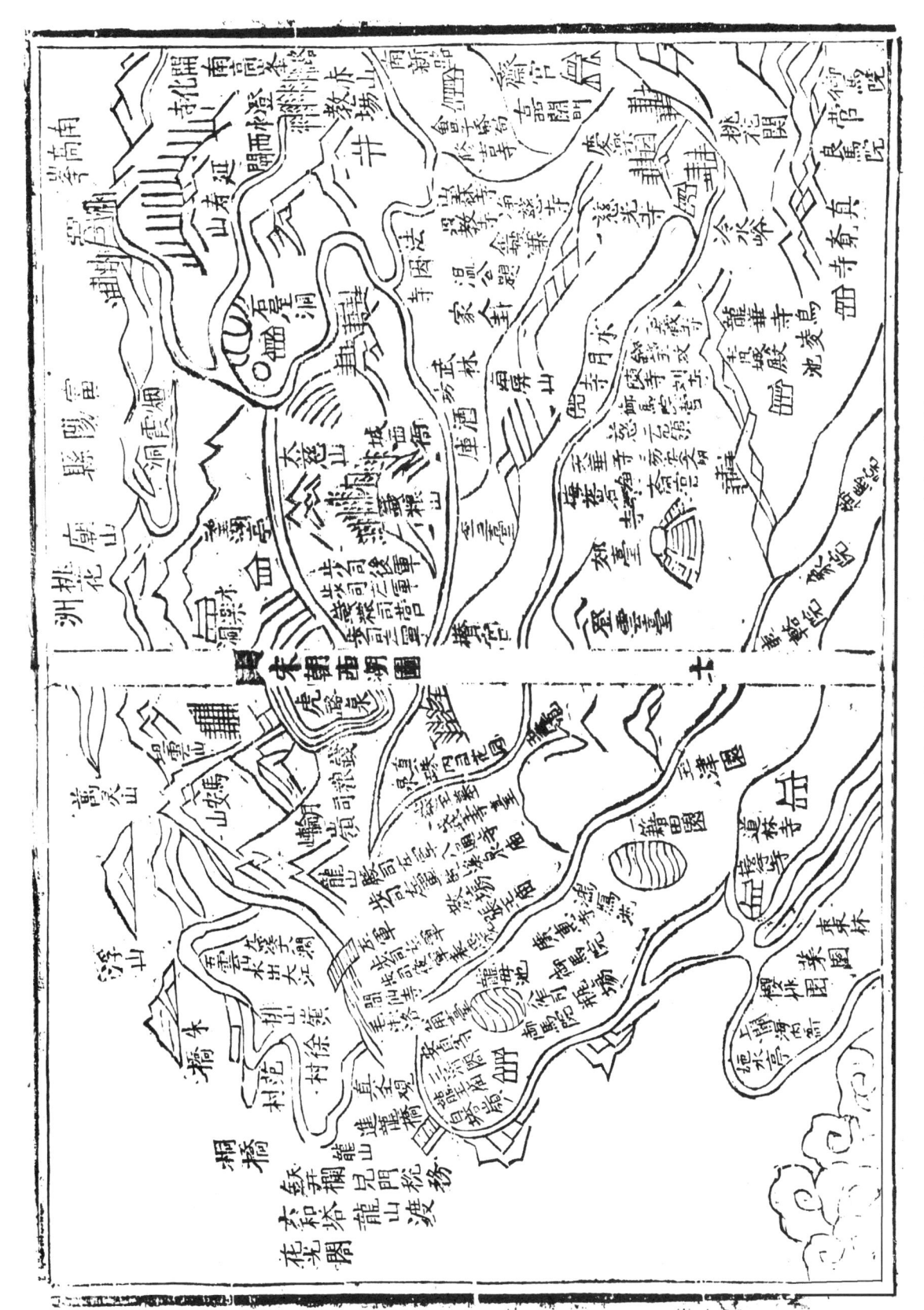

图 10-4 万历十二年范鸣谦重修本《西湖游览志·宋朝西湖图》4

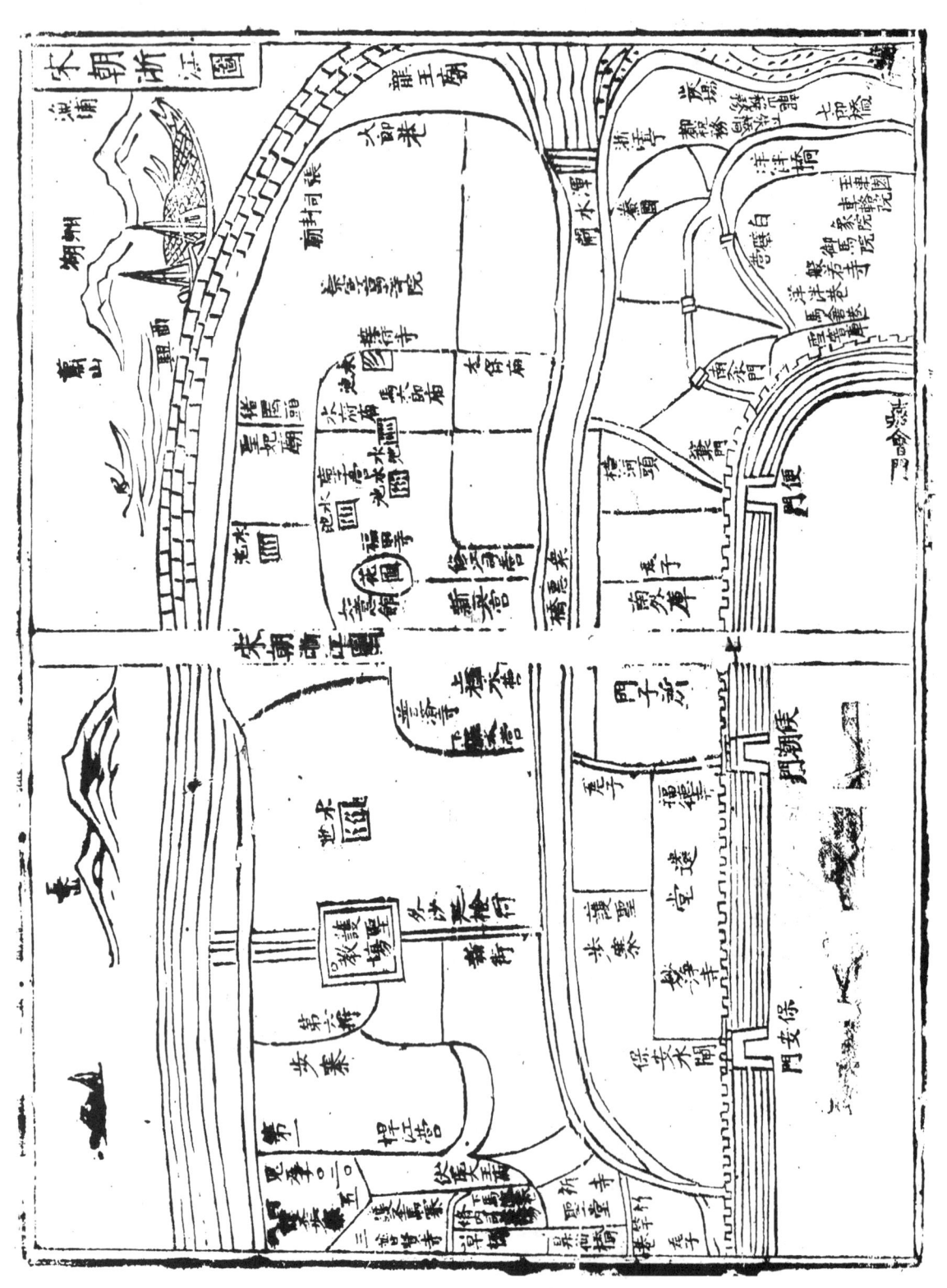

图11-1 万历十二年范鸣谦重修本《西湖游览志·宋朝浙江图》1

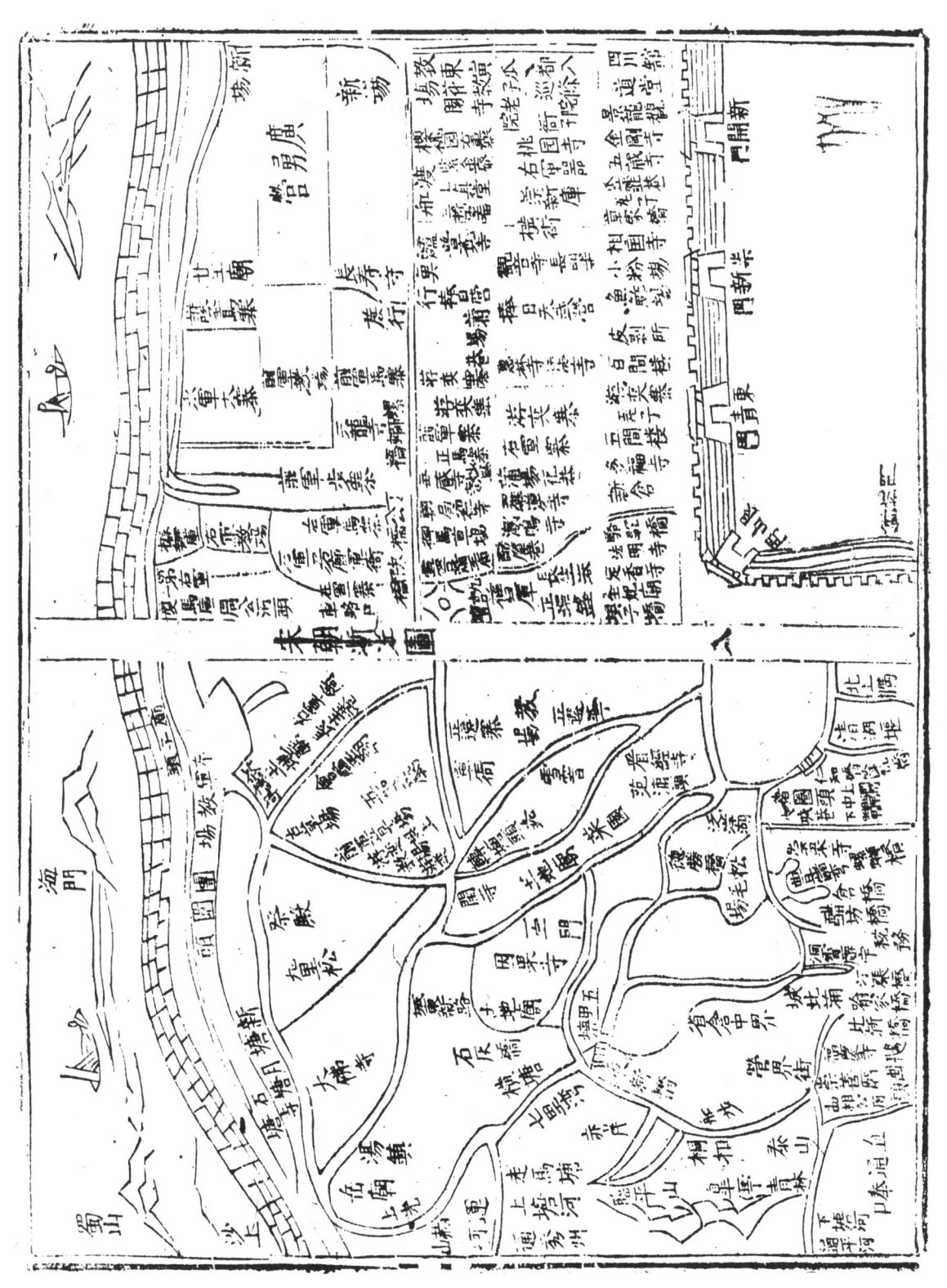

图 11-2　万历十二年范鸣谦重修本《西湖游览志·宋朝浙江图》2

图12 《咸淳临安志·京城图》校正本

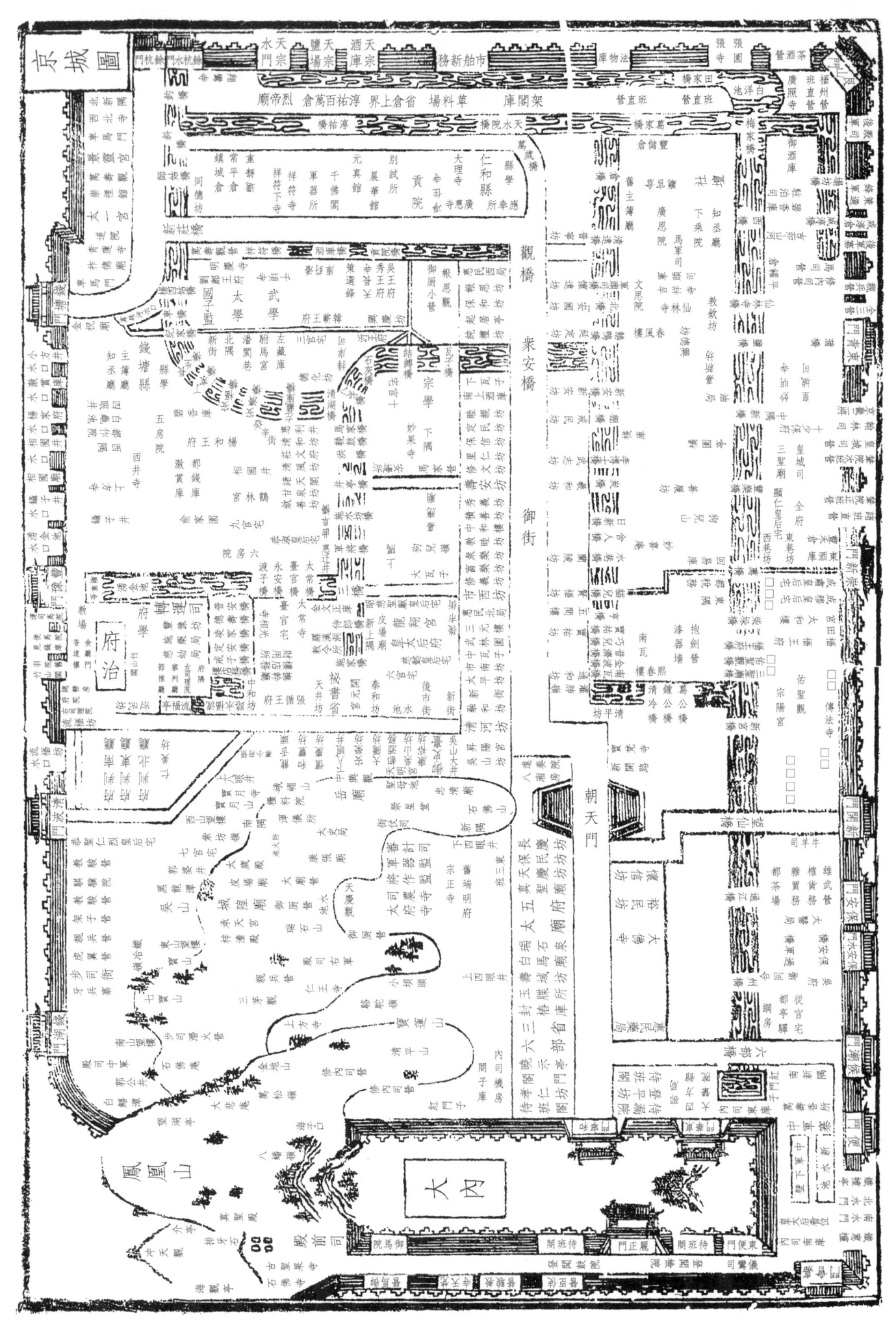

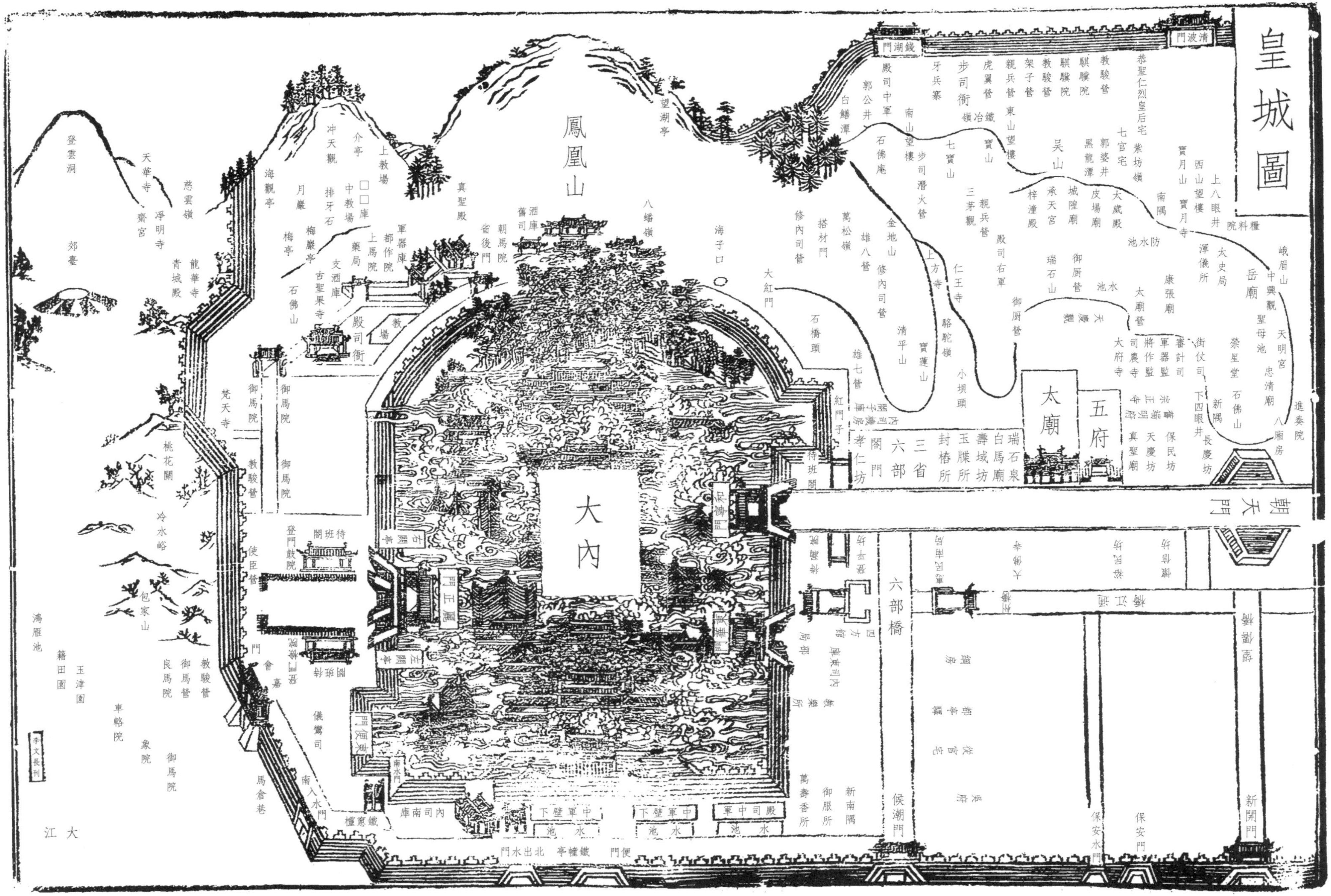

图13 《咸淳临安志·皇城图》校正本

图14 《咸淳临安志·西湖图》校正本

图15 《咸淳临安志·浙江图》校正本

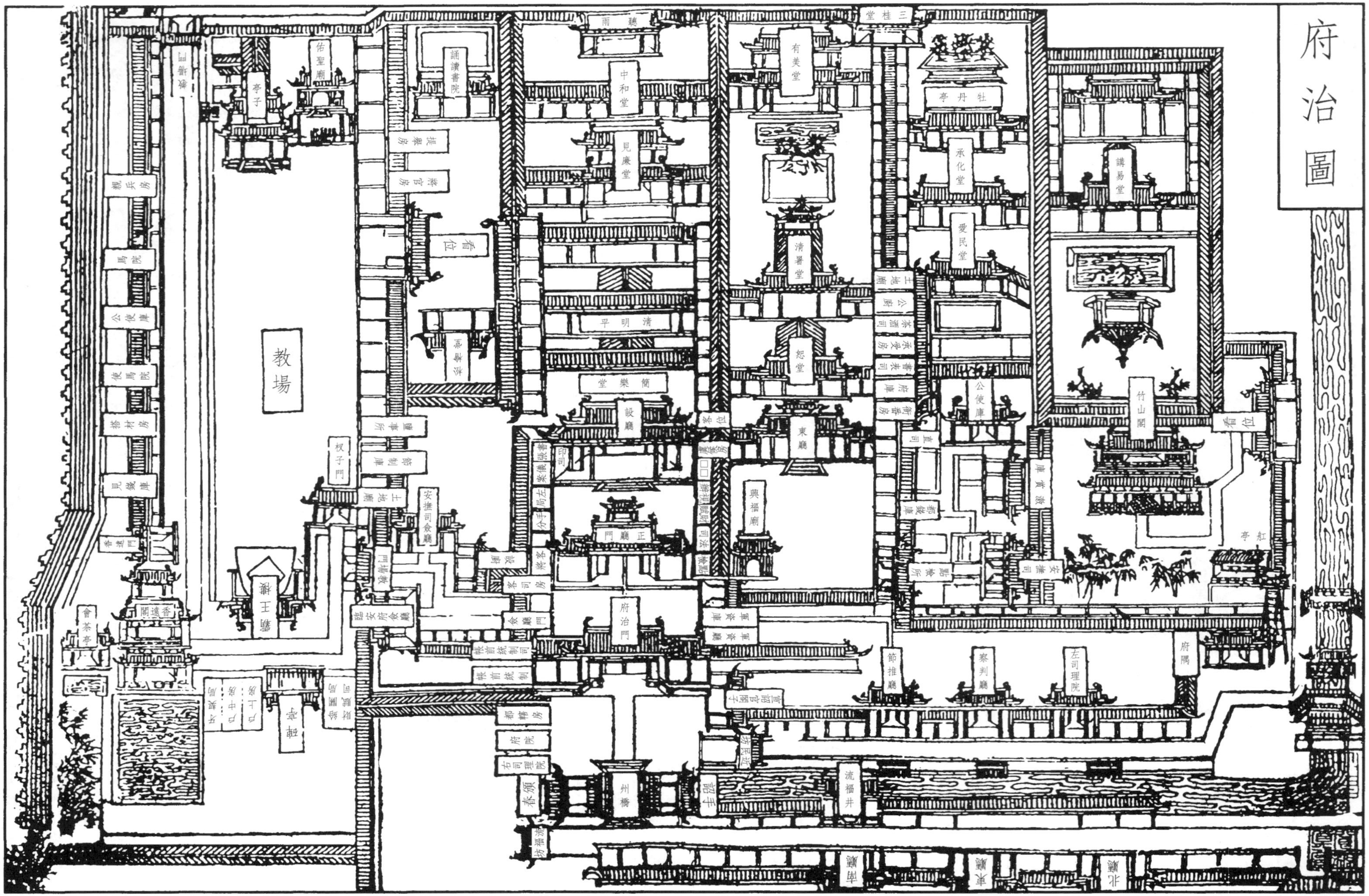

图 16 《咸淳临安志·府治图》校正本

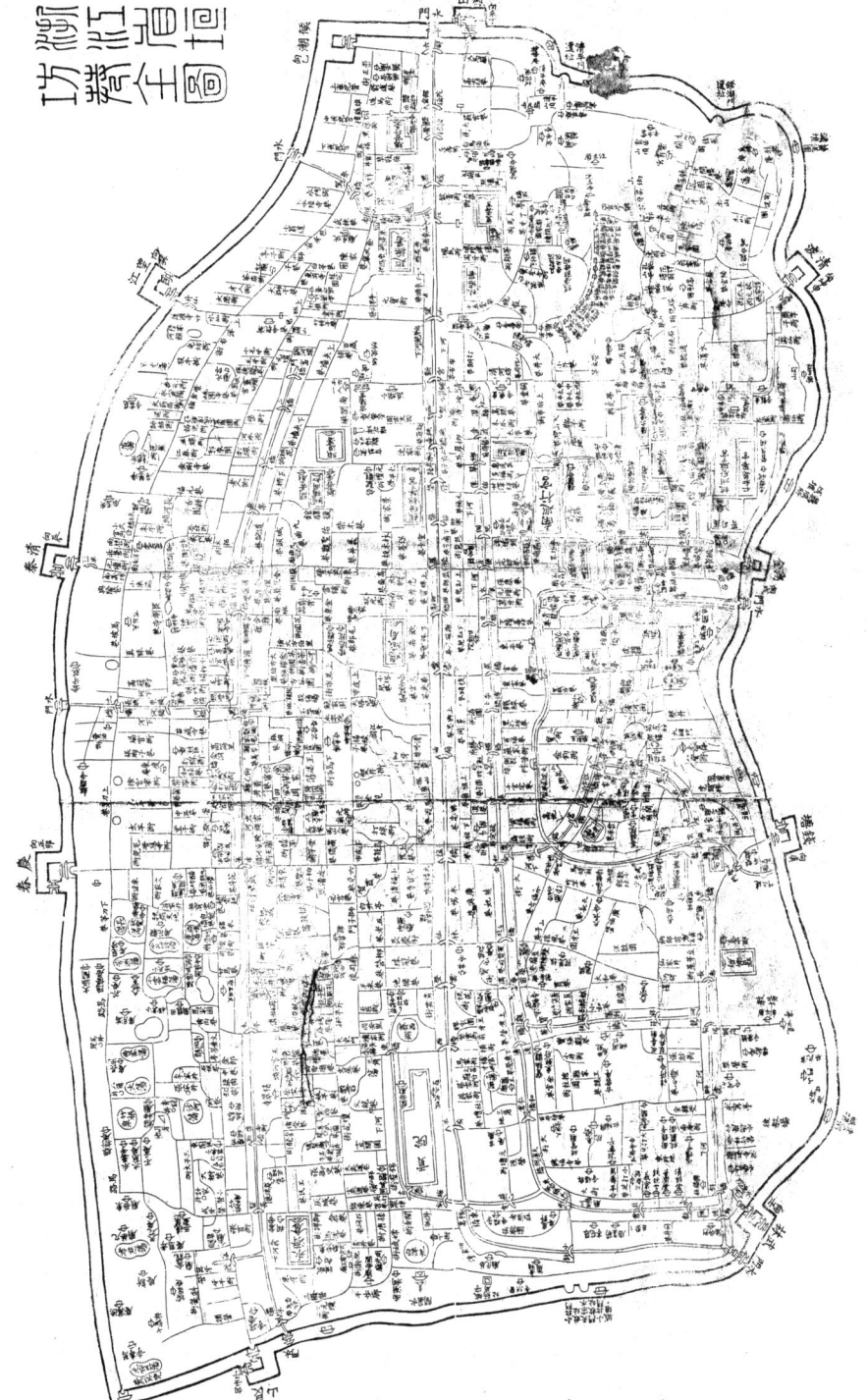

图17 同治六年许嘉德重刻本《浙江省垣坊巷全图》

图18 光绪四年许嘉德再刻本《浙江省垣坊巷全图》

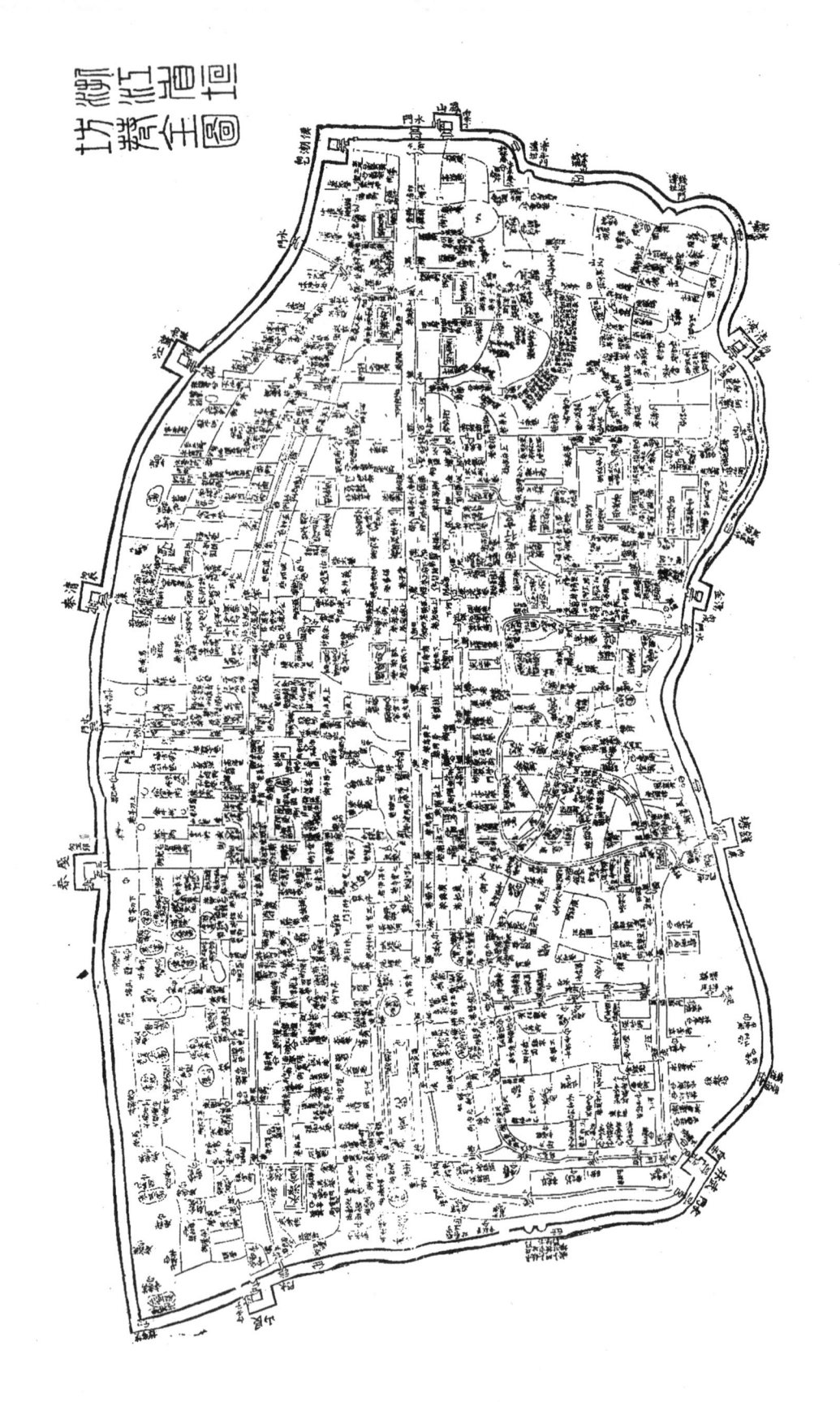

杭州省城全图，咸丰九年坦坦居主人摹刻也。十一年，杭陷，至同治甲子，经大军克复。兵燹之余，惨不忍睹，通城屋舍，十不存二，颓垣废址，瓦砾成场，其间街衢里苑，半不可辨。急觅是图，原板既付劫灰，尺幅亦不可得。遍访同人之遁居江北者，得一纸。披图历览，今夕兴悲，正不知几十年而独见旧规也。窃恐丛残榛莽之中，久且遗忘故址处，重刻以仍其旧云。同治六年丁卯三月／光绪四年戊寅六月，华亭许嘉德记。

丁丙《武林坊巷志序》称："同治甲子，杭既收复，搜得胡君次瑶旧绘《省城坊巷图》。"[1] 此图注记坊巷名称与丁《志》征引胡图[2]相同[3]，当即该图。《清代杭人小传》载："胡次瑶，名琨，字美中，胡敬子，仁和人。道光甲辰（1844）举人，候选教谕。朱朗斋旧著《武林坊巷志稿》藏其家，复加补纂，十载而书成。先绘《杭城坊巷图》，尺幅中全城毕备。"[4]《浙江忠义录·胡琨传》云："胡琨，字次瑶，仁和人。……又嗜算法，与同里项名达、戴煦讲求弧线之术尤精。咸丰十年（1860）二月，贼犯杭州，尽载其孥出至艮山水门，门闭不得出……遂投水死。"[5] 是知此图当绘于道咸之际。嗣后太平天国战乱，杭州部分坊巷遭到破坏，早先情况赖其记存。

2.《浙江省垣城厢总图》[6]（图19）、《浙江省垣城厢分图》[7]、《浙江省垣水利全图》[8]，皆浙江官书局光绪间刻本，舆图目录以为均系浙江官书局同治三年（1864）刻[9]。三图虽然见

---

[1] 丁丙《武林坊巷志》第1册，杭州：浙江人民出版社，1987年，3页。
[2] 丁《志》中引作《武林坊巷全图》《浙江省城坊巷全图》。
[3] 如城西北部草营巷、后教场、老人洞仅见此图注记，丁《志》均引自《武林坊巷全图》，参第8册299、301页。
[4] 浙江图书馆藏稿本，转引自吴启寿《〈武林坊巷志〉及其编纂者》，《文献》1985年3期，166页。
[5] 浙江采访忠义局编《浙江忠义录》卷七，《清代传记丛刊》影印清刻本。
[6] 中国国家图书馆，见杭州市档案馆编《清代杭城全图》，杭州：浙江古籍出版社，2011年，12—13页；浙江图书馆藏，2011年1月12日目验。
[7] 中国国家图书馆藏，见杭州市档案馆编《清代杭城全图》，杭州：浙江古籍出版社，2011年，15—153页。横13排，纵6行，存69幅，另接图表1幅。《浙江官书局书目》著录为79张，系按满幅将空版计算在内。据《浙江省立图书馆藏书版记》，刻板实为69块，今见即为完璧。
[8] 大英图书馆藏，参李孝聪《欧洲收藏部分中文古地图叙录》，北京：国际文化出版公司，1996年，112—113页；美国国会图书馆藏，参李孝聪《美国国会图书馆藏中文古地图叙录》，北京：文物出版社，2004年，107—108页；中国国家图书馆藏，见杭州市档案馆编《清代杭城全图》，杭州：浙江古籍出版社，2011年，156—157页。嘉庆九年（1804）阮元浚治杭城河道，刻有《浙江省城水利全图》，碑藏杭州碑林，可与比照。
[9] 北京图书馆善本特藏部舆图组《舆图要录：北京图书馆藏6827种中外文古旧地图目录》，北京：北京图书馆出版社，1997年，338—339页。

图19 《浙江省垣城厢总图》

于《浙江官书局书目》，但官书局实同治六年（1867）由巡抚马新贻奏设于小营巷报恩寺[1]，《分图》在小营巷报恩寺即标注有官书局，可知著录有误。《武林坊巷志》引用两种《浙江省城全图》，分别是梅氏（梅抚部）《省城图》和舆图局《省城图》[2]。通过比对街巷注记，梅氏（梅抚部）《省城图》即《浙江省垣城厢总图》，舆图局《省城图》即浙江舆图局《浙江省城图》（见下文）[3]。梅抚部者，浙江巡抚梅启照[4]，光绪三年至五年（1877—1879）在任，是图应于此间绘制，故图中尚无光绪五年梅氏去职前主持开凿的新横河。

3.《浙江省城图》，浙江舆图局光绪十八年（1892）刻本[5]（图20）。图侧所附浙江舆图局《杭州省城图说》云：

> 旧刊《省城图》详于街巷，而淆于方位，兵燹后，街巷不能尽同。梅抚部《城图》《水利图》亦尚疏略。光绪十八年，舆图局于测绘各郡县图将毕[6]，别为此图，每方六十丈，旧图之误者，皆为刊正。街巷桥梁与河道，悉从今名，以便识别。

此亦可证前述浙江官书局所刻三图均为梅启照主持测绘者。

---

[1]《浙江官书局书目》，清光绪十八年（1892）刻本；陈璚等修、王棻等纂〔民国〕《杭州府志》卷一九《公署》书局条；丁申《武林藏书志》卷上《浙江书局》条，清光绪二十六年（1900）钱塘丁氏嘉惠堂刻《武林掌故丛编》本。

[2] 丁丙《武林坊巷志》吴牙巷条："《浙江省城全图》：河下衖。《浙江省城全图》：严州衖。按：梅氏《省城图》，吴牙作河下，盖字音之讹。舆图局《省城图》作严州衖。岂以有南有徽州，而此作严州欤？前见舆图局测量坊巷，由里保指领，故地名辗转传讹，此特一端耳。"第5册，杭州：浙江人民出版社，1987年，219—220页。

[3] 吴牙巷，《浙江省垣城厢总图》标注为河下衖，《浙江省城图》标注为严州衖。

[4] 梅氏著有《学强恕斋笔算》十卷附《测量浅说》一卷，《四库未收书辑刊》影印清光绪八年东河节署刻本。

[5] 大连图书馆藏，见刘镇伟主编《中国古地图精选》，北京：中国世界语出版社，1995年，40页；浙江图书馆藏，见杭州市档案馆编《清代杭州全图》，杭州：浙江古籍出版社，2011年，10—11页。另有古欢堂书局印本，浙江图书馆藏，见杭州市档案馆《杭州古旧地图集》，杭州：浙江古籍出版社，2006年，160—161页。

[6] 宗源瀚《浙江全省舆图并水陆道里记凡例》："光绪庚寅（十六年，1890），会典馆以旧《会典》有府图而无县图，亦不计里开方，奏下各行省，别绘开方图。浙中以源瀚承之。……历三载余，至癸巳（十九年，1893）夏告成。"《中国方志丛书》影印民国四年（1915）石印本。

图20 《浙江省城图》

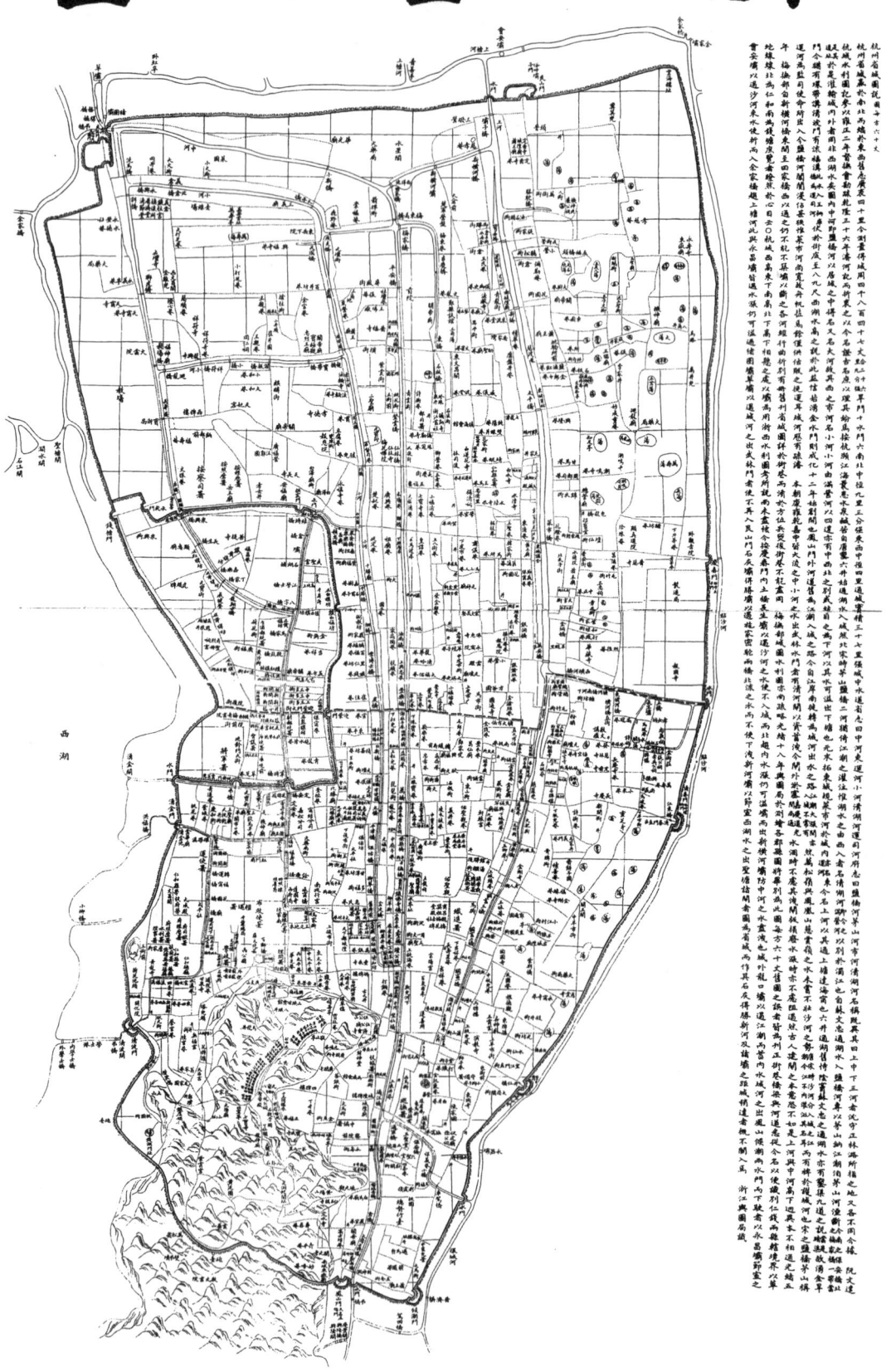

（三）现代地形图

1.《浙江省城全图》，1∶5 000，浙江陆军测量局，民国二年（1913），美国国会图书馆藏[1]。仅涵盖明清旧城以内范围，精确程度一般，但旧满城区域尚未改造。

2.《杭州市近旁图》，1∶5 000，浙江陆军测量局，民国十八年（1929），中国国家图书馆藏[2]。精确程度很高，但仅见岳坟、新市场、三潭印月、吴山四幅[3]，系民国二十二年（1933）浙江省陆地测量局所赠。

3.《杭州市街及西湖附近图》，1∶5 000，浙江省陆地测量局，民国二十二年至二十三年（1933—1934）。包括艮山门、庆春门、清泰门、海潮寺、武林门、新市场、吴山、凤山门、江干、松木场、岳坟、三潭印月、净慈寺、闸口、六和塔共15幅，另有作为《拱宸桥附近图》的拱宸桥、大关、湖墅3幅[4]。据《浙江省测绘志》，杭州1∶5 000地形图于民国十七、

---

[1] 此图承北京大学中国古代史研究中心李孝聪教授提供所摄数码照片。

[2] 此图承北京大学考古文博学院孙华教授提供扫描件。

[3] 岳坟（杭州市近旁第七幅）中华民国十七年十一月测图十八年四月制版。新市场（杭州市近旁第八幅）中华民国十七年十二月测图十八年四月制版。三潭印月（杭州市近旁第九幅）中华民国十七年十一月测图十八年四月制版。吴山（杭州市近旁第十幅）中华民国十七年十二月测图十八年四月制版。

[4] 艮山门（杭州市街及西湖附近第一号）中华民国十七年十月测图二十二年十月制版。庆春门（杭州市街及西湖附近第二号）中华民国十七年十一月测图二十二年十月制版。清泰门（杭州市街及西湖附近第三号）中华民国十九年三月测图二十二年九月制版。海潮寺（杭州市街及西湖附近第四号）中华民国十七年十一月测图二十三年五月制版。武林门（杭州市街及西湖附近第五号）中华民国十七年十一月测图二十二年十月制版。新市场（杭州市街及西湖附近第六号）中华民国十七年十二月测图二十二年九月制版。吴山（杭州市街及西湖附近第七号）中华民国十七年十二月测图二十二年九月制版。凤山门（杭州市街及西湖附近第八号）中华民国十七年十一月测图二十二年十月制版。江干（杭州市街及西湖附近第九号）中华民国十七年十一月测图二十二年五月制版。松木场（杭州市街及西湖附近第十号）中华民国十七年十一月测图二十二年十月制版。岳坟（杭州市街及西湖附近第十一号）中华民国十七年十二月测图二十二年十月制版。三潭印月（杭州市街及西湖附近第十二号）中华民国十七年十二月测图二十二年十月制版。净慈寺（杭州市街及西湖附近第十三号）中华民国十八年三月测图二十二年五月制版。闸口（杭州市街及西湖附近第十四号）中华民国十八年五月测图二十二年十月制版。六和塔（杭州市街及西湖附近第十五号）中华民国十八年七月测图二十三年五月制版。拱宸桥（拱宸桥附近第一号）中华民国十七年十一月测图二十三年五月制版。大关（拱宸桥附近第二号）中华民国十七年十二月测图二十三年二月制版。湖墅（拱宸桥附近第三号）中华民国十八年八月测图二十三年三月制版。

十八年共完成测绘 15.25 幅，民国二十三年（1934）印刷出版，计拱宸桥、松木场、六和塔以东 18 幅[1]，当即此图。而中国国家图书馆所藏《杭州市近旁图》则是该套地形图首批测绘印刷的 4 幅。

4.《杭州城近旁图》，1∶10 000，浙江陆军测量局，民国十年（1921），中国国家图书馆藏、美国国会图书馆藏[2]。包括杭州城北部、杭州城南部、闸口、老东岳、灵隐、云栖寺 6 幅[3]，精确程度较高。

5.《杭州城近傍图》，1∶10 000，浙江省陆地测量局，民国二十一年至二十五年（1932—1936）。涉及南宋临安城范围的有杭州城北部、杭州城南部、江干、松木场、西湖、闸口 6 幅[4]，精确程度较高，但测图相隔十年，地物信息较上一组地形图有较多变化[5]。

6.《杭州近傍图》，1∶20 000，杭州警备司令部，民国三十四年（1945），浙江省图书馆藏。北至拱宸桥，南过六和塔。

7.《杭州城》，1∶25 000，民国二年（1913），浙江省图书馆藏。北至江涨桥，南至闸口。

此外，民国三十六年（1947）、三十七年（1948），杭州市政府工务局测量队曾测有 1∶1 000 地形图。1950—1960 年代，杭州市规划设计处据其缩绘 1∶2 000 地形图[6]。

---

[1] 浙江省测绘志编纂委员会编《浙江省测绘志》，北京：中国书籍出版社，1996 年，343 页。

[2] 系日本大正十一年（1922）据民国图翻印本，据台湾中研院数字典藏资源网所提供扫描件拼接而成。

[3] 杭州城北部（杭州城近旁第一号）中华民国二年测图九年修正十年五月制版。杭州城南部（杭州城近旁第二号）中华民国二年测图九年修正十年六月制版。闸口（杭州城近旁第三号）中华民国二年测图九年修正十年六月制版。老东岳（杭州城近旁第四号）中华民国二年测图九年修正十年六月制版。灵隐（杭州城近旁第五号）中华民国二年测图九年修正十年六月制版。云栖寺（杭州城近旁第六号）中华民国二年测图九年修正十年六月制版。

[4] 杭州城北部，中华民国十八年三月测图二十一年十二月制版。杭州城南部，中华民国十八年三月测图二十二年九月制版。江干，中华民国十八年五月测图二十二年十月制版。松木场，中华民国十八年三月测图二十三年六月调查二十五年二月复制。西湖，中华民国十八年九月测图二十二年十月制版。闸口，中华民国十七年十二月测图二十二年十月制版。

[5] 民国时期杭州 1∶10 000 地形图另有数种，参许哲明《浙江测绘机构之历史地图（民国 2 年～民国 36 年）》，民国地图学会。http://www.ccartoa.org.tw/news/2022/202208.html。

[6] 浙江省测绘志编纂委员会编《浙江省测绘志》，北京：中国书籍出版社，1996 年，343—344 页。

（四）底图选择

严格说来，以上各图都有明显的缺点，年份早者测绘精确程度有限，年份晚者遗痕信息丧失较多。理想的方案是，以比较精确的1∶5 000地形图为基础，参照较早的地形图乃至近代城市图，补绘近代以来遭到破坏的遗迹、遗痕。作者撰写《南宋临安城复原研究》博士学位论文时，所能掌握的1∶5 000《杭州市近旁图》尚不能覆盖南宋临安城范围，于是选择测绘年代较早、覆盖面积较大的1∶10 000《杭州城近旁图》作为复原底图。本书修订过程中始获得1∶5 000《杭州市街及西湖附近图》，本拟以之为底图改绘复原图，但终因图面过大影响印刷及阅读而放弃。

二、复原图说明[1]

（一）复原范围：大致包括南宋临安城在城九厢及城外四厢，北至北新桥，南至六和塔，东至外沙河，西至三天竺。受材料限制，以城内为主为详，城外为辅为略[2]，绘制1∶10 000《南宋临安城复原图》，图幅40×80厘米。

（二）复原时限：由于最基本的文献依据是《咸淳临安志》，所以复原图表现的大体是南宋末年咸淳时期（1265—1274）的城市状况。

（三）复原项目：包括城垣、山岭、水系、桥梁、坊巷、厢界、官署、仓库场务、文教、武备、坛庙、攒所、御前宫观、道观、寺院、祠庙、官宅、私第、御园、私圃、瓦舍等。现存水井可考为南宋旧迹者，亦予以注记。另参附录第五节南宋临安城复原图地名索引。

（四）注记名称：绝大部分名称以《咸淳临安志》所记为准，个别据同时期其他文献予以补充。坊巷名称，优先使用巷名，没有巷名的使用坊名。

（五）注记类别：

1. 坊巷。复原分为两类情况：（1）旧址在民国地形图或近代城市图上尚存者，注以宋体字；（2）旧址在近代以前已遭破坏但位置可推者，注以仿宋体字。另参附录第二节南宋临安城复原图坊巷地名表。

2. 桥梁。复原及注记类别同坊巷。另参附录第三节南宋临安城复原图桥梁地名表。

3. 建置。分为四类情况[3]：（1）旧址范围大致可考，与地形图上街巷有一定关系者，按考

---

[1] 复原图及资料表的编制形式主要参考徐苹芳《明清北京城图》，北京：地图出版社，1986年。
[2] 城外可复原项目未处于图幅范围内者也一并列入资料表，供日后补绘《南宋临安城郊复原图》参考。
[3] 复原图上未能注记的项目可参考书中所附《咸淳临安志》南宋刻本《京城图》《皇城图》《浙江图》《西湖图》《府治图》及其校正本。

定的范围用方框表示（水井除外），注以宋体字[1];（2）旧址范围不确定而方位确定，某侧界线比较明确者，仅注以宋体字；（3）旧址方位可考，与参照地望相对关系不完全确定者，注以仿宋体字；（4）旧址方位不确定，仅有参照地望可供推测者，注以幼圆体字。建置的废置移动情况不在注记中反映，可参看附录第四节南宋临安城复原图建置资料表中所列沿革说明。

---

[1] 在建置复原方面，元大都有不少实例可以达到四至明确的程度（参前揭徐苹芳相关论文）。原因在于，元大都是全新规划建设的城市，街巷系统十分规则，大型建置占地面积在文献中也有明确的记载。比照文献所记建置方位、占地面积，分析后期街巷打破元代建置占地而形成的印子，就可以确定该建置的具体范围。南宋临安城情况不同，很多建置是宋室南渡以后利用既有建筑或空闲地段权宜修建，某些建置的范围后来还有调整，占地面积既无定律，四周边界也不齐整，大多数建置的具体范围难以判定。少数建置复原资料相对充分，但由于南宋时围墙之外尚多有民房，并不一定直抵街边，所以本文拟定的建置边界仅备参考，而非确实的空间限定。

第二节 外城

一、吴越杭州城

南宋临安城范围之奠定始自吴越，故讨论临安城选址，须先明确吴越杭州城范围。学界于此虽意见不一，却普遍认为当时杭州城远大于后来临安城[1]。然细辨史料，情况恐非如此。

唐大顺元年（890），钱镠初筑夹城。钱俨《吴越备史》云："王命筑新夹城，环包氏山，泊秦望山而回，凡五十余里，皆穿林架险而版筑焉。"景福二年（893），又筑罗城。"王率十三都兵泊役徒二十余万众，新筑罗城，自秦望山由夹城东亘江干，泊钱塘湖、霍山、范浦，凡七十里。"[2] 罗隐代钱镠作《杭州罗城记》记其事云[3]：

> 余始以郡之子城岁月滋久，基址老烂，狭而且卑，每至点阅士马，不足回转。遂与

---

[1] 魏嵩山《杭州城市的兴起及其城区的发展》，《历史地理》创刊号，上海：上海人民出版社，1981年，杭州城垣变迁示意图；虞家钧《杭州沿革和城市发展》，《地理研究》第4卷第3期，1985年9月，杭州城市沿革示意图；贺业钜《南宋临安城市规划研究》，《中国古代城市规划史论丛》，北京：中国建筑工业出版社，1986年，杭州城址变迁沿革示意图；陆鉴三《吴越国杭州城》，周峰主编《吴越首府杭州》，杭州：浙江人民出版社，1988年，25—31页；阙维民《杭州城廓的修筑与城区的历史演变》，《浙江学刊》1989年6期，112—114页；《杭州城池暨西湖历史图说》，杭州：浙江人民出版社，2000年，杭州城墙演变略图；伊藤宏明《吴越杭州城考》，《鹿儿岛大学法文学部纪要 人文科学论集》42，1995年，125—177页（此文承伊藤先生寄赠）；李志庭《唐末杭州城垣界址之我见》，《杭州大学学报》26卷4期，1996年12月，57—61页；任犖时《南宋以前杭州城郭考》，浙江大学建筑工程学院硕士学位论文，2002年；山崎觉士《港湾都市：杭州—9·10世纪中国沿海の都市变貌と東アジア海域—》，《都市文化研究》2號，2003年9月，56—71页；国家地图集编纂委员会《中华人民共和国国家历史地图集》第1册，北京：中国地图出版社、中国社会科学出版社，2012年，杭州城址演变图。

[2] 钱俨《吴越备史》卷一。

[3] 李昉等《文苑英华》卷八一一。

诸郡聚议，崇建雉堞，夹以南北，矗然而峙。帑藏得以牢固，军士得以帐幕，是所谓固吾圉。……后始念子城之谋，未足以为百姓计。东眂巨浸，辏闽夷之舟橹；北倚郭邑，通商旅之宝货。苟或侮劫之不意，攘偷之无状，则向者吾皇优诏，适足以自荣。由是复与十三都经纬罗郭，上上下下，如响而应。爰自秋七月丁巳，讫于冬十有一月某日。由北郭以分其势，左右而翌合于冷水源。绵亘若干里，其高若干丈，其厚得之半。

《乾道临安志》记有吴越时城门名称："南门曰龙山，东门曰竹车、南土、北土、保德，北门曰北关，西门曰涵水、西关。城中又有门曰朝天门、曰炭桥新门、曰盐桥门，今废，土人犹以门称焉。"[1] 吴越罗城诸门，以南宋时人理解，均在临安城之外。北关门在夹城巷[2]，西关门在雷峰塔下[3]，竹车门在保安门外[4]，南土门在崇新门外，北土门在东青门外[5]。《永乐大典·杭州府》所记相近[6]：

> 古城：东马城、西马城。二城乃吴越钱王时城堡，今有夹城巷名，即古城界也。古城门：朝天门；龙山貌门；竹车门；新门头，元在城内炭桥东南；南土门，元在荐桥门外；北土门，元在菜市门外；盐桥门，元在盐桥西，今在打城巷；宝德门，元在艮山门外无星桥；西关门，元在雷峰塔下；北关门，元在夹城巷。十门乃吴越钱王时门关。

明人郎瑛即本此说，《七修类稿》叙杭城来历[7]：

> 杭城创于隋之杨素，周止三十六里。……至五代，钱镠则又新筑罗城于外，自秦望山有门曰龙山，东亘江干，其门曰保德，旋至湖市夹城巷口，其门曰北关，西泊于钱塘湖，直至雷峰塔前，其门曰涵水，循城慈云岭直上而南，周七十余里。

---

[1] 周淙《乾道临安志》卷二《城社》。
[2] 赵与𥳑修，陈仁玉纂《淳祐临安志》卷九《诸坞》："东西马塍，在余杭门外羊角埂之间……或云是钱王旧城，非塍也。今北关门，古之余杭门，外城也，元自有北关门。今有夹城巷，乃古基也，地与马城相接。"
[3] 潜说友《咸淳临安志》卷一八《城郭》："西关〔门〕，在雷峰塔下。"
[4] 潜说友《咸淳临安志》卷二一《桥道》："诸家桥，保安门外、竹车门南。"
[5] 潜说友《咸淳临安志》卷一九《市》："菜市，在崇新门外南、北土门，及东青门外坝子桥等处。蟹行，在崇新门外南土门。北土门市，在东青门外，去县三里。南土门市，在崇新门外，去县四里。"
[6] 解缙等《永乐大典》卷七六〇三《杭州府》五二。
[7] 郎瑛《七修类稿》卷四《天地类》杭城来历。

今论吴越杭州城者，基本认同宋明文献所述，是故城垣位置推测彼此虽有差异，整体范围划定均远超南宋临安城。然而，吴越以降迄于南宋，文献中并无任何关于杭州城垣范围缩小之记录，吴越杭州城范围还应审慎考虑。

《吴越备史》记述夹城、罗城所提一些地名，南起顺时针依次有：包氏山，即宋包家山，今谓包山，在梵天寺南[1]。秦望山，即今将台山[2]。钱塘湖，即西湖[3]。霍山，在钱塘门外宝石山侧[4]。范浦，宋为镇，在艮山门北[5]。均在南宋临安城垣左近。另有其他几处地点可为判断吴越外城外围提供直接参照。天复二年（902）徐绾之乱，《吴越备史》云："俄而杨行密使至顗营，王城中莫有知其意者。王曰：田顗悖而无机，倘得密意，必明言其可否。王乃使人往觇之，顗迎行密来使于半道红（半道红在北郊，旧植桃花之所，凡数里），并辔而行，果与言及罢兵之事。"[6]《西湖游览志》云："出武林门而北，为崇福桥、霍山坊、余杭桥巷、新桥巷、半道红、清湖三闸、周公泉、枯树湾、夹城巷……"[7]余杭桥、清湖三闸、夹城巷，在《咸淳临安志·西湖图》中由南至北排列，是吴越外城北不能至夹城巷。关于吴越王室墓，《吴越备史》记：天福"七年（942）壬寅二月癸卯，葬（文穆王）于国城龙山之南原"。广顺二年（952）"秋八月丁酉，敕葬恭懿夫人于钱塘慈云岭之西原"[8]。文穆王即钱元瓘，恭懿夫人即吴汉月，两墓分别发现于玉皇山（龙山）南麓及慈云岭西南施家山[9]，是吴越外城西不能过慈云岭。另外，望江路与吉祥巷交界东

---

[1] 赵与𥲅修，陈仁玉纂《淳祐临安志》卷八《城南诸山》："包家山，在城南，近郊坛、冷水峪。多桃花，为春日游览之胜。"
[2] 赵与𥲅修，陈仁玉纂《淳祐临安志》卷八《城西诸山》《城内诸山》："后唐同光中，钱氏于秦望山建上清宫，有巨石二十余株，自然成行，名曰金洞门。"凤凰山"其右山巅有介亭，石笋林立，最为怪奇。旧传钱武肃王凿山，见怪石排列两行，如从卫拱立趋向，因名排衙石，及刻诗其上"。案：排衙石在今将台山顶。
[3] 赵与𥲅修，陈仁玉纂《淳祐临安志》卷一〇《湖》："西湖，在郡西，旧名钱塘湖。"
[4] 赵与𥲅修，陈仁玉纂《淳祐临安志》卷八《城西诸山》："霍山，在钱塘门外。"
[5] 潜说友《咸淳临安志》卷一九《市》："范浦镇市，在艮山门外，去县四里。"
[6] 钱俨《吴越备史》卷一。
[7] 田汝成《西湖游览志》卷二二《北山分脉城外胜迹》衢巷河桥："出武林门而北，为崇福桥、霍山坊、余杭桥巷、新桥巷、半道红、清湖三闸、周公泉、枯树湾、夹城巷……"
[8] 钱俨《吴越备史》卷四。
[9] 浙江省文物管理委员会、杭州师范学院历史系考古组《杭州郊区施家山古墓发掘报告》，《杭州师范学院学报（社会科学版）》1960年1期，103—114页（此文承王巨山先生提供扫描件）；浙江省文物管理委员会《杭州、临安五代墓中的天文图和秘色瓷》，《考古》1975年3期，186—194页。

北原杭州家具厂曾发现南宋、北宋、五代叠压城墙基础[1]，是吴越外城东不能逾东河。

由此看来，宋代志书对吴越杭州城范围描述并不可靠，而钱俨记述夹城、罗城时所提地点，除包氏山、秦望山为城垣所经，其余均是城外近处显著地标。据现有资料，吴越杭州城仍当与南宋绍兴二十八年（1158）扩东南外城以前临安城大致重叠。

二、南宋拓城

临安外城袭自北宋，前身是吴越所筑罗城[2]。南宋初年，以凤凰山子城为皇城，东南并无外城，故原子城南门名通越门。徐绾之乱时，钱镠"微服至德胜门，衙将周肃遣偏将钟审以舟迎王，王遂沿江至内城东北登城而入，城中莫有知者"[3]。苗刘之变时，高宗曾遣人缒皇城而出，直抵郊外水际，探查勤王军船情况[4]。在此情况下，每遇朝会，臣僚只能先由候潮门出城，绕至利涉门入城，方可抵达皇城南门，极为不便。《宋会要辑稿》方域二之一七、一八：

> （绍兴十三年，1143）八月二十五日，大理寺臣吴镛言：伏自车驾驻跸东吴，城壁仍旧未暇作改。近日创建前殿，肇（亲）[新]典礼，每遇朝会，宰执百[官]缘朝在城之外，遂自五鼓后启外城二门之钥，不惟（蜜尔）[密迩]。皇城，而又迫临江渚，富商大贾风帆海舶往来之冲，岂所谓九重严邃、君门万里之义乎？乞下所属措置。若城外朝路难以移改，只于朝路之外东量添城壁，免致未旦启钥。诏于临安府措置，申尚书省。

吴镛所提建议，直至绍兴二十八年（1158）方付诸实施。《宋会要辑稿》方域二之二〇、二一：

> （绍兴）二十八年六月三日，诏：皇城东南一带，未有外城，可令临安府计度工料，候农隙日修筑。具合用钱数申尚书省于御前支降。今来所展地步不多，除官屋外，如有民

---

[1] 唐俊杰、杜正贤《南宋临安城考古》，杭州：杭州出版社，2008年，45—48页。

[2] 北宋末年方腊之乱，杭州曾有缩城之议，未果。徐松辑《宋会要辑稿》方域八之八："宣和三年（1121）闰五月八日，江浙、淮南等路宣抚司奏：浙江被贼六州，睦、歙、杭、衢、婺、处，曾经焚劫……杭州城基四十余里，地步太宽，若全修旧城，不惟目前费工，异日亦难守御。如未修城，民户未尽安乐。不免就其形势减缩，因旧日修完，如此省功，民情乐为。……诏：杭州、江宁府城壁并因旧修完，不得减缩，余依宣抚司措置到事理施行。"

[3] 钱俨《吴越备史》卷一。

[4] 李心传《建炎以来系年要录》卷二二引朱胜非《闲居录》。

间屋宇，令张俶措置优恤。

七月二日，殿前都指挥使杨存中言：降下展城图子令臣相度，臣看详所展城离隔墙五丈，街路止阔三丈，只是通得朝马路。今乞更展八丈，通一十三丈，以五丈作（街）〔御〕路，六丈令民居。将来圣驾亲郊，由候潮门经从所展（街）〔御〕路，直抵郊台，极为快便。展八丈地步，十之九是本司营寨教场，其余是居民零碎小屋。若筑城毕工，即修盖屋宇，依旧给还民户居住，委实利便。诏依。差户部郎官杨倓同知临安府张俶计料修筑。张俶、杨倓言：今相视合修筑五百四十一丈，计三十余万工，用砖一千余万片、矿灰二十万秤。……今来所展城阔一十三丈，内二丈充城基，中间五丈充御路，两壁各三丈充民居。……从之。

经过这次拓展，皇城完全为外城所围绕。

三、元明清杭州城沿革

入元以后，城池不修。至正十一年（1351），红巾军起事于江淮，江浙震动，婺州、平江、绍兴等路亟筑城墙以备防卫。七月，徐寿辉麾下项普略部破昱岭关，进占杭州约有半月[1]。时人以为，"钱唐大方面，贼直抵行垣者，以城池之废也；始苏界常湖，贼越门而去者，以城池之新固也"[2]。

江浙地区元末筑城事例

筑 城 时 间	城 市	参 考 文 献
至正十二年（1352）闰三月至七月	婺州路	黄溍《婺州路新城记》，《金华黄先生文集》卷九；王祎《婺州新城诗并序》《婺州新城记》，《王忠文集》卷一、一〇
至正十二年四月至八月	平江路	郑元祐《平江路新筑郡城记》，《侨吴集》卷九
至正十二年八/九月至十三年（1353）三月	绍兴路	黄溍《绍兴路新城记》，《金华黄先生文集》卷九；杨维桢《绍兴新城记》，《东维子文集》卷一二
至正十六年（1356）十一月至十七年（1357）二月	湖州路	饶介《吴兴临湖门记》《吴兴郡城迎僖门记》，《吴兴金石记》卷一六，宇文公谅《资善大夫江浙等处行中书省分省左丞潘公政绩碑铭并序》，《两浙金石志》卷一八
至正十六年	嘉兴路	〔弘治〕《嘉兴府志》卷二
至正十九年（1359）七月至十月	杭州路	贡师泰《杭州新城碑》，《贡礼部玩斋集》卷九
至正二十一年（1361）五月至七月	建德路	《明太祖实录》卷六、卷一六〇

---

[1] 陶宗仪《南村辍耕录》卷二八《刑赏失宜》；杨维桢《俞同知军功志》，《东维子文集》卷二二。

[2] 黄溍《绍兴路新城记》，《金华黄先生文集》卷九。

至正十六年（1356），张士诚占据平江，进逼杭州，被苗帅杨完者击退。次年（1357），士诚降元，江浙行省左丞相达识帖睦迩承制授其太尉。嗣后完者败死，士诚遂据有杭州，弟士信授江浙行省平章政事。时张氏所辖湖州等路业已筑城，十九年（1359），士信乃大发浙西诸郡民筑杭州城[1]。此事详记于贡师泰所撰《杭州新城碑》[2]：

> 至正十八年（1358），上因江浙行省左丞相达识帖木儿请，诏赐臣张士诚光禄大夫爵太尉设僚属开府中吴，士信荣禄大夫、江浙等处行中书省平章政事兼同知行枢密院事。明年春，平章谓太尉曰：钱塘东南重镇，地当冲要，城郭不完，其何以守？太尉曰：然兹实大役，汝其白之丞相。丞相谓：天方旱，民将弗堪。议久未决，则又曰：丞相无忧也，当有以处之。遂诣太尉，请出粟二十万石，以始兴筑。命郡守谢节考观图志，以咨故实，度地植表，以正方位。视民力上下，田赋多寡，授之丈尺，以均其徭。发姑苏、吴兴、嘉兴、松江四郡及一州两县四隅之民，更相作息，以亟其成。犹虑夫趋事之或怠也，则督部将先筑钱塘门并湖者数百丈，为之程劝。……其自候潮门步自东青门，则平江守周仁治之。自钱塘门步至丰豫门，则吴兴通守陆大本、判官张士俊治之。余杭，则嘉兴通守缪思恭治之。艮山、北新、清波，则松江通守谢礼、推官马玉麟治之。和宁与钱湖，则属之海宁州、仁和县。而总其役者，实谢节也。……曾不三月，而功已告成。……城之周六万四千二十尺[3]，高三十尺，厚视高加十尺，而杀其上，得厚四之三焉。甃以贞甓，锢以坚珉，矿墍垩涂，雪立虹贯。旧城包山距河，故南北长。今则截凤山于外，络市河于内，故东西广，而广轮适中焉。为门一十有三：东曰候潮，曰新门，曰崇新，曰东青，曰艮山；西曰钱湖，曰清波，曰丰豫，曰钱唐；南曰和宁；北曰余杭，曰天宗，曰北新。上各建飞楼四楹，而外为瓮城，门皆左右辟。其余艮山、清波各为月城，环旋出入，互相屏蔽。凿石为枢，冶铁为扇，金铺铜环，启闭有则。县以飞梁，堑以重壕。内凡二百步设磴道，以上下人马；外凡百余步发方台，以便矢石。其上则发号之亭，逻卒之舍，睥睨楼橹，连弩飞炮，靡不毕具。……经始于十九年七月十三日，迄功于是年十月某日。

---

[1] 宋濂等《元史》卷一四〇《达识帖睦迩传》。

[2] 贡师泰《杭州新城碑》，《贡礼部玩斋集》卷九，明嘉靖十六年（1537）徐万璧重修本，并据《万历杭州府志》卷三三所引同文校补。筑城事可另参杨维桢《杵歌七首》，《东维子文集》卷三〇。

[3] 明清城周丈尺与此不同。《万历杭州府志》卷三三《城池》："制多仍旧，惟城周五千五百丈，高三丈六尺，下广四丈或三丈七尺，上广三丈二尺有差，则与旧为不侔。"〔光绪〕《杭州省城图说》："杭州省城赢于南北而缩于东西，旧志广袤四十里，今测量得城周四千八百四十七丈，合二十六里九分强。"

这次筑城活动对南宋以来沿袭未变的杭州城改动较大，东侧从菜市河拓展到外沙河一线，南侧筑城于万松岭北，将南宋皇城完全舍弃于外。

自此以后，杭州城垣范围就再无变化，明代前期只是封闭了个别城门。《成化杭州府志》卷一《封畛》一：

> 东城五门：曰候潮，有水门；曰永昌，旧名新门，俗呼草桥门；曰清泰，旧名崇新门，俗呼荐桥门，又名螺蛳门；曰庆春，旧名东青门，俗呼菜市门；曰艮山，俗呼坝子门，有水门。西城四门：曰钱湖，今闭塞；曰清波，俗呼暗门；曰涌金，旧名丰豫门；曰钱塘。南城二门，曰凤山，旧名正阳门，有水门；曰清平，今闭塞。北城二门：曰天宗，俗呼小北门，今闭塞[1]；曰武林，旧名余杭门，又名北关门，有水门。

至成化十二年（1476），将涌金门北暗渠改为河道，创建了一处水门[2]。清代城垣一仍明旧，唯康熙五年（1666）将永昌门之名改为望江而已。

四、城墙与城门

南宋临安城南依山，西傍湖，东瞰江，有城门13座，另有水门5座。《咸淳临安志》卷一八《城郭》：

> 城东：便门；候潮门；保安门，旧名小堰门；新门；崇新门，俗呼荐桥门；东青门，俗呼菜市门；艮山门。城西：钱湖门；清波门，俗呼暗门；丰豫门，旧名涌金门；钱塘门。城南：嘉会门。城北：余杭门，俗呼北关门。水门：保安门、南水门、北水门、天宗门、余杭门。

东城墙北段位于菜市河西侧，在东清巷—金鸡岭—城头巷—直吉祥巷东侧一线。这一带的街巷名称也多是历史遗存的反映。（1）明菜市桥之西大街南北分别有旧城基南路、旧城基北

---

[1] 翟灏《艮山杂志》卷一引《南湖纪闻》："天宗在宋时为水门，张士诚始改为陆。仅六年，明省十三门为十门，宜并天宗陆门塞矣。故老传明时湖墅肩贩有径进小北门至中市者，岂当时犹存小窦，抑传之者误欤？"
[2] 刘吉等修，傅瀚等纂《明宪宗实录》卷一四三，成化十一年（1475）七月癸亥条；陈让等修，夏时正等纂《成化杭州府志》卷六〇《纪遗》。

路,即民国萧王街、东清巷。(2)民国淳佑桥之西有金鸡岭,《武林坊巷志》引《约略说》云:"殆以岭在城基之上,城为宋之京城,基、鸡音同,故呼为金鸡。"2003年于此地确实发现了南宋城墙遗迹[1]。(3)民国章家桥之西大街南有下城头巷、上城头巷。2012年在今城头巷(市三医院段)东侧发现了南宋城墙遗迹[2]。(4)2006年在今直吉祥巷东侧(原杭州家具厂)发现有南宋城墙遗迹[3]。艮山门在坝子桥西侧[4],东青门在菜市桥西侧,崇新门在章家桥西侧,新门(新开门)在望江门街与直吉祥巷路口东。

东城墙南段走向遗痕不甚明确,仅有保安门、吴府、诸家桥三处地望可供参考。(1)宋保安水门西有保安延寿桥,即民国保安桥。可推知保安门即在通江桥街与金钗袋巷路口东。(2)吴府,即宪圣慈烈吴太后宅。《咸淳临安志》记其位于州桥以东,太过泛泛。叶绍翁《四朝闻见录》有一段很有价值的记录[5]:

> (吴琚)居近城,与东楼平。……自厅事侧梯东楼,楼下以半植镇安旌节,半为燕坐处。楼相直有亭,仅着宾主四人,因城叠石,曰南麓。麓后高数级,登汲于瓮,泄之以管,淙淙环佩声,入方池。池方四五尺,画☷于扁。自麓之后,登城为啸台。下有堂,依城南,榜曰读书台,有级可下。又自台入洞门,依雉堞有平地可坛,圜植碧桃,有石可棋而坐。自西行,有径亭曰物表,亦光皇赐扁,面直吴山。……

吴太后之弟名益,琚乃其子[6]。叶绍翁所描述的吴琚居第即吴太后外宅。据《京城图》,吴府在州桥东,邻近保安水门以南之东城墙。叶氏却言宅中有堂依城南。在民国保安桥(宋保安延寿

---

[1] 杜正贤《南宋都城临安研究:以考古为中心》,上海:上海古籍出版社,2016年,47页。
[2] 郎旭峰《南宋临安城城垣若干问题研究》,《东方博物》第56辑,北京:中国书店,2015年,23—31页。杜正贤《南宋都城临安研究:以考古为中心》,上海:上海古籍出版社,2016年,47页。案:郎将发现时间记为2011年。
[3] 唐俊杰、杜正贤《南宋临安城考古》,杭州:杭州出版社,2008年,45—49页。杭州市文物考古研究所《杭州临安城遗址上仓桥段东城墙试掘简报》,《杭州文博》第15辑,北京:中国书店,2015年,57—61页。
[4] 翟灏《艮山杂志》卷一:"按《咸淳临安志·京城图》,艮山门适当东北之隅,倚菜市河为濠,城内少西即白洋池。其去今门不甚远也。今三拨营廛舍之北尚有青石门梁迹在城,盖惟宋时门在河西,元则移河东耳。"
[5] 叶绍翁《四朝闻见录》乙集《吴云壑》,北京:中华书局,1989年,49页。
[6] 此据《宋史》卷四六五《吴益传》,琚有弟名璹。曹勋《大宁郡王吴公(益)墓铭》,《松隐集》卷三五,记益有九子:珣、璝、琠、璐、璟、琪、管、璹。

桥）以南，秽接骨桥（宋州桥）以东，有五福街，与文献所记吴府地望相合，巷名亦谐音，吴太后宅盖位于此，其东侧所临河道适有曲折。考虑到吴府建筑与城墙的关系，推测东城墙过保安水门至此略向东折，复而转南。（3）诸家桥，在保安门外，即民国车驾桥。据《浙江图》，此桥南北，南宋已为通衢，则东城墙似在其西。且候潮门与上楞木桥（民国普济桥）之间尚有寺院、军营、瓦子分布，故南宋候潮门与明清不相重合，而在六部桥街与候潮门直街路口西。2014年在上仓桥路（民国仓桥街）北、江城路（车驾桥直街—候潮门直街）西发现南宋城墙[1]，印证了以上推断。

东南部有便门，位置有以下线索。其南为北水门，出为横河头，有里、外横河桥[2]；其东北有便门瓦，东南有鳖团[3]。《成化杭州府志》卷三："旧便门街，亦名太平坊。"民国时横河北有太平坊，东对瓦子巷，南有鳖团巷，正与旧便门街相符。推测便门故址在太平坊与候潮门外直街路口西。由于便门附近各桥均属城南左厢，即在城墙之外，而便门以南又接连设有北出水门和南入水门，龙山河由南水门入城，由北水门出城为横河[4]，初步推测这一带的外城由便门向南跨横河，再向西折，越龙山河，以趋嘉会门。

不过，候潮门至嘉会门段城垣具体走向还不甚清楚，复原图中所绘线路推测成分较多。1984年在江城中学西墙外中河东侧老吊桥东北角（民国兴家儿巷西口）[5]、2008年在南星桥粮食仓库[6]、1990年在南星桥站货运楼[7]，据报道均曾发现南宋城墙基础，如日后考古材料正式发

---

[1] 杭州市文物考古研究所《杭州临安城遗址上仓桥段东城墙试掘简报》，《杭州文博》第15辑，北京：中国书店，2015年，57—61页。

[2] 潜说友《咸淳临安志》卷二一《桥道》。

[3] 潜说友《咸淳临安志》卷一九《瓦子》。

[4] 赵与𥲅修，陈仁玉纂《淳祐临安志》卷一〇《城外诸河》："南自龙山浑水闸，由朱桥自南水门入城，曰龙山河。"《梦粱录》卷七："城东南门者七：曰北水门，曰南水门，盖禁中水从此流出，注铁沙河及横河桥下……"外城南北两水门与皇城南东两水门之间水系如何连通，情况不明。

[5] 姚桂芳《南宋临安城遗址保护与利用问题的若干思考》，《探索与守望：浙江省考古学会成立20周年暨历史村镇、街区保护利用学术研讨会论文集》，北京：科学出版社，2009年，73页。唐俊杰《武林旧事：南宋临安城考古的主要收获》，何忠礼主编《南宋史及南宋都城临安研究》下，北京：人民出版社，2009年，871页。

[6] 唐俊杰《武林旧事：南宋临安城考古的主要收获》，何忠礼主编《南宋史及南宋都城临安研究》下，北京：人民出版社，2009年，871页。杭州市人民政府地方志办公室《杭州年鉴2009》，北京：方志出版社，2009年，207页。

[7] 高峰《杭州铁路南星桥站发现南宋京城墙》，《杭州考古》1990年1期，5页。

表，遗迹性质确实无误，当可据以修正。

南部嘉会门的大体位置，可参照梵天寺、包家山、冷水峪和丽正门来推断。据《皇城图》，嘉会门以西城墙骑于包家山之上，梵天寺在城内，冷水峪在城外。以民国地形图验之，这段城墙所经即包山山顶南缘及其东山脊，已被2012年调查勘探所证实[1]。赵彦卫《云麓漫钞》云：凤凰山"尽处即嘉会门"[2]。包山稍东，其地近笤帚湾路，北对皇城丽正门，嘉会门故址当于此区域求之。

西南部城墙依山而行[3]，参照《皇城图》，辅以地形图及上述调查勘探结果，推断其走势大致为：由嘉会门而西，起自包山东侧山脊，绕包山山顶南缘，经栖云山南、栖云寺北，过月岩南侧岭口，绕排衙石及将台山西南部山顶，顺山脊而北[4]，经圣果寺西侧，过凤凰山西麓及孔家山，沿万松书院（清敷文书院）西侧山脊，达于万松岭路，为钱湖门。桃花林山（宋桃花关）、乌龟山、慈云岭均在城外。

钱湖门，元末新城尚存其名，入明闭塞。《浙江省城图》在铁崖岭（宋铁冶岭）西南注记有"钱湖门址"。如以此处当南宋钱湖门，则有疑问。《中兴礼书》卷二九〇，庄文太子：

（乾道三年［1167］七月）二十八日，礼部、太常寺言：……（故皇太子）掩圹毕，次日迎奉虞主，回赴本府行虞祭礼。所有经由道路，今据太史局克择官申，自葬所出宝林寺门，依经书照望得，头东带南行至钱湖门系是利方，次入钱湖门，取万松岭路，行至都亭驿，向南迤逦行，入元开门至本府，即与国音别无妨碍。

元末新城南城墙均在万松岭北，清人注记钱湖门址，入之即由铁冶岭路北去。上引文献所言路线则是入钱湖门之后，取万松岭路向东，以抵六部桥、都亭驿。所以，清人注记钱湖门址即便

---

[1] 郎旭峰《南宋临安城城垣若干问题研究》，《东方博物》第56辑，北京：中国书店，2015年，23—31页。

[2] 赵彦卫《云麓漫钞》卷三，北京：中华书局，1996年，47页。

[3] 皇城倚靠凤凰山，西侧一部利用山势，并未修筑城墙。外城则不然，将台山冲天观一带地势虽高，亦有城墙。徐松辑《宋会要辑稿》方域二之二五："绍兴十三年（1143）五月九日，知临安府卢知原言：本府周回城壁久不修治，颓损至多。今日钱湖门南、冲天观等并系相近禁卫去处，未敢擅便前去相视。诏令计会中军、皇城司、殿前司前去检计修葺。"

[4] 《皇城图》中冲天观、排牙石所在即将台山，外城抵其南。许及之《观郭殿岩打球于冲天观旁》，《涉斋集》卷一一："峰顶球场蔚似平，汾阳号令素精明。万蹄攒逐一星过，两队欢呼众乐鸣。静看穿杨矜妙手，醉观过翼觉身轻。摩挲亭丁排衙石，拟赋将军射虎行。"

准确无误，也只可能是元末改建之新钱湖门。南宋钱湖门当位于万松岭西麓[1]，如此，由宝林院过净慈寺而来，方向才是"头东带南"。

西北两侧城墙与明清旧城相重叠。由钱湖门向北，沿西湖东岸，依次为清波门、丰豫门、钱塘门。再沿九曲下湖东岸，抵余杭门，东折而至艮山门。这部分城墙沿革后人曾有异议：

（1）清波门以北城墙

《成化杭州府志》卷四七《寺观》一：

> 定水寺，在七宝山馨如坊。宋乾道八年（1172）建庵于万松岭，嘉定八年（1215）移清波门聚景园侧。元至元十三年（1276）筑入城基，寺徙今处，乃元俞判司故宅也。

钟毓龙《说杭州》据此以为元末筑城曾将清波门至涌金门段向西展拓[2]。检索志书，南宋实有两定水院。《咸淳临安志》卷七六《寺院》：

> 定水院，在修内司营前。旧为观音庵，嘉定八年移请今额。

《咸淳临安志》卷七九《寺院》：

> 定水院，旧号湖光，内有水鉴堂、湖光堂、檀香千手眼大悲像。今为聚景园，移额东青门外。

《成化府志》显然将两定水院混为一谈。嘉定八年（1215），观音庵以定水院为额，在修内司营前，正在万松岭北，实为元末筑入城基者，新徙定水寺于严官巷，明清递存。清波门外之定水院南宋时即已辟为聚景园，无关筑城之事。

---

[1] 赵彦卫《云麓漫钞》卷五："今万松岭下西城第一门题曰钱湖门。"北京：中华书局，1996年，76页。潜说友《咸淳临安志》卷三九《水闸》："澄水闸，在长桥南。始因钱湖门内诸山之水分流为三道，雨甚则泥滓侵浊西湖，故于钱湖门之北城下置海子口，流出省马院后为小渠，引水至澄水闸入湖。"这表明钱湖门位于万松岭西麓地势较低缓处。

[2] 钟毓龙《说杭州》，杭州：浙江人民出版社，1983年，187页。

（2）钱塘门以北城墙

钱塘门址已经发掘，在湖滨路与庆春路交口西[1]，位置明清相仍未改。其北一段城墙宋时有九曲城之称。《咸淳临安志》卷七三《外郡行祠》：

> 灵顺庙，即婺源五显神祠，于近郊者凡七：……一在钱塘门外九曲城下，绍兴间建。

钟毓龙《说杭州》称，元末筑城，"宋之九曲城则改而直之，仅留一曲"[2]。但未交代依据。《咸淳临安志》卷三四《湖》下：

> 下湖，在钱塘门外，其源出于上湖（即西湖）。一自玉壶水口流出九曲沿城一带，至余杭门外。

同书卷三三《湖》中：

> 真珠河，在钱塘门内。水口在钱塘门外菩提寺后（一通九曲下湖）。

是城以其侧水名，并非城垣自身曲折，元末改曲为直并无实据。

综上，南宋临安城清波门以北城墙仍以明清旧城范围为准。

---

[1] 唐俊杰《武林旧事：南宋临安城考古的主要收获》，何忠礼主编《南宋史及南宋都城临安研究》下，北京：人民出版社，2009年，869、871—872页。

[2] 钟毓龙《说杭州》，杭州：浙江人民出版社，1983年，187页。

第三节　皇城

与北宋皇城相比，南宋皇城既无详细地图又少参观记录，其内部情况一直不甚明了。在现有条件下，欲绘出较为准确的布局示意图，诚为难事。由于皇城周边是今后临安城考古工作有条件开展的重点区域，谨辑录文献，对皇城的营建次第、废毁经过及主要建筑略加考辨，并结合已有考古勘探成果，对皇城范围的推定提出初步意见，以备参考。

一、南宋皇城的营建

南宋皇城的前身即杭州子城，州治所在。《咸淳临安志》卷五二《府治》："府治，旧在凤凰山之右，自唐为治所。子城南曰通越门，北曰双门，吴越王钱氏造。……中兴驻跸，因以为行宫。"建炎二年（1128）十二月及三年正月，隆祐太后和高宗先后抵达杭州，以州治为行宫[1]。随后为金兵所迫，高宗泛海至温州。绍兴元年（1131）十一月，以驻跸绍兴，漕运不继，预备移跸临安，先期修整宫室[2]。二年（1132）正月，高宗至临安[3]，宫室营建活动进一步展开。

（一）高宗时期

1. 皇城门

绍兴二年（1132）七月，增修皇城南门，九月成[4]。三年（1133）六月，作南北台门[5]。十八年（1148）三月，名行宫之南门曰丽正，北门曰和宁[6]。

---

[1] 李心传《建炎以来系年要录》卷一八、卷二〇；徐梦莘《三朝北盟会编》卷一一九、卷一二二。
[2] 李心传《建炎以来系年要录》卷四九；徐松辑《宋会要辑稿》方域二之九、一〇。
[3] 李心传《建炎以来系年要录》卷五一；徐梦莘《三朝北盟会编》卷一五〇。
[4] 徐松辑《宋会要辑稿》方域二之一一。
[5] 李心传《建炎以来系年要录》卷六六。
[6] 徐松辑《宋会要辑稿》方域二之一八。

2. 慈宁宫

绍兴九年（1139）正月，以大内旧承庆院地改建皇太后宫殿[1]。依山因地势修筑，十月成，名为慈宁宫[2]。十二年（1142）五月，增筑慈宁殿[3]。八月，韦太后回銮，居慈宁宫[4]。二十九年（1159）九月崩于此[5]。

3. 崇政殿、垂拱殿

驻跸之初，皇城仅有射殿及后殿。《建炎以来系年要录》卷六八：

> （绍兴三年[1133]九月丙辰）时行宫外朝止一殿。日见群臣省政事，则谓之后殿；食后引公事，则谓之内殿；双日讲读于斯，则谓之讲殿。至是梁朽，前荣且坏，命有司缮治之。乃权御射殿，极卑陋，茆屋才三楹，侍臣行列，巾裹触栋宇。

宋金和议成，绍兴十二年（1142）十月，臣僚请复朔日视朝之礼。《宋会要辑稿》仪制一之三五：

> 绍兴十二年十月二十七日，臣僚言：望诏有司讲求祖宗故实，常朝、视朝、正衙、便殿之仪，举而行之，用称万邦百辟尊君之心。礼部、太常寺、阁门讨〔论〕在京日御殿节次：朔日文德殿视朝，紫宸殿日参、望参，垂拱殿日参、四参，假日崇政殿坐，圣节垂拱、紫宸殿上寿。若依所请，欲乞先次宰臣率百僚拜表，奏请皇帝御正殿视朝。从之。

十一月，以射殿改建崇政殿，朔望权作文德、紫宸殿；以皇城司北内诸司地建垂拱殿。《宋会要辑稿》方域二之一六：

> （绍兴十二年）十一月十二日，提举修内司承受提辖王晋锡言：依已降指挥，同临安府将射殿修盖两廊并南廊殿门，作崇政殿。遇朔望权安置幕帐门，作文德、紫宸殿。及将

---

[1] 徐松辑《宋会要辑稿》方域二之一五。
[2] 徐松辑《宋会要辑稿》后妃二之六。
[3] 李心传《建炎以来系年要录》卷一四五。
[4] 李心传《建炎以来系年要录》卷一四六。
[5] 李心传《建炎以来系年要录》卷一八三。

皇城司近北一带相度，修盖垂拱殿。今具擗移诸司，屋宇共二百四十七间，乞依画到图本修建。从之。

十五年（1145）以后，正旦、冬至大朝会又以崇政殿权作大庆殿[1]。二十八年（1158），两殿又有重修之举[2]。

4. 天章阁、神御殿

绍兴六年（1136）三月，欲将暂存温州的北宋帝后神御迎赴临安，于皇城内建天章阁，却因六月高宗以亲征为名进驻建康而未及修建[3]。八年（1138）二月，高宗还都临安，稍后建有临时性的天章阁、神御殿[4]。十三年（1143）八月，新建景灵宫成。十月，奉安帝后神御于景灵宫[5]。十五年（1145）八月，于崇政殿东建神御殿，即钦先孝思殿。《宋会要辑稿》方域二之一八：

> （绍兴）十五年八月二十八日，入内内侍省东头供奉官王晋锡言：神御殿遇旦望、节序、生辰，驾过酌献行香，御路窄狭。欲于射殿东修盖神御殿一座，告迁安奉，委是稳便。所有土工、人匠、材料，乞下临安府应副，同共修造。从之。

《建炎以来朝野杂记》甲集卷二：

> 内中神御殿，东都旧有之，号钦先孝思殿。绍兴十五年秋始创，在崇政殿之东。凡朔望、节序、生辰，上皆亲酌献行香，盖用家人礼也。

二十四年（1154）九月，于和宁门内建天章等六阁，十一月成，同阁异名，实为一所[6]。岳珂《愧郯录》卷一四《天章阁》：

---

[1] 徐松辑《中兴礼书》卷一九九《大朝会》一；李心传《建炎以来系年要录》卷一五三。
[2] 李心传《建炎以来系年要录》卷一八〇。
[3] 李心传《建炎以来系年要录》卷九九。
[4] 李心传《建炎以来系年要录》卷一一一、一二八、一三四。
[5] 李心传《建炎以来系年要录》卷一五〇。
[6] 徐松辑《宋会要辑稿》方域二之一九。

中兴而后，惟建天章一阁以藏祖宗诸阁御书。……今行宫大内之后万松岭有地名旧天章阁[1]，盖六龙南渡之初，便有此阁，寓于是间。……珂叨与班缀时，间自和宁门入趋外朝，则过其下。

5. 其他

《建炎以来朝野杂记》甲集卷二《今大内》：

（绍兴二十八年［1158］）于是时，禁中已复营祥曦、福宁等殿，苑中有澄碧、观堂、凌虚阁等，而上又自作复古殿、损斋，实所常御也。

（二）孝宗时期

1. 东宫

乾道七年（1171），光宗立为太子，东宫掇移空闲宫殿修立[2]。淳熙二年（1175），建成皇太子宫门[3]，并创建射堂。《建炎以来朝野杂记》乙集卷三：

淳熙二年夏，始创射堂一，为游艺之所。囿中有荣观、玉渊、清赏等堂、凤山楼，皆燕息之地也。

2. 选德殿、翠寒堂

洪迈《选德殿记》[4]：

乾道三年（1167）正月丙寅，诏臣迈夕对（景）〔选〕德殿……且顾谓臣曰：此殿朕即位后所作也，命名之旨，虽取于选射观德之义，然退朝之余，发号出令，图事揆策，无适而不在。

---

[1] 所谓旧天章阁，疑即绍兴八年（1138）稍后所建，亦见《梦粱录》。
[2] 李心传《建炎以来朝野杂记》乙集卷三《东宫楼观》。
[3] 徐松辑《宋会要辑稿》职官三〇之四，方域二之二三。
[4] 谢维新、虞载《古今合璧事类备要》别集卷一三。

周必大《选德殿记》[1]：

> 皇帝践祚以来，宫室苑囿一无所增修，独辟便殿于禁垣之东，名之曰选德。规摹朴壮，为陛一级，中设漆屏，书郡国守相名氏。群臣有图方略来上，可采者辄栖之壁，以备观览。数延文武讲论治道，访求民隐。至于四方奏报，参军国之几务，皆于此省决。

关于选德殿的创建时间，李心传给出了乾道初[2]和淳熙初[3]两种说法。洪迈撰记已在乾道三年，则淳熙初之说显然有误。检《宋史全文》卷二四下：

> （乾道元年［1165］七月）癸丑，晚御选德殿。御坐后有金漆大屏，分画诸道，各列监司郡守为两行，以黄签标识居官者职位姓名。上指示洪适等曰：朕新作此屏，其背是《华夷图》，甚便观览，卿等于都堂亦可依此。

此漆屏正与周必大所记相同。又据洪适小传[4]，隆兴二年（1164）即曾赐对选德殿。适另有描述云[5]：

> 今禁中有选德殿，盖便坐观射之地，而清闲之燕，咨访治道，率在于是。

亦与两篇记文相合。是该殿诚如孝宗所言，当作于即位之初。

淳熙六年（1179）十一月，于选德殿侧建成翠寒堂。《中兴两朝圣政》卷五七：

> （淳熙六年十一月）癸酉，上宣谕曰：近蒙太上皇帝赐到倭松、真如象齿，已于选德殿侧盖成一堂。

---

[1] 周必大《庐陵周益国文忠公集》卷一一〇。题淳熙五年，实陈傅良代作，收入《止斋先生文集》卷三九。
[2] 李心传《建炎以来朝野杂记》甲集卷二《今大内》。
[3] 李心传《建炎以来朝野杂记》乙集卷三《南北内》。
[4] 《盘洲老人小传》，收入《盘洲文集》卷三三。
[5] 洪适《石经仪礼残碑》跋文，《隶释》卷一四。

《玉海》卷一六一《淳熙翠寒堂》：

> （淳熙）六年，上作翠寒堂于禁中，以日本松为之，不施丹腰。

3. 延和殿

淳熙八年（1181）八月，以后殿拥舍改作延和殿[1]。

4. 射殿、垂拱殿、后殿

孝宗时期还对既有的后殿、射殿、垂拱殿加以改造或重建[2]。《宋会要辑稿》方域二之二三：

> （乾道）九年（1173）正月九日，诏：后殿门系〔车〕驾入出经由门户，其屋宇低小，入出妨碍。令工部委官计会修内司、照辇院合用高低丈尺，相视计料，重别修盖。
>
> （淳熙）六年（1179）四月二十四日，知临安府吴渊乞择日盖造后殿。上曰：朕止欲令修，而左右皆以此殿年深，木植有损朽处多，不可不盖造。至七月讫工……
>
> 淳熙二年（1175）十一月二十八日，诏：殿前司、修内司、临安府、转运司修盖射殿殿门、隔门并皇太子宫门已毕工……
>
> （淳熙）三年（1176）八月十六日，诏：修内司、临安府修盖垂拱殿毕工……
>
> （淳熙）九年（1182）三月二十四日，诏：射殿年深损坏，未须拆盖，且令随宜抽换。既而临安府臣赵磻老言：若行拆盖，比之抽换所添工物不多，欲量行盖造。从之。

5. 其他

《建炎以来朝野杂记》乙集卷三《南北内》：

> 至若苑中亭殿，则皆太上为之，寿皇亦稍增焉。其名称可见者，仅有复古殿、损斋、观堂、芙蓉阁、翠寒堂、清华阁、罗木堂、隐岫、澄碧、倚桂、隐秀、碧琳堂之类，盖得先王卑宫室之意矣。

---

[1] 徐松辑《宋会要辑稿》方域二之二三。
[2] 射殿已改建作崇政殿，因事易名作文德、紫宸、大庆、集英等，而就建筑本身而言，射殿之名还经常使用。

（三）宁理度宗时期

1. 寿康宫

绍熙五年（1194）七月，光宗内禅，以慈懿李太后宅为泰安宫，而光宗不欲迁，遂以旧寝殿为之。光宗所居称寿康殿，慈懿李后所居称慈仪殿。十月，改称寿康宫。《宋会要辑稿》礼五〇之一八：

> 绍熙五年七月，诏以太上皇后宅为泰安宫。移寓有日，上以太上玉体未安，惧有劳动，乃于大内因太上常御之所建泰安宫。遂以东华门里后苑画方等盖造殿廊五十，有四门，入出东华门。改宫名为寿康。

《宋史全文》卷二八：

> （绍熙五年十月）庚寅，改泰安宫为寿康宫。

宁宗即位之初，暂留重华宫。楼钥所撰彭龟年神道碑云[1]：

> （绍熙五年七月）庚辰，上朝泰安宫，至则寝门闭矣，拜表笺而退。上尝问：恐太上皇未肯过泰安，如何？公（彭龟年）奏：陛下本出于不得已，必不以位为乐，况宫室乎？寿皇梓宫在殡，且居丧次，于礼为正。旬日间，三降旨经营泰安，纷纷不定。太上微疾未瘳，不若且居南内，以休息圣躬，陛下少留重华，以居丧听政。从之。

又诏令以东宫建福宁殿，朱熹请罢之。《续编两朝纲目备要》卷三：

> （绍熙五年十月）诏建福宁殿。以旧东宫为之，备移御也。朱熹、彭龟年等请罢之。

朱熹札子[2]：

---

[1] 楼钥《宝谟阁待制致仕特赠龙图阁学士忠肃彭公神道碑》，《攻媿先生文集》卷一〇二。
[2] 朱熹《经筵留身面陈四事札子》，《晦庵先生朱文公文集》卷一四。

而数日来，乃闻有旨修葺旧日东宫，为屋三数百间。外议皆谓陛下意欲速成，早遂移跸，以为便安之计。不惟未能抑损，乃是过有增加。……臣愿陛下……明诏大臣首罢修葺东宫之役，而以其工料回就慈福、重华之间，草创寝殿一二十间，使粗可居。

然重华宫旋改为慈福宫，以居宪圣慈烈吴太后，宁宗竟还大内，则必已另营寝殿。《建炎以来朝野杂记》甲集卷一《寿康宫进香》：

上（宁宗）始受禅，赵子直议以秘书省为泰安宫，已而不果，乃以慈懿皇后外第为之。会光宗不欲迁，因以旧福宁殿为寿康宫，而更建福宁殿。

今检得宁宗时殿帅郭杲修盖福宁殿成转官减磨勘相关文字亦可为证[1]。

庆元六年（1200）六月、八月，李后、光宗崩，嗣后寿康宫还归大内[2]。

2. 寿慈殿

嘉泰二年（1202）八月，宁宗欲于皇城内建寿慈殿，请成肃谢太后还内[3]。谢后不欲迁，仍居以慈福宫改称的寿慈宫。开禧二年（1206）二月，寿慈宫前殿火，谢后还归大内，立寿慈殿名号。《建炎以来朝野杂记》乙集卷二《成肃谢皇后》：

及寿皇升遐，宪圣、寿成二太后当迁内，而寿康宫已在南内矣，乃改重华宫为慈福宫，以旧慈福宫为重寿殿，二太后皆徙居焉。比宪圣终丧，又改慈福宫为寿慈，以奉太母。光宗撤几筵，上复请太母还内，而太母以为久居此宫，凡百安便，况以年尊，不欲迁移。上乃以慈训谕中外，时嘉泰二年九月也。……开禧二年二月二日癸丑夜，寿慈宫前殿火，逮晓始熄，于是太皇太后复归大内。

开禧三年（1207）五月崩于此[4]。

---

[1] 蔡戡《修福宁殿了毕转官辞免书》，《定斋集》卷八；楼钥《殿前都指挥使郭杲辞免修盖大内福宁殿等特转一官减三年磨勘回授不允诏》，《攻媿先生文集》卷四二。
[2] 徐松辑《宋会要辑稿》后妃一之八，礼三〇之五四。
[3] 徐松辑《宋会要辑稿》方域二之二三。
[4] 徐松辑《宋会要辑稿》后妃一之八。

3. 慈明殿（嘉明殿）、慈元殿、仁明殿

嘉定十七年（1224）十二月，以恭圣仁烈杨太后所居为慈明殿，即东宫绎已堂[1]。绍定五年（1232）十二月崩于此[2]，咸淳二年（1266），改为嘉明殿[3]。咸淳间，谢太后所居为慈元殿。德祐间，全太后所居为仁明殿[4]。

4. 缉熙殿、熙明殿、勤政殿

绍定六年（1233）六月，理宗以旧讲殿为缉熙殿[5]。咸淳二年（1266），度宗以进食殿为勤政殿，三年（1267）三月，以东宫新益堂为熙明殿[6]。

二、元代的破坏

宋亡以后，皇城废置，次年宫室毁于火[7]。至元二十三年（1286），杨琏真伽于其地建五寺一塔。《成化杭州府志》卷六一引徐一夔《宋行宫考》：

> 德祐二年（1276），宋亡，元有司封镭以幼主北行。明年，为至元十四年（1277），民间失火，飞烬及其宫室，焚毁殆尽。后十年，西僧杨琏真伽言于朝，即其基造佛寺五（曰兴元、曰报国、曰白塔、曰般若、曰小仙林）塔一（曰尊胜），而坛庙亦皆夷为民居僧舍。元末之乱，张氏毁塔造城，五寺亦就废。

寺塔兴废情况以《成化杭州府志》卷四九《寺观》记载最为详细[8]：

> 大报国禅寺，在凤凰山。元至元〔二〕十三年，从胡僧杨琏真伽之请，即宋故内建五

---

[1] 佚名《宋史全文》卷三一。
[2] 脱脱等《宋史》卷二四三《后妃传》下。
[3] 潜说友《咸淳临安志》卷一《大内》。
[4] 周密《武林旧事》卷四《故都宫殿》。
[5] 王应麟《玉海》卷一六〇；潜说友《咸淳临安志》卷一《大内》。
[6] 潜说友《咸淳临安志》卷一《大内》；周密《武林旧事》卷四《故都宫殿》："熙明，即修政，度宗建。"
[7] 尚存芙蓉阁。汪元量《兵后登大内芙蓉阁宫人梳洗处》，《湖山类稿》卷一："粲粲芙蓉阁，我登双眼明。手扪沉香闑，美人已东征。"吾衍《闲居录》："越人孙起岩来杭，与友人游旧内。时内已为兴元寺，有大阁，旧常朝殿所为也。"
[8] 报国寺另参黄溍《凤皇山禅宗大报国寺记》，《金华黄先生文集》卷一一。

寺，此其一也。即垂拱殿故基为之。……延祐六年（1319），寺毁，僧大欣重建。至正末，毁于兵，有佛殿存。兴元教寺，五寺之一，即宋芙蓉殿基为之。延祐六年毁，继建未完而罹兵革，废。般若寺，为五寺之一，在宋和宁门之侧，亦毁于火。张氏筑城，遂入为城基。小仙林寺，为五寺之一，即宋后殿基为之。初，仙林寺住持荣枯岩结知杨琏真伽，请殿基为小仙林寺，建一塔，将半而止，俗呼为半橛塔。寺亦寻废，惟半橛塔前七八十余年犹存，今废。尊胜寺，为五寺之一，即宋寝殿基为之。基址高亢，下有曲水流觞亭，遗迹犹存。杨琏真伽发宋诸陵，建镇南塔于冈上，以镇王气，其形如壶。其寺之钟，即宋故内禁钟也。西有望江亭，大江百里，在指顾间。其地视报国等四寺虽隘，而殿宇景物实为宏丽。至正壬辰（1352）七月，蕲黄寇自新城、富阳来，郭万户屯椤木桥东营，与寇对敌。市民咸登望江亭以觇。寇退，郭命军士焚之。自是，僧不容足，其寺遂废。

元人郭畀《客杭日记》纪游曰：

（至大元年［1308］十月十八日）是日，游大般若寺。寺在凤凰山之左，即旧宫地也。地势高下，不可辨其处所。次观杨总统所建西番佛塔，突兀二十余丈，下以碑石凳之，有先朝进士题名并故宫诸样花石，亦有镌刻龙凤者，皆乱砌在地。山峻风寒，不欲细看而下。次游万寿尊胜塔寺，亦杨其姓者所建。正殿佛皆西番形像，赤体侍立，虽用金装，无自然意。门立四青石柱，镌盘龙，甚精致，上犹有前朝铜钟一口，上铸淳熙改元曾觌篆字铭在，皆故物也。……次游新建报国寺。

后白塔为雷击破，至正十九年（1359），张士信新筑杭州城，毁塔取材。长谷真逸《农田余话》卷上：

至元间，得南国有总统者，发掘先宋江南陵寝，其间金宝不可胜计。取梓宫中尸体，置于故宫殿基上，建石塔压之以压胜。江南人凡宗庙神主、人民版籍，皆寘于下，高一十三丈。后有雷火，自天而下，破塔，烟火焚经三日方止。或云是天历戊辰（1328）秋也，未详。其塔至张士诚据浙右时，其弟士信毁之。

杨维桢《杵歌七首》[1]：

---

[1] 杨维桢《东维子文集》卷三〇。

苏州刺史新令好，不用西山取石劳，拆得凤山杨琏塔，南城不日似云高。

五寺中惟报国寺入明之后尚有重修之举。《武林梵志》卷二：

> 报国寺，在凤凰山麓……洪武二十四年（1391），立为丛林。万历丙午（1606），僧海音新葺。旧有大雄殿、大悲阁、碧梧轩、舞凤轩，皆宋制。

三、南宋皇城主要建筑

描述南宋皇城诸文献中，以陈世崇《南渡行宫记》和吴自牧《梦粱录》最为系统。

《南村辍耕录》卷一八引《南渡行宫记》[1]：

> 杭州治，旧钱王宫也，绍兴因以为行宫，皇城九里。入和宁门，左进奏院、玉堂，右中殿外库。至北宫门，循廊左序，巨珰幕次，列如鱼贯。祥曦殿，朵殿接修廊，为后殿。对以御酒库、御药院、慈元殿外库、内侍省、内东门司、大内都巡检司、御厨、天章等阁。廊回路转，众班排列。又转内藏库，对军器库。又转便门。垂拱殿，五间十二架，修六丈，广八丈四尺，檐屋三间，修广各丈五。朵殿四，两廊各二十间。殿门三间，内龙墀折槛。殿后拥舍七间，为延和殿。右便门通后殿。殿左一殿，随时易名。明堂郊祀曰端诚，策士唱名曰集英，宴对奉使曰崇德，武举及军班授官曰讲武。

> 东宫，在丽正门内，南宫门外，本宫会议所之侧。入门，垂杨夹道间，夫容环朱兰。二里至外宫门。节堂后为财帛、生料二库，环以官属直舍，转外窑子。入内宫门廊，右为赞导春坊直舍，左讲堂七楹，扁新益，外为讲官直舍。正殿向明，左圣堂，右祠堂。后凝华殿、瞻箓堂，环以竹。左寝室，右齐安位内人直舍百二十楹。左彝斋，太子赐号也。接绣香堂，便门通绎已堂。重檐复屋，昔杨太后垂帘于此，曰慈明殿。前射圃，竟百步，环修廊。右博雅楼十二间。左转数十步，雕阑花甃，万卉中出秋千，对阳春亭、清霁亭，前夫容，后木樨。玉质亭，梅绕之。由绎已堂，过锦胭廊，百八十楹，直通御前。

> 廊外即后苑，梅花千树，曰梅岗亭，曰冰花亭。枕小西湖，曰水月境界，曰澄碧。牡丹曰伊洛传芳，芍药曰冠芳，山茶曰鹤丹，桂曰天阙，清香堂曰本支百世，佑圣祠曰庆和，泗洲曰慈济，钟吕曰得真，橘曰洞庭佳味，茅亭曰昭俭，木香曰架雪，竹曰赏静，

---

[1] 另参涵芬楼本《说郛》卷二引陈世崇《随隐漫录》。

松亭曰天陵偃盖。以日本国松木为翠寒堂，不施丹艧，白如象齿，环以古松，碧琳堂近之。一山崔嵬，作观堂，为上焚香祝天之所。吴知古掌焚修，每三茅观钟鸣，观堂之钟应之，则驾兴。山背芙蓉阁，风帆沙鸟，履舄下山。山下一溪萦带，通小西湖。亭曰清涟。怪石夹列，献瑰逞秀，三山五湖，洞穴深杳，豁然平朗，翚飞翼拱。凌虚楼对瑞庆殿[1]、损斋、缉熙。

崇政殿之东，为钦先孝思、复古、紫宸等殿。木围即福宁殿。射殿曰选德。坤宁殿，贵妃、昭仪、婕妤等位宫人直舍蚁聚焉。又东过阁子库、睿思殿，仪鸾、修内、八作、翰林诸司，是谓东华门。

陈世崇，即陈随隐。据余嘉锡所引行状，其人景定四年（1263）至咸淳二年（1266）曾任东宫讲堂掌书[2]，是以描述东宫左近建筑景物较为详备。

《梦粱录》卷八《大内》：

大内正门曰丽正，其门有三，皆金钉朱户，画栋雕甍，覆以铜瓦，镌镂龙凤飞骧之状，巍峨壮丽，光耀溢目。左右列阙亭，百官待班阁子。登闻鼓院、检院相对。悉皆红杈子，排列森然，门禁严甚，守把钤束，人无敢辄入仰视。至晡时，各门下青布幕护之。丽正门内正衙，即大庆殿，遇明堂大礼、正朔大朝会俱御之。如六参起居、百官听麻，改殿牌为文德殿；圣节上寿，改为紫宸；进士唱名，易牌集英；明禋为明堂殿。次曰垂拱殿，常朝四参起居之地。内后门名和宁，在孝仁、登平坊巷之中，亦列三门，金碧辉映，与丽正同。把守卫士严谨，如人出入，守阍人高唱头帽号。门外列百僚待班阁子，左右排红杈子，左设閤门，右立待漏院、客省、四方馆。入登平坊，沿内城有内门曰东华，守禁尤严。沿内城向南，皆殿司中军将卒立寨卫护，名之中军圣下[3]寨。寨门外左右俱置护龙水

---

[1] 周密《武林旧事》卷四《故都宫殿》："庆瑞，即顺庆，理宗改。"

[2] 余嘉锡《四库提要辨证》引《临川陈氏族谱》所收周端礼《故宫讲陈公随隐先生行状》："父藏一，故宋随龙忠翊郎、缉熙殿应制、东宫讲堂说书、兼两宫撰述备咨问。公讳世崇，字伯仁，家住抚州崇仁县。景定癸亥（1263），明禋庆成，储皇亚献，藏一公袖公十诗贺太子，除东宫讲堂掌书、兼椒殿掌笺、借紫赐带，年已十八矣。……（咸淳）丙寅（1266），赋乐府长短句，往往含讥讽之意，由是权奸嫉之，令中书缴其稠迭，公遂奉亲归故里。……癸酉，公再赴部，申述前恩，转承信郎，补閤门寄班。至明年秋，遂别都门。"

[3] 《京城图》《皇城图》均注记为中军壁下。

池。沿寨向南有便门，谓之东便门。

禁庭诸殿，更有者十：曰延和，曰崇政，曰福宁，曰复古，曰缉熙，曰勤政，曰嘉明，曰射殿，曰选德，曰奉神御殿，名钦先孝思之殿。更有天章诸阁，奉艺祖至理庙神御、御书图制之籍、宝瑞之阁，建于六部山后。供进御膳，即嘉明殿，在勤政殿之前。勤政，即木帷寝殿也。嘉明殿相对，东廊门楼，乃殿中省、六尚局、御厨，祗应内侍人员俱集于此。殿上常列禁卫两重，时刻提警，出入甚严，内皆近侍中贵。殿之廊庑皆知省、御药、御带、门司、内辖等官幕次，听候宣唤。小园子、快行、亲从辇官、黄院子、内诸司司属人员等上番者，俱聚于廊庑，祗候服役。如宫禁买卖进贡，皆由此入，惟此处浩穰。每遇进膳，自殿中省对嘉明殿，禁卫成列，约栏不许过往。……

皇太后殿名曰坤宁，皇后殿名和宁，两殿各有大官及殿长，内侍及黄院子、幕士、殿属、亲从辇官等人祗候。诸宫妃嫔等位次，亦有内侍提举，各阁分官属掌笺奏，院子、小园子等人祗值。……

吴自牧，生平不详，《梦粱录》中大量内容参考《咸淳临安志》《东京梦华录》《都城纪胜》，但另外也有独具特色的内容，多与内侍相关[1]。对于大内的描述也是如此，可以批判看待，与陈世崇所记互为补充。

此外，周密《武林旧事》卷四《故都宫殿》详列皇城门禁、殿堂、楼阁等名号，亦可备参考。

以上述文献为线索，辅以其他零散记录，试述南宋皇城城门、宫殿等主要建筑如下：

1. 皇城门（丽正、和宁、东华、西华、东便、南水、东水）

皇城南为丽正门，北为和宁门，是很清楚的。在《皇城图》上，和宁门之东有东华门，丽正门之东有东便门，也与《梦粱录》等文献记载相符合。

《武林旧事》记有南水门、东水门。《皇城图》南壁东段，东便门之东注记有南水门，并附以铁窗棂，位置与外城东南部的南入水门相邻近；东壁南段与外城北出水门相邻近的位置也附有铁窗棂，当即东水门所在。似与位置相对应的外城南入水门、北出水门有所关联。

《武林旧事》另记有西华门，不见于《皇城图》，似别有原因。《宋会要辑稿》刑法二之一四五：

---

[1] 梅原郁《关于〈梦粱录〉及其作者吴自牧》，《宋史研究论文集：国际宋史研讨会暨中国宋史研究会第九届年会编刊》，保定：河北大学出版社，2002年，438—449页。石勖言《〈梦粱录〉制作方式考辨：兼议作者及年代问题》，《宋代文化研究》第28辑，北京：线装书局，2022年，243—272页。

（嘉定十六年［1223］正月）十一日，臣僚言：六飞驻跸钱塘阅数十年，宫殿所峙，实在凤山之前，盖古人所谓自天目山龙飞凤舞而至者。乡来凤山一带路南未辟，车马冠盖多由嘉会门路。比年八盘岭屡经砌叠，其平如砥，遂为通衢。殊不思前近帝阙，后涉禁山，行人敢尔纷扰，非所以示尊崇也。乞下殿前司，日下自和宁门相近八盘岭路口建立门关，丽正门西旧自有门，并行关闭。除巡徼军兵往来外，应干官员等轿马、买卖物货等人，并立牌禁止，不得经行。违者具名申尚书省，重作行遣。官兵并不许假徼巡之名，因而取道。仍乞指挥令临安府严揭赏榜禁约。增重帝都，实为利便。从之。

所谓"丽正门西旧自有门"，疑即西华门。考古勘探结果，皇城西墙南段恰有一门，与文献记载可相呼应。

2. 宫门（南宫、北宫）

南宋皇城诸门名号主要分为皇城门、宫门和殿门。《建炎以来系年要录》卷五一：

（绍兴二年［1132］正月丁巳）皇城司更造入禁卫、宫、殿、皇城门号四等，岁一易之。

丽正门内有南宫门，和宁门内有北宫门。对此，陈世崇所记是比较清楚的，其他文献中对南宋各类典礼活动经由门户的描述也明确反映了这一情况。《中兴礼书》卷一三五《亲飨先农耕耤》一：

（绍兴十五年［1145］闰十一月）六日，兵部言：……自本院直南入皇城北门，经由南北宫门里，出皇城南门，至坛所一带，道路门桥多是坑坎，及有窄隘去处，欲乞下临安府如法修治，务令平实。

3. 崇政殿、垂拱殿

皇城内最重要的宫殿有两组，即绍兴十二年（1142）改建成的崇政殿和垂拱殿。崇政殿因事易名，可作文德殿、紫宸殿、大庆殿等[1]。李心传对两殿形制有较为详细的记录，《建炎以来朝野杂记》乙集卷三《垂拱崇政殿》：

---

[1] 李心传《建炎以来系年要录》卷一四七："崇政以故射殿为之，朔望则权置帐门，以为文德、紫宸殿。按射则以为选德，策士则以为集英。"选德殿实孝宗即位初所建，此前崇政殿未有选德之名。

每殿为屋五间十二架，修六丈，广八丈四尺。殿南檐屋三间，修一丈五尺，广亦如之。两朵殿各二间，东、西廊各二十间。南廊九间，其中为殿门，三间六架，修三丈，广四丈六尺。

参照其他文献记载，殿门之内另有隔门，东西两廊均有便门。《中兴礼书》卷二二二《金国使副上寿》：

（绍兴十四年［1144］五月）十七日，阁门言：契勘将来使人朝见等……今具下项：紫宸殿……使人礼物、鞍马于西廊便门入，于隔门上拽过，出东廊便门。

殿后还有北便门。《中兴礼书》卷一八九《册命皇后》二：

（绍兴十三年［1143］闰四月十二日）礼部、太常寺言：……契勘今来文德殿至穆清殿稍远，欲乞受册毕，应册宝下官经由文德殿北便门入，赴殿下拜表称贺毕，文武百僚经由北便门出，赴穆清殿门外拜笺讫，权许出皇城北门。诏依。[1]

李心传所记两殿建筑间架丈尺比较明确，然而实际情况似非如此简单。《中兴礼书》卷六六《明堂行礼殿大小次》：

（淳熙六年［1179］）三月二十五日，礼部、太常寺言：勘会今岁明堂大礼，今检照明堂大礼体例，大庆殿作明堂殿行礼，后殿作文德殿致斋，及合于明堂殿上并两廊设神位版，铺设神席、祭器、拜席褥……四月十九日，礼部、太常寺言：今相视到有合行申请事件下项：……一、今来依已降指挥，所设神位并依南郊礼例，系七百七十一位。今来殿上铺设昊天上帝、皇地祇、太祖皇帝、太宗皇帝四位，所有从祀神位七百六十七位。今相视得东西两朵殿可铺设五方帝至五岳二十五位。其余众星于东廊三十五间，可铺设二百八十位，西廊三十一间，可铺设二百四十八位，南廊一十一间，可铺设六十六位。系每位笾豆簠簋俎南北合阔一尺八寸七分，以上廊庑通计可铺设五百九十四位外，有一百四十八位，今欲于南廊之前连檐修盖尾屋，南北入深五丈，与东西廊相接，重行

---

[1] 受册之所穆清殿权以后殿为之。同书卷一九〇："今相视得后殿可以权作穆清殿，受册宝行礼。"

铺设神位一百四十八位。……诏依。

东廊 35 间，西廊 31 间，南廊 11 间，均较李氏所记为多。崇政殿绍兴十二年建成之后，绍兴二十八年（1158）、淳熙二年（1175）、淳熙九年（1182）均有改建活动，颇疑李氏所记系初建时的情况。

两组宫殿的整体丈尺，李氏记录未能反映，但通过上引文字尚可获得一些线索。已知东西南廊均铺设神位，每位祭器阔 1.87 尺。东西廊每间可容 8 位，合阔 14.96 尺，则间广为 15 或 16 尺；南廊每间可容 6 位，合阔 11.22 尺，则间广为 12 或 13 尺。由此，整组建筑纵横丈尺亦不难推得。

4. 后殿、内殿

绍兴初年，后殿又称内殿，曾作为主要朝殿。《建炎以来系年要录》卷六八：

（绍兴三年［1133］九月丙辰）时行宫外朝止一殿。日见群臣省政事，则谓之后殿；食后引公事，则谓之内殿；双日讲读于斯，则谓之讲殿。至是梁朽，前荣且坏，命有司缮治之。乃权御射殿，极卑陋，茆屋才三楹，侍臣行列，巾裹触栋宇。

崇政、垂拱二殿建成以后，后殿便退居次要地位。孝宗时期，后殿、内殿频繁见于文献记载，却非同殿异名，具体情况有必要略加分析。

淳熙十四年（1187）十月，高宗不豫。周必大上言孝宗，请示废朝事宜，欲以后殿或内殿代替垂拱殿视朝[1]：

臣等尝观《唐书·太宗纪》载：贞观四年（630）七月甲戌，高祖不豫，废朝。辛卯，疾愈。唐盛时贤人众多，必曾熟议，始讲废朝之礼。自甲戌至辛卯，凡十有八日乃愈。来日常朝，不知可举此礼否？若改御后殿或内殿，亦可以见不遑安之意。又缘会庆节在近，更望圣慈曲赐裁酌，如或可行，却乞批出，别拟指挥缴进。御批：朕心朝夕实不遑安，所有御内殿与后殿，卿等更斟酌其宜，拟指挥来。同日御笔：太上皇帝未御常膳，可依唐贞观四年礼例，自来日权不视朝，宰执依时赴内殿奏事，候太上皇康复日依旧。七日御笔：上殿班当如何，同此奏来。回奏：臣等恭奉御批云云。臣等窃谓陛下若

---

[1] 周必大《奉诏录》五《高宗服药乞御后殿》（淳熙十四年［1187］十月六日），《庐陵周益国文忠公集》卷一五〇。

御后殿，自不妨引上殿班；如御内殿，向来盖尝引上殿班，阁门必有仪制。今欲御内殿或后殿，更在圣慈斟酌。

是知后殿、内殿实非一殿。

高宗崩，孝宗欲行三年之丧。大祥之后，始布素御延和殿视事。十五年（1188）四月，高宗祔庙，又经宰臣陈请，始自五月御后殿视事，尚不御垂拱殿。《宋会要辑稿》礼三五之一：

> （淳熙）十五年四月二十八日，宰臣王淮等奏：伏观已降圣旨：缘群臣屡请御殿易服，故以布素视事内殿。虽有俟过祔庙勉从所请之诏，然稽诸礼典，心实未安，行之终制，乃为近古。臣等仰体圣孝，不敢具表陈请。惟是侍从、史官、管军、御带、环列禁卫等，皆合星拱宸极，岂容旷日弗朝？倘陛下未欲临正衙，坐垂拱，自可间御后殿。示诏礼官同阁门、御史台参酌取旨。既而权礼部侍郎尤袤等奏：……今外朝、内朝，皆未临御。窃详后殿及延和殿，乃祖宗崇政施化之所，缘今来延和地步窄隘，难以排立侍从、史官、管军、御带、环列禁卫等。今参酌，欲乞皇帝于后殿视事，所有仪制乞下阁门、禁卫所条具，申尚书省。[1]

周必大《思陵录》下[2]：

> （五月）壬戌，早雨，初御后殿。上服如旧，御椅子不用朱红而以黄，其后照壁旧画龙，今以黄罗蒙之。驾坐引班，禁卫自赞，不鸣鞭，不声长喏喝拜，皆如驾出之仪，而不全用常时御后殿之制也。

垂拱殿作为四参起居之所，谓之前殿，有时也不太严格地称为正殿。因故须避正殿时，则于后殿视事[3]。《宋会要辑稿》仪制一之一四、一五：

---

[1] 四月二十日孝宗御笔及二十八日宰臣奏文原稿，见周必大《布素终制御笔》《乞礼官议内殿侍从以下朝见奏》，《庐陵周益国文忠公集》卷一五一。尤袤奏在五月十四日，另见《宋会要辑稿》仪制五之三三、三四。
[2] 周必大《庐陵周益国文忠公集》卷一七三。
[3] 赵升《朝野类要》卷一《班朝》，御殿："本朝殿名最多。如常朝，则文德殿。五日一次起居，则垂拱殿。遇忌前假及祠祀日分，则御后殿。"这是对南宋皇城三组主要宫殿职能的一种概括，亦可参考。

（绍兴三十二年［1162］）九月九日，阁门言：太上皇帝巡幸以来，止御后殿。继朝廷复兴旧典，于绍兴十三年（1143）二月四日初御前殿，特令四参官起居。伏自皇帝登宝位，止系后殿日分。今已降旨，九月十二日初御前殿。欲乞是日皇帝御垂拱殿，四参官起居。从之。

隆兴元年（1163）九月二十八日，阁门言：昨依年例，自五月二十八日并后殿坐，至九月十二日当御垂拱殿。继以飞蝗，避正殿至今。近文武百僚上表，请御正殿，已允所请。诏以十月四日垂拱殿坐。

其位置似在垂拱殿右后方。《南渡行宫记》：垂拱殿"右便门通后殿"。《思陵录》上[1]：

（淳熙十四年［1187］十二月）辛卯，延和奏事。呈礼官详议到郑侨奏札，论正旦人使事。……予奏：昨日圣意欲御垂拱，不若设幄东偏，彼既得见，岂敢计御服？况陛下尚尔缟素，必有以服其心，切不宜改易。惟后殿则行马经垂拱，曲折而过，却或致疑。……

规制未详，已知有东西两朵殿及两廊，亦属通例。《思陵录》上：

（淳熙十四年［1187］十二月）己酉，延和奏事。呈郑侨奏，乞诏大臣详处正旦人使等事。予……又奏：后殿东廊面西坐，似未安。适来商量，若就东朵殿，则犹南面，值雨不妨拜于廊。上甚以为然。

内殿与后殿情况不同，并非特指某殿，作为内引场所，并不固定。以孝宗时为例，选德殿、罗木堂、碧琳堂、隐岫、澄碧、倚桂、清华阁都曾承担内殿引对的职能[2]。

5. 延和殿

延和殿的位置，文献记载多有抵牾。《宋会要辑稿》方域二之二三：

（淳熙）八年（1181）八月十二日，诏：以后殿拥舍改作延和殿。

---

[1] 周必大《庐陵周益国文忠公集》卷一七二。
[2] 参周必大《庐陵周益国文忠公集》相关记录。另，赵升《朝野类要》卷一《班朝》，御殿："又有内殿，如万岁、复古、迩英、蕊珠、凝华、福宁、睿思殿，今上皇帝建缉熙殿之类。"这描述的是南宋后期情况。

《建炎以来朝野杂记》乙集卷三《南北内》条大致相同：

> （淳熙）八年秋，又改后殿拥舍为别殿，取旧名，谓之延和。

而同书《垂拱崇政殿》条在介绍完两殿形制之后却称：

> 殿后拥舍七间，寿皇以为延和殿，至今因之。[1]

此谓"殿后"，则使人理解为延和在崇政、垂拱之后，是与前引"后殿拥舍"矛盾。故《咸淳临安志》卷一《大内》云：

> 延和殿，垂拱及后殿之后皆有此殿。

这种情况的产生，疑是《垂拱崇政殿》条将"后殿拥舍"误作"殿后拥舍"的缘故。后人不察，引发混乱。

延和殿的功能主要是避殿、宿斋，有的文献中将其作为内殿。《思陵录》上：

> （淳熙十五年［1188］正月乙巳）上见敷陈要务颇悒意，谓太子曰：今后不必间日参决，自可每日侍立，只此便是参决。既退，遂指挥閤门，自今后内殿坐，并令太子侍立。辛亥，早朝于延和，皇太子侍立。

有的文献中则与内殿并列提及，《宋会要辑稿》职官二之二四：

> 绍熙元年（1190）三月八日，起居郎兼权中书舍人诸葛廷瑞言：近日以来，内殿及延和殿不时引班，多不报本省，有妨修注。欲乞札下入内内侍省，今后遇引喝申到对班，须管次日牒报本省，以凭修纂，庶免漏落。从之。

似不可一概而论。

---

[1]《南渡行宫记》有关垂拱殿、延和殿的记录实袭于此。

6. 祥曦殿

祥曦殿也是颇多误解的一座建筑。《咸淳临安志》卷一《大内》称："崇政殿，即祥曦殿。"崇政殿于绍兴十二年（1142）以射殿改建而成，该殿因事易名，文献中多以文德殿、紫宸殿、大庆殿、集英殿等称之，并无祥曦殿之名。

检索文献记录可知，祥曦殿在和宁门内，往往与皇帝圣驾出入皇城相关。试举两例。《宋会要辑稿》礼四九之二四：

> （绍兴三十二年［1162］六月十一日）太上皇帝命驾德寿宫，上服赭袍、玉带，步出祥曦殿门，冒雨扶驾，勿肯止。太上皇帝麾谢再三，且令左右扶掖以还。

《宋会要辑稿》礼九之一六、一七：

> （乾道二年［1166］十一月二十四日）皇帝至祥曦殿……皇帝乘马出，从驾官从驾，至候潮门外大教场御幄下马……皇帝乘马入和宁门，至祥曦殿上，下马还宫。

叶绍翁《四朝闻见录》丁集《庆元丞相考异》：

> 先是，赵公汝愚谕殿帅郭杲以兵三百至延禧殿门祈请国玺，欲自都省迎銮于德寿宫。杲入，索玺于内珰羊驷、刘庆祖。二珰相语：若玺入杲，或以他授，则大事去矣。况丞相有赵家肉即可做，此是主张吴兴，则玺尤不可轻授。二珰遂设计，谕杲以祥曦殿门非殿前宜入，宜俟于门下。先付玺，函封甚密，授于杲。杲奉函于都省。二珰径以玺从间道驰诣德寿宫宪圣殿。

在此事件中，祥曦殿也包含宫廷内外界限的意味。

周必大的一段记录及解释，对于理解祥曦殿的功能至为重要[1]：

> （绍兴三十二年［1162］）九月朔甲午，驾诣德寿宫，上御内殿，辅臣奏事毕，自祥曦旧殿登辇。殿面西，常日但为行廊，凡驾出，辅臣若无奏事，则经于祥曦。

---

[1] 周必大《龙飞录》，《庐陵周益国文忠公集》卷一六四。

据此，再参酌陈世崇的描述，该殿当位于北宫门与后殿之间。

7. 后苑殿阁

皇城东北部后苑殿阁，陈世崇描述较详，其主要建筑孝宗时期已较完备。兹引淳熙间宴对数事：周必大《丁酉岁恭和内宴御诗草跋》[1]：

> 淳熙（四年[1177]）丁酉九月戊午……先是，有旨令阁门依仿太宗太平兴国二年故事，宣宰执侍从正任内宴观击球。午时，入东华门，过选德殿，其后即球场也。相对有大堂，曰水堂，其左为芙蓉阁，右为凌虚阁。

《记恭请圣语》[2]：

> 淳熙七年（1180），少保、宁武军节度使、充醴泉观使曾觌奏，三月十八日，车驾请诣德寿宫，恭请太上皇帝、寿圣皇后。于是乘舆至大内，开宴于凌虚阁下。……酒三行，太上皇帝、寿圣皇后联步辇以行，今上亦步辇从，至翠寒堂，栋宇轩敞，不加丹艧。……酒复数行，至水堂中路石桥上，肩舆少憩。

史浩《跋御制曲宴澄碧殿诗》[3]：

> 皇帝陛下践位之十六载，臣蒙恩再侍经幄，赐召见，眷礼益隆。乃九月丙辰，锡宴澄碧殿。酒半，陛下举玉趾，临澄碧。臣获从游，山光水声，互相发越，恍然如在蓬莱方丈间，从容谈道，赐杯无算。抵暮，诏宿玉堂[4]之直庐。

---

[1] 周必大《庐陵周益国文忠公集》卷五一。
[2] 周必大《庐陵周益国文忠公集》卷一八一。
[3] 史浩《鄮峰真隐漫录》卷三六。
[4] 玉堂指学士院，在和宁门内东侧。周必大《玉堂杂记》卷下，《庐陵周益国文忠公集》卷一七六："学士院，旧号北门，今在行宫和宁门内，盖沿北门之制。地迫皇城，极为窄隘。汪尚书应辰兼权学士时，上屡令增葺，竟以无地步而辍。厅后即堂，缘近岁院官止二员，故分东西两阁。中有小龟头，榜曰摛文堂，盖在京徽宗因广直庐，御书以赐承旨渊明，今乃汪彦章内翰藻所篆。太上又尝书玉堂二字，赐学士周茂振鳞之，刻石厅上。"

《进锡宴澄碧殿诗》[1]：

> 季秋中浣日，淳熙隆四祀。朝回揽辔间，中使俄传旨。少须日转申，宣召陪宴喜。预令扫玉堂，深夜备栖止。悚惧跪承命，走驵亟穿市。绛阙耸皇居，非烟常靡靡。入自东华门，熊罴森爪士。诏许乘坐肩舆，安徐无跛倚。复古距选德，相望几数里。修廊接云汉，岩峣灿珠蕊。中途敞金扉，恍若蓬壶里。群山拥苍壁，四顾环弱水。山既日夕佳，水亦湛无滓。冰帘映绮疏，琼殿中央峙。澄碧曜宸奎，神龙争守视。舞蹈上丹墀，天威不违咫。奉觞祈万寿，时蒙一启齿。余波丐鼠腹，酒行不知几。徘徊下瑶席，缓步烦玉趾。从游至清激，锡坐谈名理。泉声韵瑟琴，一洗筝笛耳。

陆游《别峰禅师塔铭》[2]：

> （淳熙七年[1180]）七月，至行在所。至尊寿皇圣帝降中使召入禁中，以老病足蹇，赐肩舆于东华门内，赐食于观堂，引对于选德殿，特赐坐，劳问良渥。

对于此类宴对活动，《宋史全文》卷二四下引《大事记》有一段概括文字：

> 自隆兴二年（1164），诏：朕每听朝议政，顷刻之间，意有未尽。自今执政或有奏陈，宜于申未间入对便殿。又明年，谕近臣曰：早朝每不从容，今后晚间少暇，当召卿等款曲论治道。故召于选德，见于祥曦，引于水殿，宴于观堂。从容坐席之间，略同宾友。

参酌陈世崇的描述，选德殿、翠寒堂、碧琳堂、观堂、水堂[3]、芙蓉阁、凌虚阁，这些建筑相互毗邻，皆位于东华门内不远。其中"一山崔嵬，作观堂"，勘察地形，今馒头山位于皇城遗址东北部，正与文献记载相合。

上述之外，东宫在皇城东南部，建筑布局陈世崇描述独详，福宁殿、坤宁殿系帝后寝殿，惟文献记述绝少，位置及规制不明。

---

[1] 史浩《鄮峰真隐漫录》卷二。
[2] 陆游《渭南文集》卷四〇。
[3] 周密《武林旧事》卷四《故都宫殿》："观堂、水堂皆曰澄碧。"

四、南宋皇城的范围

元末张士信新筑杭州城，南宋皇城割弃城外，日趋湮废，其具体范围知者渐少。郎瑛《七修类稿》卷二《杭州宋宫考》云：

> 计其地，南自胜果入路，北则入城，环至德俸牌，东沿河，西至山岗，自地至山，随其上下以为宫殿也。

清人朱彭《南宋古迹考》曾加引用[1]，以为出自徐一夔《宋行宫考》，后人多仍其说。明初去宋未远，遗迹犹存，若徐氏果有议论，自然比较可靠。但检查徐氏原篇[2]，却不见此段文字。而郎瑛在文末双行小字注云："详见徐始丰《宋行宫考》，惜不证以今之地坊，人不知也，今补之。"这样一来，作为明代中晚期人郎瑛的补充推断，其史料价值就降低了。

皇城的勘探是南宋临安城考古工作的重点之一，对其范围的勘查经历了较长的时间。1983—1985年，确定北墙自万松岭路南侧山坡向东到馒头山东北角，东墙位于馒头山东麓[3]。1991—1993年，在北墙折向西的一段发现了城墙基础[4]。1993、1996年，根据局部发掘推测南墙在宋城路一线[5]。2004年，确认北墙西段修建在山坡和山脊上，南墙位于宋城路北侧，西墙北抵凤凰山南麓，南与南墙近直角衔接[6]，由此形成了一份南宋皇城范围示意图（图21）。根据图中表现的历年勘查成果，结合文献记载，大致可以认定北墙西段、西墙和南墙的位置是比

---

[1] 文字稍异，"德俸牌"朱文作"德俸天地牌坊"。

[2] 陈让等修，夏时正等纂《成化杭州府志》卷六一引，另收入徐一夔《始丰稿》卷一〇。

[3] 浙江省文物考古研究所《杭州市南宋临安城考察》，《中国考古学年鉴·1985》，北京：文物出版社，1985年，149—150页。李德金《南宋临安城遗址》，《中国考古学年鉴·1986》，北京：文物出版社，1988年，127页。

[4] 杭考《南宋皇城西城墙的发现》，《杭州考古》1992年1期，51—52页。李德金《南宋临安皇城遗址》，《中国考古学年鉴·1993》，北京：文物出版社，1995年，146—147页。

[5] 唐俊杰《1993—1994年杭州市考古工作概述》，《杭州考古》1994年1、2期，18—19页。杭州市文物考古所《96年度考古发掘工作简要回顾》，《杭州考古》总12期，1997年12月，2页。唐俊杰《南宋皇城南城墙考》，《浙江学刊》1998年5期，120—123页。

[6] 朱岩石、何利群《二〇〇四年度杭州南宋临安皇城考古取得突破性进展》，《中国文物报》2004年11月17日1版。《杭州南宋临安城皇城考古新收获》，国家文物局主编《2004中国重要考古发现》，北京：文物出版社，2005年，164—168页。

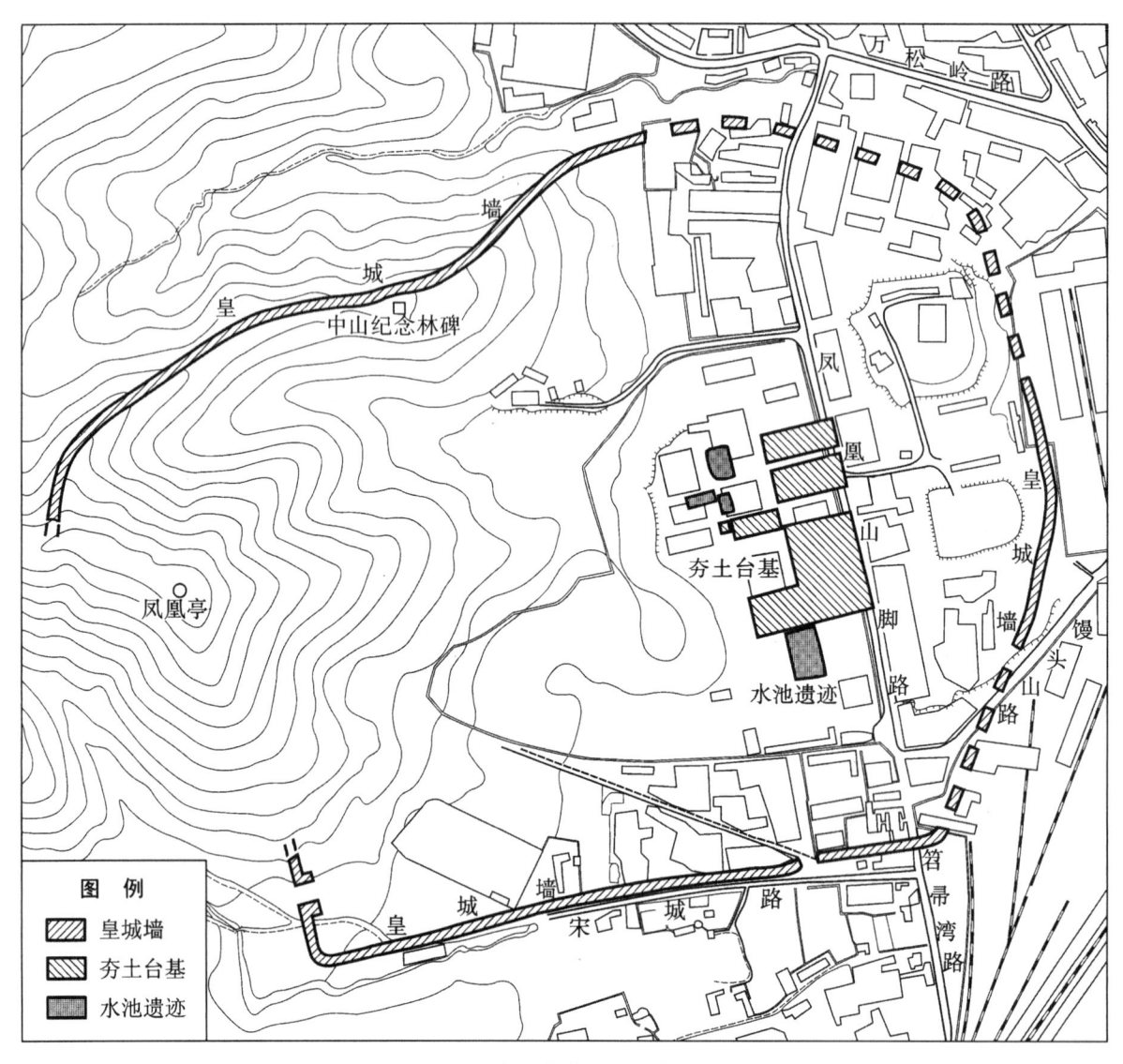

图 21　南宋皇城范围示意图

较准确的。而北墙东段和东墙，尤其是东北、东南两角却不够清楚。东北角密布现代建筑，东南角山体有所切断，城墙具体情况较为模糊。根据文献记载，南宋皇城东北部东华门内有较多后苑殿阁建筑，倚靠馒头山，傍有小西湖；东南部东便门内为东宫，附近有南、东两水门。馒头山南麓今为断崖，而民国地形图上山势则向东南尚有延伸。而《皇城图》上东北、东南两处转折都有意画成直角，东便门一带还特别向南凸出。尽管方志城市图所绘地物信息并非实态，但《皇城图》将临安城南城墙画成绕包家山之状已为考古勘查所证实。综合考虑以上几项因素，皇城东部所绘制的形态就不得不引起注意。目前的皇城范围示意图将东北、东南均依山势现状推测为斜向圆角，既与《皇城图》不合，又在相关建筑和水系的安排上存在困难。如何在较为局促的区域内安置相对繁杂的后苑和东宫建筑？如何在较高的地势上安置小西湖和供水线路[1]？在新的考古工作未开展之前，这些问题暂时难以解决，皇城东北、东南两角的具体范围存疑待考[2]。

---

[1] 皇城东南部的南水门和东水门分别与外城南入水门和北出水门位置对应，应与皇城供水线路有关。
[2] 绍兴二十八年拓展皇城东南一带外城，"所展城阔一十三丈"。近年馒头山以东的粮食仓库一带发现两道城墙基础，推断西侧为五代、北宋时期，东侧为南宋时期，彼此间距41米（唐俊杰《武林旧事：南宋临安城考古的主要收获》，何忠礼主编《南宋史及南宋都城临安研究》下，北京：人民出版社，2009年，871页），折合宋代尺度约为13丈，恰与绍兴二十八年拓展东南外城的距离相符。可惜发掘资料尚未刊布，城墙的时代与性质是否确实，无法核验。

第四节　街巷[1]

一、南宋街巷辑录

（一）城内诸厢街巷

《咸淳临安志》卷一九《疆域》四于在城除宫城厢之外的八厢下记录了84个坊巷名称，左一南厢4个，左一北厢19个，左二厢18个，左三厢8个，右一厢10个，右二厢17个，右三厢6个，右四厢2个。以上坊名79个、街名3个、巷名2个。坊名中只有极个别是单纯的牌坊名[2]，其他都用来指代某一具体的街巷[3]，往往都注有该街巷的名称。80条街巷绝大部分为明清所沿袭，只是一些名称有所改易。

（二）城内增补街巷

除以上所列，《咸淳临安志》等文献中还提到一些街巷名称，多为明清所沿袭，位置可以考知。左一南厢有塔儿头。左一北厢有新房廊巷、油车巷。左二厢有石榴园巷。左三厢有癸辛街、潘阆巷、新街、木子巷。右一厢有上抱剑营街、下抱剑营街。右二厢有漆器墙、团子巷、醋坊巷、铁线巷、柴木巷。右三厢有毛郎巷、上八界巷、下八界巷。右四厢有四条巷。

（三）城外可考街巷

城外坊巷数量不多，位置可考者更少。城东厢有竹竿巷、蒲场巷、马婆巷。城北右厢有夹城巷。城南左厢有雪醅库巷、颜家楼街、马仓巷、洋泮巷。

---

[1] 详参附录第二节南宋临安城复原图坊巷地名表。
[2] 如福德坊、登省坊、字民坊、平易坊。
[3] 有时也包含该街巷的细小分支，这样的情况今日也还存在。

（四）旧有坊名

在以上南宋末年坊巷之外，还可查到一些旧有坊名，名号虽废，街巷尚存，可作补充复原。

1. 南宋初年以前坊名

《淳祐临安志》卷七：

> 故老云，城内旧有坊号，久废未立。如罗汉洞巷口则曰美俗坊，金文（斋）〔桥〕下涌金门路则曰会昌坊，红桥杨府巷口则曰紫云坊，鞔鼓桥癸辛街巷口则曰从训坊，马家桥西巷口则曰孝慈坊，洗麸桥下南岸口则曰通宝坊，洗麸桥下北岸口则曰丰财坊。

葛澧《圣宋钱塘赋》[1]：

> 剖析途巷，标题坊号，时则有通和、延福、广文、常庆、兴礼、会昌、义和、从训、慈孝、清飘、安国、延定、通宝、丰财、紫云、立政，大书深刻，夸诩争胜。

这些坊号《乾道志》亦无记载，反映的至少是南宋初年以前的情况。

2. 南宋所废坊名

《乾道临安志》卷二："贵恕坊，相府巷。"《淳祐临安志》卷七："贵恕坊，封桩库巷，今废。"绍兴二十六年（1156）于三省北建左右丞相府[2]，后徙太庙北[3]。封桩库，在三省大门内[4]。贵恕坊即民国严官巷。

《乾道临安志》卷二、《淳祐临安志》卷七："保宁坊，太庙巷。"《咸淳临安志》卷三：景定五年（1264）"以（太庙）垣南民居逼近，厚给之直，令徙他处。即其地作致斋阁子四十四

---

[1]《咸淳临安志》引作《钱塘赋》《钱塘帝都赋》，《方舆胜览》引作《帝都赋》，此据清光绪十年（1884）钱塘丁氏嘉惠堂《武林掌故丛编》重刻影宋临安陈氏书籍铺本。《淳祐临安志》卷七《坊巷》："故老云，城内旧有坊号，久废未立。如罗汉洞巷口则曰美俗坊，金文（斋）〔桥〕下涌金门路则曰会昌坊，红桥杨府巷口则曰紫云坊，鞔鼓桥癸辛街巷口则曰从训坊，马家桥西巷口则曰孝慈坊，洗麸桥下南岸口则曰通宝坊，洗麸桥下北岸口则曰丰财坊。"这些废置的坊名多见于《钱塘赋》，而不见于《乾道志》，故推测此赋所记情况不晚于南宋初年。

[2] 徐松辑《宋会要辑稿》方域二之一九。

[3] 潜说友《咸淳临安志》卷一〇《官宇》。

[4] 潜说友《咸淳临安志》卷八《院辖》。

楹，前櫺墙为小门。又斥粮料院、白马神祠，依山拓地为庙墺"。保宁坊即民国太庙巷。

以上二坊之废，均与所邻官府建筑范围变化有关，所在街巷实无变动。

3. 南宋移置坊名

《乾道临安志》卷二、《淳祐临安志》卷七："兴礼坊，清泠桥巷。"《咸淳临安志》卷一九："兴礼坊，旧对清河坊，系咸淳四年（1268）建今宗阳宫，辟为上御路，遂移入内，宫墙之东，属右四厢界。"《梦粱录》卷八："佑圣观，在兴礼坊西。"兴礼坊旧在御街东，西对清河坊，属右二厢。咸淳四年移置宗阳宫之东，即民国佑圣观巷。

《乾道临安志》卷二、《淳祐临安志》卷七："丰禾坊，丰禾仓巷。"《咸淳临安志》卷一九："丰禾坊，崇新门内。旧面西，于咸淳三年（1267）建当今上皇后家庙宅第，遂移稍东面南。"《梦粱录》卷七："丰禾坊，全皇后府东。"丰禾坊旧在高桥东面西，处右三厢、右四厢分界[1]。咸淳三年移置全皇后宅之东，即民国丰禾巷。

《乾道临安志》卷二："德化坊，木子巷。"《淳祐临安志》卷七："德化坊，旧名木子巷，今在对岸潘阆巷口立。"木子巷在长寿桥东，潘阆巷在安福桥（清丁家桥）北。

《乾道临安志》卷二："安国坊，仁和仓巷。祈祥坊，北桥巷。"《淳祐临安志》卷七："安国坊，北桥巷，旧名祈祥坊。"仁和仓巷在仁和仓桥东，北桥巷在安桥东。

二、南宋以后街巷的破坏

（一）元代新建官署而废

《咸淳临安志》卷一九："天庆坊，天庆观巷，在宰执府北。"处于寿域坊与保民坊之间。《成化杭州府志》卷三："新开路，旧天庆坊，直上吴山诸庙。"《西湖游览志》卷一三："天庆坊，宋称太庙巷，俗称兰子坊巷。"《万历杭州府志》卷四五："太庙巷。"是将太庙巷误冠以天庆坊之名。元建南察院于太庙北[2]，天庆观巷废。

《咸淳临安志》卷一九："天井坊，天井巷，旧名通浙坊，稍西为龙舌头。"东为秘书省，西为张循王府[3]，北与台谏官宅相对[4]。元秘书省旧址改建江浙行中书省，东西两侧皆有扩建[5]，天井巷废。

---

[1] 跨崇新门街，如昌乐坊之立蒲桥东，跨东青门街。
[2] 陈让等修，夏时正等纂《成化杭州府志》卷一六《公署》四。
[3] 郑元祐《古墙行》，《侨吴集》卷二。
[4] 潜说友《咸淳临安志》卷三七《井》。
[5] 阎复《江浙行中书省新署记》，《天下同文集》卷七。

（二）元末筑城而废

《咸淳临安志》卷一九："孝仁坊，和宁门外西。登平坊，和宁门外东。"《西湖游览志》卷一三："仁孝坊，俗称清平巷，西通清平山、开元寺者，其对宋有登平坊。"明清平巷，一名清平山巷，即民国高士坊巷，在六部桥西北。南宋孝仁坊、登平坊皆在六部桥南，皇城和宁门外左右。元末新筑杭州城，二坊皆弃之城外，明代方志无所记载。

（三）明代塞断

《咸淳临安志》卷一九："清风坊，庄文府南，俗呼活水巷。"《成化杭州府志》卷三注曰："今塞。"

《咸淳临安志》卷一九："保信坊，里仁坊北，俗呼剪刀股巷。"《万历杭州府志》卷三四注曰："今塞。"

（四）清初筑满城隔断

清筑满城，其东墙介于南宋御街与清湖河之间，南宋以来所存坊巷多遭破坏。除寿安、睦亲二坊，因所经设置城门，未受影响外，菱椒巷（修义坊）、卖马巷（富乐坊）、虎跑泉巷（众乐坊）、狗儿山巷（教睦坊）、上百戏巷（积善坊）、下百戏巷（秀义坊）、修文巷（修文坊）、陶家巷（里仁坊）、中棚巷（定民坊）等均被隔断。其中一些坊巷原本西通清湖河诸桥，故尚可据以连通复原。

《咸淳临安志》卷一九："修义坊，市西坊北，俗呼菱椒巷。"《西湖游览志》卷一三："修义坊，俗称肉市巷，又称菱椒巷，西通军将桥。"南宋菱椒巷东段即民国三元坊巷，西段明称军将桥街。

《咸淳临安志》卷一九："积善坊，银瓮中酒库北，俗呼上百戏巷。"《西湖游览志》卷一三："积善坊，俗称上百戏巷，西通施水坊桥。"南宋上百戏巷东段即民国积善巷，西段明称施水桥街。

《咸淳临安志》卷一九："修文坊，官巷北，即旧将作监巷。"《西湖游览志》卷一三："修文坊，西通洪福桥，宋有将作监。"《嘉靖仁和县志》卷一："紫云巷，东是修文坊。"南宋将作监巷东段即民国铁线巷，西段明称紫云巷。

《咸淳临安志》卷一九："里仁坊，修文坊北，俗呼陶家巷。"《西湖游览志》卷一三："里仁坊，西通鞔鼓桥，宋称陶家巷。"《嘉靖仁和县志》卷一："崇训坊，东是里仁坊。"南宋陶家巷东段即民国里仁坊巷，西段明称崇训坊。

《咸淳临安志》卷一九："定民坊，戒民坊相对，俗呼中棚巷。"《嘉靖仁和县志》卷一："定民坊，即今百福巷。孝慈巷，东是百福巷。"南宋中棚巷东段即民国百福巷，西段明称孝慈巷。

值得注意的是，这些坊巷在明代即已东西分段命名，说明满城东墙大体是沿当时已经存在的南北向小巷修筑的。明代紫云、崇训、孝慈三巷的名称也颇有意味，其西隔清湖河所对街巷南宋以前旧有坊名紫云、从训、孝慈，明人有意识地加以挪用。

三、南宋坊巷的得名及变化

南宋临安城坊巷得名情况：（1）官署：都酒务巷、八作司巷、楼店务巷、军头司巷。（2）寺观：观巷、天庆观巷。（3）祠庙：太庙巷、吴山庙巷、七郎堂巷。（4）学校：府学巷、宗学巷。（5）仓库：糯米仓巷、仁和仓巷、丰禾仓巷、封桩库巷。（6）行市：肉市巷、市西坊、市南坊、后市街。（7）人物：潘阆巷。（8）桥梁：三桥街、柴垛桥巷、荐桥巷、清泠桥巷、金波桥巷、炭桥巷、李博士桥巷、小新桥巷、鹅鸭桥巷、北桥巷、清远桥巷、丰乐桥巷、盐桥巷、蒲桥巷。（9）山岭：宝月山巷、竹园山巷、狗儿山巷、清平山巷、灌肺岭巷。（10）井泉：吴山井巷、天井巷、相国井巷、虎跑泉巷。以上绝大部分为巷名，盖民间约定俗成，坊名则为官府所拟定，皆美名也。

南宋以后坊巷名称变化情况：（1）坊名改变：市西坊改西文锦坊、贤福坊改东文锦坊、中和坊改文明坊又改兴贤坊、睦亲坊改弼教坊、兰陵坊改永清坊、延定坊改清宁坊、怀远坊改贡院坊、东巷坊改忠孝坊。（2）因祠庙改：糯米仓巷改华光庙巷、粮料院巷改白马庙巷、七郎堂巷改祖庙巷、小新桥巷改千胜巷。（3）谐音变化：宝祐坊称保祐坊、沙皮巷称沙毘巷、毛郎巷称茅郎巷。南宋坊巷大部分名称在明代仍然沿用，至清代始多变更。

第五节　水系

一、南宋河道线路

1. 盐桥运河（大河）

《咸淳临安志》卷三五《河》：

盐桥运河，南自碧波亭、州桥、通江桥，与保安水门里横河过望仙桥，直北至梅家桥，出天宗水门；一派自仁和仓后葛家桥、天水院桥、淳祐仓前，出余杭门水门。

《成化杭州府志》卷五《山川》一，城内：

大河（旧为盐桥运河），南自锦云桥而北，至通江桥，与保安水门桥之河合，又北过新宫桥，与小河钟公桥河合，又北至梅家桥，出武林水门；又西一派葛家桥，由天水院桥出武林水门。

明清大河水道线路与南宋相比，经葛家桥、天水院桥出余杭水门一支无所变化，而过梅家桥一支则有不同。南宋本从天宗水门流出，再与余杭水门一支相会于城外。元末张士信重筑杭州城，改天宗水门为陆路（入明闭塞），大河过梅家桥这一支不出天宗水门，继续向西，与另经葛家桥一支合于余杭水门之前，一并出城。

2. 市河（小河）

《咸淳临安志》卷三五《河》：

市河（俗呼小河），东自清冷桥西流，至南瓦横河口转北，由金波桥、巧儿桥直北，至仁和仓桥转东，与茆山河水合，由天水院桥转北，过便桥，出余杭门水门。

此外，市河另有一支由观桥转西，过小新庄桥，与清湖河相合[1]。这两段水道线路明清相仍无改。

3. 茆山河

《咸淳临安志》卷三五《河》：

> 茆山河，东自保安水门，向西过榷货务桥，转北过茆山并蒲桥，至梅家桥。德寿宫之东元有茆山河，因展拓宫基，填塞积渐，民户包占，惟存去水大沟。至蒲桥、修内司营，填塞所不及者，故道尚存。自后军东桥，至梅家桥河。

东桥以北至梅家桥河道，明清递存，以南故道，亦可考知。参照地望有：蒲桥、高桥、阜民桥。

（1）蒲桥

在盐桥东，元系茆山河所经。绍兴间，河道为宠医王继先填塞，遂不通舟楫。《三朝北盟会编》卷二三〇：

> （绍兴三十一年［1161］八月）十一日辛亥，殿中侍御史杜莘老上言曰：……（王）继先于都城广造第宅，多侵官司地分。如陶家巷寨屋、丰乐桥官地，皆被强占，起盖房廊，收领赁直。又蒲桥之傍有古运河，继先因广宅基，遂填塞其上。其宅周回侵占民居数百家，及官街二条，见今屋宇台榭皆高广宏丽，都人谓之快乐仙宫，可谓僭侈矣。

明代蒲桥尚存，《成化杭州府志》卷四《封畛》四，城内桥梁："蒲桥，盐桥东，今夷而为街矣。"其故址约在清之乌龙巷口，《武林坊巷志》："乌龙巷口筑有障火公墙，上书'蒲桥遗址'，所闻当有自也。"位于茆山河道尚存部分向南延长线上。

（2）高桥

南宋临安志书不载其名。清宣统二年（1910）板儿巷出土北宋《砌街记》[2]云：

> 维大中祥符三年（1010）岁次庚戌四月十八日，都会首冯宪、徐翊、严君赞、高承霸、高仁福，同过法济院僧省欢、院内大师奉圆等，各舍金帛，遍募近远四众信人，各舍

---

[1]《咸淳临安志·京城图》。

[2] 王佩智编《西泠印社摩崖石刻》，杭州：西泠印社出版社，2007年，160页。

净财，甃砌大街孔道。至当年八月初三日备人工，兴砌西头桥堍，当月二十七日备砖灰人匠，从崇新门下手，甃砌至法济院东讫。又见崇新门里砌街未就，备砖灰人匠，至□□高桥材毕，同成胜事，永为标记。砌街都料王霸。

荐桥以东街北清有高乔巷，明称高桥巷，巷口北与茆山河道相直，东通宋之崇新门，即高桥故址所在。

（3）阜民桥

即榷货务桥。《咸淳临安志》卷二一《桥道》："阜民桥，榷货务东石桥，不通舟楫。"榷货务在太医局北、牛羊司南。通江桥东北清巡抚署即南宋太医局故址，望仙桥东南牛羊司巷即南宋牛羊司所在，则榷货务所处位置可大致推得。

4. 贴沙河

《咸淳临安志》卷三五《河》：

> 运河，南自浙江跨浦桥，北自浑水闸、萧公桥、清水闸、众惠桥、椤木桥、朱家桥，转西由保安闸至保安水门入城。土人呼城外河曰贴沙河，一名里沙河。

《成化杭州府志》卷二七《水利》一：

> 运河，自候潮水门至跨浦闸，旧有河道计七里，长七百三十一丈。由候潮门之南，过椤木桥、普济、众惠等桥，置清水闸，又南过萧公桥，置浑水闸，又南至跨浦桥下置闸，颇狭。元延祐三年（1316），丞相脱脱尝浚治之。皇朝洪武五年（1372），行省参政徐本、李质同都指挥使徐司马议开河增闸。河横阔十丈余，闸亦高广于旧。不详何时闸改为坝，今惟坝无官，止小船经行，大船俱不由矣。

这段水道线路明清相仍无改。惟元末新筑杭州城，废保安水门，新水门位于车驾桥（宋诸家桥）以东。

5. 龙山河

《咸淳临安志》卷三五《河》："龙山河，南自龙山浑水闸，由朱桥至南水门。"[1]《成化杭州

---

[1]《淳祐临安志》卷一○《城外诸河》云：由朱桥自南水门入城。

府志》卷二七《水利》一：

> 龙山河，自凤山水门直至龙山闸。旧有河道计十余里，长一千二百五十一丈，置闸以限潮水。宋以逼内，河道不通舟楫，因久堙塞。元至大元年（1308），江浙令史裴坚言其改修之便。延祐三年，行省丞相脱脱令民浚河，长九里三百六十二步，造石桥八，立上下二闸，仅四十日而毕工。至正六年（1346），其子达识帖木迩来为行省平章，复疏之，舟楫虽通，而未达于江也。皇朝洪武七年（1374），参政徐本、都指挥使徐司马以河道窄隘，军舰高大，难于出江，拓广一十丈，浚深二尺，仍置闸限潮，舟楫出江为始便。今以河高江低，改闸为坝。

延祐浚河事详《元史》卷六五《河渠志》二：

> 龙山河，在杭州城外，岁久淤塞。武宗至大元年（1308），江浙省令史裴坚言：杭州钱塘江，近年以来，为沙涂壅涨，潮水远去，离北岸十五里，舟楫不能到岸。商旅往来，募夫搬运十七八里，使诸物翔涌，生民失所，递运官物，甚为烦扰。访问宋时并江岸有南北古河一道，名龙山河，今浙江亭南至龙山闸约一十五里，粪壤填塞，两岸居民间有侵占。迹其形势，宜改修运河，开掘沙土，对闸搬载，直抵浙江，转入两处市河，免担负之劳，生民获惠。省下杭州路相视。钱塘县城南上隅龙山河至横河桥，委系旧河，居民侵占，起建房屋，若疏辟以接运河，公私大便。……河长九里三百六十二步，造石桥八，立上下二闸。……省准咨请丞相脱脱总治其事，于仁宗延祐三年三月七日兴工，至四月十八日工毕。

至正浚河事见苏天爵《江浙行省浚治杭州河渠记》[1]：

> 至正六年十月，江浙行中书省始命浚治杭州郡城河渠，明年二月卒事。……平章公（达世贴穆尔）总其事于上，检校官李益、杭州路总管赵琏董其役于下，又以掾曹十余人分治其工。南起龙山，北至猪圈坝，延袤三十余里。寻以冬寒止役，春复役之。郡中郭外，支流二十余里，共深三尺，广仍其旧，悉导湖水注之。……又新木闸者四，石梁者一。

---

[1] 苏天爵《滋溪文稿》卷三。

明清龙山河南至龙山闸，北达凤山水门，与大河相接。南宋时情况与此不同，过朱桥（又名南新桥），由南水门入城，经北水门出城，为横河，东接贴沙河于浑水、清水二闸间[1]。《宋会要辑稿》食货八之一："绍兴三十二年（1162）二月二十七日，诏令临安府自浙江清水闸横河口西曲尽头，南至龙山闸一带河道，并令开淘。"故元人描述龙山河，"浙江亭南至龙山闸"。

6. 清湖河（西河）

《咸淳临安志》卷三五《河》：

> 清湖河，西自府治前净因桥过闸，转北由楼店务桥至转运司桥，转东由渡子桥与涌金池水合流，至金文库与三桥水相合，由军将桥至清湖桥，投北由石灰桥至众安桥，又投北与市河相合，入鹅鸭桥；转西一派自洗麸桥至纪家桥，转北由车桥至便桥，出余杭门。

《咸淳临安志》卷二一《桥道》：

> 西河，自断河头直北至众安桥止；自府治前桥由流福坊水路至惠迁桥止；自涌金桥入俞家园镊子桥至白莲花桥止；自八字桥西入清湖桥至北关余杭水门止。

清湖河分支较多，明清基本沿袭，仅有两处改动。

（1）曲阜桥以西河道

《梦粱录》卷七《小西河桥道》：

> 涌金门北沿城镊子井东曰镊子井桥，张府后俞家园东曰永安桥，六房后门曰石桥。此三桥俱不通舟，湖水溢于桥下暗沟，注于曲阜桥下，流出西河。

可知这一线水道南宋时为暗渠[2]，由镊子井水口引湖水入城，经镊子井桥、永安桥、石桥、曲阜桥，向东注入清湖河。明成化十二年（1476），始于涌金门北开创水门，改暗渠为明河。《明

---

[1]《咸淳临安志·浙江图》。
[2] 2015年紫城巷地块发现引西湖水入城的木管、水井等地下设施，当即此类暗渠。参：唐俊杰、王征宇《杭州南宋临安城址考古》，《中国文物报》2016年4月22日8版。王征宇、李坤《2015年南宋都城临安城考古取得重大收获》，《杭州文博》第17辑，北京：中国书店，2016年，2—7页。

宪宗实录》卷一四三：

> （成化十一年［1475］七月癸亥）工部覆奏疏浚杭州西湖，许之。西湖之水，自唐杭州刺史李泌、白居易于城西凿渠导入城中运河，溉及仁和、海宁上塘之田，其利甚博。宋守臣苏轼复凿渠九道以疏浚之，后渐埋塞，居民侵以为业，渠失故道，田无所溉，动辄告灾。至是，浙江左布政使宁良、按察副使杨瑄等佥议，钱塘门左、涌金门右，其间有九渠之一，宜因其旧迹，疏浚为河，构石为桥，以通湖水，外置一闸，时其启闭，以御横流，庶几水利可复。镇守浙江太监李义上其议，其事得行，民颇利焉。

《成化杭州府志》卷六〇《纪遗》：

> 成化十二年（1476），杭城涌金门北创开水门，通导西湖水，自柳洲寺后入城，由曲阜桥达今城河，其处疑即宋玉莲堂等处水口。门入深四丈五尺、阔七尺、高九尺，置铁窗棂，障隔内外。门内外各为桥，上并阔一丈，下阔视水门，而高则减二尺。外桥下又为板闸，以防暴溢。

（2）普济桥东河道

南宋时，三桥以南河道至普济桥即止，名为断河头。清康熙四十四年（1705），为使南巡御舟可以直抵行宫之前，水道由此向东延伸开凿。《康熙钱塘县志》卷三：

> 康熙四十四年织造府孙公大启水门，引水入城，开河广五尺、深八尺，至三桥折而南，又转东至府前而止，备圣驾南巡御舟出入焉。

7. 城外其他河道

城外河道，东有外沙河、菜市河，合于艮山门外，又与余杭、天宗二水门出城之水汇为下塘河，过北新桥北去为新开运河，由江涨桥西去为余杭塘河。西有子塘河、下湖河，北去合于左家桥，入下塘河，下湖河另有西溪支流，亦入余杭塘河。以上诸河线路，明清相仍，少有改动。

二、宋明河道水源之异

以上所述河道，单就所经线路而论，南宋至明清似乎变化不大，但若追究根源，则又非如此简单。

明清杭州城水道大略，可参沈守正《浚复杭郡城河图说》（万历三十九年［1611］议）[1]：

> 杭城之水，有上、中、下三河，转展递注，皆受西湖之水，三道入城。一由涌金水门，一由涌金陆门之下，一由清波门流福沟。经府县之南，过运司及织染局，合并于曲阜桥外。南至藩司之左华光庙后，北至八字桥。又分之为二：一西由五道前入臬司之内，过车桥、曹将军庙等桥，出武林水门，止于清湖等闸。一北由张中丞、江学士门首出众安桥外。又分而为二：往南则由千胜庙等桥逆流而上，至清冷桥迤东，入新宫桥运河，过通江桥，直出凤山水门，越南新、海月等桥，抵浙江驿之南龙山闸而止，溢则流出于江。一分入军门前过军桥而东，越保安等桥，出候潮水门，至永昌、会安二坝而止。往北则由度生桥（俗呼鹅鸭桥，在众安桥北）、贡院西桥（俗呼狗肉桥）、天水等桥，顺流而下，亦出武林水门，会于清湖等闸而止，溢则分流而出下河。是曰上河。其会安坝内有清凉、柳林二闸，泄入五里塘、东新关、李王塘一带，至海宁长安坝而止。南则溯流入艮山水门，上至盐院东首断河头而止。是曰中河。总上河、中河诸坝闸之水，溢而下流，舟楫四通，东至于海，北达京师，是曰下河。

依沈氏描述，所有河道之水，均本自西湖。南宋时期与之相比，最大的差异在于水源的二元性。盐桥运河、茆山河、菜市河、外沙河均借助贴沙河、龙山河承受浙江潮水，而清湖河则承受西湖之水。惟市河稍显特殊，上游借盐桥运河承浙江水，下游又有清湖河分支汇入西湖水。因此，大部分河道线路南宋虽与明清相同，但有些水流方向却是相反。

明清西湖水经清湖河、小河，于新宫桥之北注入大河，向南一出凤山水门入龙山河；一过通江桥东行，出候潮门北水门入贴沙河。南宋盐桥运河（大河）"南自登平坊内石桥起"，并无南来水道。贴沙河由浙江闸来水向北转西入保安水门，西接盐桥运河于通江桥南，是后者水源所自。这一情形始于隆兴二年（1164）。《宋史》卷九七《河渠志》七：

> 隆兴二年，守臣吴芾言：城里运河，先已措置北梅家桥、仁和仓、斜桥三所作坝，取西湖六处水口通流灌入。府河积水，至望仙桥以南至都亭驿一带，河道地势自昔高

---

[1] 沈守正《雪堂文集》卷一〇。清代情况与此基本相同，参林璐雨《浙省城河道通塞图记》（康熙二十二年［1683］），〔乾隆〕《杭州府志》卷四〇《水利》一；阮元《嘉庆九年重浚杭城水利记》，《揅经室三集》卷四；《浙江省城水利全图》，碑藏杭州碑林。

峻。今欲先于望仙桥城外保安闸两头作坝,却于竹车门河南开掘水道,车戽运水,引入保安门通流入城,遂自望仙桥以南开至都亭驿桥,可以通彻积水,以备缓急。计用工四万。从之。

而北宋时又非如此。苏轼《申三省起请开湖六条状》[1]云:

> 元祐五年（1090）五月初五日,龙图阁学士左朝奉郎知杭州苏轼状申:轼于熙宁中通判杭州,访问民间疾苦。父老皆云:惟苦运河淤塞……轼方讲问其策,而临濮县主簿监在城商税苏坚建议曰……今城中运河有二,其一曰茆山河,南抵龙山浙江闸口,而北出天宗门。其一曰盐桥河,南至州前碧波亭下,东合茆山河,而北出余杭门。余杭、天宗二门,东西相望,不及三百步。二河合于门外,以北抵长河堰下。今宜于钤辖司前创置一闸,每遇潮上,则暂闭此闸,令龙山浙江潮水,径从茆山河出天宗门。候一两时辰,潮平水清,然后开闸,则盐桥一河过阛阓中者,永无潮水淤塞、开淘搔扰之患。而茆山河纵复淤填,乃在人户稀少村落相半之中,虽不免开淘,而泥土有可堆积,不为人患。潮水自茆山河行十余里至梅家桥下,始与盐桥河相通,潮已行远,泥沙澄坠,虽入盐桥河,亦不淤填。（自来潮水入茆山、盐桥二河,只淤填十里,自十里以外,不曾开淘,此已然之明效也。）茆山河既日受潮水,无缘涸竭。而盐桥河底低茆山河底四尺,（梅家桥下,量得水深四尺,而碧波亭前,水深八尺。）则盐桥河亦无涸竭之患。

据苏坚描述可知,此时盐桥运河与茆山河同为城内重要水道,茆山河水自龙山河、贴沙河而来[2],而盐桥运河则东接茆山河,间接承受龙山、浙江两闸潮水[3]。这种情况自吴越时即已形成。陶岳《五代史补》卷五《契盈属对》:

> 僧契盈,闽中人。通内外学,性尤敏速。广顺初,游戏钱塘。一旦陪吴王游碧波亭,时潮水初满,舟楫辐辏,望之不见其首尾。

---

[1] 苏轼《苏轼文集》卷三〇。
[2] 《宋会要辑稿》食货八之五一:"天圣四年（1026）二月,侍御史方慎言:杭州元有江岸斗门二,凡舟船出入,一则温台路,一则衢婺路……"是则浙江闸通温台路,龙山闸通衢婺路。
[3] 两河具体如何相接,待考。

熙宁间，日僧成寻过往杭州，对所经水道的记载也可加以印证。《参天台五台山记》卷一：

> 延久四年（熙宁五年［1072］）（四月）十三日……未时，着杭州凑口。津屋皆瓦葺，楼门相交。海面方垒石，高一丈许，长十余町许。及江口，河左右同前，大桥亘河，如日本宇治桥。卖买大小船不知其数。回船入河十町许，桥下留船。河左右家皆瓦葺无隙，并造庄严，大船不可数尽。
>
> 十四日，午时，潮满。人人多来。开河中门户入船，上河数里，又开水门入船。大桥两处，皆以石为柱，并具足物以贵丹画庄严。申时，着问官门前。见都督门如日本朱门，左右楼三间。前有廊并大屋，向河悬帘，都督乘船时屋也。
>
> （五月）四日，卯时出船。过通济桥次，门见公移免下了。过十五里，至第二水门清水闸，依潮少闭门。
>
> （五月）五日，天晴。卯时，陈咏参府，申可开水门由。使者来，开水门出船。他船三四十只，大以为悦。巳时，江下止船，依潮未满也。申时，潮满出船。

南宋早期，茆山河南段湮废，盐桥运河失去南来水源。所以经吴芾建议，将保安门一带原来连接茆山河的水道加以改造，西通盐桥运河以供水。

三、北宋河道改造方案

北宋时，苏坚曾建议改造清湖河水道，以便引西湖水入盐桥运河，既防淤塞，又通活水。具体方案见于前引苏轼《申三省起请开湖六条状》：

> 今西湖水贯城以入于清湖河者，大小凡五道，（一、暗门外斗门一所。一、涌金门外水闸一所。一、集贤亭前水筧一所。一、集贤亭后水闸一所。一、菩提寺前斗门一所。）皆自清湖河而下以北出余杭门，不复与城中运河相灌输，此最可惜。宜于涌金门内小河中，置一小堰，使暗门、涌金门二道所引湖水，皆入法慧寺东沟中，南行九十一丈，则凿为新沟二十六丈，以东达于承天寺东之沟，又南行九十丈，复凿为新沟一百有七丈，以东入于猫儿桥河口。自猫儿桥河口入新水门，以入于盐桥河，则咫尺之近矣。此河下流，则江潮清水之所入；上流，则西湖活水之所注，永无乏绝之忧矣。

法慧寺，一作法惠寺。王十朋《集注分类东坡先生诗》卷九《楼阁》法惠寺横翠阁条引

《杭州图经》："法惠寺，在天井巷，开运元年（944）吴越王钱氏建，旧额兴庆寺，治平二年（1065）改赐今额。"寺在油车巷北，南对天井巷，南宋初为秘书省，继为怀远驿，后为台谏官宅[1]，其址在清金文桥（宋台官廨后桥）南。

承天寺，即能仁寺。《咸淳临安志》卷七六《寺院》："按旧志，能仁寺在糯米仓，广顺元年（951）吴越王钱氏建，旧额承天。"糯米仓，"元在开元宫左右……乃未渡江以前仓庚"[2]，即泰和坊（俗呼糯米仓巷，即清华光巷）一带。

所谓"法慧寺东沟"，即三桥以南至普济桥断河头一段河道，从民国地形图上量得长度正合91丈。由此向东26丈，约达新房廊巷（清十三湾巷），恰在承天寺东。南行90丈，近于清河坊。又东107丈，则抵市河转北处，即所谓"猫儿桥河口"[3]，距离盐桥运河确实"咫尺之近"。由是观之，将苏坚建议所开沟通清湖河与盐桥运河的水道线路证之地望，验之丈尺，均若合符契。

苏轼称："寻以坚之言使通直郎、知仁和县事黄僎相度可否，及率僚吏躬亲验视，一一皆如坚言，可成无疑也。谨以四月二十日兴工开导，及作堰闸，且以余力修完六井。"似苏坚建议业已付诸实施。然普济桥断河头与市河之间水道，尚未见其他文献有所记载，难以落实。且此时西湖水若已由清湖河新道东达盐桥运河，则南宋初年似不必另引贴沙河西来以补给水源。

苏坚治河，保证了盐桥运河的通畅，却使茆山河迅速淤废，间接导致盐桥运河水源不足。吴芾以开横河的方式缓解了这一问题。至明代，河高江低，废闸筑坝，阻断了浙江潮水，吴越以来局面为之一变，西湖水成为城内外众河的唯一来源。

---

[1] 陈骙《南宋馆阁录》卷二《省舍》。

[2] 解缙等《永乐大典》卷七六〇三《杭州府》五二。

[3] 猫儿桥即平津桥，在贤福坊内，距文中所言河口尚远。以猫儿桥之称市河，即如以盐桥之称大河耳。此河口《咸淳临安志》卷三五称为横河口。

第六节 桥梁[1]

南宋临安城内大部分桥梁明清以来位置没有发生变动，将宋明清三代方志中有关桥梁的记录排列成表，可以反映出明显的承袭关系。这里仅对南宋以来变动较大，或情况比较复杂的一些例子略作讨论。

一、废置之桥

（一）一般废置

1. 盐桥运河

《咸淳临安志》卷二一《疆域》六，桥道："安永桥，执政府前大渠南。国清桥，执政府前大渠北。"《成化杭州府志》已降均无记载。执政府，在太庙北大渠口。清察院前当太庙故址之北，又名大渠衖，安永、国清二桥当在附近。

2. 市河

《咸淳临安志》卷二一："巧儿桥，荣府看街后。亨桥，五间楼东。舍人桥，平津桥北。"《万历杭州府志》卷四五注曰："今废。"三桥恰好处于普济、宝祐、平津、永清四桥之间，左右不连通衢，故废。

3. 清湖河

《咸淳临安志》卷二一："黑桥，左藏库东。左藏库桥，左藏库前。"《嘉靖仁和县志》卷二注曰："今废。"二桥在清湖桥西。

（二）新建官署而废

《咸淳临安志》卷二一："永安桥，一名五圣庙桥，在度牒库后。如意桥，六房院前。台官衙后桥。太常寺后小桥。"《成化杭州府志》卷四注曰："以上四桥俱入织染局。"《康熙杭州府

---

[1] 详参附录第三节南宋临安城复原图桥梁地名表。

志》卷二注曰："今惟台后一桥在织染局前，其余三桥久废。"台官衙后桥即清金文桥。

（三）水道变化而废

1. 白洋池

《咸淳临安志》卷二一："白洋池桥，白洋池前。方家桥。"《嘉靖仁和县志》卷二注曰："废。"

2. 涌金池

《咸淳临安志》卷二一："涌金桥，介于涌金三池之中，有扁。"清代方志不记此桥。

3. 盐桥运河

《咸淳临安志》卷二一："登平桥，登平坊内。"元代以后将盐桥运河自六部桥向南开凿，抵横河头，与龙山河连通，此桥不见记载。

二、存疑之桥

1. 黑桥与州桥

《咸淳临安志》卷二一："黑桥，六部桥北。州桥，玉牒所对巷。"州桥即清秽接骨桥。明清黑桥在其北。宋本《舶上谣》："予以至元廿六年（1289）出杭，故居东厢隅四条巷，旁有桥名黑桥，居有杨梅、银杏二树，在巨井上园。"[1]《咸淳临安志》卷七六《寺院》："国清寺，在通江桥四条巷。"元初黑桥在通江桥、四条巷附近，与明清黑桥位置相合。清秽接骨桥以南与六部桥之间，为部院仓桥，即元圣安寺桥、明安和桥。《咸淳志》记录二桥顺序似误。

2. 流福桥至定安桥

《咸淳临安志》卷二一："流福桥，元名闸儿桥。楼店务桥，楼店务前。戒子桥，慈幼局前。定安桥，戒子桥北。"《咸淳临安志》卷三五《河》："清湖河，西自府治前净因桥过闸，转北由楼店务桥至转运司桥。"

《西湖游览志》卷一三："文明坊，即中和坊，亦名净因坊、闸儿头，从此而北，宋为楼店务。又北为戒子桥，元为烧钞库，今为黄册库。又北为定安桥，宋有慈幼局、施药局。"清有王栅库桥，系黄册库之讹，即田汝成所言戒子桥。宋之楼店务、戒子、定安三桥鱼贯而列，均近于此。

《成化杭州府志》卷四："自府治前宣化桥、断河头东行至流福桥，从南而北至转运桥。"则情况与南宋相同，稍后文字却误将戒子桥、楼店务桥列于流福桥之前，后万历、康熙两志仍

---

[1] 苏天爵编《国朝文类》卷四。

之。《康熙杭州府志》卷二："楼店务桥，旧址在今水沟巷对甘泉庵地，今废。"水沟巷北实为流福桥故址。

3. 普安桥至报恩桥

《咸淳临安志》卷二一："普安桥，一名横河桥，小粉场前。广济桥，普安桥东。安济桥，蒲场巷军巡铺前。教场门桥，游奕教场门口。报恩桥，东横河军巡铺前。"《成化杭州府志》卷四："泥桥、横河第二桥、横河第一桥，此三桥通东运河，出庆春水门。"《万历杭州府志》卷四五："横河第一桥，俗呼西横河桥。横河第二桥，俗呼东横河桥。"《康熙杭州府志》卷二："土桥，旧呼泥桥。"

菜市河与外沙河之间横河上，南宋有五桥，明清有三桥。清之西横河桥在小粉墙（宋小粉场）北，即宋普安桥。东横河桥通蒲菖巷（宋蒲场巷），土桥通马坡街（宋马婆巷），其处宋时均当有桥，惟名称如何对应，难以遽断。

三、暗渠之桥

暗渠引西湖水入城，其上亦置有桥，不通舟楫。

（一）位置可推者

《咸淳临安志》卷二一："镊子井桥，永安桥西，镊子井东。永安桥，俞家园张府后，镊子井湖水由此注出六房院后。石桥，六房院后，不通舟楫，湖水由此注出曲阜桥。曲阜桥，韩府前。"《成化杭州府志》卷四："曲阜桥，在河之西，跨街南北，通西湖，水由此入西河，卢太监宅在塊北。……小永安桥，在俞家园，湖水由此来，经石桥往西河。石桥，畏兀儿寺前，湖水由此东出曲阜桥入西河。"

这条暗渠明成化十二年（1476）改为明河，清仍之，在满城之南。韩府，即恭淑韩皇后宅，在军将桥西北，曲阜桥在其南。六房院，在清饮马井巷西（明六房巷）。巷西滨河有灵寿寺，即明畏兀儿寺，石桥在其北。镊子井在丰豫门北沿城，东为镊子井桥，永安桥又在其东与石桥之间。

（二）位置不明者

《咸淳临安志》卷二一："红莲花桥、白莲花桥，并在俞家园，不通舟楫。"《梦粱录》卷七："俞家园九官宅曰白莲花桥，宅北投西巷曰红莲花桥，两桥俱旱桥耳。"

《咸淳临安志》卷二一："钱塘县桥，在县前，不通舟楫。真珠河桥，一名白虎桥，在钱唐门里跨真珠河，不通舟楫。青龙桥，车桥畔，不通舟楫。"

第七节　厢界

一、厢界范围

南宋临安城在城九厢，《咸淳临安志》卷一九《疆域》四对各厢四至作有简单描述，虽然部分文字似有错乱，但由于其中八厢下属坊巷位置均可考知，所以各厢之间的界线多能据以推得。

1. 宫城厢

> 东至嘉会门禁城角；西至中军小寨门，接连右四厢界；南至八盘岭，接连左一南厢界；北至便门铺军巡铺城角。

东、南两侧以便门至嘉会门一带城墙为界。西、北两侧以八盘岭（即八蟠岭）、中军小寨门为界。《梦粱录》卷八《大内》：

> 入登平坊，沿内城有内门曰东华，守禁尤严。沿内城向南，皆殿司中军将卒立寨卫护，名之中军圣下寨。

《宋会要辑稿》刑法二之一四五：

> （嘉定十六年［1223］正月）十一日，臣僚言：……比年八盘岭屡经砌迭，其平如砥，遂为通衢。殊不思前近帝阙，后涉禁山，行人敢尔纷扰，非所以示尊崇也。乞下殿前司，日下自和宁门相近八盘岭路口建立门关，丽正门西旧自有门，并行关闭。……从之。

这条界线大致从八盘岭向东，经红门子、和宁门达东华门一带。但凤凰山以南山地是否也属宫城厢范围，文献记载不够明确。

2. 左一南厢

东自大隐坊玉仙堂，接左一北厢吴山新铺；西自架子营至钱湖门以北，接左一北厢祝大夫铺；南自小红门子至青平山铺，接连右一厢州门上铺；北自龙舌头西塔儿头，接左一北厢西一铺。

西以城墙为界，自清波门达钱湖门以南。北界自清波门向东，过塔儿头、龙舌头，至吴山坊西。东、南两侧大致沿吴山至清平山东侧山麓抵八盘岭[1]。

3. 左一北厢

东至市西坊御街，系坝西铺，接连左二厢界；西至丰豫门竹园新铺，接连左三厢界；南至朝天门城基，系吴山新铺，接连右一厢界；北至清波门沿城一带，系祝大夫铺，接连左一南厢界。

东以朝天门外御街为界，北以市西坊至丰豫门街为界，西以丰豫门至清波门城墙为界，南即左一南厢北界。

4. 左二厢

东自市西坊以北御街一带，直至观桥中心为界；西自小新庄桥东岸，直至三桥子河中心为界；南自三桥子中心，直至市西坊为界；北自观桥中心以北，直至三桥子为界。

北以小新庄桥至观桥河道为界，东以御街为界，南以市西坊至三桥街为界。西界自三桥沿河道向北抵结缚桥，转西由兴庆坊至纪家桥，又向北至小新庄桥河口。

5. 左三厢

东自三桥西堍转北沿河，直至结缚桥豆腐巷口，接连左二厢界；西至涌金门军巡铺以

---

[1]《宋会要辑稿》兵三之一一：“（淳熙）十年（1183）十二月四日，诏临安府添置兵官一员。以本府言：在城八厢，惟左一地分散阔，所管四十铺，内一十五铺坐占山岭，比之诸厢，地分最为遥远，兵官巡警力不能周，深虑隐匿奸盗。”

北沿城，直至余杭门头；南至三桥西堍以西，直至涌金门军巡铺前河中心，接连左一北厢界；北至吊桥中心，接连右二厢界。

南以三桥至丰豫门街为界，西、北以丰豫门至余杭水门为界，东以左二厢西界沿河道继续向北，抵余杭水门。

6. 右一厢

东至荐桥，接连右四厢；西至上生寺，接连左一南厢；南至和宁门；北至朝天门城，接连右二厢。

南即宫城厢北界，西即左一南厢东界。北出朝天门过清平坊，至新开南巷东转抵荐桥。东自荐桥沿河道向南，至登平桥，接宫城厢北界。常庆坊、富乐坊所在街巷分别过柴垛桥、荐桥跨河两岸，但坊则立于桥西堍，故而归属右一厢。

7. 右二厢

东至古城基，接连右三厢界；西至御街中心，接连左一北厢、左二厢界；南至朝天门，接连右一厢界；北至吊桥堍下，接连右三厢界。

西自朝天门外御街，经观桥、小新庄桥抵斜桥北河口，即左二厢、左三厢东界。北自河口向东，过葛家桥，抵梅家桥。东自梅家桥沿河西岸至荐桥，再过富乐坊、清平坊，至朝天门，即右一厢西北界。东界《咸淳志》表述不清，根据朝天门北清平坊、永清桥东新开南巷属右二厢，而朝天门外东新开坊、荐桥西富乐坊属右一厢，可间接推得。

8. 右三厢

东至崇新门以北沿城一带，直至艮山门；西至荐桥西堍以北，直至葛家桥；南至荐桥中心，直至崇新门，接连右四厢界；北至艮山门以西，直至天宗水门，接连右二厢。

西即右二厢东、北界，南以荐桥至崇新门街为界，东以崇新门至艮山门城墙为界，北以艮山门至余杭水门为界。西界比较特别，与右一厢、右四厢分界不同，并非以河道为界，而是将河道西岸也划入其范围。所以，荐桥西堍富乐坊、盐桥西堍兴德坊均属右三厢，而再稍向西的嘉新坊、教钦坊则属右二厢。

9. 右四厢

东至禁城角，接连右一厢界；西至望仙桥中心，接连右一厢界；南至中军小寨门，接连宫城厢界；北至荐桥中心，接连右三厢界。

西即右一厢东界，北即右三厢南界，西以崇新门至候潮门南城墙为界，南即宫城厢北界。

二、城市管理

（一）厢

绍兴二年（1132），高宗移跸临安之初，即将城内已有的左右两厢，仿开封成法分为四厢。《宋会要辑稿》兵三之七、八：

绍兴二年正月二十一日，臣僚言：钱塘州城内相去稍远，数有盗贼。又缘兵火之后，流寓士民往往茅屋以居，则火政尤当加严。虽有左右厢巡检二人，法制阔略，名存而已。乞下枢密院，委马步军司措置，略效京城内外徼巡之法，就钱塘城内分为四厢，每厢各置巡检一人，权差以次军都指挥使有材能者充。……从之。

绍兴十一年（1141），于城外南北各置一厢，《乾道临安志》卷二《城南北两厢》：

绍兴十一年五月七日[1]，郡守俞俟奏请：府城之外南北相距三十里，人烟繁盛，各比一邑。乞于江涨桥、浙江置城南北左右厢，差亲民资序京朝官主管本厢公事，杖六十以下罪听决。奉圣旨依。

职能同开封之都厢[2]。绍兴二十六年（1156），一度于城内置左右两都厢，旋即废罢[3]。乾道三年（1167），城外东西各增设一厢。《乾道临安志》卷二《城南北两厢》：

---

[1] 潜说友《咸淳临安志》卷一九作十日。
[2] 高承《事物纪原》卷六《都厢》；马端临《文献通考》卷六三《职官》一七，都厢。
[3] 潜说友《咸淳临安志》卷一九《厢界》；马端临《文献通考》卷六三《职官》一七，都厢。

乾道三年四月二十日，郡守王炎奏请，以城外东西厢地分广阔，巡逻稀疏，乞于见任官内路逐有武勇之人二员，兼城东西巡检使，各差军兵三十人，带器仗巡警，措置盗贼。奉圣旨依。

分别隶属于南北两都厢[1]。城内四厢续有增置，至淳熙十年（1183）始定为九厢[2]。即《咸淳临安志》卷一九所记：宫城厢、左一南厢、左一北厢、左二厢、左三厢、右一厢、右二厢、右三厢、右四厢。

（二）坊

《咸淳临安志》卷一九于在城除宫城厢之外的八厢下并列记录了84个坊巷名称，其中坊名79个，除个别是单纯的牌坊建筑外，绝大部分均以某一街巷为空间依托。

坊的标志是木构的坊门。《咸淳临安志·京城图》中的坊仅有文字注记，而绍定二年（1229）《平江图》碑中则具体刻绘出了坊门的形象，是绰楔上加屋顶的冲天牌坊[3]，与文献中所谓"植以双木，结屋覆之，门不设而揭扁于上，为美名以志"[4]，正相符合。

坊在城内的分布并不均匀。临安城的坊多数分布在御街两侧巷口，其次是清湖河西岸、清河坊以东、东青门内、崇新门内这几条主干街道两侧巷口。还有个别坊门于主干街道中段跨街而立，如昌乐坊在东青门内大街蒲桥以东，丰禾坊原在崇新门内大街面西。

建立坊表是市政建设的一个部分，门为木构，易损坏，相隔一定时间，地方官员会组织更新[5]。坊的数量也经常发生变化，多有所增加[6]。临安城的坊有废、增、易、移四种情况。《淳祐

---

[1] 潜说友《咸淳临安志》卷一九《厢界》。

[2] 徐松辑《宋会要辑稿》兵三之一一。

[3] 关于牌坊形式的分析，参傅熹年《论几幅传为李思训画派金碧山水的绘制年代》，收入《傅熹年书画鉴定集》，郑州：河南美术出版社，1999年，60—62页。

[4] 戴栩《永嘉重建三十六坊记》，《浣川集》卷五。

[5] 吴潜修，梅应发、刘锡纂《开庆四明续志》卷一："坊有扁，所以植表旗也，岁久漫弗治。宝祐六年（1258）冬，大使丞相吴公撤而新之，凡四十五所。"谢公应修，边实纂《咸淳玉峰续志》坊市："前志所载三十二坊，仅逾二年，而废者大半，今书续创者于后。"

[6] 张淏《宝庆会稽续志》卷一："坊巷之名见于前志者仅二十余，嘉定十七年（1224）守汪纲始新其华表，重揭扁榜，凡九十六所。"钱可则修，郑瑶、方仁荣纂《景定严州续志》卷一："前志在城十有九坊，今二十有五，盖续建者六，易旧名者六。"

临安志》卷七《坊巷》：

> 故老云，城内旧有坊号，久废未立。如罗汉洞巷口则曰美俗坊，金文（斋）〔桥〕下涌金门路则曰会昌坊，红桥杨府巷口则曰紫云坊，鞔鼓桥癸辛街巷口则曰从训坊，马家桥西巷口则曰孝慈坊，洗麸桥下南岸口则曰通宝坊，洗麸桥下北岸口则曰丰财坊。

这些废置的坊名多见于葛澧《圣宋钱塘赋》，而不见于《乾道临安志》，大约存在于南宋初年以前。南宋中期以后，也有个别坊因建置变化而废，如贵恕坊、保宁坊。就志书所记城内坊名而言，《乾道志》有68个，《淳祐志》和《咸淳志》均为79个，变化发生在南宋中期。坊名的更易也在此时，如通浙改天井，净因改中和，祈祥改安国等。坊的移动比较少见，兴礼坊之移，因辟宗阳宫御路；丰禾坊之移，因建全皇后宅第。

（三）界

南宋临安城还有较为特殊的一种区划单位：界[1]。《乾道临安志》卷二《界分》[2]：

> 钱塘县：南城界、西城界、温泉界、中路南上分界、中路南下分界、中路北界、外河界、州内界、西湖门南界、西湖门北界、三教门界、吴山北界、西一界、西二界、东一界、东二界、东西一下分界、净因寺界、三桥南界、三桥北界、灞北界、开道坊界、中棚界、井亭桥北界、桥南界、桥北界、后杭界、木子东界、木子西界、西庄界；仁和县：中濠南界、众安东界、小新营界、东营界、妙慈界、沙河东界、灞东界、中濠北界、永新桥界、仁和界、西营界。

这里罗列的诸界分在文献中绝少可资参证的记录，目前仅得三则材料能够与之比照。《淳祐临

---

[1] 陈振《从厢坊制到隅坊（巷）制、厢界坊（巷）制——略论宋代城市管理制度的演变》（《漆侠先生纪念文集》，石家庄：河北大学出版社，2002年，后收入《宋代社会政治论稿》，上海：上海人民出版社，2007年，181—198页。）一文认为南宋开始出现厢界坊制，包伟民在《宋代的城市管理制度》（《文史》2007年第2辑，187—227页）中予以否定。论者对文献中关于界的记载多有误读，亦未能充分注意北宋界制的例证，分析不免受到限制。参：刘未《宋代城市的界》，《杭州文史》第1辑，杭州：杭州出版社，2015年，39—47页。

[2] 《淳祐临安志》卷七、《咸淳临安志》卷一九记载同此。

安志辑逸》卷八：

> 张康二王庙，圣母池大池旁，为铁像者四，上有铸文：元祐九年（1094）三月日，仁和县沙河东界民居吴文贵、顾希晔等舍，冶户俞守言、郭青铸造。

《两浙金石志》卷八《宋石观音院题名》：

> 临安府钱塘县霸北界□□坊居住奉三宝弟子□□同妻□氏□家眷等……皇宋绍兴五年（1135）岁次甲寅仲冬□□谨题。

《圣宋钱塘赋》：

> 绮分瓜列，各抚界分，时则有坝南、坝北、南城、西城、开道、奉国、温泉、水明、中棚、清波、朝天、清平，巡逻纠禁，昼警宵绳。剖析途巷，标题坊号，时则有通和、延福、广文、常庆、兴礼、会昌、义和、从训、慈孝、清觐、安国、延定、通宝、丰财、紫云、立政，大书深刻，夸诩争胜。

由此看来，界在北宋即已设置，并可延续至南宋初年。

参照其他城市的材料，界的设置至少在北宋早期就已经出现，北宋南北方州城均有实例，并不是个别的现象。在设厢的城市，界受辖于厢，关系比较密切。关于界的意义，葛澧谓之"巡逻纠禁，昼警宵绳"，带有比较强烈的警巡色彩。

南宋临安城的界虽然列于志书，但其他文献中几乎没有相关记载，真正起到治安、消防作用的是铺[1]和隅[2]。《梦粱录》卷一〇《防虞巡警》：

> 坊巷近二百余步置一军巡铺，以兵卒三五人为一铺，遇夜巡警地方盗贼烟火，或有闹

---

[1] 绍兴二年临安府于新置四厢下设军巡铺，初为102铺，其后陆续增至115铺、150铺、232铺，参《宋会要辑稿》兵三之八至一〇。

[2] 南宋城市内的隅是消防组织而非行政单位。参前引包伟民《宋代的城市管理制度》，221—227页。

吵不律公事投铺，即与经厢发觉，解州陈讼。更有火下地分，遇夜在官舍第宅名望之家伏路，以防盗贼。盖官府以潜火为重，于诸坊界置立防隅官屋，屯驻军兵，及于森立望楼，朝夕轮差兵卒卓望，如有烟燧处，以旗帜指其方向为号，夜则易其灯。

厢下设铺本是开封的制度，绍兴二年（1132）临安仿效设置。绍兴以后界的建制恐怕并未存续，只是列载志书而已。

第八节 建置[1]

壹、临安府治

一、考古发现

2000年5月至8月，杭州市文物考古所在旧仁和署路以西、三衙前以南的区域进行考古发掘，发现了一组南宋时期大型建筑遗迹，包括两座厅堂、天井、西廊、庭院、水井等，被推断为临安府治后部偏西的诵读书院遗址[2]。2000年12月至2001年7月，向南扩大发掘，发现西廊向南延伸部分及第三厅堂、石塔基址等[3]（图22—图28）。

南宋临安府治入元为杭州路总管府治，明清为杭州府署，以下先据文献梳理建置沿袭始末，再结合《咸淳临安志·府治图》和考古资料对其范围加以分析，并对考古所见南宋遗迹在临安府治内的具体位置重作推断。

二、南宋临安府治

北宋杭州州治在凤凰山子城，高宗驻跸，以之为行宫，绍兴八年（1138）定都，始为皇城。临安府治之迁，先有祥符寺和府学两处短期选择。《宋会要辑稿》方域二之九：

> （建炎四年[1130]七月六日）诏临安府宜迁府治于祥符寺基创建，从中书舍人季陵请也。

同书方域四之一七：

---

[1] 详参附录第四节南宋临安城复原图建置资料表。
[2] 杭州市文物考古所《杭州南宋临安府衙署遗址》，《文物》2002年10期，32—46页。
[3] 杭州市文物考古所《南宋临安府治与府学遗址》，北京：文物出版社，2013年。

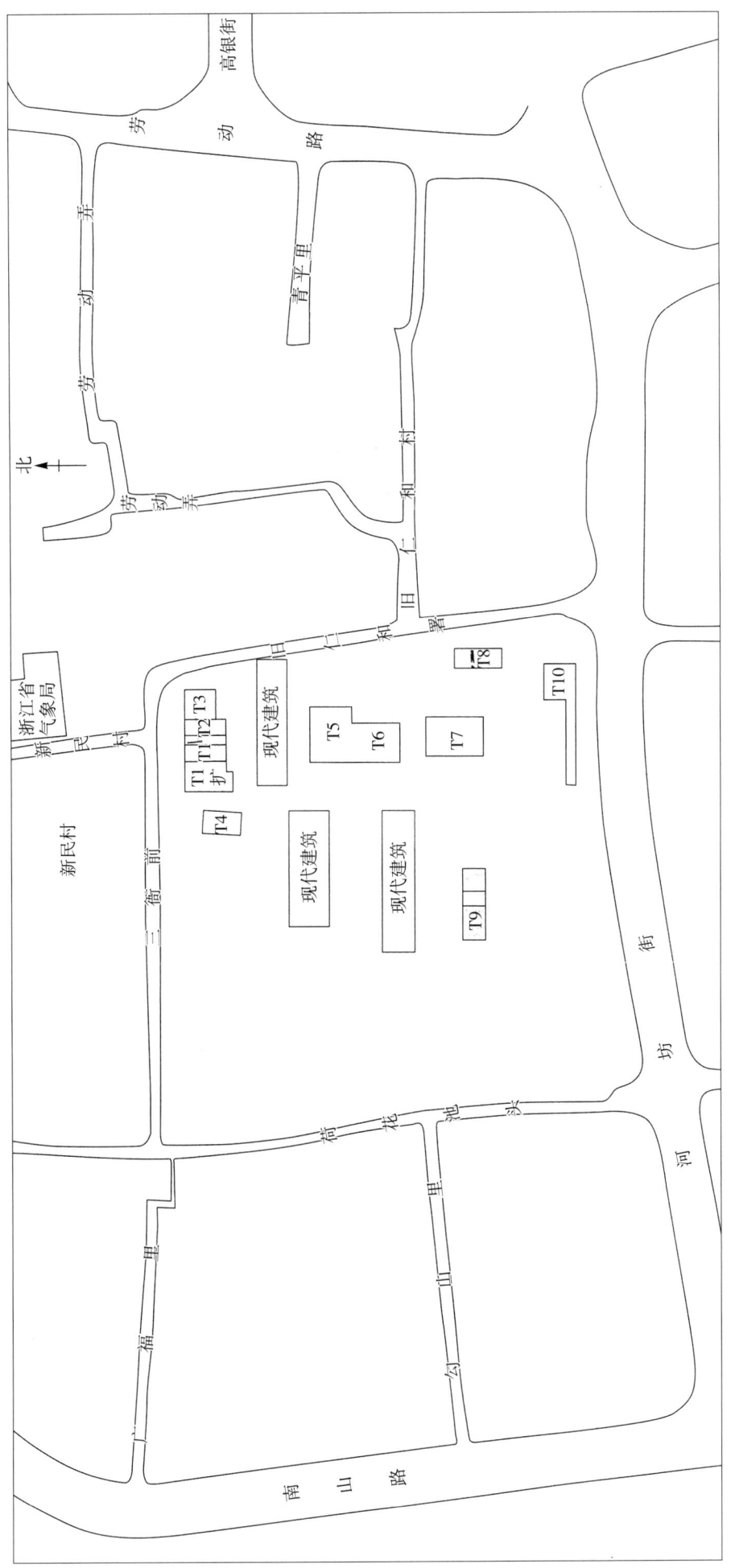

图22 临安府治遗址探方位置图

118　南宋临安城复原研究

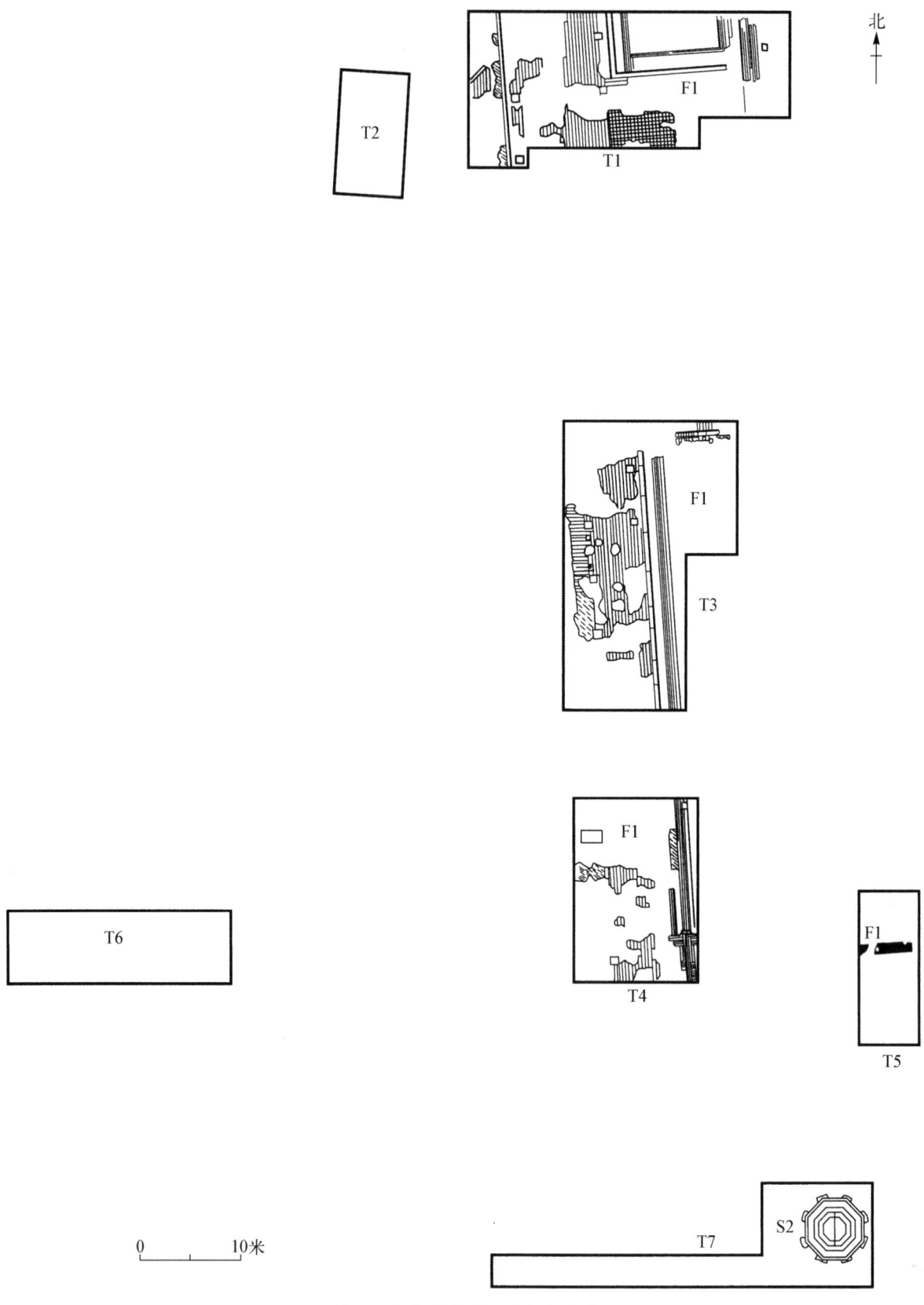

图 23　临安府治遗址遗迹平面图

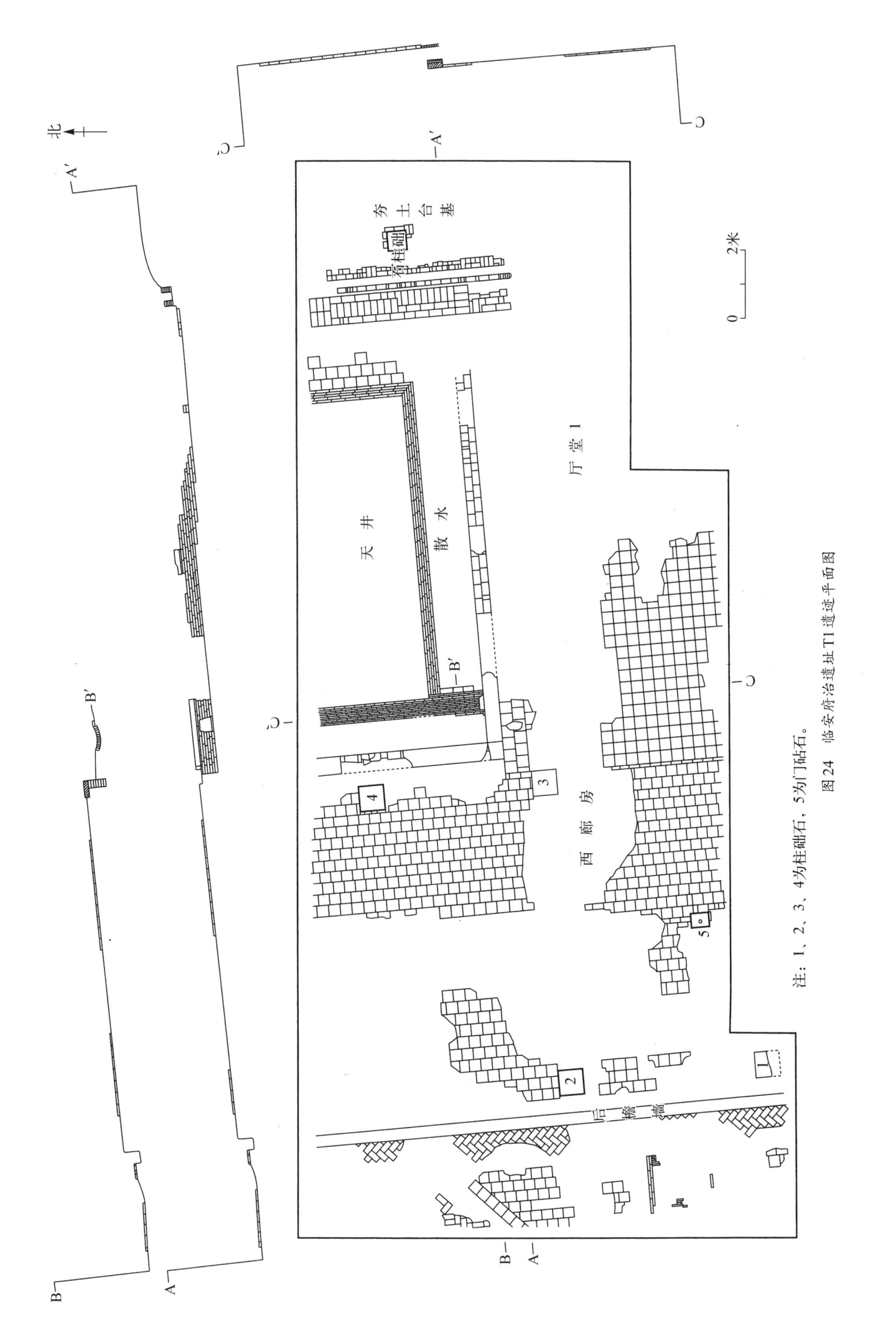

图 24 临安府治遗址 T1 遗迹平面图

注：1、2、3、4 为柱础石，5 为门砧石。

注：6~10为柱础石，11、12为门砧石。

图 25　临安府治遗址 T3 遗迹平面图

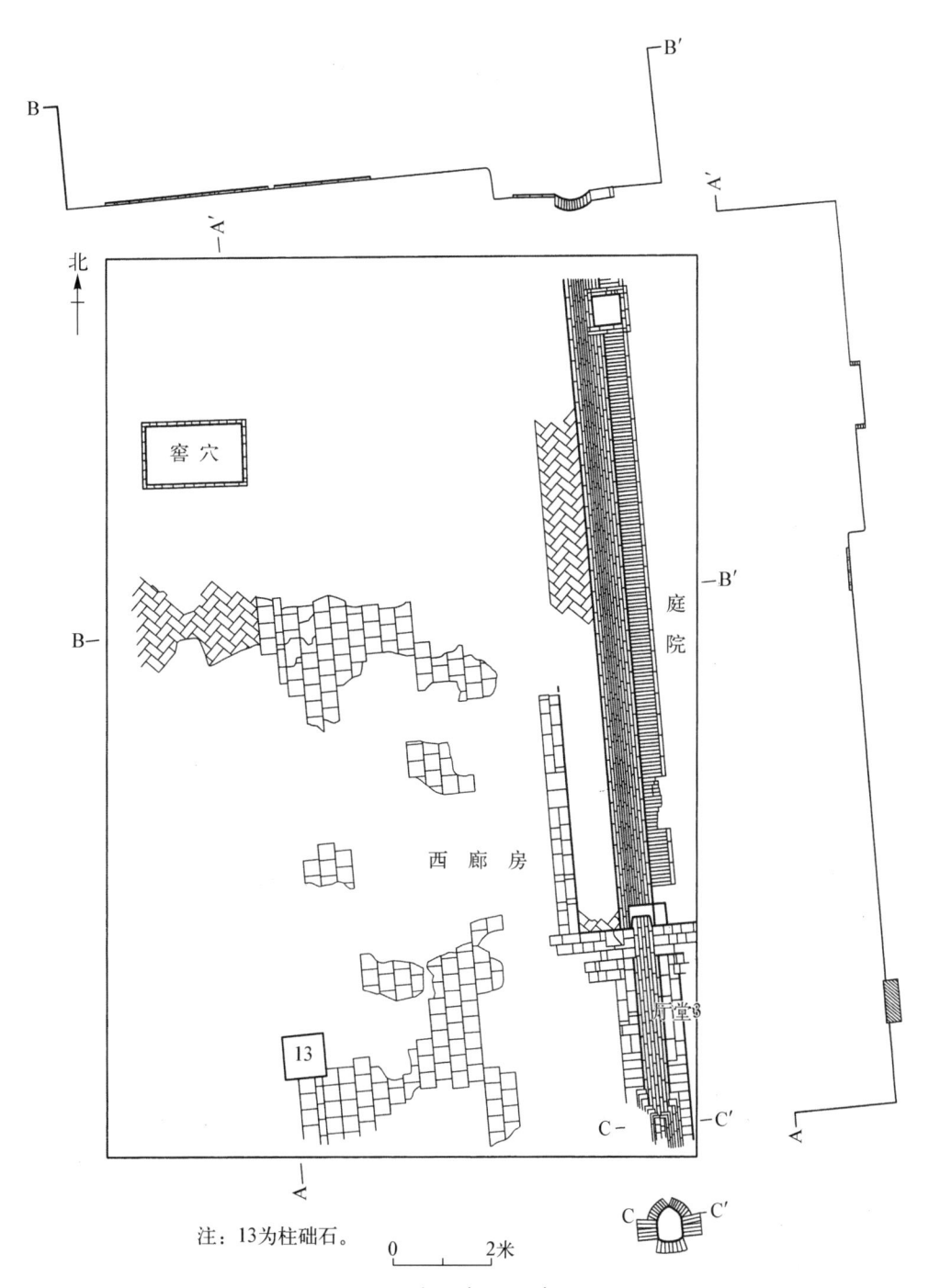

图 26 临安府治遗址 T4 遗迹平面图

注：1~5为柱础石。　　0　　2米

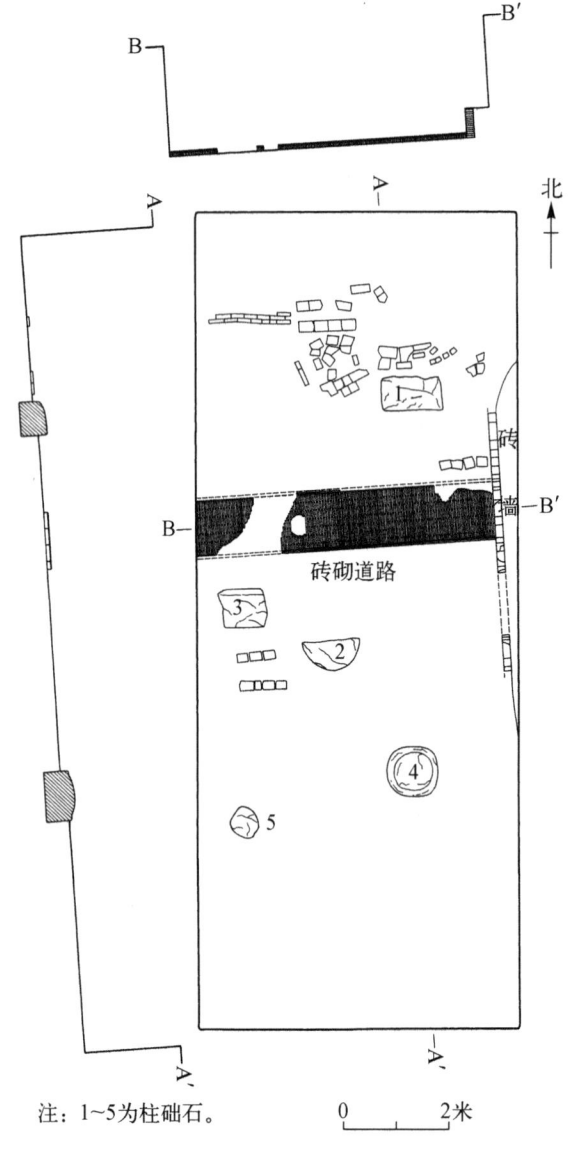

图27　临安府治遗址T5遗迹平面图

（绍兴二年［1132］正月二十九日）知临安府宋辉言：昨得旨，将府学改充府治，方造厅屋并廊屋三两间。而本府日有引问勘鞠公事，合置当直司签厅，使院诸案未有屋宇。诏州治有刑狱司分，特许修盖。

此后定为清波门内北侧的净因寺[1]。《咸淳临安志》卷五二《府治》：

---

[1] 徐梦莘《三朝北盟会编》卷一五〇："绍兴二年正月，车驾幸临安府。是时，百司官府皆草创，往往草舍。以杭州州治为大内，临安府迁于奉国寺基。"奉国尼寺即净因寺，参《乾道临安志》卷二《廨舍》。

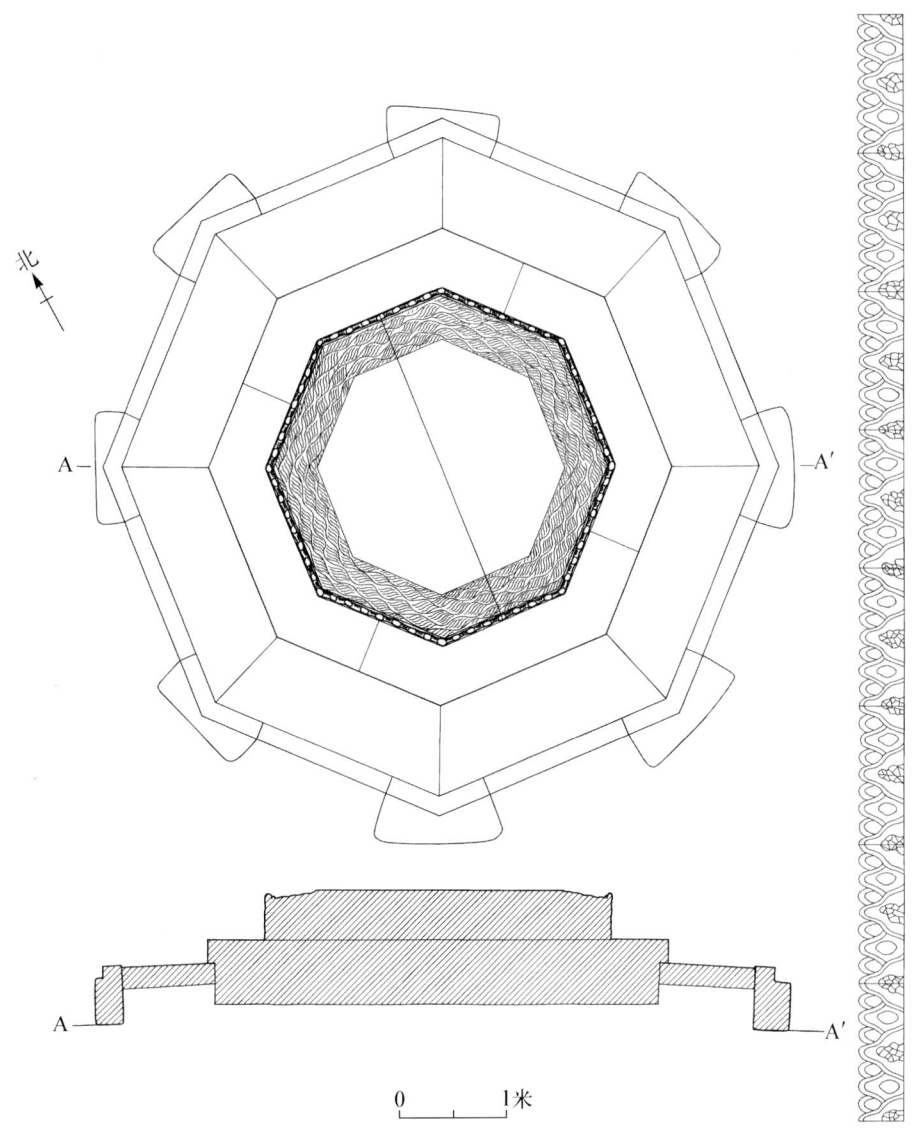

图 28　临安府治遗址 T7 遗迹平面图

府治，旧在凤凰山之右，自唐为治所。……中兴驻跸，因以为行宫，而徙建州治于清波门北净因寺故基。

府治的布局，《府治图》描绘得颇为明晰，文字介绍可参《梦粱录》卷一〇的记载：

临安府治，在流福坊桥右。州桥左首亭扁曰手诏亭，右首亭扁曰迎春[1]。左入近民坊

---

[1]《咸淳临安志·府治图》注记为颁春。

巷，节推、察判二厅，次则左司理院。出街右首则右司理院、府院及都总辖房。

入府治大门，左首军资库与监官衙，右首帐前统制司，次则客将客司房。转南入签厅都门，系临安府及安抚司金厅，有设厅在内。金厅外两侧是节度库、盐事所、给关局、财赋司、牙契局、户房、将官房、提举房。投南教场门侧曰香远阁。阁后会茶亭。阁之左是见钱库、分使库、搭材、亲兵、使马等房。

再出金厅都门外投西正衙门俱廊，俱是两司点检所、都吏、职级、（平）〔手〕分、点检等房。正厅，例帅臣不曾坐，盖因皇太子出判于此，臣下不敢正衙坐。正厅后有堂者三，扁曰简乐、清平、见廉。堂后曰听雨亭。左首诵读书院。

正衙门外左首曰东厅，每日早晚帅臣坐衙，在此治事。厅后有堂者四，扁曰恕堂、清暑、有美、三桂。东厅侧曰常直司，曰点检所，曰安抚司，曰竹山阁，曰都钱、激赏、公使三库。库后有轩，扁曰竹林。轩之后堂，扁曰爱民、承化、讲易三堂。堂后曰牡丹亭。东厅右首曰客位，左首曰六局房，祗候、书表司、亲事官、虞候、授事等房而已。

府治外流福井对及仁美坊，三通判、安抚司官属衙居焉。

三、元杭州路总管府治

元以临安府治为杭州路总管府治[1]。大德间，将仁和、钱塘二县治徙于府治，分置于中路建筑左右。任士林《杭州路重建总管府记》[2]：

> 今大参梁公为杭之明年，始上图省府，乞以郡治之隙地，翼近两县，直视四隅，使皆在大阃之内，将以考成治焉。既而郡侯廉公希哲、幹勒公好古实来，识画规度，视梁公为有。合郡民吏，翕然响从。锯斧之工，版筑之子，执器备用，来会庭下。始听事、中黄堂，幕府旁列，吏舍胪分，戟卫之门，休眺之楼，栋宇一新。左翼仁和，右翼钱唐，暨四录事，中唐隅列，东西门入，坐各南向。缭以周墙，揭以表树，视听耸反，有壮且丽。经始于大德二年（1298），讫工八年（1304）六月。

---

[1] 刘基《杭州路重修府治记》，《诚意伯文集》卷八。
[2] 任士林《松乡集》卷一。

陈基《杭州路重修仁和县记》[1]：

> 杭属县附郭者二，仁和与钱塘也。仁和……其迁丽大府之南左偏，而与钱塘县、四隅录事司并为东西序，则国朝大德之际也。至元仍纪元之五年己卯（1339），县达鲁花赤密儿可马尝因其旧而缮完之，距今盖二十余年矣。……至正二十年庚子（1360），总管吴陵谢侯节修举庶政，务以先后为次第。环视列廨，所宜振而新之者，殆莫斯为甚。……中为治事之厅，旁为两庑，右为架阁库，前为县门，屋以间计者二十有三。其增创则退食之堂，居厅之后；幕宾之舍，居厅之左；屋以间计者九。傅阶为阑楯，周于外者为之墉，以丈计者一百五十有奇。椅榻之具，皿器之需，与凡所宜有者，莫不毕备。是役也，经始于闰月丙寅，告成于九月庚申。

四、明清杭州府署

明改杭州路为杭州府，仍其旧治。洪武初，县治徙于旧址，四年（1371）复还[2]。

（一）明代中期布局

《成化杭州府志》卷一三《公署》一：

> 公宇：正厅五间，即宋之设厅，元宣化堂故基。厅前轩五间，穿堂三间，后堂五间（即宋简乐堂）故基。前仪门三间，两旁连屋。东西接两廊五十八间，六房在焉。转角外门三间，前临宣化桥。推官厅，在照磨所之西。正厅三间，穿堂一间，外门一间。经历司，在公堂之东。正厅三间，轩厅三间，穿堂一间，后堂三间。照磨所，在公堂之西。正厅三间，轩厅三间，穿堂一间。土神祠一间，旧有显圣庙、□灵庙，今并为一间，在经历司之东。司狱司，在仪门外之东。正房六间，监房一十八间，外门一间。资盈库六间，在司狱司之西。架阁库三间。榜亭十间，在仪门之外左右分列，又有在外门之外左右南向列。
>
> 官吏廨舍：知府宅，在公堂后。同知宅，在知府宅之东。通判宅，在知府宅之西。推官宅，在通判宅南。经历宅，在同知宅南。知事宅，在经历宅南。照磨宅，在推官宅西。

---

[1] 陈基《夷白斋稿》卷三〇。
[2] 陈让等修，夏时正等纂《成化杭州府志》卷一四《公署》二。

检校宅，在照磨宅西。吏舍二十八间，在知事宅、照磨宅南。

(二) 明代晚期布局

《万历杭州府志》卷三九《公署》三：

> 署之制：中为正堂，堂前为露台，为甬路，为戒石亭，为仪门。东西廊为六房，为架阁库。正堂之东为经历司，为土地祠；西为照磨所。正堂之后为有美堂，又后为中和堂。左厢记室，右厢仪仗库。又后为知府宅。正堂之东为清军同知厅、同知宅。后堂西北为管局、水利二通判厅，后二宅在焉。正堂之西为理刑推官厅，迤南之西为推官宅，为管粮通判厅、通判宅。厅右为照磨厅。东西廊后暨清军厅东皆吏舍。仪门外东为亲贤馆，为司狱司，官吏廨在焉。大门外为坊一，前临河，上跨石梁曰宣化。

(三) 清代前期布局

《康熙杭州府志》卷一七《公署》：

> 署之制：中为正堂，堂前为露台，为甬道，为戒石亭，为仪门。东西廊为六房，为架阁库。正堂之东为经历司，为土地祠，又东为清军同知厅。正堂之西为照磨所，又西为理刑推官厅（今裁），迤南而西为管粮通判厅（今裁）。后堂西北为资盈库，为局粮、水利二通判厅（今局粮改理事同知，其粮务归并水利厅）。

康熙二十四年（1685），知府马如龙重建川堂[1]。此后，府署布局基本没有变化。咸丰十一年（1861）因太平天国兵乱而毁，同治四年（1865）知府薛时雨重建[2]。

五、南宋临安府治的范围

考古发现的厅堂、天井、西廊、庭院、水井等南宋遗迹，被推断为临安府治后部偏西的诵读书院遗址，并且临安府治的北界被推定在三衙前一线。实际情况恐非如此。

---

[1] 嵇曾筠等修，沈翼机等纂《雍正浙江通志》卷三〇《公署》上。
[2] 陈璚等修，王棻等纂〔民国〕《杭州府志》卷一九《公署》二；丁丙《武林坊巷志》引薛时雨《重建杭州府署记》。

从南宋临安府治到明清杭州府署，沿袭情况最为清楚的是中轴线上诸建筑。入明以后，将这些建筑分成两个部分，前半部仍作为厅堂以处理政务，而后半部则根据洪武新制的要求改造为知府内宅[1]。江南地区州府衙署布局类似变动情况可参考南宋《平江图》子城部分（图29）与〔洪武〕《苏州府志》中"苏州府治图"（图30）、〔隆庆〕《临江府志》中"宋临江军旧治图"（图31）与"洪武己巳志郡治图"（图32）的对比。

南宋临安府治及明清杭州府署中路建筑布局演变

中 路			
咸淳	成化	万历	雍正
听雨轩 中和堂 见廉堂	知府宅	知府宅	知府宅
清明平轩 简乐堂	后堂 穿堂 正厅	中和堂 有美堂	后堂 川堂
设厅		正厅	正堂
正厅门	仪门	仪门	仪门
府治门	外门	大门	大门
州桥	宣化桥	宣化桥	宣化桥

---

[1] 李亨、汤德修，卢熊纂〔洪武〕《苏州府志》卷首："洪武二年（1369），奉省部符文，降式各府州县改造公廨，遂辟广其地，彻而新之，府官居地及各吏舍皆置其中。"彭泽修，汪舜民纂〔弘治〕《徽州府志》卷五《公署》："本府在昔建官设属，必各有所居，以出政令，又必各有廨舍，为退食之处。宋元以前，官既冗杂，事尚苟简，佐贰下僚多有僦居民间者。惟我太祖高皇帝，法古建官，繁简得宜，而公署之立，亦莫不备。洪武二年（1369），诏天下各官廨舍，各置于公署旁周垣之内，其制密矣。"王祎《义乌县兴造记》，《王忠文公集》卷九："今天子既正大统，务以礼制匡饬天下。乃颁法式，命凡郡县公廨，其前为听政之所如故，自长贰下逮吏胥，即其后及两傍列屋以居，同门以出入，其外则缭以周垣，使之廉贪相察，勤怠相规，政体于是而立焉。命下，郡县奉承唯谨。"陆容《菽园杂记》卷一三："公廨正厅三间，耳房各二间，通计七间。府州县外墙高一丈五尺，用青灰泥。府治深七十五丈，阔五十丈。州治次之，县治又次之。公廨后起盖房屋，与守令正官居住，左右两旁，佐贰官、首领官居之。公廨东另起盖分司一所，监察御史、按察分巡官居之。公廨西起盖馆驿一所，使客居之。此洪武元年（1368）十二月钦定制度，大约如此。见《温州府志》。"北京：中华书局，1985年，163页。

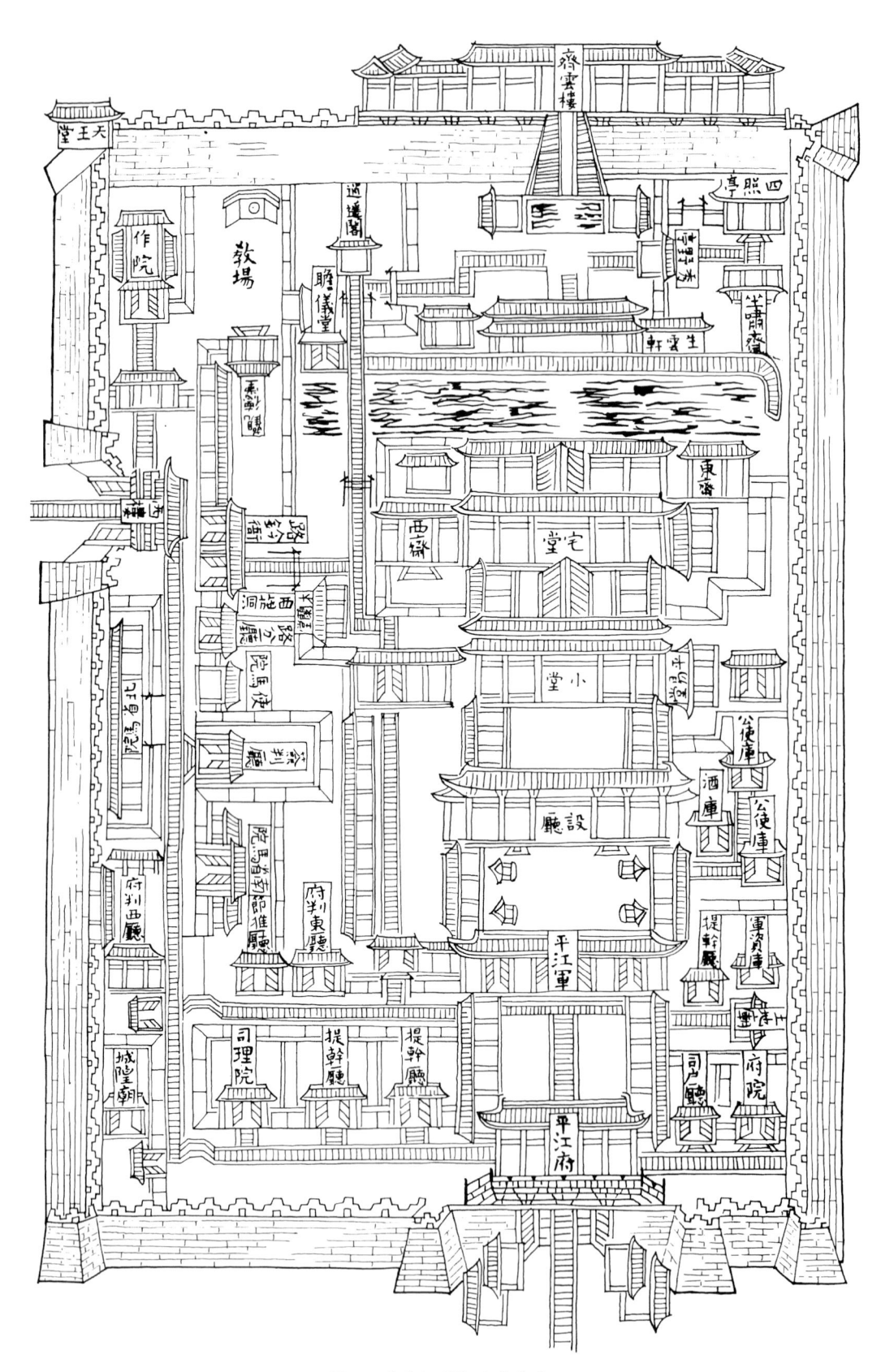

图29 《平江图》子城部分

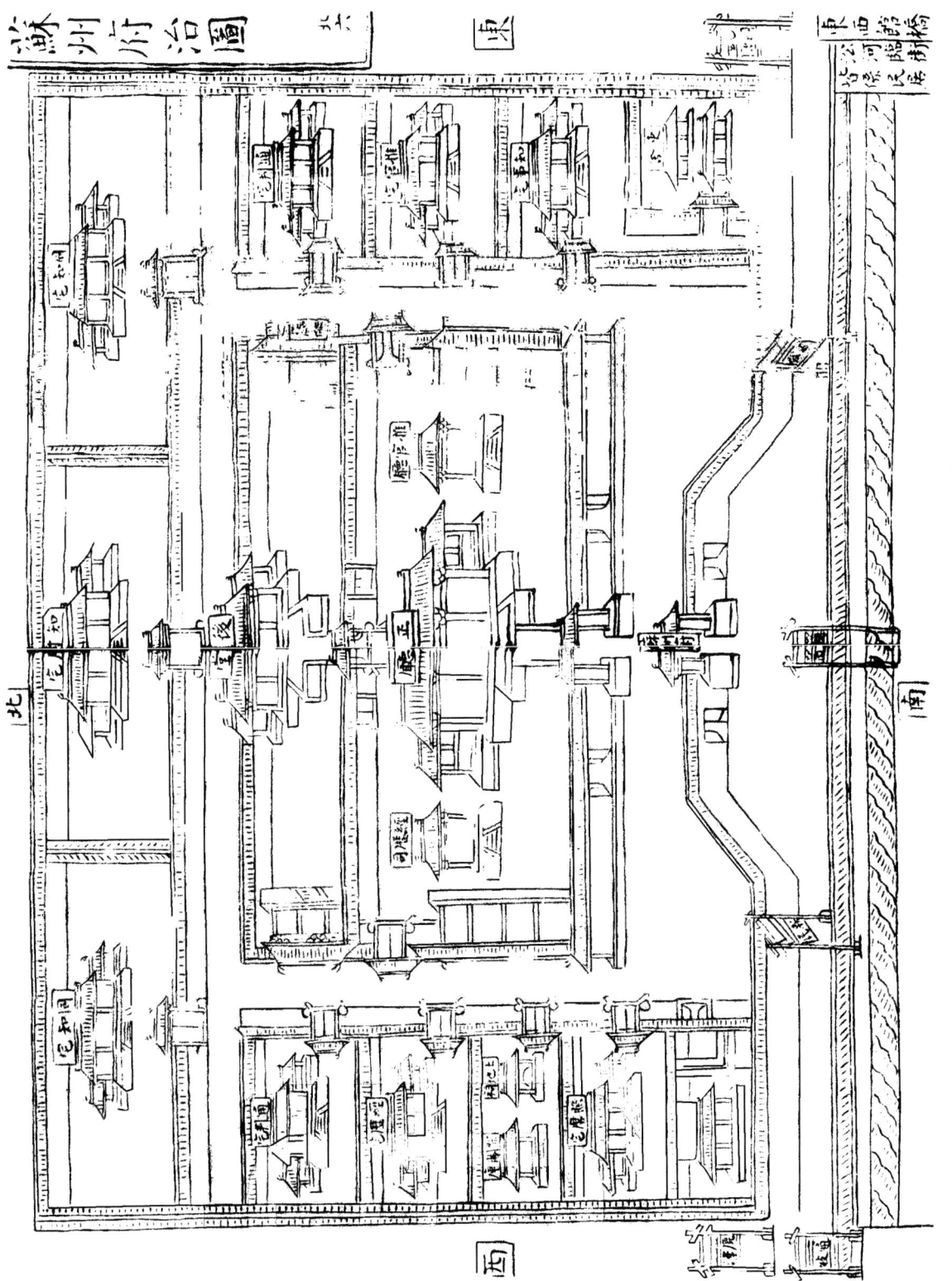

图 30 [洪武]《苏州府志·苏州府治图》

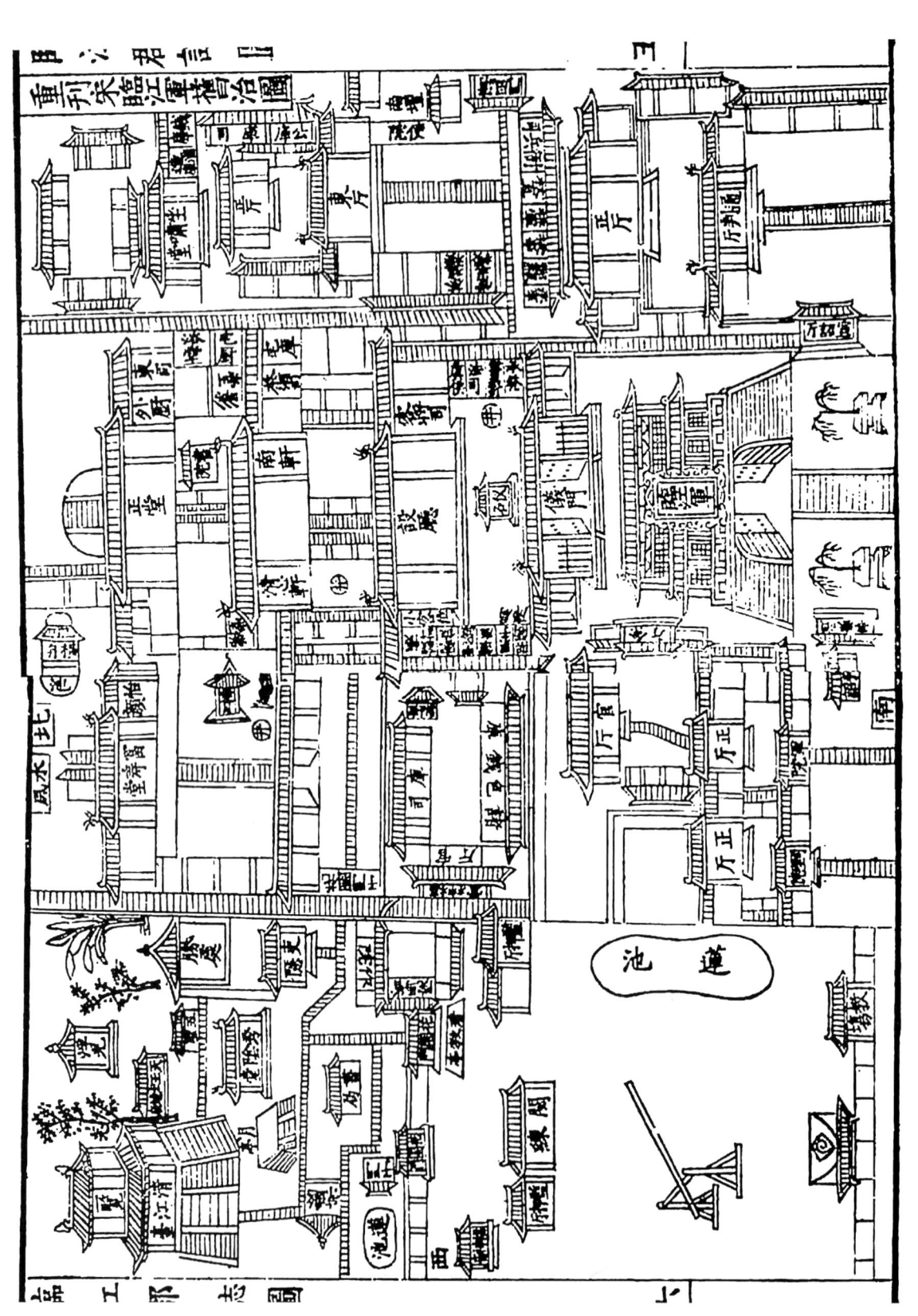

图 31 [隆庆]《临江府志·重刊宋临江军旧治图》

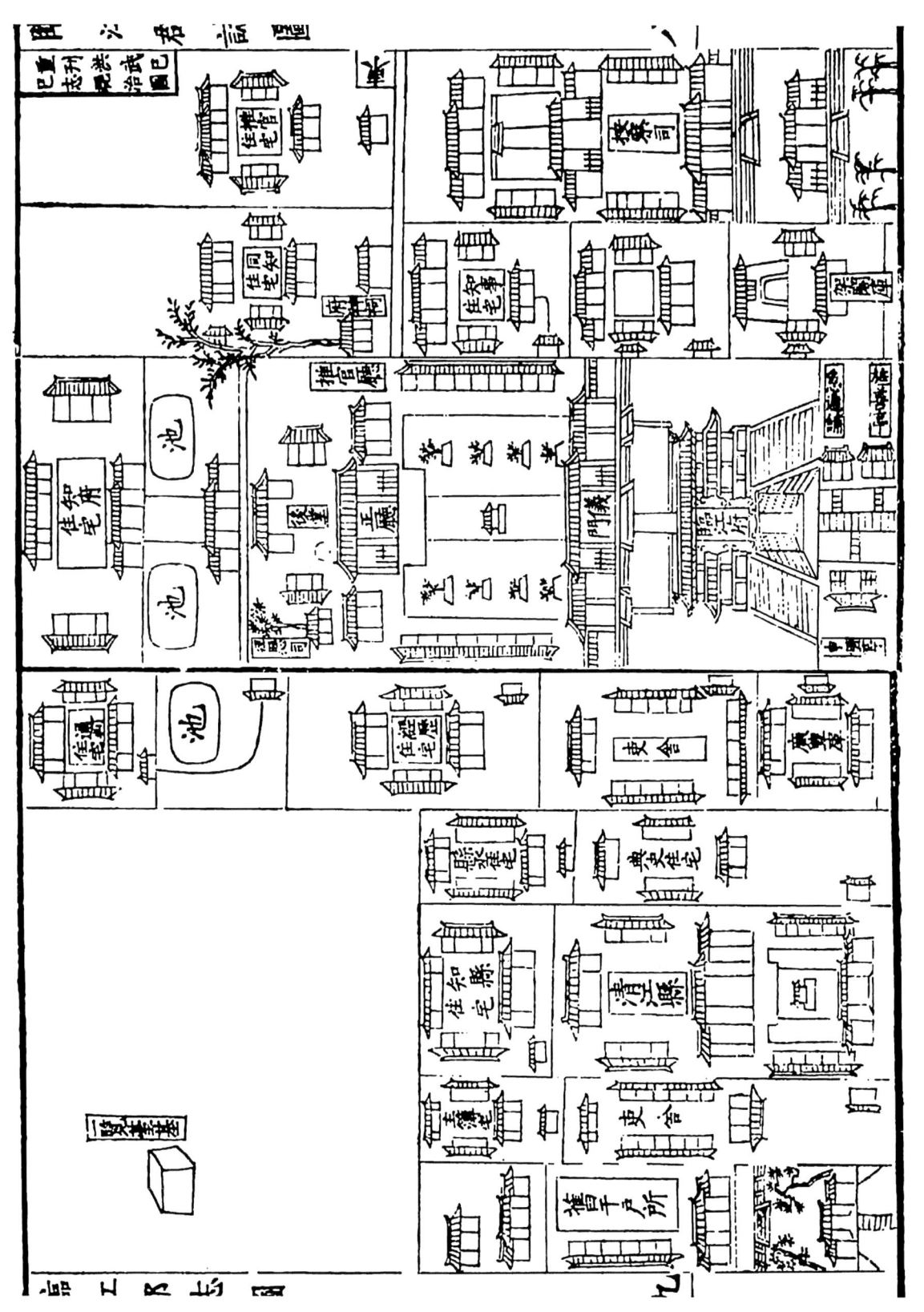

第二章 南宋临安城复原论证 131

图 32 [隆庆]《临江府志·重刊洪武己巳志郡治图》

旧仁和县署路之南稍偏西为府前街，之间即宣化桥所在。明清宣化桥所袭乃南宋州桥，旧称净因寺桥[1]，北对府治门。由此可以将南宋临安府治中轴线的位置大致推定在旧仁和县署路和府前街之间。将考古发掘的 T1 和 T3 中厅堂、天井、西廊、庭院、水井诸遗迹结合起来考虑，可以看出这大约是连为一体的一组建筑。T1 中揭露的是西廊和一所工字型厅堂的西半部，而 T3 中揭露的则是西廊和另一所厅堂的前沿。西廊柱础中缝间距 5.15 至 5.20 米，折算成宋代尺度约为 1.6 丈，较恭圣仁烈皇后宅[2]东厢房（F2）1.3 丈稍大（图 33）。已知南宋临安城建筑群的中轴线建筑面阔多为 5 间[3]，其中慈福宫正殿 9.2 丈[4]，崇政殿、垂拱殿 8.4 丈[5]，旧刘光世宅厅 7.5 丈、前堂 7.42 丈、后堂 7.4 丈[6]，旧太庙正殿 7.2 丈[7]。临安府治厅堂从规制上来说也应为 5 间，《府治图》中的表现亦是如此。参照其他建筑的尺度，T1、T3 中这组建筑的中轴线大约在 T5 附近，恰好与之前推定的南宋临安府治中轴线相一致。也就是说，考古发现的这组建筑并非诵读书院，而是州桥以北的中轴线建筑[8]。

考古发掘区西北即三衙前，旧名詹家衖，其北清有理事同知厅、水利通判厅[9]，位于后堂西北、知府宅之西。明万历时为管局通判厅、水利通判厅，成化时约为通判、推官、照磨、检校等宅，即南宋临安府治见廉堂、中和堂、听雨轩以西的诵读书院一带。因此，临安府治的北界并不止于三衙前，至少其中轴线以西的部分还要向北，约达凌云桥向西一线，以与府学毗邻，如民国《杭州市街及西湖附近图》所示（图 34）。

临安府治西南角为香远楼，其西有竹园山[10]，即清所谓狗儿山、勾山者[11]，今名勾山里，其东之荷花池头似可作为府治西界。府治东南角近河，东北角则向西收缩，盖其地尚有慈幼局、

---

[1] 周淙《乾道临安志》卷二《桥梁》；潜说友《咸淳临安志》卷二一《桥道》；陈让等修，夏时正等纂《成化杭州府志》卷四《封畛》桥梁。

[2] 杭州市文物考古所《南宋恭圣仁烈皇后宅遗址》，北京：文物出版社，2008 年。

[3] 仅恭圣仁烈皇后宅 F1 面阔为 7 间，9.5 丈。

[4] 周必大《思陵录》卷下，《庐陵周益国文忠公集》卷一七三。

[5] 李心传《建炎以来朝野杂记》乙集卷三，北京：中华书局，2000 年，554 页。

[6] 徐松辑《中兴礼书》卷一〇五《景灵宫》一。

[7] 徐松辑《中兴礼书》卷九五《修盖太庙别庙》。

[8] T1、T3 中两所厅堂的形式和位置似分别与简乐堂和设厅相对应。

[9] 参《浙江省城全图》。

[10] 潜说友《咸淳临安志》卷五二《府治》。

[11] 陈景钟汇辑、莫栻续订《清波三志》卷中。

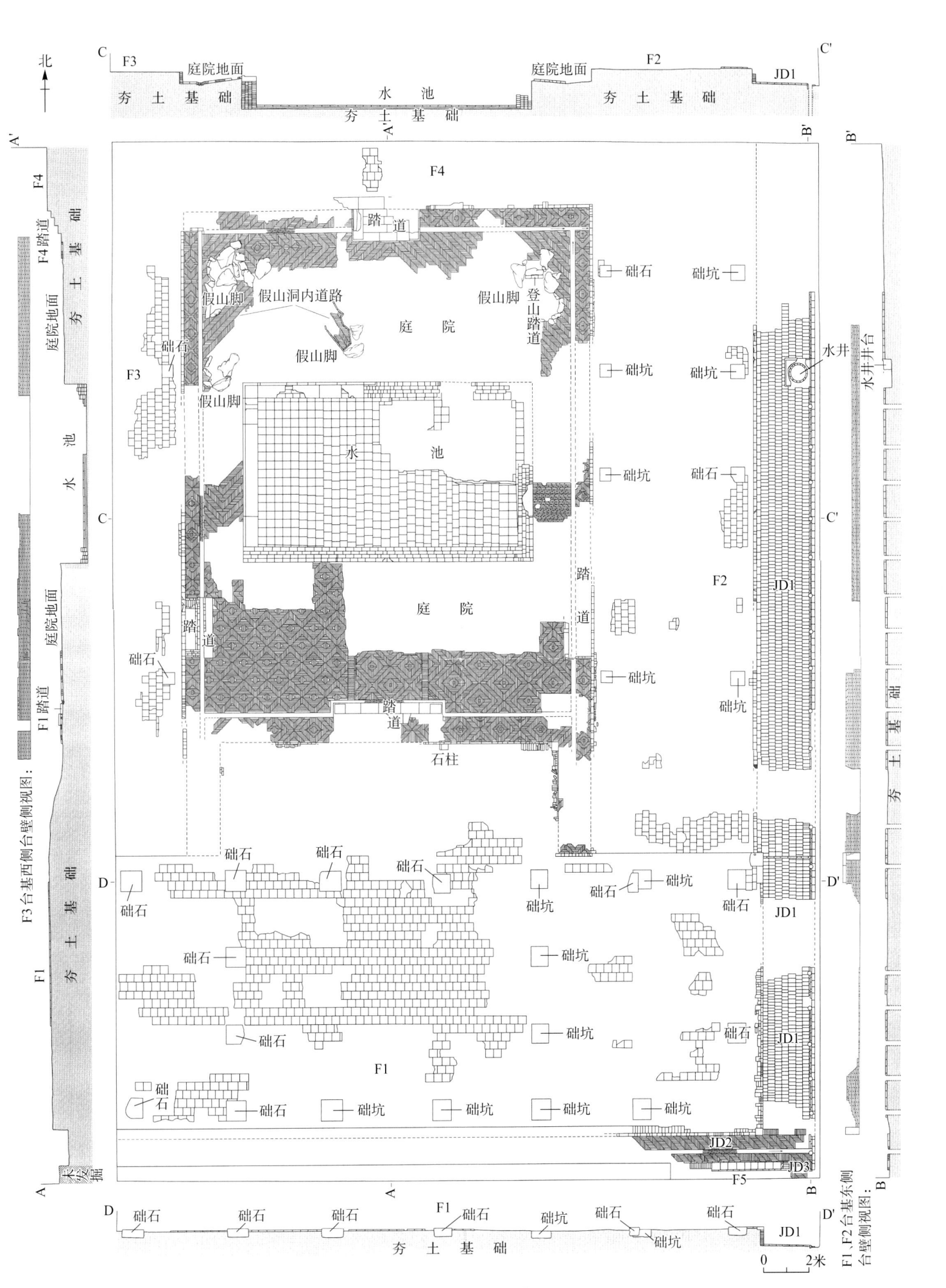

图 33 恭圣仁烈皇后宅遗址遗迹平面图

图 34 临安府治位置图

施药局[1]，是以边界不易推定。

六、所谓"南宋临安府学遗址"辨正

2003年，杭州市文物考古所又在旧仁和署路以北的新民村发掘所谓"南宋临安府学遗址"（图35）。在元至明初地层中出土石碑残块两件，均已琢为圆形（图36）。石质相同，厚度相当，当属一碑[2]。其一为篆书碑额，残存五字，"浙西"二字完整，另外三字据所余笔画推测为"安抚司"。其二为楷书题名，残存三组：

> 赵与茉，三月添差干办公事，嘉熙二年（1238）三月满。□楸，四月添差准备差遣，嘉熙二年四月满。□□，六月添差主管机宜文字，十一月两易沿海制置司主管机宜文字。□□，七月为参议官，嘉熙元年（1237）□月监行在都进奏院。
>
> □□，八月主管机宜文字，三年三月差知梅州。□年：沈起岩，□月添差主管机宜文字，□□□除耤田令。家揽，□□再任添差参议官，淳祐元年（1241）四月满。赵唯夫，四月主管机宜文字，四年五月致仕。谢奕勋，七月添差主管机宜文字，淳祐元年七月以避亲引与差遣。汪之林，□月干办公事，淳祐元年□月主管尚书户部架阁文字。吴淇，十月……
>
> 曹郸……邹恭……高摁，十月……十月……二年：刘棫，四月……主管……吴淇，九月……事……三年：蔡□……

据《咸淳临安志》，浙西安抚司有参议官厅，在军将桥东；主管机宜文字厅，在丰豫门北城下；干办公事厅，在楼店务桥东；金厅，在府治西[3]。诸厅多有厅壁记，载属吏题名及任职时限。淳熙十二年（1185）赵与懃作金厅壁记云：

> 浙西杭为帅府，始于宣和，南渡移之京口，迨绍兴初后复于临安。初命大使时，其属有参谋、参议、主管及书写机宜文字、干办公事、准备差遣，若帅非二品以上，则参谋不复置，议幕亦无常员。……于是相与搜萃，淳熙以前，漫不复省，得慈湖先生杨公而下若干人。凡参议至准遣及员外置，总以岁月为次，叙而迭书之。[4]

---

[1] 潜说友《咸淳临安志》卷八八《恤民》。
[2] 杭州市文物考古所《南宋临安府治与府学遗址》，北京：文物出版社，2013年。
[3] 潜说友《咸淳临安志》卷五三《幕属官厅》。
[4] 潜说友《咸淳临安志》卷五三《幕属官厅》。

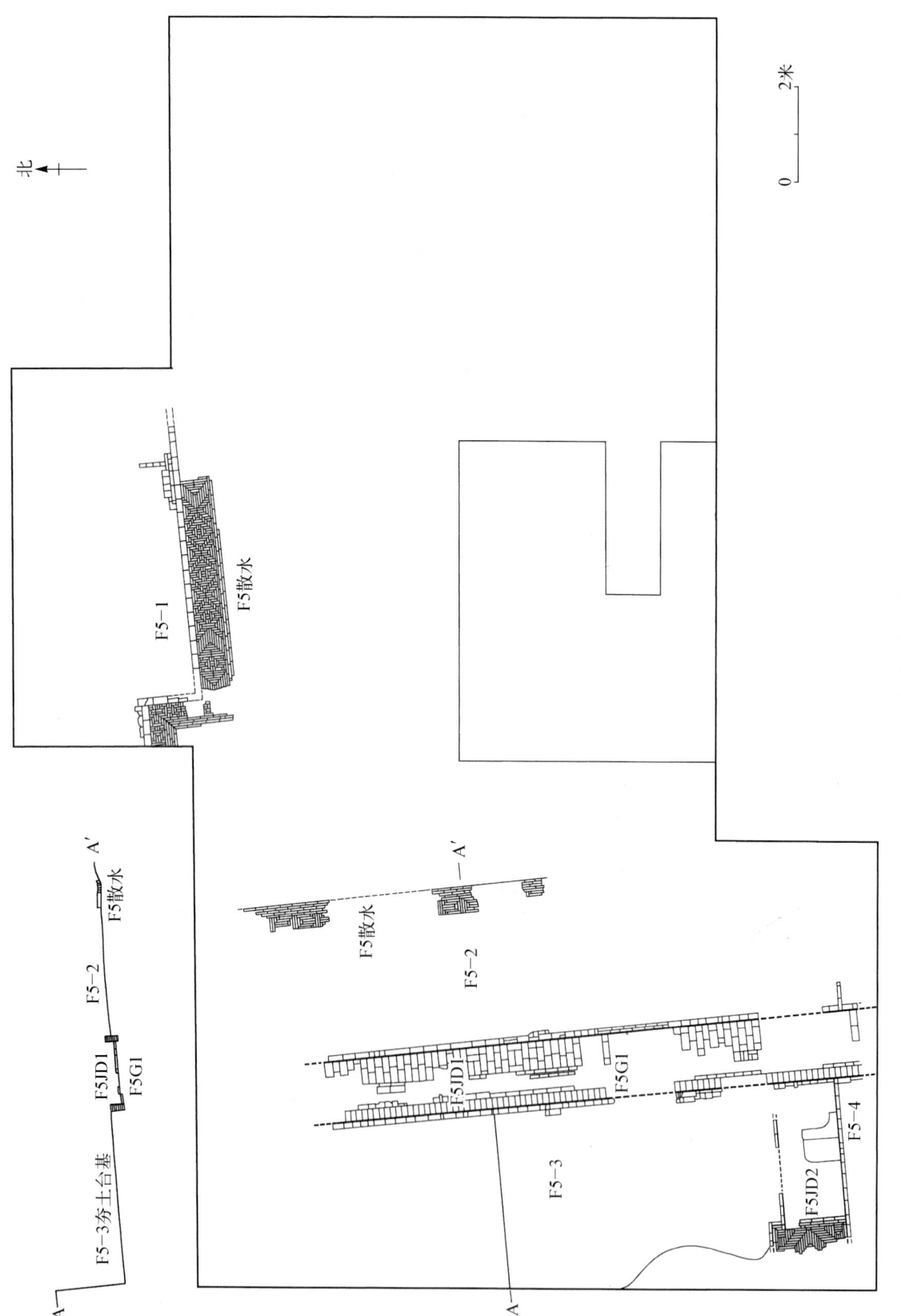

图 35 "临安府学"遗址遗迹平面图

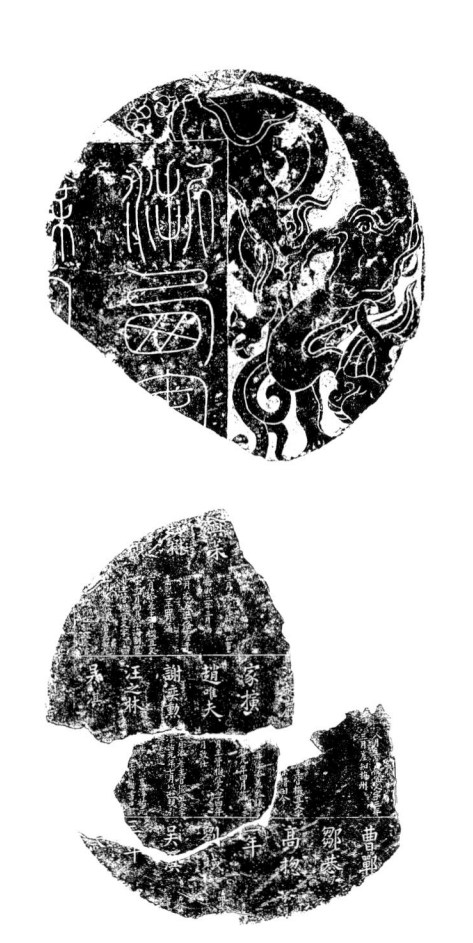

图37 浙西安抚司残碑碑额复原

图36 浙西安抚司残碑

景定二年（1261）王应凤又有续记[1]。出土残石题名见有参议官、主管机宜文字、干办公事及准备差遣诸职，正与淳熙佥厅壁记所述相合，非其余三厅所能兼备。又因所记属吏任职时限为端平二年（1235）至淳祐三年（1243），则可进而断为景定续刊，非淳熙初创。碑额行款为纵横三三式样，推测原文或为"浙西安抚司佥厅壁记"（图37）。

浙西安抚司佥厅在临安府治门内西偏面南，《咸淳临安志·府治图》标绘明确，厅壁记碑原当立于该处。宋元易代，以临安府治为杭州路总管府治，徙钱塘县治于其南之西偏。浙西安抚司佥厅或即废于其时，厅壁记碑亦改作他用。考古发掘显示，南宋临安府治中轴线在今旧仁和署路（简乐堂以南部分），残碑出土地点在其正北（图38）。该处所见南宋夹道遗迹亦属临安府治中路建筑（中和堂前后），而叠压其明清房址则系遵洪武新制改造之知府宅部分（图39）。浙西安抚司残碑虽已改造易地，却仍不出旧日府治范围。言其址为府学者未能措意此石，特为辩之。

---

[1] 潜说友《咸淳临安志》卷五三《幕属官厅》。

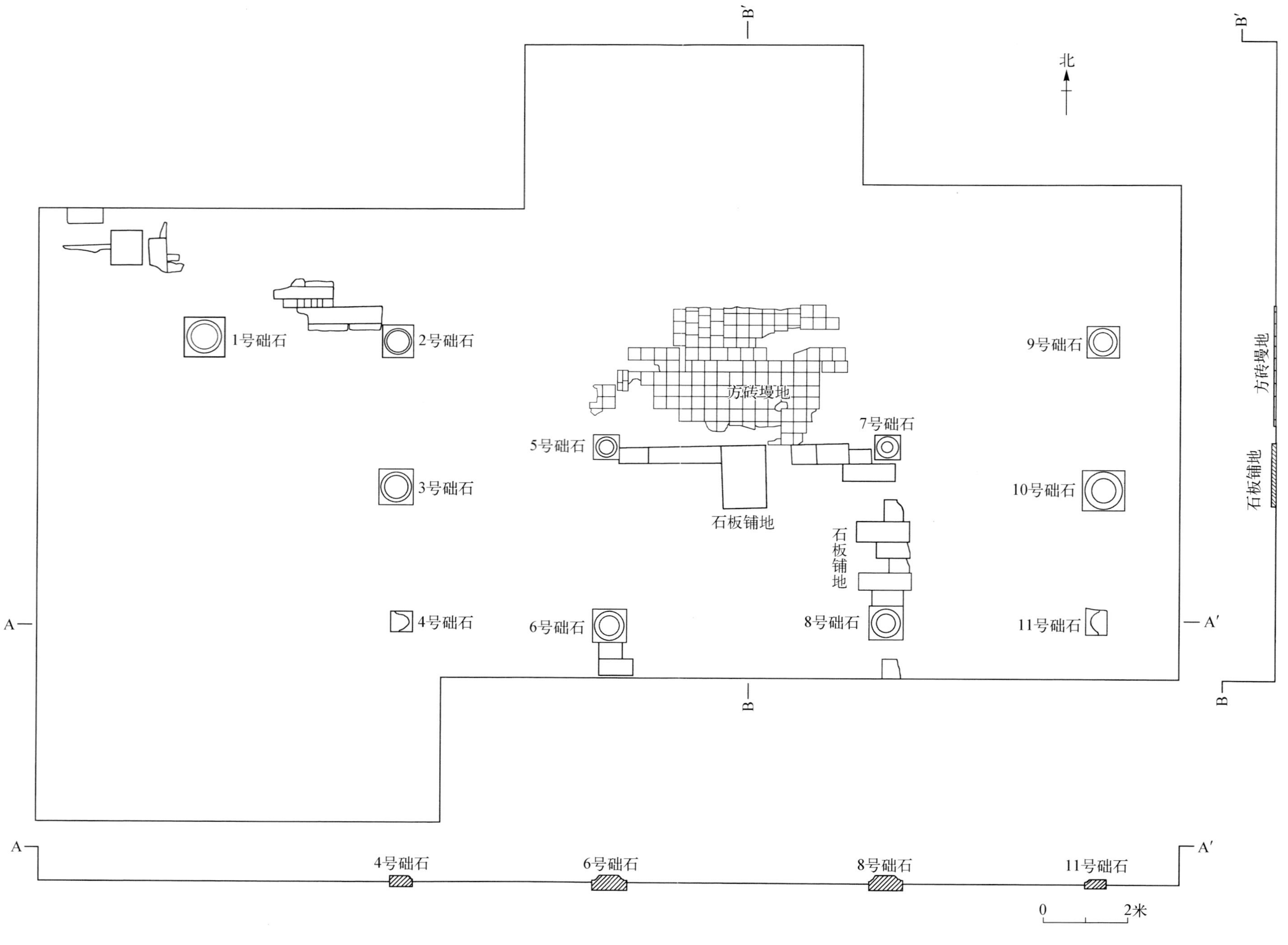

图 39 明代杭州府署遗迹平面图

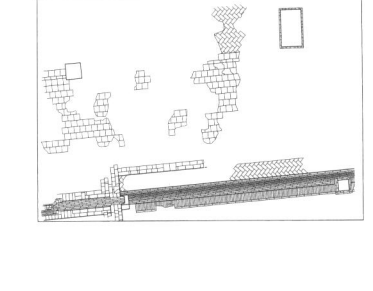

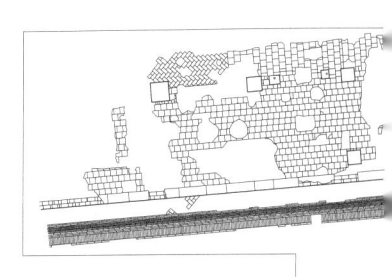

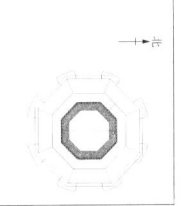

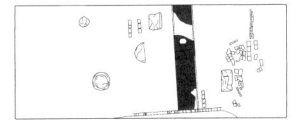

图 38 临安府治遗址与"府学遗址"遗迹总平面图

0 2米

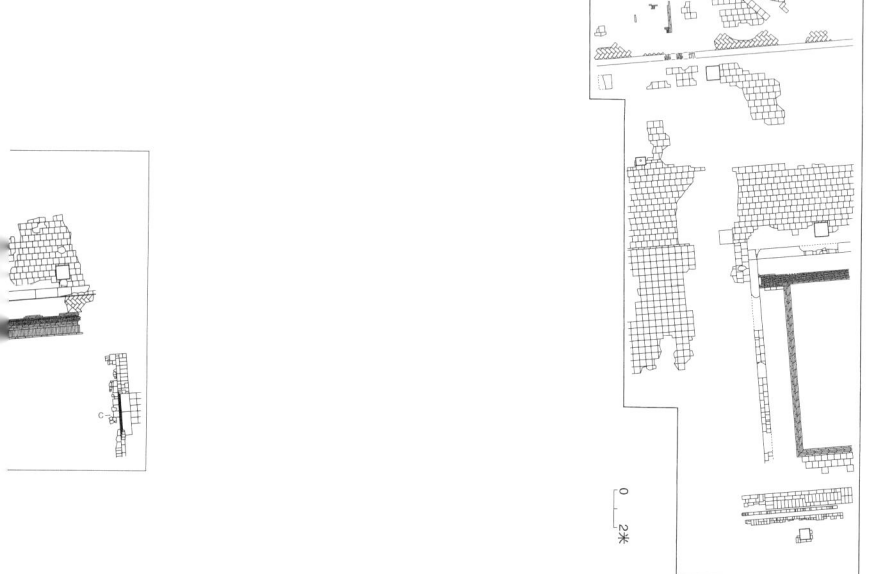

贰、太 庙

一、考古发现

1995年5—9月、1997年底至1998年2月，杭州市文物考古所在中山南路西侧太庙巷以北、察院前巷以南的区域进行了两次考古发掘，发现了一组南宋时期的大型建筑遗迹（图40），包括围墙（Q1）、门址（M1）、砖铺道路（L5）、房屋基址（F4、F5）、室外砖铺地面（D1、D2、D3）、散水（S1）、排水沟（G1、G2）、砖砌结构（Z1）等（图41），被推断为南宋太庙遗址[1]。

有关南宋太庙营建过程及建筑规制的记录较为丰富，以下先依据文献资料梳理其建置始末，再结合考古资料对其范围与布局加以分析。

二、建置始末

绍兴三年（1133），臣僚提议欲于行宫之内创建太庙[2]。五年（1135），始于行在南仓空地修盖瓦屋十间权充太庙，正殿五间。《中兴礼书》卷九五：

> （绍兴五年二月）十五日，权知临安府梁汝嘉言：契勘本府同文馆当来起造仓廒，材植细小，间加窄狭，难以充太庙奉安。昨曾踏逐南仓空地，若以盖造太庙，委是稳便。兼四向地步阔远，可以限隔火烛。诏依。令临安府修盖瓦屋一十间，权充太庙奉安。

> 闰二月二十一日，（太庙）……一、依庙制合设四神门外，更置棂星门二重，今来止修立棂星门，即未有神门，欲乞将西壁屋五间内那三间修作南神门，余二间依旧。一、殿东壁欲于墙内开小便门，常日镶闭，至行事遇阴雨，许行事官经由四门入出，升东侧阶行礼，及修砌班路并东西侧阶。一、将见修南棂星门却乞依于移东棂星门地步修立。

十年（1140），正殿扩建为七间。《中兴礼书》卷九五：

> （绍兴）十年正月八日，知临安府张澄言：准省札太常少卿苏携等札子，将来大礼前

---

[1] 杭州市文物考古所《南宋太庙遗址》，北京：文物出版社，2007年。
[2] 徐松辑《宋会要辑稿》礼一五之一六；李心传《建炎以来系年要录》卷七一。

140   南宋临安城复原研究

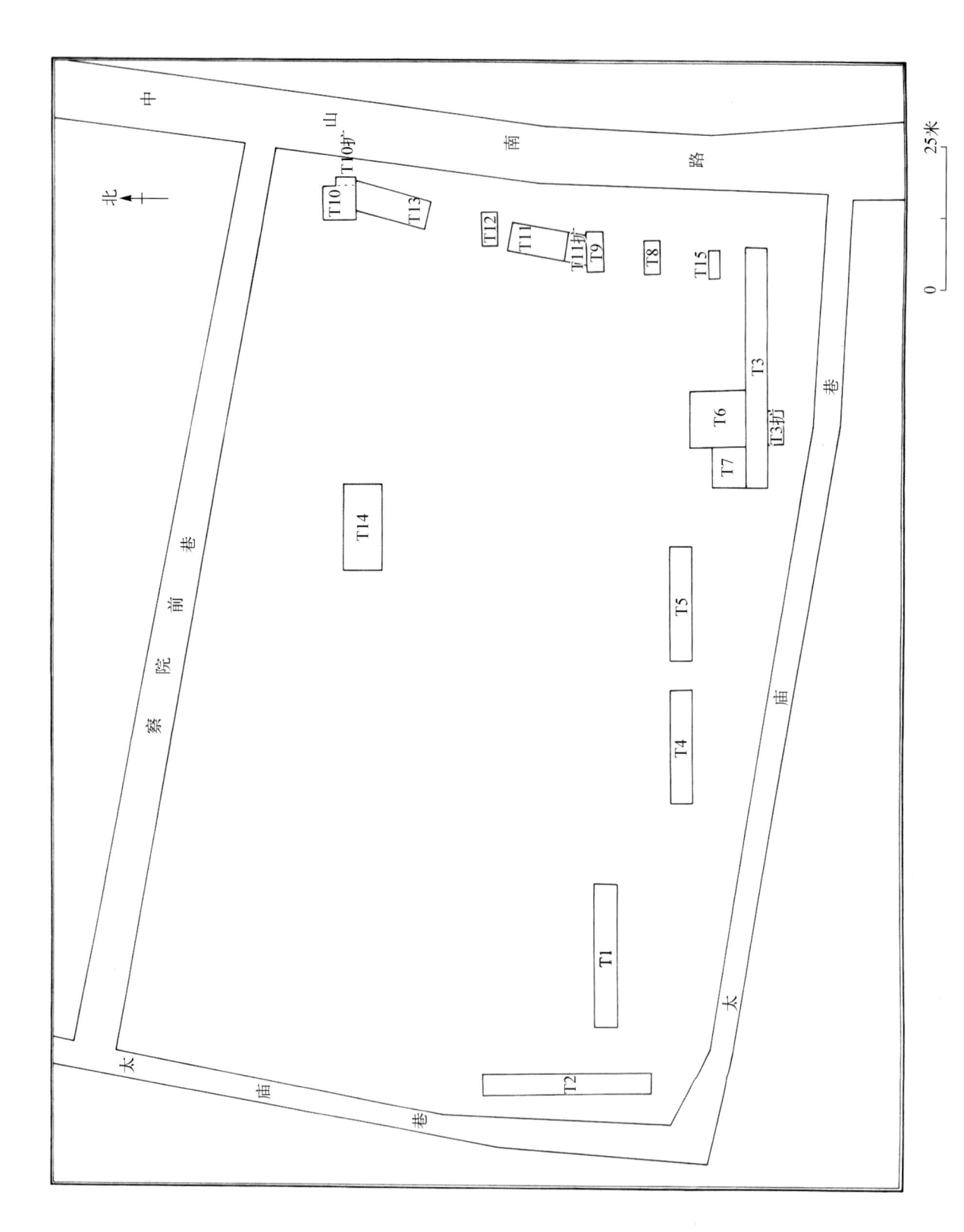

图 40 太庙遗址探方位置图

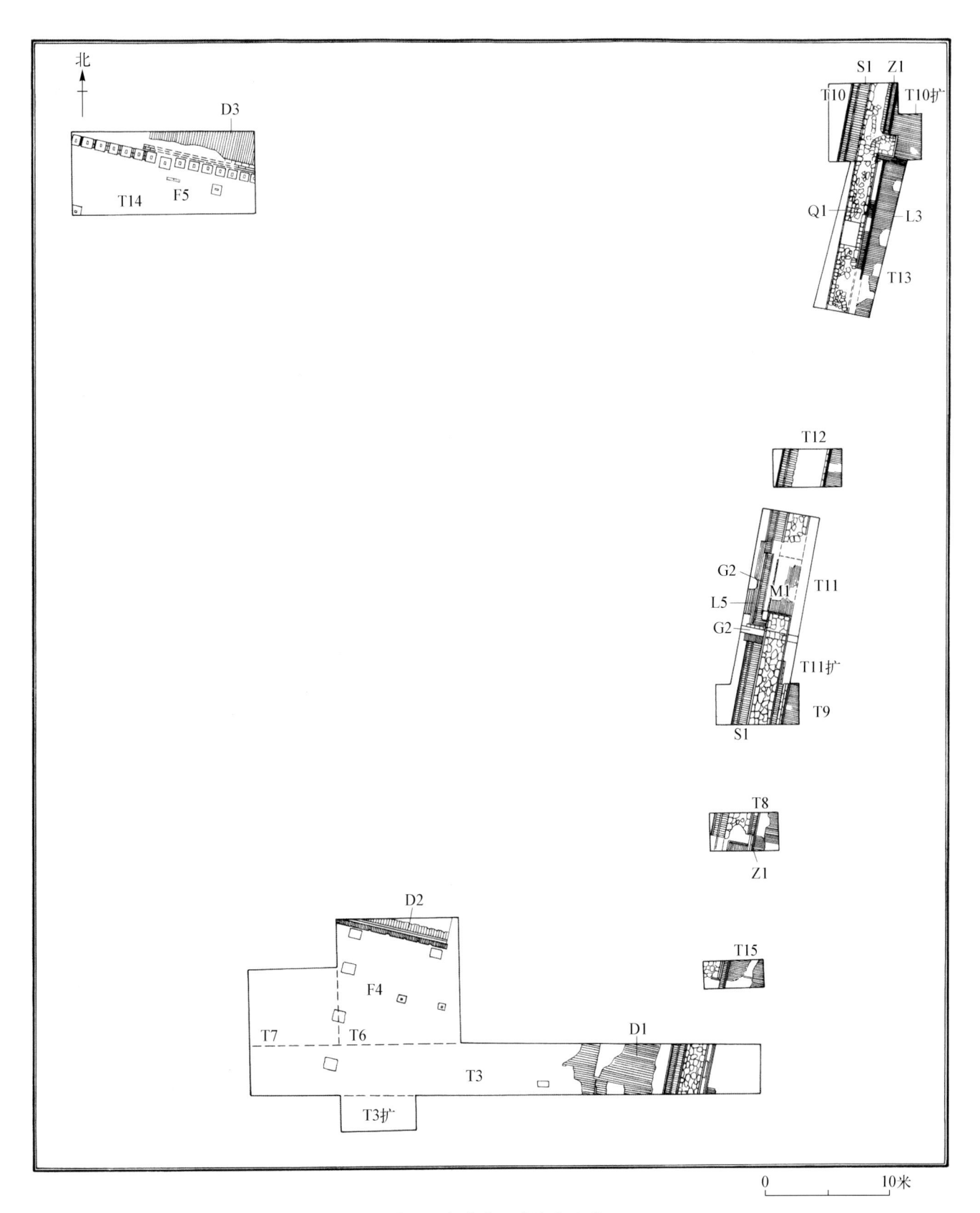

图 41　太庙遗址遗迹平面图

一日，车驾合诣太庙行礼。缘今太庙殿室东西止阔七丈二尺，南北止深三丈一尺，比之建康府所修殿，东西少五丈二尺，南北深少二丈九尺。奉圣旨，令临安府相度措置。本府今相度于太庙殿两次间各添展一间，各阔二丈（一）〔六〕尺，通本殿身共七间。及于殿身前檐五间，各添插一椽，高一丈五尺。并于殿后将新添二间与旧殿屋五间共七间，各更添插两椽，通阔一十二丈四尺，深六丈。其后面两稍间转角高与旧屋难以一平，微显两重檐槽，用护缝板缠钉接殿椽，遮影造作，即依得建康府太庙殿室地步丈尺。……诏依。

十二年（1142），向北拓展，增建别庙。《宋会要辑稿》礼一五之一八：

（绍兴十二年五月）二十六日戊午，礼部、太常寺言：太庙（毁）〔殿〕殿室之后修建别庙，安奉大行皇（帝）〔后〕（懿节皇后）神主，欲于见今太庙北墙外展套地步九丈，可以修建别庙殿室三间，其合修筑墙围，并修立别庙南棂星门，及修砌班道等，并乞依图本修筑安立。兼依大观二年建置别庙礼例，系各置神厨并斋舍，遇祭享各差行事官。缘太庙别无地步，欲就用太庙神厨、斋舍。从之。

十三年（1143），向东北拓展，增建斋厅。《宋会要辑稿》礼二之五：

（绍兴十三年）六月十二日，权礼部侍郎王赏等言……今来太庙止有大次瓦屋五小间外，未曾建置斋殿。

《宋会要辑稿》礼一五之一八、一九：

（绍兴十三年）九月十八日，上曰：太庙窄隘，宿斋处与神御殿逼近，人迹喧杂，行礼不肃。可令展套地步，添盖宿斋处所，若要规模宏壮似旧日则不可，至于崇奉之意，须当依旧也。

《宋会要辑稿》礼二之七、八：

（绍兴十三年九月）二十一日，礼部侍郎王赏等言：已降指挥，太庙斋居逼近庙室，致有喧杂，令礼部、太常寺同临安府相度地步增展。寻相度到太庙斋厅后隔墙南省仓内有敖四间，及傍有空地，若拆去敖屋，其地南北九丈、东西一十丈，可以将见今绞缚斋厅移那向后，兼北墙与别庙后墙一齐。诏依。

十六年（1146），正殿向西扩建为十三间，增建东西廊、西神门，又向西北拓展，增建祭器库、册宝殿。《中兴礼书》卷九五：

> （绍兴）十六年四月二十二日，礼部、太常寺言：今讨论太庙既增笾豆簠簋倍于旧数，见今正庙七间，通设祖宗神主。至于安设礼器，地步狭窄。今相视西向墙内有地一十余丈，欲从西增建六间，通一十三间，为十一室，东西两间为夹室，以称严奉。兼见今太庙未有东西廊室屋，欲乞增盖廊庑及西神门，以应庙制。诏依，令两浙转运司添修。

> （绍兴十六年）五月九日，礼部、太常寺言：两浙转运副使吴坰等札子，备奉圣旨指挥，添展太庙。今相视旧殿经隔累年揍插不齐，难任久远，欲增添修新木，直建一十三间，与两庙相凑。……今行在太庙系随宜修盖，未曾安室祏室。今既创行修盖，即合体仿在京庙制，同殿异室修盖。及将殿东西作两夹室，其两夹室止合设户。一十一室依庙制设户牖，其殿南北深七丈，每室于西壁从北以南一丈二尺作厚，随宜安设祏室。其西夹亦合室祏室，藏顺祖室神主。并逐室祏室合用金钉、朱户、黑漆跌坐。乞一就制造施行。诏依。

> （绍兴十六年八月）十五日，礼部、太常寺言：两浙转运司申，奉旨增修太庙，所有创盖祭器库屋五间，及拨移妨碍册宝殿三间未有地步。契勘得省仓屋三间，东西阔九丈，南北长一十丈，正在太庙地步北壁中。若行展套，可以随宜修盖。其妨碍仓屋等处，合行折移修展。乞下礼部、太常寺同共相度施行。后批送礼部同太常寺看详。今看详，欲依两浙转运司所申，展套仓屋。乞行下户部照会，起折应副并审度。除合展套西南角，见今墙外行路二丈，充行事官随宜过往道路外，有力斜照直妨碍近北东西二丈五尺不须展套，可以随宜拨移修盖神厨等屋。诏依。

十九年（1149），改建斋殿。《宋会要辑稿》礼一五之一九：

> （绍兴）十九年五月三日，太庙奉安所言：乞修盖将来大礼斋殿等。太常寺相视得初献厅搭盖斋殿地步，若每遇大礼，旋行绞缚，（椽）〔缘〕木植、甃（砌）〔砖〕、物料等，

所用甚广。今若修盖，别无妨碍，贵得永久。应奉车驾宿斋严洁，免致逐番费扰。并监官直舍西南墙角开门，通夹墙内空地巡道，委是利便。乞下两浙转运司依图本修盖。从之。

乾道三年（1167），别庙两室扩建为三室。《中兴礼书》卷九五：

> 乾道三年七月二日，礼部、太常寺言：勘会今来大行皇后（安恭皇后）上仙，依昨来安穆皇后礼例，祭于别庙。今来别庙殿宇见奉安懿节皇后并安穆皇后神主，系一殿两室。所有将来大行皇后神主祔庙，依典故合同殿异室。欲乞令礼官同两浙转运司司官相视，增修别庙为三室，各置户牖，以西为上。……诏依。

淳熙十四年（1187），正殿向东扩建为十四间，斋殿两廊、南东神门也随之略作调整。《中兴礼书续编》卷六八：

> （淳熙十四年十一月）十九日，礼部、太常寺、两浙转运司、临安府言：臣等今月初六日躬亲前诣太庙奉安所相度，条具下项：一、将来大行太上皇帝神主祔庙添置殿室一间，合阔一丈五尺，系在大殿东壁，与东门、廊屋及斋殿相连，若行掇移斋殿向东，委是费用工物浩大。今相度得自今东神门外斋殿基至太庙殿内东廊基有空地一丈五寸，若将空地增展修盖，尚少地段（一）〔四〕尺五寸。臣等今欲将斋殿西廊那入向东四尺五寸，可以添置殿室一间，即无相妨。若依此修盖，其斋殿东廊亦合那入向西四尺五寸。所有南神门、东神门及泰阶东踏道亦合取正盖造修砌。……诏依。

> （淳熙十四年）十二月十九日，礼部、太常寺言：……照得旧来诸室并挟室一十三间，以仁宗一室为中，见与御路及南神门一直相对。今来于东畔添创一室，若将御路及南神门掇移过东，即在仁宗及英宗两室之间，却与殿柱相对。其神门未识合与不合，依旧更合取自朝廷指挥施行。礼部、太常寺检准今年十一月十九日已降指挥，所有南神门、东神门及太阶合取正盖造，今勘当欲令两浙转运司照令已降指挥，将南神门东取正盖造，所有当中泰阶今欲乞向东接阔取正修砌。诏依。

绍熙五年（1194），庙制改革，于正殿之西建四祖殿。《建炎以来朝野杂记》甲集卷二：

> 自绍熙五年冬始而别建一殿，以奉祧主于大殿之西，今谓四祖殿者是也。

嘉泰四年（1204），太庙南墙外失火，廊屋受损[1]，随后修葺之[2]。嘉定十三年（1220），太庙东壁失火，次年增修石室、柜子门，以备消防。《宋会要辑稿》礼一五之二二：

> 嘉定十四年（1221）正月二十八日，诏：太庙内添置石室一所，并开柜子门一座，令两浙转运司、临安府盖造，务要如法，毋致苟简。先是，太庙奉安所言：嘉定十三年十一月内东壁居民于旬日两次遗火，逼近宗庙，设有不测，岂不利害？若不预申防虞事件，仓卒难以救护。一、欲乞于皇帝位版屋西壁围墙宽阔去处，拆开围墙，添置柜子门一座，里外关锁，或制不测拥塞，街路不通，启开救护。一、欲乞照玉牒所体例，添置石室一所于蛇亭池子北壁面东，计置起造石室一带三间，以备不虞。所有见盖乐工屋一十二间，内五间移盖于蛇亭池子之西，外有乐工屋七间拆去后壁夹墙，（车）〔东〕移向后七尺，庶得于石室四向宽阔，实为便当。一、欲乞令皇城司差亲从官五百人，殿前司差军兵一千人，自今以始，依中军体例，各司籍定前项差拨人数，专充防守宗庙，庶免误事。故有是命。

绍定四年（1231），临安大火殃及太庙，随后重建[3]，次年成[4]。景定五年（1264），于南墙外新建致斋阁子，并将庙壖南拓至粮料院、白马庙旧址。《咸淳临安志》卷三《郊庙》：

> （景定五年）以（太庙）垣南民居逼近，厚给之直，令徙他处。即其地作致斋阁子四十四楹，前横墙为小门。又斥粮料院、白马神祠，依山拓地为庙壖。

三、范围与布局

太庙在瑞石山以东[5]，文献所记东南北界线较为明确。东侧面临御街[6]，南侧原有太庙巷，旧号保宁坊[7]，景定五年庙壖南拓，始撤其坊额。北侧原属行在南仓，绍兴二十六年（1156）

---

[1] 佚名《续编两朝纲目备要》卷八。
[2] 佚名《宋史全文》卷二九下。
[3] 佚名《宋史全文》卷三二。
[4] 脱脱等《宋史》卷四一《理宗纪》一。
[5] 潜说友《咸淳临安志》卷三《郊庙》。
[6] 《咸淳临安志·京城图》。
[7] 周淙《乾道临安志》卷二《坊市》；赵与𥲅修，陈仁玉纂《淳祐临安志》卷七《坊巷》。

建成三执政府[1]，后左右相府亦移建于此，号为五府，地名大渠口，旧称南仓前[2]。入元以后，建为南察院，明仍之[3]，清初裁废，其南犹称察院巷或察院前，亦即大渠衖[4]。西侧界线不甚明确，仅知庙墙之外民居及行路与南侧情况相同[5]（图42）。

综合太庙营建记录，除景定五年（1264）新建致斋阁子外，其主要建筑为：正殿及其东西廊、东西南神门，正殿北偏东有别庙及其棂星门，北偏西有祭器库、册宝殿，以西有四祖庙，东北有斋殿及其东西廊，此外还有位版屋、乐工屋、石室、蛇亭池、柜子门等，东侧另有棂星门。这是绍定四年（1231）大火之前的情况，火后重建是否全依旧制，还不得而知。

文献对主要建筑的丈尺有一些记录，为整组建筑群占地情况提供了线索。

南宋太庙建筑丈尺

建筑	属性	东西长度		南北长度		位置	时间
正殿[6]	单体	7.2丈	22.75米	3.1丈	9.8米	中部	绍兴五年
		12.4丈	39.18米	6丈	18.96米		绍兴十年
		19.5丈	61.62米	7丈	22.12米		绍兴十六年
		21丈	66.36米	7丈	22.12米		淳熙十四年
斋殿	群体	10丈	31.6米	9丈	28.44米	东北部	绍兴十三年
别庙	群体	不详		9丈	28.44米	北部偏东	绍兴十二年
祭器库册宝殿	群体	9丈	28.44米	10丈	31.6米	北部偏西	绍兴十六年
四祖殿		不详				西部	绍熙五年

单位：1宋尺＝0.316米

将考古发掘资料与以上记载相比照，可以进一步明确太庙的范围。太庙遗址两次发掘较为

---

[1] 徐松辑《宋会要辑稿》方域二之一九、四之一九。
[2] 潜说友《咸淳临安志》卷一〇《官宇》；吴自牧《梦粱录》卷一〇《诸官舍》；灌圃耐得翁《都城纪胜》。
[3] 陈让等修，夏时正等纂《成化杭州府志》卷一六《公署》四。
[4] 《浙江省垣城厢总图》。
[5] 徐松辑《宋会要辑稿》礼一五之二一。
[6] 关于正殿规制，前人所作推测复原与文献记载偏差甚远。参朱光亚《南宋太庙朝向布局考》，刘先觉主编《建筑历史与理论研究文集（1927—1997）》，北京：中国建筑工业出版社，1997年，107—115页。

图42　太庙位置图

重要的收获是东围墙（Q1）、东门（M1）[1]和正殿后墙基础（F5）的发现。由正殿后墙基础向北到察院前巷北侧，距离约31.25米，与别庙地块或祭器库、册宝殿地块南北长度大致相合。看来以察院前巷作为太庙北界的参考是比较可靠的。由东围墙向西到太庙巷，距离约148.75米，足以容纳正殿、斋殿、四祖殿三组建筑并列排布。所以太庙西界不会越过太庙巷。

叁、秘书省

一、南宋秘书省

（一）秘书省的营建

绍兴初，秘书省暂设于油车巷北法惠寺。十三年（1143），以旧殿前司营寨地修建新省[2]，次年（1144）建成。《南宋馆阁录》卷二《省舍》：

> 绍兴二年（1132），移跸临安府，始寓于宋氏宅，再徙于油车巷东法惠寺。……绍兴十三年十二月，诏两浙转运司建秘书省。十四年六月二十二日，迁新省。省在清河坊糯米仓巷西，怀庆坊北，通浙坊东。地东西三十八步，南北二百步。

（二）秘书省的布局

《南宋馆阁录》卷二《省舍》记载颇为详细：

> 大门三间，七架。门东廊六间，五架，监门、直舍、守门执事官房、装界作在焉。门西廊十间，五架，点检案、知杂案、经籍案、祝版案、太史案、宿直房在焉。右文殿门三间，七架。东西偏门各一间，夹屋各四间，皆五架。东夹屋二间为过廊，二间为仓史、土地堂。西夹屋二间为过廊，二间为工匠房。右文殿五间。殿前踏道砖路。殿后秘阁五间，高四丈。阁前有拜阁台，接右文殿。台左右有踏道砖路通东西廊，皆有栏楯。阁后道山堂五间，九架。堂前瓦凉棚五间。堂后轩一间。石渠在秘阁后、道山堂前，长五丈，广一丈五尺。跨渠石桥一。堂东二间，九架，监居之。堂西二间，九架，少监居之。

---

[1] 发掘报告推测为东神门，根据文献记载，东西南神门均是正殿及其廊庑所在院落所设，具体到东神门则在斋殿地块之西，考古发现的东围墙门址应是棂星门。

[2] 徐松辑《宋会要辑稿》方域二之一八，李心传《建炎以来系年要录》卷一五〇。

东廊凡四十二间，皆七架。大监位之东一间，为光馆库。南一间，为诸路解发。次二间，秘书丞居之，东有瓦凉棚三间。又次三间，馆职分居之，东有瓦凉棚三间。次一间，御书石刻。次三间，为古器库，库前夹廊一间，通秘阁。次三间，馆职分居之，东有瓦凉棚三间。次三间，为拜阁待班之所，后有便道通史院。次一间，为图画库。次三间，为秘阁书库，库前有夹廊一间，通右文殿。次五间，为子库。次五间，为经库。次一间，为潜火司。次一间，国史院夹门。自夹门西折南，接东偏门。

西廊凡四十三间，皆七架。少监位之西六间，为公厨。次二间，为公使库。南一间，为补写库。次三间，秘书郎分居之，有瓦凉棚三间。次三间，馆职分居之，有瓦凉棚三间。次一间，御书石刻。次一间，为瑞物库，库前夹廊一间，通秘阁。次二间，为秘阁书库。次三间，馆职分居之，有瓦凉棚三间。次三间，为拜阁待班之所。次三间，为印板书库。次一间，为提举厅夹门，门东有夹廊一间，通右文殿。次五间，为集库。次五间，为史库。又二间，为碑石库。自碑石库东折南，接西偏门。

编修会要所，在少监位之西。北一间，为抬盘司。次二间，为守阙楷书案。次二间，为供检案。次一间，为杂务使臣案。次二间，为楷书案。又北二间，为印书作。又东北五间，七架，为搜访库。

国史日历所，在道山堂之东。北一间，为澡圊过道。次一间，为仪鸾司。次一间，为翰林司。次四间，为修书案。中有仪门。又北二间，为国史库。

次三间，著作郎分居之。次著作之庭三间，七架。西三间，著作佐郎分居之。庭后一间，为汗青轩。

蓬峦在汗青轩后。北有酴醾架。又北有群玉亭三间。亭东有鹤砌，又有支径通涤砚涧。亭西有芸香亭一间。东径至群玉亭，西径至松坡、穿鞠径。径前临池，跨池有桥亭。度桥有席珍亭三间。亭东北有橘洲。又东北有东冈。冈北有药洞，入有采良门，门内有茹芝馆。洞北有过廊。又北有涤砚涧。跨涧有木桥。又北缭群玉亭后。又西北有泉，曰濯缨。泉西有亭三间，曰锦隐，有支径通菊坡，缭含章亭之右。西径有射圃，入有延门。入门有亭，曰绎志。又西有亭一间，曰方壶。北有松坡，过坡有支径通芸香亭。又西临池，跨池有木桥一。度桥有亭三间，曰含章。亭西北有兰畦。又北有西阪，山后即濯缨泉。

秘书省中轴线上依次有大门、右文殿门、右文殿、秘阁、道山堂、著作之庭六座主要建筑，配合东西廊庑，构成五进院落，其后还有一所园林。整体建筑布局比较清楚，惟道山堂至著作之庭部分须别为辨析。《咸淳临安志》卷七《秘书省》：

>   著作之庭，在道山堂之后……后有小轩，置苏轼画竹石刻其中……东西四阁，著作、著佐位焉，后有池二。……国史日历所，在著作庭东庑，有汗青轩。……编纂会要所，在著庭西庑。

郭彖《睽车志》卷一：

>   绍兴二十八年（1158），外舅杨紫微与陈申公俊卿同为小著，省中共处一位，在国史局堂之西阁，其东阁则大著位也。[1]

是知著作之庭东西有阁，分居著作郎、著作佐郎。国史日历所和编修会要所均在道山堂后、著作之庭前，分处东西庑。著作之庭三间，向后又有一间为轩（即龟头屋），《南宋馆阁录》称之为汗青轩，《咸淳临安志》则记为东侧另一建筑。《南宋馆阁续录》卷二《省舍》：

>   汗青轩，著庭之东有藏书屋三间，积年颓毁。嘉定三年（1210）七月重建，以汗青轩旧榜揭之。

周密《齐东野语》卷一四《馆阁观画》：

>   乙亥岁（德祐元年［1275］）秋，秘书监丞黄恮汝济，以蓬省旬点，邀余偕行。于是具衣冠望拜右文殿，然后游道山堂。……著作之庭，胡邦衡所书。曰蓬峦，曰群玉堂。……左为汗青轩，轩后多古桂，两旁环石柱二。小亭曰蓬莱，曰濯缨，曰方壶，曰含章，曰茹芝，曰芸香。射亭曰绎志。曰采良门。……登浑仪台，观铜浑仪。……最后步石渠，登秘阁。

是汗青轩旧榜于著作之庭后，嘉定三年（1210）移榜于其东藏书屋，潜说友、周密所记均为此后情形。

---

[1] 陈俊卿绍兴二十七年（1157）七月除著作佐郎，二十八年（1158）七月为著作郎，见《南宋馆阁录》卷七《官联》上。杨紫微，谓杨邦弼，除大小著均与俊卿同时。称紫微者，以中书舍人故也，见王苹《王著作集》卷五小传。

以上所记系一完整长方形院落,在其前部东西两侧还另有国史院和提举厅,右文殿门之内东西两廊各有夹门相通。《咸淳临安志》卷七《秘书省》:"国史院,在右文殿东,提举厅在殿西。"杨万里《与江陵范侍郎》[1]:

> 每怀馆中之乐,公之珠乘自史院而东出,仆之柴车自提举厅而西入,相顾交揖,伫立小语,今如在天上,而况赏梅石渠,登高风篁也乎?[2]

国史院在秘书省大门之内东侧有门,自成一院落。《南宋馆阁录》卷二《省舍》:

> 国史院在省门内之东。大门西向,一间,七架。正厅南向,三间,七架。厅后过廊二间。堂三间,七架。堂东四间,七架,修国史、同修国史分居之。堂西四间,七架,三间修国史、同修国史分居之,一间为供检库。厅东西四间,皆七架,编修官分居之。厅堂前后皆有瓦凉棚三间。东廊十四间,皆七架。一间为点检房,次三间为修书房,次一间为仓史堂,次二间为杂务房,次二间为装界作,次一间为翰林司,次一间为什物库,次二间为厨,次一间为厕。廊外有土库三间。西廊九间,皆七架。一间为守门亲事官房,次三间为编修官位,次一间为什物库,次一间为土地堂,次一间为夹门通秘书省,次二间为旧书库。南廊十一间,皆七架。三间为提举诸司位,次二间为承受诸司位,次一间为主管诸司位,次三间为诸司什物库,次二间为抄写文字之所。

二、元江浙行省

(一)元初的营建与拓展

柳贯《重建省府记》[3]:

> 乃至元二十六年(1289),制改江淮行省为江浙行省,自维扬徙治钱塘,统有两浙、江东,而以淮东西分隶河南。明年(1290),始营宋秘书省故地,其制视都省稍降杀

---

[1] 杨万里《诚斋集》卷一〇九。
[2] 范侍郎,谓范仲艺。万里淳熙十四年(1187)十月至十五年四月为秘书少监,十六年十月至绍熙元年(1190)十月为秘书监,时仲艺兼国史院编修官,见《南宋馆阁续录》卷七《官联》一、卷九《官联》三。
[3] 柳贯《柳待制文集》卷一四。

焉。……自考成以来，迨今至顺壬申之（1332）岁，四十三年矣。

江淮行省自至元十三年（1276）设立以来，于扬州、杭州之间屡有迁徙，亦曾有扬州行省之称。最终徙治杭州在至元二十六年，改江浙行省则在至元二十八年（1291）。

元初江浙行省沿革

时　　间	事　　迹	资料来源
至元十三年（1276）二月庚子	行省承制以临安为两浙大都督府，都督忙古带、范文虎入城视事。	《元史》卷九《世祖本纪》六
至元十三年（1276）六月壬申	罢两浙大都督府，立行尚书省于鄂州、临安。	
至元十三年（1276）十月戊子	参知政事陈岩行中书省事于淮东。	
至元十三年（1276）	江浙等处行中书省。至元十三年，初置江淮行省，治扬州。	《元史》卷九一《百官志》七
至元十五年（1278）十一月丁未	行中书省自扬州移治杭州。	《元史》卷一〇《世祖本纪》七
至元十九年（1282）九月庚申	仍以（游）显平章政事，行省扬州。	《元史》卷一二《世祖本纪》九
至元二十一年（1284）二月戊申	徙江淮行省于杭州。	《元史》卷一三《世祖本纪》一〇
至元二十三年（1286）七月庚午	江淮行省忙兀带言：今置省杭州，两淮、江东诸路财赋军实，皆南输又复北上，不便。扬州地控江海，宜置省，宿重兵镇之，且转输无往返之劳。行省徙扬州便。从之。	《元史》卷一四《世祖本纪》一一
至元二十六年（1289）二月癸亥	徙江淮省治杭州。	《元史》卷一五《世祖本纪》一二
至元二十八年（1291）十二月庚辰	江北州郡割隶河南江北行中书省。改江淮行省为江浙等处行中书省，治杭州。	《元史》卷一六《世祖本纪》一三

行省方始营建不久，即毁于火。周密《癸辛杂识》续集上《海鳅兆火》：

辛卯岁（至元二十八年），十二月二十二三间，又有海鳅复大于前者，死于浙江亭之沙上，于是哄传将有火灾。然越二日，于二十四日之夜，火作于天井巷回回大师家，行省、开元宫尽在煨烬中，凡毁数千家。

随即拓地重建，将原在宋秘书省东侧的开元宫纳入其范围。任士林《杭州路开元宫碑铭》[1]：

> 至元十三年，朝廷置行中书省于杭，以镇南服，即旧秘书省为治。越十有五年辛卯灾，宫亦毁。外宰购拓基，新垣宇。

虞集《开元宫碑》[2]：

> 大元至元十三年，行中书省杭州，即故秘书省为署。二十八年大火，省及宫俱毁。省故隘陋，不足称大藩之容观，取开元地拓之。

陈旅《重建杭州开元宫碑》[3]：

> 皇元既有江南，即秘书省为行中书省。至元廿八年，省与宫俱毁，因兼宫地作大新省。

次年新署落成。阎复《江浙行中书省新署记》[4]：

> 至元二十九年（1292）夏五月，江浙行中书省新署成。……先是，省署居亡宋之秘阁，属有回禄之变。今福建行中书省平章政事史弼时为右丞，共议作而新之。杭州路达鲁花赤斡赤、理问官柳泽实董其役。度材于官，佣力于民，规制有经，工用有节，阅数月而后毕。前建政事堂，为发号施令之所。后为便阁，以居八座。左右二厅，为廊幕。东西二庑，为掾史舍。旁起两公廨，一为理问所，一为镇守万户府。中堂有甓，榮载有门，宏敞壮丽，视旧有加焉。

（二）元末的重建与拓展

至正间，省署两毁，均有拓地重建之举，东西北三面又得到扩展。《成化杭州府志》卷一六《公署》四：

---

[1] 任士林《松乡集》卷一。
[2] 虞集《道园学古录》卷四二。
[3] 陈旅《安雅堂集》卷一一。
[4] 周南瑞编《天下同文集》卷七。

至正初，居民延燎，丞相别儿怯不花复购民地以广之，规模宏大。十二年（1352）七月，蕲黄寇自昱岭犯杭，又毁，平章庆童再建。

《成化杭州府志》卷一六引欧阳玄《重江浙行省兴造记》：

至元二十六年，以两淮归河南江北行省，改江淮为江浙行省，迁之杭州，即宋秘书省故地以为治。……旧治简陋，弗称观瞻，与民居接，故及于灾。左丞相以开府仪同三司自御史大夫、中书平章政事来镇兹省，适当作新之机。谋于僚属，询于父老，咸谓请斥旧址而大之。乃倍时值，以市邻壤，凡地一尺，予中统钞一贯，东西北三面得地三十二万二千一百四十五尺而强，纵深近里，增高倍前。以（至正）二年壬午（1342）八月二日除地，三年癸未（1343）二月十有二日升栋，迄于落成。中堂弘敞，夹室靓密，两序绳直，郎吏分曹，后堂高明，叠石象山，列植嘉树，前楹崇闳，□道隆升，凿池泓清，理问在西，镇抚在东，位置咸当。为屋二百七十有四间。

贡师泰《江浙等处行中书省平章政事庆童公功德之碑》[1]：

乃至正十二年秋，诏辽阳等处行中书省平章政事庆童移镇之。冬十有二月，公至视政。……省治毁，芨舍露处，吏告经始。公谓：故址隘，不足以称大藩之观，宜更大之。……遂伐石于山，浮木于江，分官董工，万手并作，功既落成，而民赖以全活者甚众。

三、明清浙江布政使司

明改江浙行省为浙江布政使司，仍其治。

（一）明代中期布局

《成化杭州府志》卷一六《公署》四：

浙江等处承宣布政使司，治在清河坊内（今旬宣街），浙江都司之东。……元至元二十一年（1284），自扬州迁江淮行省于杭，即宋秘书省故基为治，改曰江浙行省。……皇

---

[1] 贡师泰《贡礼部玩斋集》卷九。

朝平浙，置浙江等处行中书省，领府九。洪武九年（1376），改为浙江等处承宣布政使司。

　　浙江等处承宣布政使司……公宇：正堂五间（旧名紫薇堂），前轩五间，穿堂五间，后堂五间（今无），左右翼室各三间，东西两廊为六房，七十四间，转角仪门三间，左右为小门各三间，左右后亭三座，架阁库房二十间（在经历司东南），土神祠一间（在经历司之东），紫薇楼三间（在后堂之北），榜亭四座（在前门外），外门三间，百狮池跨以桥（在外门前）。经历司（在公堂东），正厅三间，东西翼室各一间，后轩一间。照磨所（在公堂西），正厅三间，东西翼室各一间，后轩一间。理问所（在仪门外之东），正厅三间，东西翼室各一间，幕厅一间，东西两廊为六房，一十二间，架阁库三间，仪门三间，外门一间（面西）。司狱司，厅屋三间，狱禁二十一间，外门一间。广济库（在仪门外之西），正厅库房三间，前轩三间，正土库三间，东西库各二间，东西廊房一十六间，东西门房二间，中门一间，外门一间（面东）。……官吏廨舍：左布政使宅，在后堂之后东。右布政使宅，在后堂之后西。左参政宅，在左布政宅之南。右参政宅，在右布政宅之西南。左参议宅，在左参政宅后。右参议宅，在右参政宅后。经历宅，在架阁库侧。都事宅，在经历宅之南。照磨宅，在架阁库之南。检校宅，在照磨宅之南。吏舍六十六间，在西廊西。理问宅、副理问宅、提控案牍宅、六房司典吏舍，俱在本所内。

（二）明代晚期布局
《万历杭州府志》卷三八《公署》二：

　　浙江等处承宣布政使司……今制：中为正堂，左为经历司，右为土地祠、照磨所、架阁库。前为露台、为甬道、为仪门、东西廊为六房。正堂后为穿堂，又后为紫薇楼，又后为后乐亭。亭之东为左使宅，又东为右参政宅，又东为左参议宅。宅南为左参政宅，而都事、照磨廨并在东偏。亭之西为右使宅，折南为右参政、右参议宅。吏廨在东西廊后，黄册库、经历廨在二门内东偏。二门外西为宾馆，直南之西为资盈库，官吏廨在焉。东为理问所，官吏廨、案牍狱官吏廨并在内。大门之外为百狮池，上跨石梁。两翼为榜廊，东西为坊二。

（三）清代前期布局
《雍正浙江通志》卷三〇《公署》上：

　　布政使司……国朝顺治十五年（1658）重建大门曰膏泽，门前临百狮池，跨以石梁。

门以内为甬道，为仪门，为屏门……北为露台，正中为紫薇堂……后为二堂，扁曰行中书省，仍元时旧额也，旁列东西二坊。进东为使宅门……进内为二门，为大堂……内为宅门，为絜矩堂……堂左为厅事三楹……南为书室，更东为舫斋，西为一琴书屋。舫斋之南有重楼杰峙，曰四照楼，旧名天香楼。絜矩堂之北为正楼五间，平房五间，左右夹厢。东为耳房三间，内书室五间。后有园，旧名后乐。有亭曰后乐亭。亭下有松化石，叠石为山，以在使宅之西，因称西山。紫薇堂之右为督粮道署。仪门之左为经历司。使宅之南为土地祠，为照磨所。仪门之外，东为理问厅，西为寅宾馆，更南之西为资盈库。

根据以上记录，可将明清浙江布政使司署东、中、西三路建筑布局演变情况总结如下表：

明清浙江布政使司署建筑布局演变

西 路			中 路			东 路		
成化	万历	雍正	成化	万历	雍正	成化	万历	雍正
右使宅	右使宅	?		后乐亭	后乐亭	左使宅	左使宅	使宅
			紫薇楼	紫薇楼	正楼 絜矩堂 宅门			
吏舍	吏廨	?	后堂	后堂	大堂 二门	司狱司 ?	吏廨	土地祠 照磨所
照磨所	土地祠 照磨所 架阁库	督粮道署	穿堂 正堂 仪门	穿堂 正堂 二门	二堂 紫薇堂 仪门	经历司 土神祠 架阁库 经历等宅	经历司	经历司
广济库	宾馆 资盈库	寅宾馆 资盈库	外门 百狮池	大门 百狮池	大门 百狮池	理问所	理问所	理问厅

四、南宋秘书省的范围

从南宋秘书省到元江浙行省再到明清浙江布政司，前后仍袭，建筑群的中轴线没有发生大的变动，但整体范围有所扩大。至元二十八年取东北侧开元宫地，至正二年买东西北三侧邻壤，这两次拓展所奠定的格局明清时期基本没有改变。

文献所记南宋秘书省的位置在糯米仓巷以西、天井巷以东、清河坊以北，南对宝月山巷。参照民国《杭州市街及西湖附近图》，糯米仓巷即华光巷，天井巷约当西公廨，清河坊即河坊街，宝月山巷即粮道山（图43）。这是南宋秘书省的大致方位。

第二章　南宋临安城复原论证　　157

图43　秘书省位置图

具体而言，南宋秘书省建筑分为东中西三路，其中路建筑为一规整的长方形院落，东西阔38步、南北长200步，约合60米×316米，在地图上以旧藩署为中轴线，可以量出这一范围。东西两侧大致抵于东廊下、西廊下，正是中路建筑边界的遗痕。其东西两路建筑分别为国史院和提举厅，仅在中路建筑前部两侧有所分布，元代其地分别建为镇守万户府和理问所，明清则分别为理问署和宾馆、仓库。因为没有具体的丈尺资料，两路建筑的北界难以判定。考虑到它们别处右文殿两侧，为两进院落，则南北长度约当中路六进院落的三分之一左右。

肆、国子监　太学　武学

一、建置沿革

（一）南宋

国子监在前洋街，西邻纪家桥，太学在其东，绍兴十三年（1143），均以岳飞宅改建。武学，亦在前洋街，太学东，绍兴十六年（1146）建[1]。

国子监建筑，《咸淳临安志》卷八《诸监》：

> 监绘《鲁国图》，东西为丞簿位，后看书库官位，中为堂，绘《三礼图》于壁，用至道故事也。芳润亭，在后圃。……书版库，在中门之内。

太学建筑，《梦粱录》卷一五《学校》：

> 学之西偏建大成殿，殿门外立二十四戟。大成殿以奉至圣文宣王，十哲配享，两庑彩画七十二贤、前朝贤士公卿诸像，皆从祀。……学有崇化堂、首善阁、光尧石经之阁……堂之后东西为学官位。……太学有二十斋……各斋有楼，揭题名于东西壁。厅之左右为东西序，对列位。后为炉亭，又有亭宇，揭以嘉名者夥。……太学内东南隅设庙廷，奉后土氏神……遂明指为岳忠武鄂王……仍改庙额曰忠显。[2]

武学建筑，《咸淳临安志》卷一一《学校》：

---

[1] 潜说友《咸淳临安志》卷八《诸监》、卷一一《学校》。
[2] 大成殿后有三礼堂，参徐松辑《宋会要辑稿》崇儒六之一八。德祐元年（1275），改庙额忠显为忠祐，参《宋忠祐庙敕封告据碑》，阮元《两浙金石志》卷一三；丁敬《武林石刻记》。

武成王殿，祀太公，曰昭烈武成王，以留侯张良配，诸名将从祀。……立武堂……斋舍六。[1]

（二）元代

以南宋太学东部改建浙西肃政廉访司[2]，又将南宋太学西部大成殿等改为西湖书院。陈泌《西湖书院重修大成殿记》[3]：

> 西湖书院，本故宋太学，其初岳武穆王飞之第也。岁丙子，学与社俱废。至元二十八年（1291），以其左为浙西宪司治所，其右先圣庙在焉。三十一年（1294），东平徐公琰为肃政廉访使，乃即殿宇之旧，改建书院，置山长员主之。

贡师泰《重修西湖书院记》[4]：

> 至元丙子（1276），天兵临城，学废，礼殿独存。其地与宪治实皆为岳王第，故来长风纪者莫不以作兴为先务。三十一年（1294），容斋徐公琰始即旧殿改建书院，且迁锁阑桥三贤堂附祀焉。……置山长一员主之，遂易今名。延祐三年（1316），周公德元徙尊经阁，建彝训堂，创藏书库，益增治之。至元元年（1335），铁木哥公、胡公祖广重葺大成殿，开志仁、集义、达道、明德四斋以居来学。

国子监则改为北察院。《成化杭州府志》卷一六《公署》四：

> 察院，旧志：元江南道行御史台按治江南三省之地，岁遣监察御史二员分巡各省，谓之守省御史。其察院有二：一在纪家桥之左，西湖书院之西，为守省御史之署，曰北察院。……

《成化杭州府志》卷一六引周伯琦《重建察院记》：

---

[1] 武成王殿之后另有殿，参徐松辑《宋会要辑稿》崇儒三之四二。
[2] 初置浙西提刑按察司，至元二十八年（1291）改肃政廉访，参方回《江南浙西道肃政廉访司题名记》，《虚谷桐江文续集》卷四七。
[3] 倪涛《武林金石记》卷二。
[4] 贡师泰《贡礼部玩斋集》卷七。

察院旧在省治之东后市街，至正十二年岁壬辰（1352）七月毁于盗。明年，宪府诸公谋作于是，即宋国子监学，斥而新之，以为察院。在郡城之乾维，纪家桥之左，实宪府之右。

(三) 明代

明改浙西肃政廉访司为浙江提刑按察司，治仍元旧。《成化杭州府志》卷一六《公署》四：

> 公宇：正堂五间，穿堂三间，后堂七间（旧名一清），东西夹室二间。堂之前协恭堂三间，堂之左曰莲桂轩，右曰来鹤轩。东西两廊为六房，三十间。转角仪门三间，左右复为小门，各三间。门房八间，外门三间。库房四间，架阁库二间，榜亭十间。土神祠，在外门之外东。经历司，在正堂东。正厅三间，厅前轩三间，穿堂一间，后堂三间，东西耳房六间。照磨所，在经历司之东。洪武二十七年（1394）添设。正厅三间，前轩三间，穿堂一间，后堂一间，东西耳房各三间。

> 官吏廨舍：按察使宅，在一清楼之后。副使宅四，在按察使宅之左右。佥事宅八，其东（西）〔四〕，在按察宅之左；其西四，在按察使之（古）〔右〕。经历宅、知事宅，并在经历司之左。照磨宅、检校宅，并在照磨所之左。吏舍四十五间，俱在东廊之东。

《万历杭州府志》卷三八《公署》二：

> 署之制：中为正堂，堂前为露台，为甬路，为仪门。东西廊为六房。正堂后为穿堂，又后为后堂，为使宅。使宅之东为嘉湖道宅、杭严道宅、清军道宅、巡视海道宅、温处道金衢道宅，西为水利道宅、台州道宅、驿传道宅、提学道宅。正堂东为经历司、照磨所，又东为经历、知事、照磨、检校廨、吏廨。二门之外，东为忠祐、忠节二祠，西为土地祠、礼宾馆。

洪武十一年（1378），西湖书院改为仁和县学。《成化杭州府志》卷二五《学校》三：

> 庙居学之前，中为大成殿五间，东西为两庑各十五间，前为戟门三间，又前为灵星门三间，皆仍西湖书院之旧，无改作也。学居庙殿之后，其前正厅五间，即宋太学彝训堂，元改为西湖书院讲堂者。堂之东西两庑各五间，为训导斋，即宋之四斋，曰教文、教行、教忠、教信，元为书院，悉因其旧。……堂之后旧为重屋，即宋太学之尊经阁。[1]

---

[1] 此段记述多误，彝训堂乃元西湖书院堂名，教文等实南宋仁和县学四斋名，尊经阁则为元时徙建者。

北察院一度沿用。《成化杭州府志》卷一六《公署》四：

> 公宇：正厅三间，厅前轩三间，后亭一间，东西耳房各一间，两廊房各七间，仪门三间，碑亭二座，厨房二间，外门三间（近逼纪家桥东堍）。

天顺三年（1459），仁和县学徙府学之西，其地与北察院址均并入浙西按察司。《万历杭州府志》卷三八《公署》二：

> 按察司分署……曰宁绍道，曰驿传道，并在大门内忠节祠之东，即宋太学址。曰温处道，曰巡视海道，并在司大门内礼贤馆西，元西湖书院址，国初为仁和学，后徙学，并元北察院址建。曰嘉湖道，国初建于福地巷，后移此。曰金衢道，已上二道皆北察院址建。

（四）清代

按察司位置没有发生变化，惟分署或转移，或裁汰。

明清浙江按察司分署沿革

	明代晚期名称	明代晚期位置	清代后期名称	清代后期位置
浙江按察司	嘉湖道	按察司公元北察院	杭嘉湖道	先驻嘉兴，道光间移杭州太平坊巷
	杭严道	宋左藏库并杨驸马第		
	金衢道	按察司公元北察院	金衢严道	金华
	宁绍道	按察司忠节祠东	宁绍台道	宁波
	台州道	纪家桥西旧钱塘公馆		
	温处道	按察司公元西湖书院	温处道	温州
	巡视海道	按察司公元西湖书院	裁	
	清军道	宋左藏库并杨驸马第		
	驿传道	按察司忠节祠东	康熙四十九年并运司为盐驿道，雍正四年又兼水利，乾隆间裁水利、驿务	
	水利道	宋左藏库并杨驸马第		
	提学道	宋左藏库并杨驸马第	提督学政	布政司西旧浙江都司

资料来源：《万历杭州府志》卷三八《公署》二，〔雍正〕《浙江通志》卷一二〇《职官》一〇，〔民国〕《杭州府志》卷一八《公署》一，《钦定重修两浙盐法志》卷二《图说》，〔光绪〕《钦定大清会典事例》卷二五《吏部》官制。

二、范围推断

明代中期以后,浙江按察司将南宋国子监、太学旧址均纳入其范围。仔细分析按察司建筑布局,可以获得一些分辨南宋建置范围的线索。

根据万历《府志》的描述,此时浙江按察司建筑东西横向分为五路[1]。中路为按察司公堂所在,承袭元代浙西肃政司,前身即南宋太学东侧以崇化堂为主的部分。西一路为温处道、巡视海道,承袭明代早期仁和县学、元代西湖书院,前身即南宋太学西侧以大成殿为主的部分。西二路为嘉湖道、金衢道,承袭元明北察院,前身即南宋国子监。东一路北为经历司、照磨所,南为宁绍道;东二路北为吏廨,南为驿传道,均在忠节祠以东。忠节祠祀按察使王良,与忠祐庙同在按察司大门内东南隅[2]。忠祐庙祀岳飞,即南宋忠显庙、忠祐庙,时在太学东南隅。则明按察司东侧两路实际不在南宋太学范围之内,而近武学。驿传道前曾有汉寿亭侯祠,清康熙间移建于东[3],这也暗示了东路与南宋武学的关联[4]。推测明浙江按察司东侧两路是在南宋武学的基础上发展而来的。

南宋国子监、太学、武学旧址沿革

南宋	岳飞宅		
	国子监	太学	武学
元	北察院	西湖书院	浙西肃政司	?
明	北察院	仁和县学	浙江按察司	
	嘉湖道 金衢道	温处道 巡视海道	浙江按察司	经历司照磨所 宁绍道	吏廨 驿传道
清	浙江按察司			

由此可以获得三个参照点,宋纪家桥、明忠节祠、清汉寿亭侯祠,有助于从东西方向上来

---

[1]《西湖游览志·今朝郡城图》表现的是稍早情况,分署位置略有不同。按察司中路以西依次为:温处道、海道、嘉湖道、驿传道;以东依次为:岳庙、王公祠、宁绍道、协堂道。

[2] 刘伯缙等修,陈善等纂《万历杭州府志》卷四七《祠庙》中,《西湖游览志·今朝郡城图》注记为王公祠、岳庙。

[3]《鼎建汉寿亭侯祠祀》(康熙二十四年[1685]),丁丙《武林坊巷志》引《武林石刻记》,案:清军驿传道,康熙四十九年(1710)裁并运使,二十四年仍在按察司之东旧地。

[4] 武庙,宋祀姜太公,清改祀关羽。

把握国子监、太学、武学的位置。在民国地图上，众兴桥即宋纪家桥，岳王庙即明忠祐庙，武帝庙即清汉寿亭侯祠。

关于南北范围，《梦粱录》卷七："国子监前曰纪家桥，监后曰车桥，侧曰青龙桥。"明清时期车桥均在按察司西侧，是于宋国子监之北必曾有所展拓。南宋太学东部主要建筑为崇化堂、首善阁[1]，明浙江按察司中路主要建筑为正堂、穿堂、后堂，规制相近。而按察司公堂之后还另有官吏廨舍，这部分是依据洪武元年新制特别安排的，当系拓展而成。明经历司、照磨所与按察司公堂东西平行，北端没有超越南宋武学的范围。

综合以上分析，南宋国子监、太学、武学大致范围推断如下：国子监在众兴桥（宋纪家桥）东北，车桥东南，东邻太学。太学在岳王庙之西，东邻武学。武学在武帝庙之西，东邻韩蕲王府。几组建筑北端均不越竹竿巷（宋后洋街巷）至车桥一线。

伍、台谏官宅　太常寺　敕令所

一、建置沿革

台谏官宅，在油车巷[2]。太常寺，在罗汉洞[3]。敕令所，在侍郎桥南[4]。三组建筑东西并列。《南宋馆阁录》卷二《省舍》：

> 绍兴二年（1132），移跸临安府，始寓于宋氏宅，再徙于油车巷东法惠寺。……省东为实录院。……新省既成，以旧省为怀远驿。驿废，为台谏宅。旧实录院初为敕令所，今为太常寺。

楼钥《重修太常寺记》[5]：

> 高宗嗣历，庶事草创，而卿列不以一日废。迨驻跸钱塘，以法惠僧寺东偏隙地为敕令所，又街之东则为容台。尚不足以尽设礼乐之器，遇阅习则列宫架于法惠寺中。绍兴三十一年

---

[1] 光尧石经之阁，淳熙四年（1177）建于太学西北隅，参佚名《皇宋中兴两朝圣政》卷五五。
[2] 潜说友《咸淳临安志》卷一〇《官宇》。
[3] 潜说友《咸淳临安志》卷六《诸寺》。
[4] 潜说友《咸淳临安志》卷七《敕令所》。
[5] 楼钥《攻媿先生文集》卷五一。

（1161），少卿王公普始请易地，会敕局中废，遂迁焉。中为寅清堂，耽耽夏屋，于是为称。法惠既废为怀远驿，又以为台谏官舍，敕局再建于寺之旧处，而容台不移，于今五十年矣。

法惠寺，绍兴初年权作秘书省。绍兴十四年（1144），迁秘书省于泰和坊西、天井坊东新址[1]。绍兴二十五年（1155），以旧省作怀远驿[2]。乾道二年（1166），以旧驿改建台谏官宅[3]。法惠寺东初为实录院，又改敕令所。绍兴三十一年，建为太常寺。又东初为太常寺，后改敕令所。

南宋台谏官宅、太常寺、敕令所旧址沿革

法惠寺		
秘书省	实录院	
怀远驿	敕令所	太常寺
台谏官宅	太常寺	敕令所

二、范围推断

三组建筑均在油车巷以北，其巷西通德寿桥，东达施家桥，即清福宁桥至余庆桥一线。

王十朋《集注分类东坡先生诗》卷九《楼阁》法惠寺横翠阁条引《杭州图经》："法惠寺，在天井巷，开运元年（944）吴越王钱氏建，旧额兴庆寺，治平二年（1065）改赐今额。"《咸淳临安志》卷三七《井》："嘉泰二年（1202）六月六日，郁攸发于故张循王之第，延燎巷中七百余家。太守丁公常任得此井于瓦砾之场，视台谏公廨若引绳而近。"是台谏官宅及其前身法惠寺均南对天井巷。而台谏官宅之北则有台官衙后桥，即清金文桥。

《咸淳临安志》卷二九《洞》："罗汉洞，在今敕令所北，旧有金文院，叠石为洞，塑罗汉其中，今废为酒库。"同书卷一九《坊巷》："故老云，城内旧有坊号久废未立，如罗汉洞巷口则曰美俗坊。"《梦粱录》卷七："罗汉洞巷对曰侍郎桥。"则敕令所在侍郎桥（清福寿桥）西南，罗汉洞巷（旧美俗坊）南，其北为西酒库（金文正库）。

《咸淳临安志》卷六《诸寺》："太常寺……水阁，在后圃临河，景定五年（1264）重建。"太常寺在台谏官宅东、敕令所西，北临河，有太常寺后小桥，介于台官衙后桥（清金文桥）与

---

[1] 陈骙《南宋馆阁录》卷二《省舍》。
[2] 徐松辑《宋会要辑稿》蕃夷四之四四。
[3] 徐松辑《宋会要辑稿》方域四之二〇。

惠迁桥（清会仙桥）之间。

以上三组建筑，其地明代入于织染局，俗称红门局。嘉靖《浙江通志》卷一三：

> 洪武二年（1369），初建织染局于斯如坊之朱家桥。永乐中，因地势卑湿，分拨工料，于涌金门建局织造，遂以旧名南局，此名北局。后南局尽废，而工料并归北局。

雍正《浙江通志》卷三〇引江晓《织染局碑记》：

> 局肇于洪武间，在城之南隅凤山门里朱家桥，僻隘不便。正统间，奏改此地。宋为五显祠，元为御史台基址。……弘治间葺，东至西河街，西至运司河街，南至藩司墙，北至台后桥河一带[1]。

陆、德 寿 宫

一、建置始末

(一) 德寿宫

绍兴十五年（1145）四月，高宗赐秦桧望仙桥东甲第一区[2]。岳珂《桯史》卷二《新都南北内》云：

> 朝天之东，有桥曰望仙，仰眺吴山，如卓马立顾。绍兴间，望气者以为有郁葱之符，秦桧颛国，心利之，请以为赐第。其东偏即桧家庙，而西则一德格天阁之故基也。

绍兴三十二年（1162）六月，以秦桧旧第改建新宫成，号德寿宫[3]，高宗退位即迁居于此[4]。

---

[1] 南宋太常寺之西为度牒库，后有永安桥，又称五圣庙桥，故称有五显祠。而所谓御史台基址，则是对台谏官宅理解有误，明清方志多持此说。
[2] 李心传《建炎以来系年要录》卷一五三。
[3] 徐松辑《宋会要辑稿》方域二之二二；李心传《建炎以来系年要录》卷二〇〇。
[4] 李心传《建炎以来系年要录》卷二〇〇。

（二）重华宫与慈福宫

淳熙十四年（1187）十月，高宗崩，十五年（1188）八月，孝宗为吴后修建慈福宫[1]。《建炎以来朝野杂记》乙集卷二《成肃谢皇后》云：

> 永思陵既复土，寿皇欲迎宪圣还居大内。而宪圣以为：上皇享天下之养，优游二十余载，升遐此宫，何忍遽然迁去？今几筵又复安奉于此，倘欲还内，当俟终制。乃命有司改筑本殿为慈福宫，就居之。

既言"改筑本殿"，似可推知系就德寿宫之部分加以改建。十二月宫成[2]，十六年（1189）正月吴后迁居[3]。随即改德寿宫之主体为重华宫[4]，二月孝宗退位迁居[5]。

（三）慈福宫与寿慈宫

绍熙五年（1194）六月，孝宗崩，改重华宫为慈福宫，吴后迁居；改旧慈福宫为寿慈宫，谢后迁居[6]。《宋会要辑稿》礼三〇之一云：

> 绍熙五年六月九日，至尊寿皇圣帝崩于重华宫重华殿，遗诰曰：……将来候撤几筵，重华宫可改为慈福宫，却于向后盖殿，以居寿成皇后，庶几以便定省侍奉。

于是吴后居慈福宫，谢后居寿慈宫，光宗则在南内，号寿康宫[7]。庆元三年（1197）十一月，

---

[1] 徐松辑《宋会要辑稿》方域二之二三。
[2] 周必大《思陵录》下，《庐陵周益国文忠公集》卷一七三。
[3] 徐松辑《宋会要辑稿》方域三之二。
[4] 徐松辑《宋会要辑稿》方域二之二三。
[5] 佚名《续编两朝纲目备要》卷一。
[6] 李心传《建炎以来朝野杂记》乙集卷二《成肃谢皇后》："及寿皇升遐，宪圣、寿成二太后当迁内，而寿康宫已在南内矣，乃改重华宫为慈福宫，以旧慈福宫为重寿殿，二太后皆徙居焉。比宪圣终丧，又改慈福宫为寿慈，以奉太母。"案：旧慈福宫改为重寿殿之记载仅见于此，实际庆元元年（1195）新慈福宫与寿慈宫即已并称，表明寿慈宫乃以旧慈福宫改，并非吴后崩后以新慈福宫改。
[7] 徐松辑《宋会要辑稿》礼四九之七八。

吴后崩，撤几筵前慈福宫名号尚存[1]。嘉泰二年（1202）八月，光宗几筵已撤，宁宗于南内别盖寿慈殿，请谢后还内[2]，未果。开禧二年（1206）二月，寿慈宫前殿火，谢后终迁南内[3]，仍用寿慈名号[4]，至三年（1207）五月崩。

（四）宗阳宫

一甲子之后，咸淳四年（1268）四月，以其地近度宗降生之所荣王府，遂徙南屏山侧翠芳园材植，将旧日德寿宫北半部改建宗阳宫，为御前宫观之一，南半部则析为民居[5]。遂由清河坊向东，辟旧兴礼坊为御路以抵宫前[6]。

二、宫址范围

德寿宫南、东、西三面界限在文献记载中较为明确。淳熙二年（1175）高宗寿逢七十，孝宗为之上尊号，《中兴礼书》卷一八四记相关典礼安排云：

> 今看详，欲将大旗三十四口内一十口于德寿宫前随宜卓立，将五口卓立在德寿宫门外已东至城门，将五口卓立在望仙（楼）〔桥〕河东岸德寿宫墙下……

据此可以推断其南部范围是：南临街，东近城，西抵河。在民国《杭州市街及西湖附近图》（图44）上对应于望仙桥直街以北、直吉祥巷以西、靴儿河下以东这一区域。2001、2005—2006年在这三条街巷所在范围陆续发现了南宋包砖夯土墙遗迹，发掘者推测是德寿宫南、东、

---

[1] 徐松辑《宋会要辑稿》礼四九之七九。
[2] 徐松辑《宋会要辑稿》方域二之二三。
[3] 李心传《建炎以来朝野杂记》乙集卷二《成肃谢皇后》。
[4] 徐松辑《宋会要辑稿》礼五二之一八。
[5] 潜说友《咸淳临安志》卷一三《宫观》《苑囿》；吴自牧《梦粱录》卷八。
[6] 赵顺孙《奏新宫事》，《格庵奏稿》："迩来鼎创琳宫，造端阔大，毁庐辟路，闻者惊疑。……况感生等殿决当就潜邸为之，则自宝祐坊大□直进，既可以昭潜龙之旧，又可以免民居之拆，为计之便，无以易此。若自兴礼坊入，不惟民居拆毁，怨咨嗷嗷然，亦但见开一新衢路，创一大宫观而已，安知其为潜跃之符也？"潜说友《咸淳临安志》卷一九《坊巷》："兴礼坊，旧对清河坊，咸淳四年建宗阳宫，辟为御路，遂移入宫墙之东，属右四厢。"

图44 德寿宫位置图

西三面围墙[1]，这与文献记载的方位是大致相符的。

从文献记载来看，德寿宫范围较秦桧旧第曾有所拓展。张仲文《白獭髓》记逸事云：

> 秦桧师垣故第即今之德寿宫，西有望仙桥，东有升仙桥。后绍兴末年师垣薨，适值天府开浚运河，人夫取泥，尽堆积府墙及门。

《咸淳临安志》卷三五《河》云：

> 德寿宫之东元有茆山河，因展拓宫基，填塞积渐，民户包占，惟存去水大沟。至蒲桥、修内司营，填塞所不及者，故道尚存，自后军东桥至梅家桥河。

故秦桧旧第原在茆山河之西，因建德寿宫始东拓近城。

又据《咸淳临安志》卷七二《节义》：

> 旌忠庙，在丰乐桥，俗曰三圣庙。……庙旧在清冷桥北，绍兴十九年（1149），杨殿帅存中请以旌忠赐为观额。后因德寿宫门拓，徙建今处，即觉苑寺废址也。

及《乾道临安志》卷一《宫观》：

> 旌忠观……（绍兴）三年（1133），张俊、杨存中、郭仲荀用己俸于临安府踏道桥东立庙。绍兴十九年（1149），改赐观额，三十二年（1162）徙于觉苑寺故基。

旌忠观旧址一云在清冷桥北，一云在踏道桥东，若以清冷桥北而言，则德寿宫向北亦曾有所展拓似无疑问。

然德寿宫北界具体所在却颇生误解。明人田汝成《西湖游览志》卷一五云：

> 市舶司，本宋德寿宫后囿也。永乐中，命内臣掌海舶互市于此。内有芙蓉石，高丈许，窦穴玲珑，苍润可爱。嘉靖中，改为南关公署。

---

[1] 唐俊杰、杜正贤《南宋临安城考古》，杭州：杭州出版社，2008年，26—35页。

明南关公署，即工部分司[1]，清康熙间署废闲旷[2]，其地在梅花碑[3]之西。近人遂多笃信明人之说，以为德寿宫北界可抵梅花碑左近[4]，实误。可为德寿宫北界提供准确参照的建筑是传法寺。周必大《玉堂杂记》云[5]：

> 某尝自德寿宫后偶趋传法寺，望见一楼巍然。朝士云，太上名之曰聚远。

《宋会要辑稿》方域一〇之八、九云：

> （绍熙二年［1191］四月十六日）诏：临安府传法寺并烧毁居民去处，其寺面南街道为俯近重华宫宫墙，比旧展退北一丈，经烧民居不许搭盖。

故知德寿宫北墙与传法寺仅一街之隔。传法寺入明之后为巡盐察院拓建占据[6]，清乾隆间前后改为织造署、盐院署，嘉庆间复为织造署[7]，其地在梅花碑之东[8]。如此，德寿宫北墙必在清织造署稍南一线。

三、宫内建筑

（一）德寿宫

前引周必大《玉堂杂记》记宫内景物云：

---

[1] 刘伯缙等修，陈善等纂《万历杭州府志》卷三七《公署》一。
[2] 郑沄修，邵晋涵等纂〔乾隆〕《杭州府志》卷一二《公署》。
[3] 民国十八年《杭州市近旁图》中梅花碑在佑圣观巷南、崇宁阁北，系一南北向街巷，本文所谓梅花碑均指此而言。而当下此街巷则属于佑圣观路之一段，并将其东侧浙江省交通厅（清织造署）南北两条东西向短巷称为梅花碑。
[4] 林正秋《南宋德寿宫范围与地址考索——兼和郭俊伦先生商榷》，《浙江学刊》1980年1期，80页。
[5] 周必大《玉堂杂记》卷上，《庐陵周益国文忠公集》卷一七四。
[6] 陈让等修，夏时正等纂《成化杭州府志》卷一六《公署》四；刘伯缙等修，陈善等纂《万历杭州府志》卷三七《公署》一。
[7] 郑沄修，邵晋涵等纂〔乾隆〕《杭州府志》卷一二《公署》。延丰等《钦定重修两浙盐法志》卷二。陈璚等修，王棻等纂〔民国〕《杭州府志》卷一八《公署》一。
[8] 《浙江省垣坊巷全图》《浙江省垣城厢总图》《浙江省城图》。

有灵隐寺冷泉亭，临安绝景，去城既远，难于频幸。乃即宫中凿大池，续竹筒数里，引西湖水注之。其上叠石为山，象飞来峰，宛然天成。……宫中分四地分，随时游览。东地分香远堂（梅）、清深堂（竹）、月台、梅坡、松菊三径（菊、芙蓉、竹）、清妍（酴醾）、清新（木犀）、芙蓉冈。南地分载忻（大堂御宴处）、欣欣（古柏、太湖石）、射厅、临赋（荷花山子）、灿锦（金林檎）、至乐（池上）、半丈红（郁李子）、清旷（木犀）、泻碧（养金鱼处）。西则冷泉（古梅）、文杏馆、静乐（牡丹）、浣溪（大楼子海棠）。北则绛华（罗木亭）、旱船、俯翠（茅亭）、春桃、盘松。其详不可得而知也。

周密《武林旧事》引《德寿宫起居注》记孝宗过宫奉高宗宴游事[1]，对于宫内建筑亦多有涉及，与周必大所记正可相互比照：

（乾道三年［1167］三月十一日）车驾与皇后、太子过宫起居二殿讫，先至灿锦亭进茶。宣召吴郡王、曾两府已下六员侍宴，同至后苑看花。两廊并是小内侍及幕士，效学西湖，铺放珠翠、花朵、玩具、匹帛，及花篮、闹竿、市食等，许从内人关扑。次至球场，看小内侍抛彩球、蹴秋千。又至射厅，看百戏。依例宣赐。回至清妍亭，看荼蘼。就登御舟，绕堤闲游，亦有小舟数十只，供应杂艺、嘌唱、鼓板、蔬果，与湖中一般。……次至静乐堂看牡丹。进酒三盏，太后邀太皇、官家同到刘婉容位奉华堂听摘阮……自此官里知太上圣意，不欲频出劳人，遂奏知太上，命修内司日下于北内后苑建造冷泉堂，叠巧石为飞来峰，开展大池，引注湖水，景物并如西湖。其西又建大楼，取苏轼诗句，名之曰聚远。

淳熙九年（1182）八月十五日，驾过德寿宫起居，太上留坐。至乐堂进早膳毕，命小内侍进彩竿垂钓。……索车儿同过射厅射弓，观御马院使臣打球，进市食，看水傀儡。晚宴香远堂，堂东有万岁桥，长六丈余，并用吴璘进到玉石甃成，四畔雕镂栏槛，莹彻可爱。桥中心作四面亭，用新罗白罗木盖造，极为雅洁。大池十余亩，皆是千叶白莲。凡御榻、御屏、酒器、香奁、器用，并用水晶。南岸列女童五十人，奏清乐。北岸芙蓉冈一带，并是教坊工，近二百人。待月初上，箫韶齐举，缥缈相应，如在霄汉。

---

[1] 周密《武林旧事》卷七。

（二）慈福宫

指淳熙十五年（1188）为吴后所建者。周必大《思陵录》记其布局颇详[1]：

> （淳熙十五年十二月己卯）提举修内司刘庆祖申：契勘本司恭奉圣旨指挥，修盖慈福宫殿堂门廊等屋宇，大小计二百七十四间。内殿门三间，……正殿五间、朵殿二间，各深五丈，内心间阔二丈，次间各阔一丈八尺，柱高丈五尺。……殿后通过三间，随殿制作装饰，真绿刷柱，并寝殿五间、挟屋二间、瓦凉棚五间。……后殿五间、挟屋二间，……次后楼子五间，……正殿前后廊屋共九十四间，各深二丈七尺，阔一丈二尺，柱高一丈五尺。……侧堂二座，各三间，龟头一间，……殿厨及内人屋六十六间，官厅、直舍、外库等屋六十五间。大门一座，三间。中间隔门二座，各一间，深阔不等。……

据此，傅熹年、李若水分别绘制了慈福宫平面复原图[2]。

从文献记载和考古发现反映的情况来看，南宋临安城官式建筑均有一定制度，布局规整，多进院落以中轴线上的殿阁（平面多作工字形）为主体，四周由廊屋围绕闭合。主体建筑面阔多为5间，以丈尺论，慈福宫正殿9.2丈为最，以下依次为大内崇政殿、垂拱殿8.4丈，旧刘光世宅厅7.5丈、前堂7.42丈、后堂7.4丈，旧太庙正殿7.2丈。目前仅见恭圣仁烈皇后宅F1面阔7间（9.5丈）是为例外，且已属南宋后期，或系制度调整之结果。

柒、宗　学

一、建置沿革

绍兴初，南班宗室前来行在临安者暂处同文馆及明庆寺廊屋[3]。三年（1133），始诏筑第

---

[1] 周必大《思陵录》下，《庐陵周益国文忠公集》卷一七三。

[2] 傅熹年《中国科学技术史·建筑卷》，北京：科学出版社，2008年，373页。李若水《南宋临安城北内慈福宫建筑组群复原初探：兼论南宋宫殿中的朵殿、挟屋和隔门配置》，《中国建筑史论汇刊》第11辑，北京：清华大学出版社，2015年，266—297页。

[3] 徐松辑《宋会要辑稿》职官二〇之二三。

百间以居，仍以睦亲宅为名[1]。五年（1135），于睦亲宅侧置宫学。以诸王宫大小学教授钱观复等言[2]：

> 宗子昔分为六宅，凡宅又各有学，学皆有官。今行在惟有睦亲宅一处，专以居南班官。其子弟之系外官者无几，所余外官无宅，散在民居邸店者不可胜数。欲尽令入学，则睦亲宅见在散居五间，除教官二员各得直舍屋一间外，余讲堂三间，更无斋舍可以容处。……欲乞就睦亲宅附近踏逐空闲地基，增广学舍，令应干到行在宗子皆得入学，庶使内外宗子均被教养。

二十八年（1158），"诏出御前钱修葺睦亲宅，及重建宫学殿宇，凡一百七十一区"[3]。以宗正丞吴景偲言[4]：

> 惟是宫学兴复，既已历年，止有敝屋数间，萧然环堵，释菜无殿，讲说无堂，逼近通衢，又无廊庑，师儒斋几，卑隘浅陋。……欲望捐内府之钱，建立黉舍，以幸宗室。乞于（令）〔今〕宫学之侧，令临安府计置，度量修盖。

嘉定九年（1216），改宫学为宗学，"盖宫止于近亲，而宗则属之戚疏咸豫焉"[5]。前此之七年（1214），已"诏临安府踏逐空闲地，建宗学。其学置六斋，生员以一百人为额"[6]。八年（1215），诸王宫大小学教授危稹言[7]：

> 窃惟宫庠乃国家亲睦教养之地，伏自绍兴复置以来，因陋就弊，阙典甚多。尝阅（按）〔案〕牍，检会嘉定七年二月二十五日都省札子，范择能申请：乞将本学殿堂后睦亲宅空闲位子壹所，量加修葺，展入宫学，以充讲堂斋舍。已札下临安府，差官相视地段，

---

[1] 李心传《建炎以来系年要录》卷六五、卷七一。徐松辑《宋会要辑稿》职官二〇之二三。
[2] 徐松辑《宋会要辑稿》崇儒一之六、七。
[3] 李心传《建炎以来系年要录》卷一八〇。
[4] 徐松辑《宋会要辑稿》崇儒一之一〇、一一。
[5] 潜说友《咸淳临安志》卷一一《学校》。
[6] 徐松辑《宋会要辑稿》崇儒一之一五。
[7] 徐松辑《宋会要辑稿》崇儒一之一五。

打量画成图本，检计工费外，欲乞检照临安府已申事理，早赐施行。诏令封桩库支拨官会三千贯，付临安府，委官同（官）〔宫〕学计置，如法修盖。

十三年（1220），应镛撰建学学官题名记云[1]：

> 自南渡草创，为屋数楹，绵祀几百，沿简袭陋，独未能有加于昔。乃更化之十载，规敝废宇，增辟黉舍……越二年，四明罗君仲舒、范君楷为是职，慨然有感于盛举之不常见，而念壮观之不可狭也，乃条其事以告。有旨迁睦亲近属之居于他所，而尽拓故基以为学，凡赐缗钱三万有奇。二君相与献图禀画，程功董事，缩蠹积赢，费简工倍，殿堂斋馆，靓深岩密，耸动群目。

是新建宗学并兼宫学与睦亲宅旧地。

二、南宋宗学位置

《乾道临安志》卷一《府第》云："睦亲宅，在清湖桥之东。""诸王宫大小学，在睦亲宫之右。"《咸淳临安志》卷一一《学校》云："宗学，在睦亲坊。""睦亲坊，定民坊相对，俗呼宗学巷。"《嘉靖仁和县志》卷一《坊巷》云："睦亲坊，今立弼教坊，宋时有宗学。""自睦亲坊至八字桥，名宗学街。"弼教坊之名明清相沿无改[2]，惟其中段清初为满城东垣纵贯，当街设门，民国改为平海路。

南宋睦亲坊内另有南上酒库及十官宅（原西百官宅）。《咸淳临安志》卷五五《仓场库务等》云："行在赡军激赏酒库所……南上库，清库在睦亲坊北。"卷一〇《官宇》云："十官宅，在旧睦亲坊。"据《成化杭州府志》卷三《街坊》，睦亲坊北有十官宅巷，《嘉靖仁和县志》则于睦亲坊之北列南上酒库巷，注曰误称十官宅巷，而别于睦亲坊（宗学街）内街北面南列十官宅巷、花园巷。明代小说《喻世明言·张舜美灯宵得丽女》《醒世恒言·陆五汉硬留合色鞋》中十官宅巷又作十官子巷，系东西走向可往钱塘门者，即晚清民国石贯子巷。参照咸淳《京城图》，南上酒库、宗学、十官宅故址在今中山中路（南宋御街）以西，平海路（南宋睦亲坊）以北，浣纱路（南宋清湖河）以东，学士路（明十官宅巷）以南，自西向东排列。《嘉靖志》

---

[1] 潜说友《咸淳临安志》卷一一《学校》。
[2] 《浙江省垣坊巷全图》。

列有两十官宅巷亦不矛盾，应系丁字相交而曾共享一名者（杭城不乏其例），其东西巷实居十官宅与南上酒库之北，其南北巷当处十官宅之东。颇疑《浙江省垣坊巷全图》弼教坊内大、小花园巷[1]即分别对应《嘉靖志》宗学街内十官宅巷、花园巷。

三、南宋宗学建筑

据《咸淳临安志》，嘉定重建（含咸淳改建）之宗学内主要建筑有：大成殿、明伦堂、御书阁、立教堂、汲古堂，另有斋舍六：贵仁、立爱、大雅、明贤、怀德、升俊。按宫学原有斋舍四，曰贵仁、仁厚、大雅、明贤，则怀德、升俊当属新增。近年学士路南发掘南宋建筑遗址一处[2]，于元代地层出土"宗学升俊同舍题名"碑额残件，即嘉定后造作之物。

---

[1] 大花园巷，《浙江省城图》作平升街。
[2] 李坤《南宋宗学遗址发掘的主要收获》，《东方博物》第67辑，北京：中国书店，2018年，7—18页。

第三章 南宋临安城的形制与布局

第一节　街巷系统

第二节　建置分布

第三节　市场

第四节　南宋临安城在中国古代都城史上的地位

第五节　跋语

晚唐五代时期，藩镇割据混战，南方地区普遍兴筑罗城。钱镠占据杭州，以凤凰山东麓子城为基础，于大顺元年（890）先筑夹城以控制周围山地，景福二年（893）又筑罗城接纳西湖之东人居渐密的平地。于是，杭州的城市规模赶超浙东首府越州，一跃而为江浙地区重要的区域中心城市。

北宋时的杭州虽有东南第一州[1]之誉，但城市发展仍有局限。盐桥运河、市河流域尚称繁盛，而清湖河、茆山河流域则人户稀少[2]，城内四隅也比较空旷[3]。

建炎三年（1129），宋高宗受金军所迫奔至杭州，升杭州为临安府，随后出逃浙西。绍兴二年（1132），以绍兴漕运不继，移跸临安。自此，临安城作为行都[4]，进入了新的历史发展时期。

宋室南迁使城市获得很大的发展[5]，并且为适应行都需求，对临安城进行了一番改造，包括营建宫苑、官署、坛庙、宅第、宫观等。

尽管如此，南宋临安城毕竟是在北宋杭州城基础上局部改造而成的行都，旧日城市格局难以作出全面的改变，所以与隋唐长安城、元大都等王朝肇始时期全新规划创建的都城有所不同，一定程度上反映了作为地方城市的布局。

本章以复原成果为依据，重点从街巷系统、建置分布和市场三个方面对南宋临安城的形制和布局加以阐述，并对其城市规划在中国古代都城史上的历史地位略作探讨。

---

[1] 周淙《乾道临安志》卷三《牧守》："嘉祐二年（1057）九月戊寅，以龙图阁直学士、尚书吏部郎中梅挚知杭州……其知杭州，仁宗赐诗宠行：地有湖山美，东南第一州。……"

[2] 苏轼《申三省起请开湖六条状》："今城中运河有二，其一曰茆山河……其一曰盐桥河……则盐桥一河过阛阓中者，永无潮水淤塞、开淘搔扰之患。而茆山河纵复淤填，乃在人户稀少、村落相半之中，虽不免开淘，而泥土有可堆积，不为人患。"《苏轼文集》卷三〇。王明清《玉照新志》卷三："宣和末，居清湖中。时东西两岸居民稀少，白地居多。"

[3] 周煇《清波杂志》卷三："尝见故老言：昔岁风物，与今不同，四隅皆空迥，人迹不到。宝莲山、吴山、万松岭，林木茂密，何尝有居。城中僧寺甚多，楼殿相望。"

[4] 此后随军事形势变化，还曾临时进驻建康，绍兴八年（1138）三月下诏定都临安。诏书全文见《三朝北盟会编》卷一八三，《乾道临安志》卷一、《方舆胜览》卷一、《舆地纪胜》卷一亦载此诏，文字略有不同，可参阅。

[5] 曹勋《仙林寺记》，《松隐集》卷三一："临安在东南，自昔号一都会。建炎及绍兴间，三经戎烬，城之内外，所向墟落，不复井邑。继大驾巡幸，驻跸吴会，以临浙江之潮。于是士民稍稍来归，商旅复业，通衢舍屋，渐就伦序。至天子建翠凤之旗，萃虎貔之旅，观阙崇峻，官舍相望，日闻将相之传呼，法从之朝会，贡输相属，梯航踵至，翼翼为帝所神都矣。"

第一节 街巷系统

一、主干街道

南宋临安城南北向主干大街只有一条，即连接皇城与景灵宫的御街[1]。由和宁门向北，过朝天门稍折西再向北，过观桥转西，过大新庄桥转北，抵余杭门。御街作为南宋临安城的中轴线，体现出强烈的政治性[2]，是为适应皇帝由皇城出发至景灵宫开展礼制活动的需要而设定的，同时也是城内左右厢界划分的主要界线[3]。南宋以前杭州城的南北主干大街与此略有区别：由观桥继续向北，过万岁桥转西，过中正桥转北，抵余杭门，是连接子城北门与外城北门的自然路线。南宋因景灵宫的修建，使御街与这条主干路线未能完全重合。

南宋临安城以连接皇城门和外城门的南北干道为御街，沿袭的是北宋开封城制度，所不同者：（1）南宋皇城袭用北宋杭州州治，位于城内南部山地，御街只能以皇城北门为出发点，自南向北，恰与北宋开封情况相反。（2）临安城北门偏居西北，御街无法构成南北直线；御街所经朝天门是吴越夹城北门，受吴山地势影响，门内外御街走向不一，略有转折；又因景灵宫所处位置的影响，御街过观桥后偏离通往余杭门的自然干道而提前向西转折。（3）临安城原为地方城市，街道相对狭窄[4]，普通街巷阔仅一丈左右[5]，朝马路阔约三丈，而

---

[1] 潜说友《咸淳临安志》卷二一《桥道》："御街，自和宁门外至景灵宫前，为乘舆所经之路。"
[2] 御街同时也是临安城最为繁华的商业街，具体分析见第三节市场。
[3] 潜说友《咸淳临安志》卷一九《厢界》。朝天门外以御街分左右，朝天门内御街西侧诸坊巷划归右一厢。
[4] 吴自牧《梦粱录》卷一○："临安城郭广阔，户口繁夥，民居屋宇高森，接栋连檐，寸尺无空，巷陌壅塞，街道狭小，不堪其行，多为风烛之患。"
[5] 徐松辑《宋会要辑稿》方域一○之七："绍兴三年（1133）十二月九日，知临安府梁汝嘉……又言：巷阔者不过一丈，狭者止五尺以下，若一概展作三丈，恐拆去数多。欲将已烧去处，只展作一丈五尺；不经火处，展作一丈。诏并依。"

新辟御路不过五丈[1]。考古发现之御街在杭州卷烟厂（南宋六部）附近阔15.3米[2]（图45），在惠民路（南宋巾子巷）附近揭露部分阔11.6米[3]，均不超过五丈（约15.8米）。规模难与北宋开封城御街相比[4]。

南宋临安城东西向主干街道有七条，分居御街两侧，各通城门。西侧三条[5]：钱塘门内经纪家桥、前洋街抵御街；丰豫门内经三桥、坝西巷抵御街；清波门内经塔儿头、清河坊抵御街。东侧四条：东青门内经盐桥、鹅鸭桥抵御街；崇新门内经荐桥、平津桥抵御街[6]；新开门内经望仙桥抵御街；候潮门内经六部桥抵御街。北侧三组大致东西对称分布，与御街构成了丰字形框架。

二、主干街道两侧小巷

御街两侧除了七条通往城门的主干街道外，还大致平行分布数量较多的小巷，构成了纵街横巷式的街巷系统[7]。这些横巷在御街西侧排列更为密集，受地势影响不大，长度比较适中。而东侧因有市河、盐桥运河近距离并行，横巷即为桥道所经，两河之桥多不相对，横巷亦随之

---

[1] 徐松辑《宋会要辑稿》方域二之二〇、二一：（绍兴二十八年［1158］）"七月二日，殿前都指挥使杨存中言：降下展城图子令臣相度，臣看详所展城离隔墙五丈，（街）〔御〕路止阔三丈，只是通得朝马路。今乞更展八丈，通一十三丈，以五丈作（街）〔御〕路，六丈令民居。……诏依"。

[2] 唐俊杰、杜正贤《南宋临安城考古》，杭州：杭州出版社，2008年，36页。杭州市文物考古所《南宋御街遗址》，北京：文物出版社，2013年。

[3] 唐俊杰《杭州中山中路南宋御街遗址》，《2008中国重要考古发现》，北京：文物出版社，2009年，142—145页。杭州市文物考古所《南宋御街遗址》，北京：文物出版社，2013年。

[4] 孟元老《东京梦华录》卷二："御街，自宣德楼一直南去，约阔二百余步。两边乃御廊，旧许市人买卖于其间，自政和间官司禁止，各安立黑漆杈子，路心又安朱漆杈子两行，中心御道，不得人马行往，行人皆在廊下朱杈子之外，杈子里有砖石甃砌御沟水两道，宣和间尽植莲荷，近岸植桃李梨杏，杂花相间，春夏之间，望之如绣。"此谓二百步，颇有疑问。后周拓开封外城，"其京城内街道阔五十步者，许两边人户各于五步内取便种树掘井，修盖凉棚。其三十步以下至二十五步者，各与三步，其次有差"。见：王钦若等《册府元龟》卷一四《帝王部》一四《都邑》二。

[5] 钱湖门内经万松岭抵御街亦有道路，受地势限制，并非主干。

[6] 崇新门与御街之间干道过荐桥之后并非由新开南巷、永清桥直达御街，而是稍向南折再转西，经平津桥、坝东巷而抵御街。这一转折在《咸淳临安志·京城图》中有明确的表现。

[7] 纵街横巷的概念较早见于：徐苹芳《宋元明考古》，《中国大百科全书·考古学》，北京：中国大百科全书出版社，1986年，488—489页。

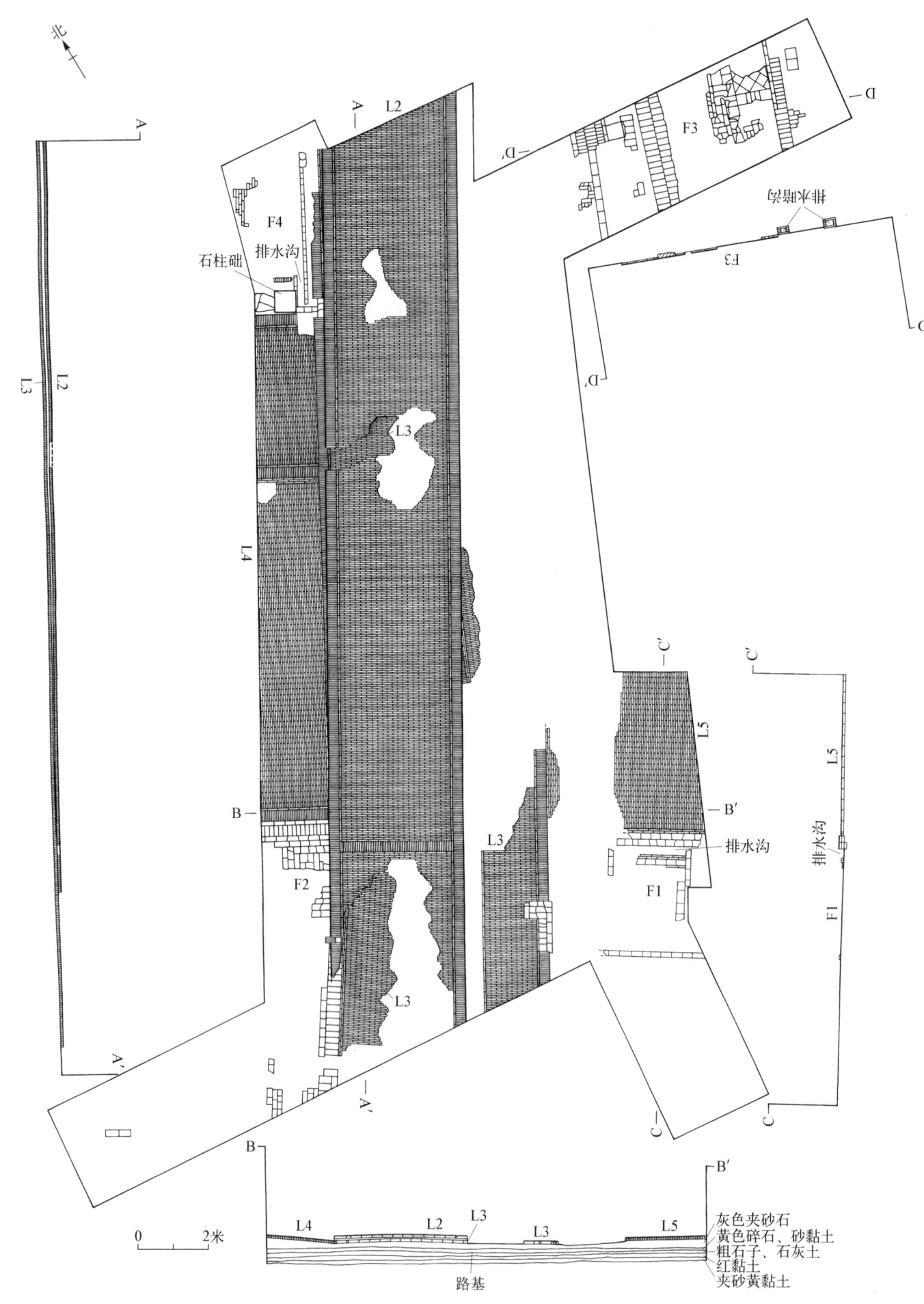

图 45 杭州卷烟厂段御街遗址遗迹平面图

错位，更显短促。除御街两侧外，临安城西部清湖河两岸也平行分布较多小巷，是城内纵街横巷结构表现得较为明显的又一处区域。

三、与河道平行的长巷

临安城御街以东，市河与盐桥运河两侧，与河道平行分布了四条长巷，由市河与盐桥运河交汇的横河口向北，直达仙林寺以南的北桥巷。长巷的形成似与北宋时运河两岸民户侵河行为有关。前引苏轼《申三省起请开湖六条状》：

> 盐桥运河岸上，有治平四年（1067）提刑元积中所立石刻，为人户屋舍侵占牵路已行除拆外，具载阔狭丈尺。今方二十余年，而两岸人户复侵占牵路，盖屋数千间，却于屋外别作牵路，以致河道日就浅窄。准法据理，并合拆除。本州方行相度，而人户相率经州，乞遽逐人家后丈尺，各作木岸，以护河堤，仍据所侵占地量出赁钱，官为桩管，准备修补木岸，乞免拆除屋舍。本州已依状施行去讫。今来起请应占牵路人户所出赁钱，并送通判厅收管，准备修补河岸，不得别将支用，如违，并科违制。

临安城南北长、东西狭窄，市河与盐桥运河平行分布，且距离较近，也为长巷的形成提供了较为特殊的条件，这应该是其他城市不见此类街巷的主要原因。

四、其他不规则的街巷

宋室南迁带来大量人口，新建的官署、宅第也挤压了普通民众的生活空间。北宋时城内尚有较多荒地，至此也多辟为民居。这些新开发的区域未经统一规划，于是形成了许多不规则的街巷。例如杨和甫《行都纪事》所言[1]：

> 俞家园，在今井亭桥之南。向时未为民所占，皆荒地，或种稻或种荛，故因以园为名。今则如蜂房蚁窝，尽为房廊屋舍，巷陌极为难认，盖其错杂与棋局相类也。

---

[1] 陶宗仪《说郛》卷二〇。

第二节 建置分布

一、南宋末年建置分布

1. 坛庙。宗庙社稷均在城内，供奉神主的太庙距离皇城较近，供奉塑像的景灵宫则远在西北[1]，社稷坛在观桥东北。因南宋皇城坐南朝北，宗庙在御街西侧，社稷在御街东侧，大致符合左祖右社的原则。郊坛、耤田先农坛、高禖坛在城外西南，九宫贵神坛、海神坛在城外东北。

2. 攒所。南宋皇陵在绍兴[2]，部分皇后攒宫及太子、公主攒所则在临安。最为重要并且集中的地点是南屏山西北麓[3]。孝宗成穆郭皇后、成恭夏皇后、光宗慈懿李皇后攒修吉寺，宁宗恭淑韩皇后攒稍东广教寺。庄文太子攒宝林院，景献太子攒其东法因院。这些攒宫、攒所的位置都是依照宋代皇室信奉的五音姓利原则来选择的[4]，赵姓角音，利坐丙向壬，即东南高西北低的地势[5]。

3. 官署。中央官署，主要在皇城以北御街西侧，如三省、枢密院、六部、玉牒所、宗正寺、大宗正司、太府寺、司农寺、将作监、军器监、诸军诸司审计司等；其次是清河坊两侧，如御史台、秘书省、太常寺、敕令所等。地方官署，主要在楼店务巷西侧，如临安府治、两浙转运司等。另外观桥西北也有一部分官署，如大理寺、制造御前军器所、仁和县治等。

---

[1] 李心传《建炎以来朝野杂记》甲集卷二："国朝宗庙之制：太庙以奉神主……景灵宫以奉塑像。"

[2] 绍兴元年（1131）哲宗昭慈圣献孟太后崩于行在越州，选于会稽县上亭乡上许里上皋村修建攒宫，参《中兴礼书》卷二五六。嗣后自徽宗以下诸帝均攒于此。

[3] 其余皇室成员攒所位置参《咸淳临安志》卷一四相关记录。

[4] 徐松辑《中兴礼书》卷二八六、卷二八九；徐松辑《宋会要辑稿》礼四三之五。

[5] 刘未《宋代皇陵布局与五音姓利说》，《浙江大学艺术与考古研究》第3辑，杭州：浙江大学出版社，2018年，165—190页。刘未《宋元时期的五音墓地》，《古代文明》第16卷，上海：上海古籍出版社，2022年，195—264页。

4. 仓库场务。城内仓库主要在靠近余杭门的盐桥运河北段两侧，如淳祐仓、镇城仓、常平仓、省仓上界、丰储仓、咸淳仓、平籴仓等。城外仓库主要在湖州市以北运河沿线，如丰储西仓、端平仓等。场务主要在保安门内沿河地带，如市舶务、合同场、榷货务都茶场、杂买务杂卖场等。

5. 军营。大部分驻扎在城外西湖沿岸及城东贴沙河两侧。城内除皇城周围之外，主要在东北隅艮山门至崇新门之间以及西南隅钱湖门至清波门之间的沿城地带。

6. 宅第。王宅及皇后外第集中于几个主要区域：（1）望仙桥至丰乐桥的盐桥运河以东，有成恭夏皇后宅、益王府、显仁韦太后宅、全皇后宅、宪节邢皇后宅、成肃谢皇后宅、成穆郭皇后宅、福王府，以及由恭王府改建的佑圣观、秦桧宅间接改建的宗阳宫等。（2）后市街以西，有昭慈圣献孟太后宅、寿和圣福谢太后宅、慈懿李皇后宅、张循王府，以及由沂靖惠王府改建的龙翔宫、嘉王府改建的开元宫等。（3）塔儿头以南，有恭圣仁烈杨皇后宅、景献太子府等。（4）清湖河沿岸，有恭淑韩皇后宅、濮安懿王府、庄文太子府、杨和王府、周汉国长公主宅、沂靖惠王府等。（5）前洋街以北，有韩蕲王府、刘鄜王府、秀安僖王府、吴王府等。官宅分为两等：（1）丞相、执政府，聚集在太庙之北，近于三省枢密院。（2）其余绝大部分官宅，如枢密院五房院、三省六房院、台谏官宅、省院官宅（六官宅）、卿监郎官宅（九官宅）、三官宅、五官宅、七官宅、十官宅等，均在朝天门外以西，北至前洋街，南达郭婆井。

二、南宋时期的变化

1. 南宋初年营建官署多利用寺观旧基。以显宁寺为三省枢密院[1]，以法惠寺为秘书省[2]，以净因寺为临安府治[3]，以慧安寺为临安府学[4]，以华严寺为钱塘县治[5]，分祥符寺地为制造御前军器所[6]，分净住院地为礼部贡院[7]，分吉祥院地为军头引见司、文思院[8]，分报恩光孝观及广严院

---

[1] 李心传《建炎以来系年要录》卷二〇；徐梦莘《三朝北盟会编》卷一二二；潜说友《咸淳临安志》卷四《朝省》。
[2] 李心传《建炎以来系年要录》卷七二；陈骙《南宋馆阁录》卷二《省舍》。
[3] 潜说友《咸淳临安志》卷五二《府治》。
[4] 潜说友《咸淳临安志》卷五六《府学》。
[5] 潜说友《咸淳临安志》卷五四《诸县官厅》。
[6] 潜说友《咸淳临安志》卷七六《寺院》；黄溍《龙兴祥符戒坛寺记》，《金华黄先生文集》卷一二。
[7] 潜说友《咸淳临安志》卷七六《寺院》。
[8] 潜说友《咸淳临安志》卷七六《寺院》。

地为御厨营[1]，分天长净心寺地为策选锋步军寨[2]等。

2. 中央官署尽可能靠近皇城，向朝天门内集中。绍定间，司农寺、太府寺、将作监、军器监、诸司诸军审计司徙于保民坊侍卫马军司旧址[3]，大宗正司徙于天庆坊魏惠宪王府旧址[4]。

3. 地方官署由子城一带迁徙至与皇城和中央官署距离比较适中的区域。临安府治曾有建议迁于祥符寺[5]，但位置偏居城北，并不合适，未予实施。两浙转运司原在子城之北[6]，后迁于临安府治之北，也有避让中央官署的考虑。

4. 北宋时的地方仓库废弃，向盐桥运河北段漕运便利的区域转移。镇城仓，原在大渠口，改建为太庙、执政府；糯米仓，原在糯米仓巷，即泰和坊；丰禾仓，原在崇新门内，三者均是南渡前旧仓[7]。

5. 王宅宫观在朝天门外丰乐桥以南区域渐次聚集。南宋前期朝天门内尚有庄文太子府[8]、魏惠宪王府[9]，后期或迁于别处[10]，或改作他用[11]。

6. 南宋早期营建宅第有一定限制，中晚期侵占民居较多。高宗时对于皇后外宅控制还较为严格[12]，赐第限于张俊、韩世忠、刘光世、岳飞、杨存中这些中兴名将，如宠臣王继先侵地

---

[1] 潜说友《咸淳临安志》卷七六《寺院》，姚勉《重修报恩光孝观记》，《雪坡舍人集》卷三三。
[2] 潜说友《咸淳临安志》卷七六《寺院》。
[3] 潜说友《咸淳临安志》卷六《诸寺》。
[4] 魏了翁《大宗正司记》，《鹤山先生大全文集》卷四六。
[5] 徐松辑《宋会要辑稿》方域二之九。
[6] 潜说友《咸淳临安志》卷五二《两浙转运司》。
[7] 解缙等《永乐大典》卷七六〇三《杭州府》五二："古仓：南仓前，元在执政府左右；丰禾仓，元在韦后府左右；糯米仓巷，元在开元宫左右。三仓乃未渡江以前仓庾。"徐松辑《宋会要辑稿》食货六二之一三：绍兴"三年（1133）正月六日，行在省仓内镇城仓改为行在南仓，仁和仓改为行在北仓。镇城仓系临安府州仓，仁和县仓系仁和县地基上修盖，各袭其称，至是改之"。
[8] 佚名《续编两朝纲目备要》卷一：乾道六年（1170）"六月，遂以知枢密院府为庄文太子外第，命荣国公挺与钱妃自东宫徙居焉"。
[9] 徐松辑《宋会要辑稿》方域四之二〇：淳熙"七年（1180）三月二十七日，诏：天庆观巷内枢密院充故皇子魏王府第"。
[10] 庄文太子府后迁于井亭桥西北活水巷。潜说友《咸淳临安志》卷一〇《诸王府》，卷一九《桥道》。
[11] 魏惠宪王府后改为大宗正司。参：魏了翁《大宗正司记》，《鹤山先生大全文集》卷四六。
[12] 李心传《建炎以来系年要录》卷六三：绍兴三年（1133）三月戊寅"皇后母福国夫人熊氏言，家无居第，乞令临安府盖屋十五间为皇后宅。上不许，命以官屋假之"。

建宅那样的事件只是个例[1]。光宗以后，宗室外戚撤民居建宅第渐次增多[2]，且有逾制之举[3]。理宗度宗时，改潜邸为宫观率多豪侈，不惜毁庐辟路[4]。

三、南宋以后的变化

元明清时期，杭州回归为地方城市，建置分布出现了新的情况。城市北半部的行政功能更为淡化，只设有浙江按察司，钱塘县治和仁和县治均南迁至杭州府治左右。以浙江布政司、杭州府治为核心的大部分行政机构集中在城市中部偏南的清河坊以北区域，也就是南宋时朝天门外中央官署、地方官署较为集中的地带。旧日皇城已经毁废，朝天门内的中央官署旧址多遭废置，这一区域的行政功能大为削弱，后来设立总督、巡抚等官署，方有所改观。

---

[1] 徐梦莘《三朝北盟会编》卷二三〇：绍兴三十一年（1161）八月十一日辛亥条"殿中侍御史杜莘老上言曰：……（王）继先于都城广造第宅，多侵官司地分。如陶家巷寨屋、丰乐桥官地，皆被强占，起盖房廊，收领赁直。又蒲桥之傍有古运河，继因广宅基，遂填塞其上。其宅周回侵占民居数百家，及官街二条，见今屋宇台榭皆高广宏丽，都人谓之快乐仙宫，可谓僭侈矣"。

[2] 脱脱等《宋史》卷六三《五行志》二上：绍熙二年（1191）"四月，行都传法寺火，延及民居。言者以戚里土木为孽，火数起之应"。《宋史》卷四〇四《孙逢吉传》：绍熙二年"擢为右正言，建言：都城之民，安居惮徙，宗戚营缮浸广，每建一第，撤民居数百，咨怨者多。时亲王方更造楼观未已，闻之，亟令罢役"。程公许《沧洲尘缶编》卷五："入都一年余，舍馆五迁，最后得杨园空屋，僻远市嚣，宽洁爽垲。火后，庄文府以中旨攘夺，仓皇徙寓奉常之寅清堂。"周密《齐东野语》卷一八《方大猷献屋》："杨驸马赐第清湖，巨珰董宋臣领营建之事，遂拓四旁民居以广之。"

[3] 脱脱等《宋史》卷二四三《后妃》下：慈懿李皇后"家庙逾制，卫兵多于太庙"。徐松辑《宋会要辑稿》后妃二之二七：庆元四年（1198）"十二月四日，诏：临安府、转运司见修盖皇后家庙，创盖屋宇不得过寿仁太上皇后家庙间架之数"。案：寿仁太上皇后，即慈懿李皇后。

[4] 刘一清《钱塘遗事》卷一："淳祐甲辰（1244），理宗建龙翔宫于中瓦后，彻居民屋宇三之一，奉祀感生帝君。"脱脱等《宋史》卷四二五《杨文仲传》："盛夏，建宗阳宫，坏徙民居，畿甸骚然。"赵顺孙《奏新宫事》，《格庵奏稿》："迩来鼎创琳宫，造端阔大，毁庐辟路，闻者惊疑。臣非不知中天以来，潜龙旧邸，固亦有之。孝宗之佑圣，宁宗之开元，兴作之初，人无议其非，落成之日，人不知其役。正以二祖俭约之至，所度之址有限，所建之楹不多，所入之途由旧，故群臣不以为疑，百姓不以为骇尔。"

第三节　市场

唐宋时期城市市场总的发展趋势是从封闭到开放。关于临安城的市场，文献中有较为形象的描述。《梦粱录》卷一三《铺席》：

> 自大街及诸坊巷，大小铺席，连门俱是，即无虚空之屋。每日清晨，两街巷门，浮铺上行，百市买卖，热闹至饭前，市罢而收。盖杭城乃四方辐辏之地，即与外郡不同。所以客贩往来，旁午于道，曾无虚日。至于故楮羽毛，皆有铺席发客，其它铺可知矣。其余坊巷桥道，院落纵横，城内外数十万户口，莫知其数。处处各有茶坊酒肆、麵店果子、彩帛绒线、香烛油酱、食米下饭、鱼肉鲞腊等铺。盖经纪市井之家，往往多于店舍，旋买见成饮食，此为快便耳。

《都城纪胜》：

> 自大内和宁门外，新路南北，早间珠玉珍异及花果时新、海鲜野味、奇器天下所无者，悉集于此。至朝天门、清河坊、中瓦前、灞头、官巷口、棚心、众安桥，食物店铺，人烟浩穰。

临安城的商业活动以街巷为依托分散开展，其中又以御街沿线最为繁荣。临安城内原来也曾有集中的市，如御街西侧的坝头称市西坊，巾子巷称市南坊，稍西又有后市街。南宋时江浙地区州府城，往往都见有集中的市[1]，如扬州[2]、建康[3]、镇江[4]、

---

[1] 包伟民《宋代州县城市市制新议》，《文史》2011年第1辑，151—169页。

[2] 市河开明桥东有大市，小市桥东有小市。参：朱怀乾修，盛仪纂〔嘉靖〕《惟扬志》附《宋大城图》；张宁修，陆君弼纂〔万历〕《江都县志》卷一三引《宝祐志》。

[3] 秦淮河东北岸有鱼市，两侧有东市坊、西市坊。参马光祖修，周应合纂《景定建康志》卷一六、《府城之图》。

[4] 大市，在大市口十字街。参镇江大市口民国时出土崇宁四年（1105）砖记："洪寿、徐琬募众缘（转下页）

平江[1]、湖州[2]、嘉兴[3]、绍兴[4]、建德[5]等。均位于城内中心地段，以十字街为依托，且多邻近河道（市河）。临安作为行都，"四方辐辏之地，即与外郡不同"，所以进一步突破了集中市场的框架。

临安城行业市场分为两类[6]：一类分布在城内御街两侧的街巷内，如药市在炭桥、芳润桥，花市在官巷，珠子市在肉市巷至巾子巷及官巷，肉市在菱椒巷，柑子团在后市街，书房在橘园亭等。一类分布在城外运河沿线，如便门外布行、鲞团，候潮门外鲜鱼行、猪行，崇新门及东青外蟹行、菜市，余杭门外米市、鱼行等。前者以商业街区为依托，后者则以交通线路为媒介。

临安城市场中还有两类带有官方色彩，即酒库[7]和瓦子[8]。行在赡军激赏酒库大库十三所[9]，城内诸库多设酒楼。东库太和楼在柴垛桥东北，西库西楼在三桥西南，南库和乐楼在清

（接上页）重新砌换大市心石，并砌南街十余丈。"淳化三年（992）《朱方新砌十字市街起初井记》，附润州砌大市砖街会首施主姓名。参陈庆年《崇宁砖题赞》，《横山乡人类稿》卷一二。北京图书馆金石组编《北京图书馆藏中国历代石刻拓本汇编》第37册，郑州：中州古籍出版社，1989年，200—201页。

[1] 子城西侧傍河道有绣锦坊，为大市；向北过乐桥，以西为铁瓶巷，称西市坊；以东为干将坊，即东市门。参范成大《吴郡志》卷六；《平江图》碑，张英霖主编《苏州古城地图》，苏州：古吴轩出版社，2004年。
[2] 市曹在绍熙桥（仪凤桥）北，眺谷桥东至黄沙路的十字区域。参谈钥《嘉泰吴兴志》卷二。
[3] 嘉兴宏文馆东东道衙出土政和三年（1113）重砌大市上官街砖记，韭溪桥南市心弄出土北宋丙寅年子州西界市心内清信募缘弟子砌街锡版。前者见：钱泰吉《甘泉乡人稿》卷二一，于源《镫窗琐话》卷五，北京：文物出版社，2016年，81页。后者为嘉兴博物馆藏品，此据展出拓本。
[4] 植利门以北傍河干道中段有南市、北市，西侧有大市坊。参张淏《宝庆会稽续志》卷一；萧良榦修，张元忭、孙鑛纂〔万历〕《绍兴府志》附《旧越城图》。
[5] 市心在子城南门遂安军门与罗城南门定川门之间南北主街及安泰门内东西主街交汇之处。罗城南门定川门内大街与东门朝京门内大街交汇处为另一处集中的市，定川大街以西地势稍高为上市，以东地势稍低为下市。参：陈公亮重修，刘文富订正《淳熙严州图经》卷一，郑瑶、方仁荣纂《景定严州续志》卷一。
[6] 在此仅就《咸淳临安志》卷一九所举地点较为明确的市、行、团为例，更多情况可参《梦粱录》卷一三、《西湖老人繁胜录》有关记录。
[7] 徐松辑《宋会要辑稿》食货二〇之一七；李心传《建炎以来朝野杂记》甲集卷一四《东南酒课》。
[8] 潜说友《咸淳临安志》卷一九《瓦子》："故老云：绍兴和议后，杨和王为殿前都指挥使，以军士多西北人，故于诸军寨左右营创瓦舍，招集伎乐，以为暇日娱戏之地。其后，修内司又于城中建五瓦，以处游艺。"
[9] 潜说友《咸淳临安志》卷五五《行在赡军激赏酒库所》；周密《武林旧事》卷六《酒楼》；灌圃耐得翁《都城纪胜》。

河坊南，北库春风楼在鹅鸭桥东南，中库中和楼在狗儿山巷北，南上库和丰楼在宗学巷北，均分布在御街沿线及丰豫门至崇新门干道沿线。瓦子数量较多，城外近二十所，多隶属于殿前司，靠近诸处军营；城内五所，隶属于修内司[1]。南瓦在熙春桥北，中瓦在巾子巷北，大瓦在洋坝头北，北瓦在众安桥南，均在御街沿线。惟东瓦旧在蒲桥，不系繁华去处，废为民居。酒库和瓦子的设置地点兼顾了军队供给和普通市场的需求。

---

[1] 潜说友《咸淳临安志》卷一九《瓦子》；周密《武林旧事》卷六《瓦子勾栏》；《西湖老人繁胜录》。

第四节　南宋临安城在中国古代都城史上的地位

中国古代都城史上，在统一王朝肇始时期创建的隋大兴城、元大都城，以其整齐的规划、宏大的规制而受瞩目。相对而言，偏居一隅的南宋临安城虽以西人马可·波罗等对城市景观的赞美而闻名于世，但其在城市布局方面重要的历史价值却未能彰显。事实上，南宋临安城既以地方城市改建，又位于南方地区，适处中国古代社会从中期向后期转变的历史阶段，这些因素都促使其在中国古代都城史上占据特别的地位，具体表现于以下几个方面。

一、南宋临安城是以地方城市为基础权宜改造而成的行都

在女真人强大的军事压力下，宋廷被迫南迁，经过在建康、绍兴的短暂逗留，最终将行都设立于临安。迁都在中国古代历史上不乏其例，魏孝文帝之迁洛阳，金海陵王之迁燕京，都是从政治大局考虑做出的主动抉择，新都虽然是在旧城的基础上建立，但却施行了新的规划。

在政治理念层面，南宋仍将开封奉为名义上的首都，而以临安当作过渡性的行在。对旧城格局权宜改造、逐步调整，这是各项行都建设事例中体现出的原则。因此，南宋临安城沿袭了吴越以来杭州城的街道系统未作改动，但又安插了宫苑、坛庙、中央官署等原本作为地方城市所不具备的新要素，使其在城市规划上呈现出与历代都城有别的特殊面貌。

二、南宋临安城以纵街横巷式街道系统为基本规划

街道系统是城市基本规划的直观表现。南宋临安城在御街等南北向主干街道两侧平行排列着东西向的小巷，从而构成了纵街横巷式的街道系统。这与中原北方地区多见的大小十字街式街道系统[1]不同，是晚唐以来南方地区特别是江浙一带更为流行的样式[2]。比较典型的实例

---

[1] 宿白《隋唐城址类型初探（提纲）》，《纪念北京大学考古专业三十周年论文集》，北京：文物出版社，1990年，279—285页。杭侃《宋元时期的地方城镇》，《燕京学报》新23期，2007年11月，1—98页。
[2] 徐苹芳《宋元明考古》，《中国大百科全书·考古学》，北京：中国大百科全书出版社，1986年，488—489页。

还有平江城[1]、绍兴城[2]、温州城[3]、台州城[4]等。

平江城（图46）近长方形，街道比较规整，在四条南北向主要河道的两侧都有纵街相傍而行，彼此之间又以东西向平行排列的横巷相连接，横巷一侧也有河汊相傍。绍兴城（图47）近纺锤形，城内有三条南北向主干纵街，两侧平行密布东西向横巷，纵街横巷之侧均有河道伴随。温州城（图48）近四边形，城内有两条南北向主干纵街，州治前另有一条较短的纵街，两侧平行排列东西向横巷，纵街横巷之侧均有河道伴随。台州城（图49）近长方形，城内有四条南北主干纵街，两侧均为东西向平行横巷。

对于这类纵街横巷式的街道系统，宋人曾有精到的描述[5]："温州并南海以东，地常燠少寒，上壤而下湿。昔之置郡者，环外内城皆为河，分画坊巷，横贯旁午，升高望之，如画奕局。"温州城与平江城、绍兴城类同，街巷与纵横交错的河道相结合，构成前街后河、水陆并行的交通网络。而临安城是南北交通的重要节点，纵向的河道更为发达，缺乏东西横向联系的河汊，所以只有纵街傍河而行。这是因地理环境不同而形成的细小差异。

中国古代都城之采用纵街横巷式街道系统，南宋临安城是较早的实例之一。北宋开封城由唐汴州城扩建而成，金中都从唐幽州辽南京城拓展而来，旧城部分街道系统均受到里坊制影响而留有大小十字街式的印记，其新城部分始采用纵街横巷式。至于完全以这种街道系统来规划全城，则实现于元大都[6]。

---

[1]《平江图》，张英霖主编《苏州古城地图》，苏州：古吴轩出版社，2004年。原图尺寸较大，简绘图引自刘敦桢主编《中国古代建筑史》（第2版），北京：中国建筑工业出版社，1984年，181页图111-1。

[2] 萧良榦修，张元忭、孙𨦂纂〔万历〕《绍兴府志》附《旧越城图》，图中注记官署、军营、坊名均与宋志记载相合。图中有信王府，即赵璩宅。璩初名伯玖，与孝宗备选东宫。孝宗立为太子，出居绍兴府，葺茶盐司为府第。乾道元年（1165）改以提举衙为之。高宗崩，奔丧得疾，次年薨，追封信王。参《建炎以来朝野杂记》甲集卷一、《宋会要辑稿》方域四之一九。由此可知，该图反映的大约是南宋中期以后的情况。另参：刘未《宋绍兴城图》，《鸡冠壶：历史考古札记》，上海：上海古籍出版社，2019年，74—80页。《绍兴城区图》，1∶5 000，绍兴县政府建设科，民国二十二年，浙江省测绘与地理信息局《浙江古旧地图集》，北京：中国地图出版社，2011年，681页。

[3] 戴栩《永嘉重建三十六坊记》，《浣川集》卷五。《实测永嘉县城厢街巷详图》，1∶5 000，永嘉县政府地政处，民国二十六年，浙江省测绘与地理信息局《浙江古旧地图集》，北京：中国地图出版社，2011年。

[4] 齐硕修，陈耆卿纂《嘉定赤城志》卷首图。《临海县城区全图》，临海县政府监制，民国三十二年，浙江省测绘与地理信息局《浙江古旧地图集》，北京：中国地图出版社，2011年。

[5] 叶适《东嘉开河记》，《水心先生文集》卷一〇。

[6] 徐苹芳《元大都的勘查和发掘》，《中国历史考古学论丛》，台北：允晨文化公司，1995年，159—172页。《元大都在中国古代都城史上的地位》，《北京社会科学》1988年1期，52—53页。

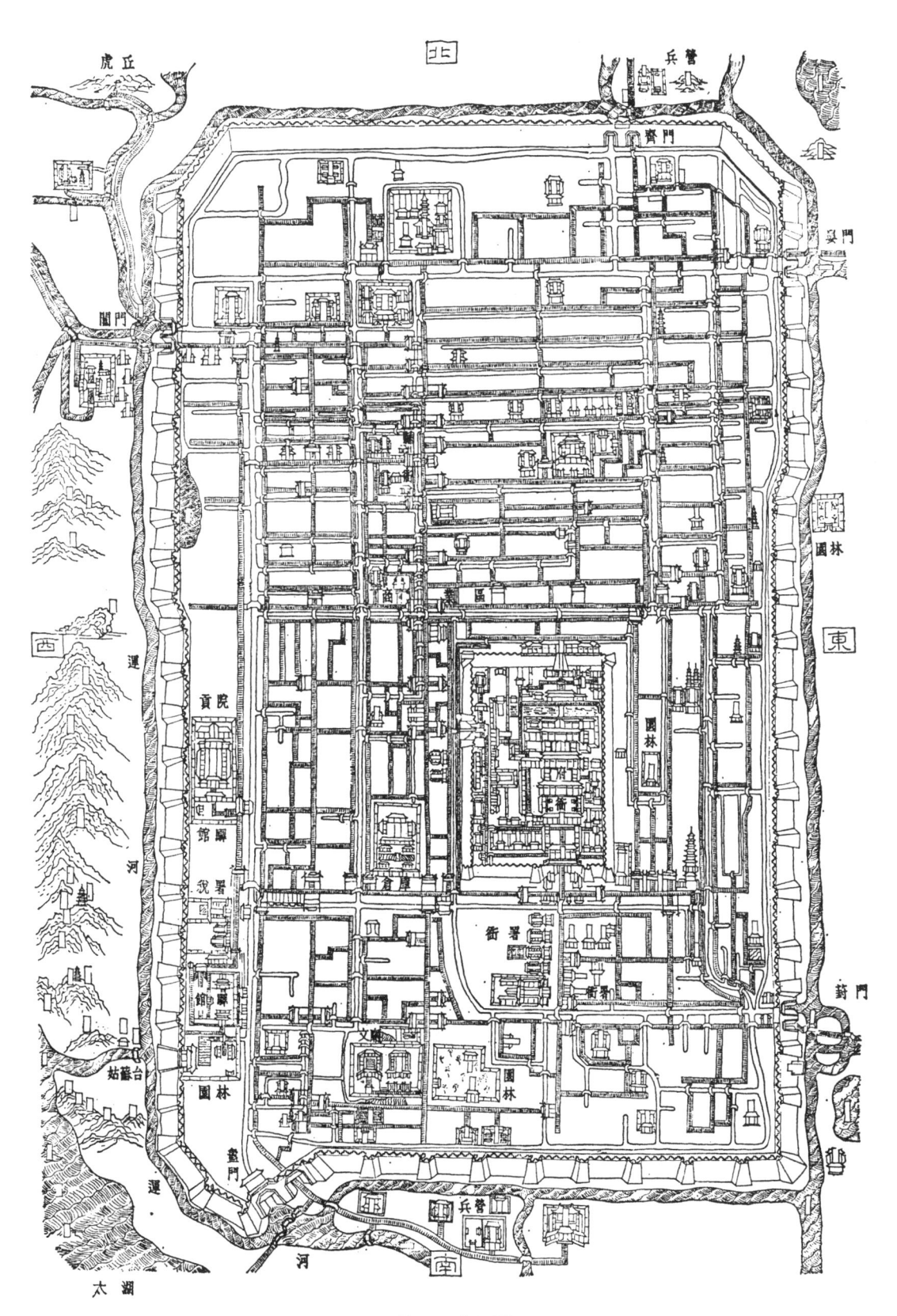

图 46　平江图

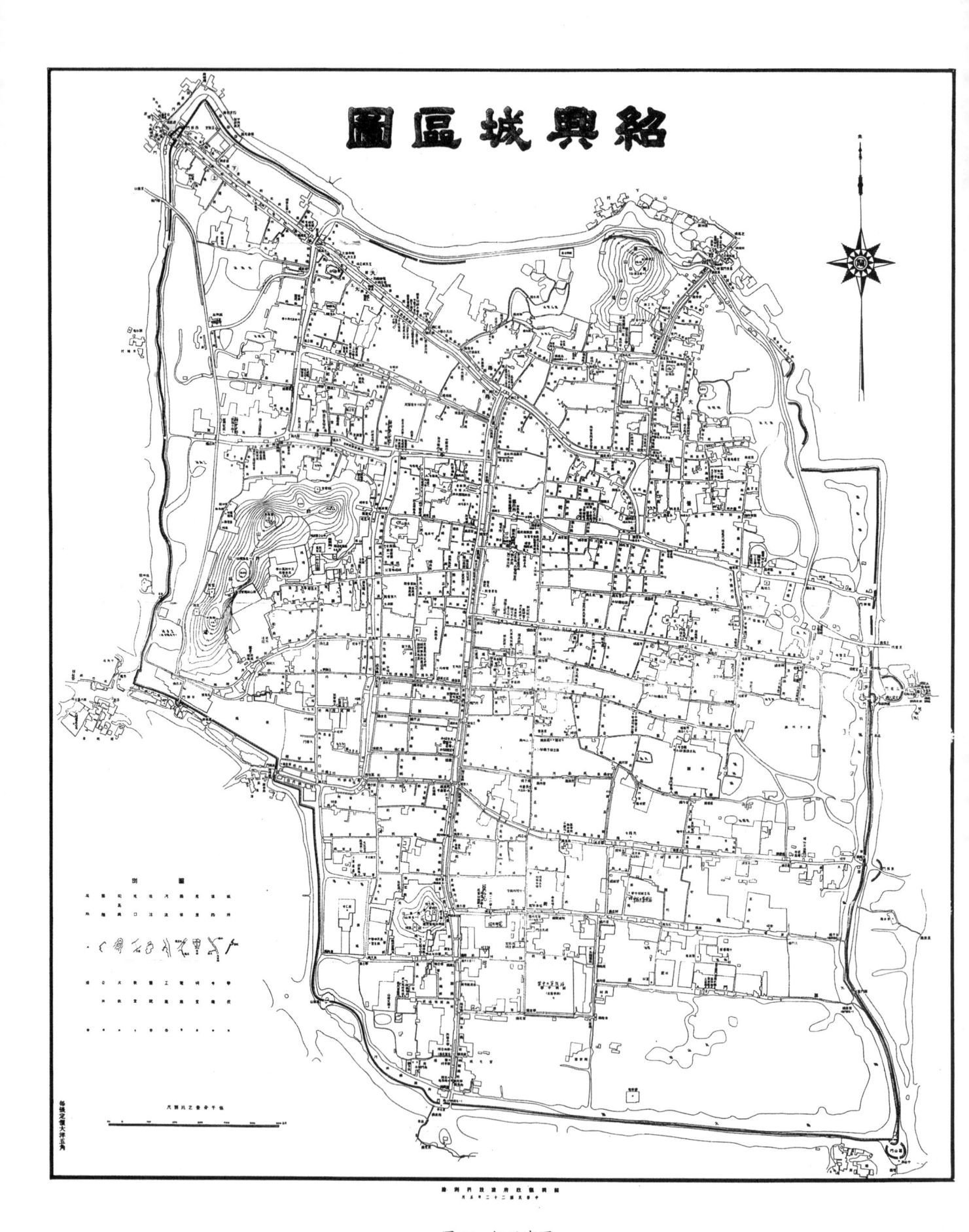

图47 绍兴城图

图48 温州城图

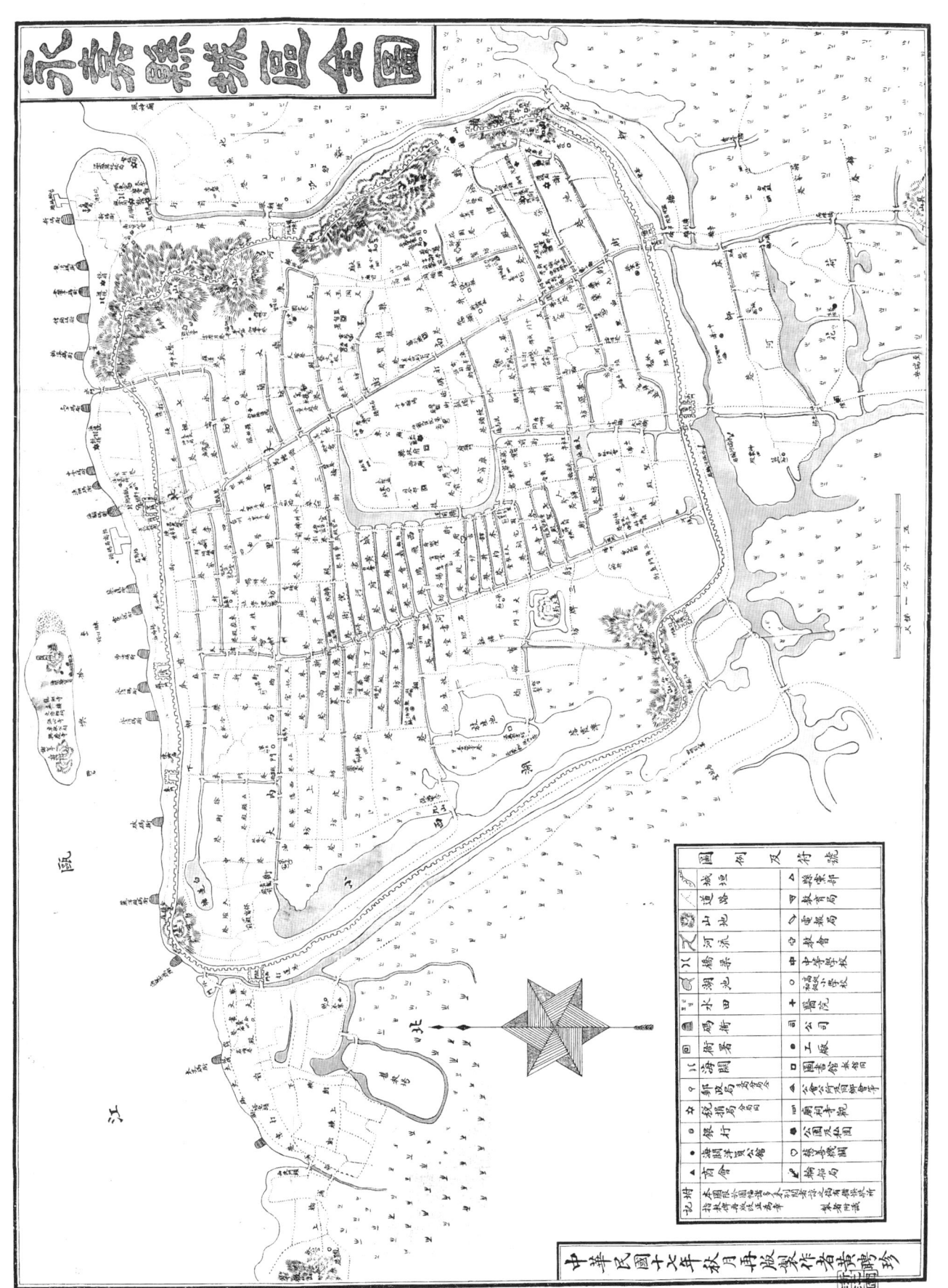

图49 临海城图

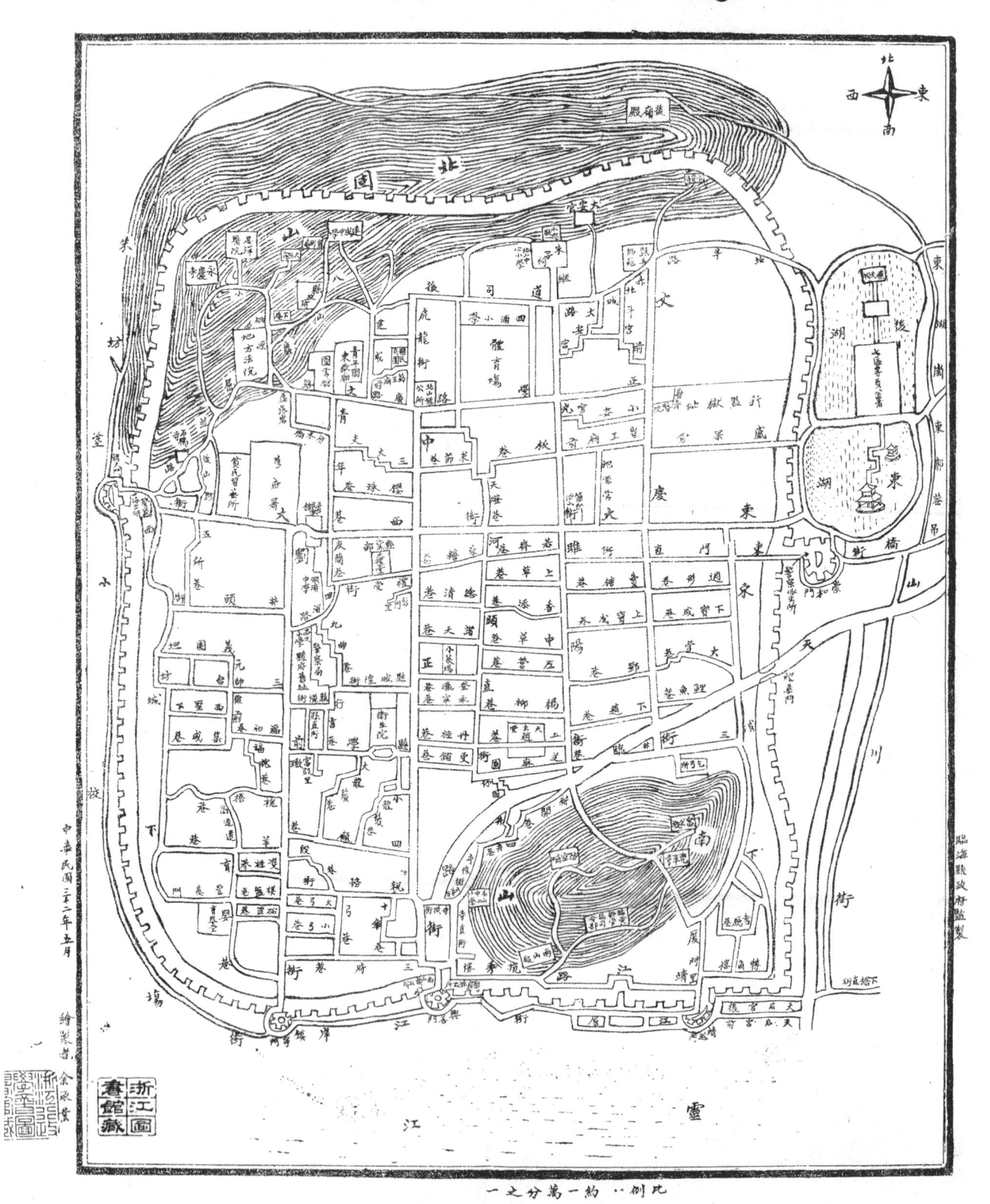

三、南宋临安城礼制性受旧城格局及行在性质约束未能充分体现

中国古代都城规划的重要特征之一是对礼制性的重视。南宋临安城作为由地方城市改造的行都，新增的宫苑、坛庙、官署难以按照理想原则统一规划建设，只能利用官方掌控的个别地段安插调整。并且，行在所的性质也使得各项建设多以实用为宗旨，从而降低了对礼制性的要求。如下诸项所示：

（1）皇城以州治所在的子城改建，偏居全城南部。皇城的南门丽正门仅在礼制活动中作为正门使用，在日常活动中由北门和宁门承担内外交通职能，由此形成了皇城坐南朝北的特殊格局。子城倚靠地势比较险要的山地，位置偏居全城南端，这符合隋唐地方城市子城或衙署不居中而多偏于西北隅的惯例，与皇城靠北居中的京城相比实则等而下之[1]。

（2）宫殿布局较为分散，有大致的功能分区，但没有整体上的轴线。建筑数量大为省并，仅以崇政殿、垂拱殿两组为主，前者随事易名为文德殿、紫宸殿、大庆殿等[2]，以承担不同的功能。建筑规制也有意降低，新建的崇政殿、垂拱殿亦不过面阔五间八丈四尺，"其修广仅如大郡之设厅"[3]。

（3）坛庙分布不甚规则，太庙在御街之西，社稷坛在御街之东，大致符合左祖右社的原则，但实际上两者南北距离甚远，并不对称。徽宗时创立的明堂未予复建，循仁宗时旧例以大庆殿代替行礼[4]。圜坛、太庙等建筑规制均有所降低，丈尺予以减杀，远逊于北宋旧制。并且附属建筑多不正式修盖，而是采用行礼时临时绞缚的方式。

（4）皇城内空间有限，仅作为宫城使用，不再安排中央官署[5]，而是将其就近布置于皇城以北御街之侧。由此改变了隋唐都城中宫城在北安置宫苑、皇城在南排布官署的格局。

---

[1] 宿白《隋唐城址类型初探（提纲）》，《纪念北京大学考古专业三十周年论文集》，北京：文物出版社，1990年，279—285页。地方城市子城和衙署多位于西北隅，"这是因中原地势一般西北高于东南，地方统治者占据城内高低，以利其控制全城并便于防御的缘故"。南方地区地形复杂，子城多依山而建，位置不拘泥于西北是可以理解的。

[2] 李心传《建炎以来系年要录》卷一四七："崇政以故射殿为之，朔望则权置帐门，以为文德、紫宸殿。按射则以为选德，策士则以为集英。"

[3] 李心传《建炎以来朝野杂记》乙集卷三。

[4] 徐松辑《中兴礼书》卷六六《明堂行礼殿大小次》。

[5] 北宋开封城皇城之内宫殿区之南仍保留有部分中央官署，见陈元靓《新编纂图增类群书类要事林广记》后集卷六《宫室类》所载《京阙之图》，中华书局影印元至顺建安椿庄书院刻本。皇城布局复原参傅熹年《山西繁峙县岩山寺南殿金代壁画中所绘建筑的初步分析》，收入《傅熹年建筑史论文集》，北京：文物出版社，1998年，282—313页。

(5) 官署多以寺观改建而成，范围陆续有所调整，因而占地不甚规则，等级也不明显[1]。只有秘书省系以空闲地段全新规划修建，呈规整的长方形，其中路院落纵横200×38步，是探讨南宋中央官署建筑规制的难得实例。

(6) 全城缺乏明确的中轴线。将连接皇城与景灵宫的主干街道设定为御街，具有中轴线的象征意义，但其本系杭城旧街，走向曲折，宽度有限，穿行于市井阛阓之间，其经济意义实际上更为重要。

四、南宋临安城经济中心地位的确立使城郊获得显著发展

南宋临安城由地方城市而建为行都，政治地位提升的同时，随宋室南迁而来大量官员、士民、僧道、军队等人口，这在经济层面引发了很大影响。城市不再是向北方漕运供给的节点，而成为南方地区商品流通和消费的中心，各地物资均向此汇聚[2]，经济角色发生转变。

临安地理位置优越，交通便利，这也是将行都确立于此而非建康或绍兴的重要原因之一。发达的运河体系构建了与三个主要方向相联系的交通脉络。北方苏、湖、常、秀平原之米，由新开运河而来[3]；西南严、婺、衢、徽山地之柴木果品，由龙山河而来[4]；东南温、台、明、

---

[1] 临安城官宅面积则有等级规定。徐松辑《宋会要辑稿》方域四之一九：隆兴二年（1164）五月"二十三日，诏：临安府具到修盖环卫官宅子图，内三十间盖二位，以待正任观察使以上；二十间盖四位，以待正任防御使、遥郡观察使以上；一十七间盖四位，以待余环卫官。不得别官指占"。同书方域四之二一："绍熙二年（1191）正月二十八日，兼知临安府潘景珪言，本府籍定百官廨宇，其来久矣。向者师臣尝有申请，分而为三。侍从、两省官为一等，卿监郎官、省官为一等，寺监（承）〔丞〕簿以下为一等。比年以来，迁易无常，因而淆杂。乞将本府廨舍依旧分为三等。自今后遇空闲，若元系侍从、两省官及台属廨舍，并行存留，以俟朝廷除擢，应付居止。从之。"

[2] 全汉升《南宋杭州的消费与外地商品之输入》，《"中研院"史语所集刊》第7本第1分，1936年7月，后收入《中国经济史论丛》，香港中文大学新亚书院，1972年，295—323页。

[3] 苏轼《论叶温叟分擘度牒不公状》，《苏轼文集》卷三〇："杭州自来土产米谷不多，全仰苏、湖、常、秀等州般运斛斗接济。"吴自牧《梦粱录》卷一六《米铺》："本州所赖苏、湖、常、秀、淮、广等处客到来，湖州市米市桥、黑桥，俱是米行。"潜说友《咸淳临安志》卷三五《河》："新开运河，在余杭门外北新桥之北，通苏、湖、常、秀、润等河，凡诸路纲运及贩米客舟皆由此达于行都。"

[4] 周必大《二老堂杂志》卷四："严州富阳之柴聚于江下，由南门入。"吴自牧《梦粱录》卷一二《江海船舰》："其浙江船只，虽海舰多有往来，则严、婺、衢、徽等船，多尝通津买卖往来，谓之长船等只，如杭城柴炭、木植、柑橘、干湿果子等物，多产于此数州耳。"龙山河所接为衢婺路，见徐松辑《宋会要辑稿》食货八之五一。

越海滨之水产，由贴沙河而来[1]。

城外近郊运河沿线由此受经济因素刺激而聚集了大量的人口。绍兴十一年（1141），城之南北已是"人烟繁盛，各比一邑"[2]，遂在浙江、江涨桥这样的航运枢纽地点分别设置城南左厢与城北右厢，以便管理。宋亡之后，杭州恢复为运河沿线地方城市。作为京杭运河的起点，城北湖墅一带仍较发达。而城南运河却日久淤塞，虽经浚治，终因河高江低，无法通江[3]，附近地段便转而萧条。

因此，南宋临安城作为行都，尽管其城市规划在礼制性上表现不够充分，却因经济中心地位的确立而使城外近郊因交通之利获得了很大程度的发展，以致趋于城市化。如此一来，城垣作为分隔城乡界线的意义就变得相对淡薄[4]，这是值得注意的现象。

---

[1] 吴自牧《梦粱录》卷一二《江海船舰》："明、越、温、台海鲜鱼蟹鲞腊等货，亦上潭通于江浙。"卷一六《鲞铺》："姑以鱼鲞言之，此物产于温、台、四明等郡。城南浑水闸，有团招客旅，鲞鱼聚集于此。城内外鲞铺，不下一二百余家，皆就此上行合撼。"贴沙河所接为温台路，见徐松辑《宋会要辑稿》食货八之五一。

[2] 周淙《乾道临安志》卷二《城南北两厢》。《都城纪胜》坊院条："今中兴行都已百余年，其户口蕃息，仅百万余家者。城之南西北三处，各数十里，人烟生聚，市井坊陌，数日经行不尽，各可比外路一小小州郡，足见行都繁盛。"

[3] 陈让等修，夏时正等纂《成化杭州府志》卷二七《水利》一。

[4] 梁庚尧《南宋城市的发展》，收入《宋代社会经济史论集》，台北：允晨文化公司，1997年，578页。

第五节　跋语

通过复原研究，对南宋临安城的形制和布局获得了比以往更为清晰的认识。并进一步发现，在城市规划方面，临安城由于受到南方地区地理环境和旧日地方城市格局这两项特定历史条件的约束，呈现出一些与其他都城相异的特点。如：城市平面近长方形但不甚规整，皇城依山而建且偏居一隅，街巷系统与河道相傍构成纵街横巷形式，宫殿、坛庙、衙署布局及规制降低礼制要求，等等。这些都是南宋临安城作为一代行都历史价值的重要表现，并借助古今重叠的历史遗痕保留下来。

长久以来，在文献和图像资料的引导下，人们热衷于对南宋临安城昔日都市繁华景象的回想与追忆，乃至试图模拟再现。然而那些被现代城市所叠压的历史遗痕却没有得到应有的关注，在日新月异的开发建设中趋于湮灭。考古学家所从事城市考古工作的现实意义，便在于从各项历史遗痕中分析古代城市布局的特点及价值，并使之得到保护[1]。如果历史上的临安城在现实视野中仅仅作为孤立的一座遗址公园或是一条历史街区而出现，那只能意味着真实的南宋已经渐行渐远。

---

[1] 徐苹芳《现代城市中的古代城市遗痕》，《远望集：陕西省考古研究所华诞四十周年纪念文集》，西安：陕西人民美术出版社，1998年，699页。

附录

第一节 《咸淳临安志》图校勘表

第二节　南宋临安城复原图坊巷地名表

第三节　南宋临安城复原图桥梁地名表

第四节　南宋临安城复原图建置资料表

第五节　南宋临安城复原图地名索引

第六节　南宋临安城考古年表

第七节　南宋临安城营建史料编年

第一节 《咸淳临安志》图校勘表

本书校正图	博士论文校正图	咸淳本《临安志》	嘉靖本《游览志》	万历本《游览志》	姜青青校正图[1]
《京城图》					
骐骥院	骐骥院	骐骥院	脱	脱	*教骥院*
张府小寨	张府小□	张府小□	脱	脱	张府小寨
禜星堂[2]	乐星堂	□星堂	乐星堂	乐星堂	*祭星堂*
福王府桥	福王府桥	□□□□	福王府桥	福王府桥	*荣王府桥*
三圣庙桥	三圣桥	□□□□	三圣桥	三圣桥	三圣庙桥
羲和坊	羲和坊	羲和坊	义和坊	义和坊	*义和坊*
普宁坊	普宁坊	普宁坊	普宁坊	普宁坊	*晋宁坊*
广照寺	广□寺	广□寺	广照寺	广照寺	广照寺
三圣庙	三圣庙	三圣庙	五圣庙	五圣庙	*五圣庙*
羽院旧竹山阁	□院旧竹山阁	□□□□山阁	羽院旧竹山阁	羽院旧竹山阁	*旧竹山阁*
金厅门	金判厅	金□□	金厅门	金厅门	金厅门
抚干厅	西干厅	□□厅	抚干厅	抚干厅	抚干厅
新上隅[3]	新隅	新隅	新隅	新隅	新上隅
《皇城图》					
南水门	南水门	南水门	—	—	*水门*
梅岩亭	□□亭	梅岩亭	—	—	梅岩亭

---

[1] 此列地名宋体字系经校勘后确认意见可从者，斜体字为意见有误者，下划线为意见两存待考者。

[2] 禜星堂，禜字咸淳本上半部分不甚清晰，从下半部分看，与同书所刻祭、乐二字均有较大差别，暂释为禜，亦祭祀之义也，唯书中或误刻为榮字。

[3] 新上隅，咸淳、嘉靖、万历诸本均作新隅。《咸淳临安志》卷五七："新隅，在朝天门里长庆坊内。""新上隅，在侍郎桥东皮场庙侧。"可知咸淳本误刻。姜青青校正图改作新上隅，可从。

续表

本书校正图	博士论文校正图	咸淳本《临安志》	嘉靖本《游览志》	万历本《游览志》	姜青青校正图[1]
《皇城图》					
海子口[1]	海口子	海口子	—	—	海子口
望湖亭	□□□	□□□	—	—	望湖亭
峨眉山	峨眉山	峨眉山	—	—	蛾眉山
禜星堂	乐星堂	乐星堂	—	—	祭星堂
教乐所[2]	□□所	□□所	—	—	教乐所
新南隅[3]	南隅	南□	—	—	新南隅
《西湖图》					
桃花洲	桃花洞	桃花洲	桃花洲	桃花洲	桃花洲
排山岭	牌山岭	排山岭	排山岭	排山岭	排山岭
乾溪家庙	□□□庙	乾□家庙	乾溪泉庙	乾溪泉庙	乾溪家庙
方家峪山	方家峪	方家峪山	方家峪山	方家峪山	方家峪山
乌菱池[4]	□□□	□□□	乌凌池	乌凌池	乌菱池
南山禅关[5]	□□□	南山□□	南山禅阁	南山禅阁	南山禅关
施灯水庵	南屏水口	□灯水庵	施灯水庵	施灯水庵	施灯水庵
行春桥	未释	□□□	行春桥	行春桥	行春桥

---

[1] 海子口，咸淳本《皇城图》作海口子，《京城图》作海子口，《咸淳临安志》亦仅有海子口之名。疑咸淳本《皇城图》误刻。姜青青校正图改作海子口，可从。

[2] 教乐所，咸淳本漫漶不清。《咸淳临安志》卷一〇："教乐所，在东华门外。"姜青青校正图释作教乐所，可从。

[3] 新南隅，咸淳本作南□。《咸淳临安志》卷五七："南隅，在吴山至德观后。""新南隅，在候潮门里面东。"可知咸淳本误刻。姜青青校正图改作新南隅，可从。

[4] 乌菱池，咸淳本漫漶不清，嘉靖、万历本作乌凌池。《武林旧事》卷五："窑池，一名乌菱池。"姜青青校正图释作乌菱池，可从。

[5] 南山禅关，咸淳本漫漶不清，嘉靖、万历本作南山禅阁。《武林旧事》卷五："南山禅关，又名龙井路，今又改南天竺。"姜青青校正图释作南山禅关，可从。

续表

本书校正图	博士论文校正图	咸淳本《临安志》	嘉靖本《游览志》	万历本《游览志》	姜青青校正图[1]
《西湖图》					
九里松	未释	九里松	九里松	九里松	九里松
小隐寺	小院寺	小隐寺	小院寺	小院寺	小隐寺
资国寺	□□寺	资国寺	脱	脱	资国寺
花香竹色	□□□	□香□色	香花竹色	香花竹色	花香竹色
东山衙[1]	东山衙	东山衕	东山衕	东山衕	东山衕
瑞岗坞	□□桥	瑞岗坞	瑞岗坞	瑞岗坞	瑞岗坞
合涧桥	未释	合□□	拾涧桥	拾间桥	合涧桥
集庆寺	殿司步军	集庆寺	集庆寺	集庆寺	集庆寺
唐家衙[2]	未释	唐□□	唐家衕	唐家衕	唐家衕
步前步军	步前步军	步前步军	步前马军	步前马军	殿前步军
步右马军	未释	□右马□	步右马军	步右马军	步右马军
灵鹫	□□□	灵鹫	灵鹫	灵鹫	灵鹫
古剑关	古□关	古剑关	古剑关	古剑关	古剑关
岳鄂王坟	岳□王坟	岳鄂王坟	岳鄂王墓	岳鄂王墓	岳鄂王坟
冲虚观	□□观	□□观	冲虚观	冲虚观	冲虚观
喜鹊寺	吾鹊寺	喜鹊寺	喜鹊寺	喜鹊寺	喜鹊寺
招贤山	□□山	□贤山	招贤山	招贤山	招贤山
香月邻	□□□	香月邻	香月邻	香月邻	香月邻
西湖曲	□□□	西湖曲	西湖曲	西湖曲	西湖曲
古塘桥	古荡桥	古塘桥	古荡桥	古荡桥	古塘桥
天府试院	天府贡院	天府试院	天府试院	天府试院	天府试院

---

[1] 东山衙，咸淳、嘉靖、万历诸本均作东山衕，《咸淳临安志》卷三〇："东山衙，在耿家步之北，内有仙姑山。"据改。

[2] 唐家衙，咸淳本漫漶不清，嘉靖、万历本作唐家衕，《咸淳临安志》卷三〇："唐家衙，在九里松慕容妃墓之西。"姜青青校正图释作唐家衙，可从。

续表

本书校正图	博士论文校正图	咸淳本《临安志》	嘉靖本《游览志》	万历本《游览志》	姜青青校正图[1]
《西湖图》					
治平寺	智平寺	治平寺	治平寺	治平寺	治平寺
楮栅园	梅□园	楮栅园	楮栅园	楮栅园	存疑
狗庄	□□	□庄	狗庄	狗庄	狗庄
丰豫门	未释	丰□门	丰豫门	丰豫门	丰豫门
武林山	五林山	□林山	武林山	武林山	武林山
猪圈头	猪□头	猪□头	猪□	猪圈	猪圈头
沈塘弯	北塘弯	沈塘弯	沈塘湾	沈塘湾	沈塘弯
管界衙	营界衙	管界□	管界衙	管界衙	管界衙
洞霄廨宇	洞□廨宇	□□□宇	洞霄界	洞霄界	洞霄廨宇
赤岸	未释	赤□	赤岸	赤岸	赤岸
秀州舡步	未释	秀州舡步	秀州舡步	秀州舡□	秀州舡步
《浙江图》					
冯大郎庙	杨大郎庙	冯大郎庙	马大郎庙	马大郎庙	冯大郎庙
□器行	□□行	□器行	蔗行	蔗行	存疑
第二厦	第二□	第二厦	第二厦	第二厦	第二厦
椿办库	□□库	椿办库	椿办库	椿办库	椿办库
茶槽衕	茶槽衚	茶槽衕	茶槽衕	茶槽衕	茶槽衕
会灵庙	□军庙	会灵庙	会灵庙	会灵庙	会灵庙
□库	□库	□库	旧库	旧库	正库
赭山	褚山	□山	赭山	赭山	赭山
□寺	闸寺	□寺	闹寺	闰寺	存疑
洞霄廨宇	洞□廨宇	洞霄廨宇	洞霄廨宇	洞霄廨宇	洞霄廨宇
管界衙	营界衙	管界衙	营界衙	营界衙	管界衙
丰储弯	丰储仓	丰储弯	丰储弯	丰储弯	丰储弯
蒲场花巷	蒲场□巷	蒲场花巷	蒲场花巷	蒲场花巷	蒲场花巷
醋库巷	□库巷	□库巷	醋库巷	醋库巷	醋库巷
惠林寺	玉林寺	惠林寺	惠林寺	惠林寺	惠林寺

续表

本书校正图	博士论文校正图	咸淳本《临安志》	嘉靖本《游览志》	万历本《游览志》	姜青青校正图[1]
《浙江图》					
瓜蘁巷	□军巷	瓜□巷	瓜蘁巷	瓜蘁巷	瓜蘁巷
樱桃园	樱桃园	□□园	樱桃园	樱桃园	*枇杷园*
保安门	保安水门	保安门	保安门	保安门	保安门
圣堂	□□	圣堂	圣堂	圣堂	圣堂
祈原寺	□□寺	□原寺	祈原寺	祈寺	祈应寺

第二节 南宋临安城复原图坊巷地名表

乾道	淳祐	咸淳	成化	嘉靖	万历	康熙	光绪	民国	坐标
					左一南厢				
都酒务巷（大隐坊）	都酒务巷（大隐坊）	大隐坊	大隐坊	大隐坊	大隐坊	大隐坊	小井巷	小井巷	D10
	安荣坊	安荣坊	安荣坊	安荣坊	安荣坊管米巷	安荣坊管米巷	管米山	管米山#	D10
宝月山巷（怀庆坊）	怀庆坊	怀庆坊	怀庆巷	怀庆坊	怀庆巷	怀庆巷	粮道山	粮道山#	D10
	和丰坊	和丰坊	龙舌头街	丰和坊	龙舌嘴	龙舌嘴	里龙舌嘴	里龙舌嘴	C10
		塔儿头	塔儿头巷	塔儿头	塔儿头街	塔儿头街	塔儿头	塔儿头	C10
					左一北厢				
吴山井巷（吴山坊）	吴山井巷（吴山坊）	吴山井巷（吴山坊）	吴山坊	吴山坊	吴山坊	吴山坊	大井巷	大井巷	D10
清河坊巷（清河坊）	清河坊	清河坊	清河坊	清河坊句宣街	清河坊	清河坊	司前街、外龙舌嘴	西河坊巷、司前街、外龙舌嘴	E10

续表

乾道	淳祐	咸淳	成化	嘉靖	万历	康熙	光绪	民国	坐标
肉市巷（融和坊）	肉市巷（融和坊）	灌肺岭巷（融和坊）	融和坊灌肺巷	融和坊	融和巷高银巷	融和巷高银巷	高银巷	高银巷	E9
新街[1]		新街						（约木瓜街）	E9
太平坊	太平坊	太平坊	太平坊	太平坊	太平坊	太平坊	太平坊巷	太平坊巷	D9
巾子巷（市南坊）	巾子巷（市南坊）	巾子巷（市南坊）	巾子巷	巾子巷	（塞）	惠民坊*巾子巷*	惠民巷	惠民巷	D9
瀼西巷（市西坊）	瀼西巷（市西坊）	坝头三桥街（市西坊）	西文锦坊羊坝头、三桥街	文锦坊洋坝头	西文锦坊洋坝头、三桥街	西文锦坊洋坝头、三桥街	洋坝头、三桥街	羊坝头、三桥址	D8
		南新街		南新街	南新街	南新街			D9
	康裕坊	八作司巷（康裕坊）	八作司巷康裕坊	康裕坊八作司巷	八作司巷	八作司巷	八蜡司巷	祠堂巷	D9
后市街[3]	后市街	后市街	清望街、后市街	清望街后市街	清望街、后市街	清望街、后市街	上下后市街	上下后市街	D10
吴山井后巷（回涛坊）	吴山北坊	吴山北坊	吴山坊	吴山坊	吴山坊	吴山坊	大井巷	大井巷	D10

[1] 《乾道志》卷二: "太平坊，新街巷。"《淳祐志》卷七: "太平坊，新街巷。"《咸淳志》卷一八: "新街，融和坊北。太平坊，通和坊相对。"是太平坊与新街实为两巷。

[2] 《武林坊巷志》引张钺《杭都杂咏》: "怜忠祠，在涟功坊南新街，即明太傅于忠肃公故里，今呼祠堂巷。"

[3] 《乾道志》卷一: "御酒曲料库，在后市街。"

210　南宋临安城复原研究

续表

乾道	淳祐	咸淳	成化	嘉靖	万历	康熙	光绪	民国	坐标
				左一北厢					
糯米仓巷[2]		新房廊巷	十三湾巷	十三湾巷	十三湾巷[1]	十三湾巷	东中西大平巷	十三湾巷、东中西太平巷	D9
天井巷（通浙坊）	泰和坊	糯米仓巷（泰和坊）	泰和坊 糯米仓	泰和坊 糯米仓巷 华光巷	泰和坊 糯米仓巷 华光庙巷	泰和坊 糯米仓巷 华光庙巷	华光巷	华光巷	D9
楼店务巷（净因坊）	天井巷（天井坊）	天井巷（天井坊）							C9
	楼店务巷（中和坊）	楼店务巷（中和坊）	闸儿头	文明坊 闸儿头	兴贤坊 闸儿头	兴贤坊		（约西公廨）	C9
	石板巷（仁美坊）	石板巷（仁美坊）	石板巷		石板巷 水沟巷	石板巷 水沟巷	运司河下	运司河下	C10
	左院前巷（近民坊）	近民坊					水沟巷	水沟巷	C10
	流福坊	流福坊		流福坊			（宣化桥东北）		C10
府学巷（丰豫坊）	丰豫坊	丰豫坊	文庙街		文庙街	文庙街	（宣化桥西南）（凌云桥西）		C9

[1]《万历府志》卷三四：“十三湾巷，分东中西三巷。”
[2]《乾道志》卷一：“祗候法物库，在糯米仓巷。”

续表

乾道	淳祐	咸淳	成化	嘉靖	万历	康熙	光绪	民国	坐标
竹园山巷[1]（善化坊）	竹园山巷（美化坊）	美化坊							
				左一北厢					
				荷花池[2]	荷花池街	荷花池街	荷花池头	荷花池头	B10
油车巷[3]	油车巷	油车巷	油车巷	油车巷	油车巷剪刀巷	油车巷剪刀巷	（福宁桥东）		C9
	罗汉洞巷	罗汉洞巷					红门局	红门局	D8
				左二厢					
		石榴园巷*	石榴园巷	石榴园巷	石榴园巷灰团巷	石榴园巷灰团巷	奎垣巷	奎垣巷	D8
菱椒姜巷（修义坊）	修义坊	菱椒巷（修义坊）	修义坊	修义坊肉市巷	修义坊肉市巷	修义坊肉市巷	三元坊巷	三元坊巷	D8
南棚巷（乐众坊）	富乐坊	卖马巷（富乐坊）	富乐坊	富乐坊	富乐坊	富乐坊宝乐巷*	保康巷	保康巷*	D8
	众乐坊	虎跑泉巷（众乐坊）	最乐坊	最乐坊	最乐坊	最乐坊	元坛街	元坛巷*	D8
银瓮后巷（教睦坊）	银瓮后巷（教睦坊）	狗儿山巷（教睦坊）	教睦坊	教睦坊教睦巷	教睦坊	教睦坊莫家街*			D8

[1]《乾道志》卷二："善化坊，竹园山巷。"疑为美化坊之讹。
[2]《咸淳志》卷二一："竹园山，在府治之西南。吴山一脉，独峙而北，隐隐隆起，阴阳家以为今治所之主山。赵安抚与懃建阁其上，平鉴西湖，扁曰竹山阁，理宗皇帝御书。景定三年，魏安抚克愚徙建阁而虚其地。"卷五二："竹山阁，旧在玉莲堂西竹园山。……香远楼，旧为玉莲堂。"《西湖百咏》卷上："玉莲堂，在玉莲堂，在涌金门城北，旧郡治教场之南，堂瞰竹园山下池水。"清勾山即来竹园山，其东荷花池头约当竹园山巷。
[3]《乾道志》卷一："度牒库，在油车巷。"

续表

乾道	淳祐	咸淳	成化	嘉靖	万历	康熙	光绪	民国	坐标
				左二厢					
上百戏巷（积善坊）	上百戏巷（积善坊）	上百戏巷（积善坊）	积善坊	积善坊	积善坊	积善坊百岁里	积善坊巷	积善坊巷	D8
下百戏巷（秀义坊）	下百戏巷（秀义坊）	下百戏巷（秀义坊）	秀义坊	秀义坊	秀义坊	秀义坊东平庙巷	东平巷	东平巷	D7
官巷（寿安坊）	官巷（寿安坊）	官巷（寿安坊）	寿安坊官巷	寿安坊官巷药市街*	寿安坊官巷	寿安坊官巷	官巷	寿安坊巷	D7
修文巷（修文坊）	修文巷（修文坊）	修文巷（修文坊）	修文坊	修文坊	修文坊	修文坊			D7
陶家巷（里仁坊）	陶家巷（里仁坊）	陶家巷（里仁坊）	里仁坊	里仁坊，崇训坊	里仁坊	里仁坊	里仁坊巷	里仁坊巷	D7
中棚巷（定民坊）	中棚巷（定民坊）	中棚巷（定民坊）							D7
官巷（睦亲坊）	宗学巷（睦亲坊）	宗学巷（睦亲坊）	睦亲坊	百福巷*	百福巷	百福巷	百福巷	铁线巷	D7
后洋街巷（纯礼坊）	后洋街巷（纯礼坊）	后洋街巷（纯礼坊）	纯礼坊竹竿巷	睦亲坊粥教坊	睦亲坊粥教坊	睦亲坊粥教坊	粥教坊巷*	平海路	D6
砖街巷（保和坊）	砖街巷（保和坊）	砖街巷（保和坊）	砖街巷	纯礼坊竹竿巷	纯礼坊竹竿巷	纯礼坊竹竿巷	竹竿巷*	竹竿巷	D5
观巷（报恩坊）	观巷（报恩坊）	观巷（报恩坊）	观巷	保和坊砖街巷	保和坊孩儿巷	保和坊孩儿巷	孩儿巷	孩儿巷	D5
				观巷	观巷	观巷	贯巷	贯巷	D4

[1]《游览志》卷一三："修文坊，西通洪福桥，宋有将作监。"清铁线巷西通洪福桥，即修文坊。

续表

乾道	淳祐	咸淳	成化	嘉靖	万历	康熙	光绪	民国	坐标
				左三厢					
闻扇子巷（钦善坊）	闻扇子巷（钦善坊）	闻扇子巷（钦善坊）	钦善坊 闻扇子巷	钦善坊	钦善坊 闻扇子巷	钦善坊 闻扇子巷	天妃宫巷		D7
相国井巷（甘泉坊）	相国井巷（甘泉坊）	相国井巷（甘泉坊）	甘泉坊	甘泉坊	甘泉坊	甘泉坊	井亭大街	井亭大街*	D7
		鲍生姜巷[1]	鲍生姜巷	鲍生姜巷	鲍生姜巷	鲍生姜巷			D7
活水巷（清风坊）	活水巷（清风坊）	活水巷（清风坊）	塞						D7
			清和坊	清和街	清和街	清和街	清和街	（洪福桥西）	D7
			癸辛街	癸辛街	癸辛街	癸辛街	广福街	广福街*	D7
前洋街巷（兴庆坊）	前洋街巷（兴庆坊）	前洋街（兴庆坊）	兴庆坊	兴庆坊	兴庆坊	兴庆坊	结缚街	钱塘路	C5
		潘阆巷	潘阆巷	潘阆巷	潘阆巷	潘阆巷	（结缚桥西）		C6
		新街	太学街	太学街	太学街	太学街	（丁家桥北）[2]		C6
							（嘉乐桥北）[3]		C6

[1]《癸辛杂识》前集《蕈毒》："咸淳壬申（1272），临安鲍生姜巷民家……"

[2]《梦粱录》卷七："潘阆巷路通接洋街路曰安福桥，直抵故太学。"清丁家桥即宋安福桥，其北潘阆巷之名在光绪之前的《浙江省垣坊巷全图》和《杭防营志·旧图》中仍存。

[3]《咸淳志·京城图》注记新街在潘阆巷之西。《嘉靖仁和志》卷一："过八字桥从东而西至丁家桥止，名太学街。"清嘉乐桥即宋、明丁家桥。

续表

乾 道	淳 祐	咸 淳	成 化	嘉 靖	万 历	康 熙	光 绪	民 国	坐标
				右 一 厢					
清平山巷 （孝仁坊）	清平山巷 （孝仁坊）	孝仁坊							D13
相府巷 （贵恕坊）	登平坊[1]	登平坊							D13
	封桩库巷[2]							（约严昏巷）	D12
粮料院巷 （寿域坊）	粮料院巷 （寿域坊）	粮料院巷 （寿域坊）	寿域坊	寿域坊	寿域巷 白马庙巷	寿域巷 白马庙巷	白马庙巷	白马庙巷	D12
太庙巷 （保宁坊）	太庙巷 （保宁坊）	太庙巷 （保宁坊）			太庙巷	太庙巷	太庙巷	太庙巷	D11
天庆观巷 （天庆坊）	天庆观巷 （天庆坊）	天庆观巷 （天庆坊）							D11
吴山庙巷 （保民坊）	吴山庙巷 （保民坊）	庙巷 （保民坊）	保民坊	保民坊 城隍庙街	保民坊	保民坊	城隍牌楼	城隍牌楼	D11
竹竿巷 （长庆坊）	竹竿巷[3]	长庆坊	长庆坊	长庆坊 石龟巷	长庆坊 忠庆坊 石乌龟巷	长庆坊 忠庆坊 十五魁巷	十五奎巷	十五奎巷	E10

[1]《淳祐志》卷七："登平坊，相府巷，旧名贵恕坊。"此处文字有误。相府巷在清平山巷北，乾道时为贵恕坊，淳祐时名封桩库巷，坊废。登平坊在和宁门外东，与清平山巷相对。

[2]《淳祐志》卷七："贵恕坊，封桩康巷，今废。"康为库之讹。

[3]《淳祐志》卷七："常庆坊，竹竿巷。"此处有误。《乾道志》《咸淳志》，竹竿巷均为长庆坊，而柴垛桥巷为常庆坊，又漏记柴垛桥巷。

续表

乾道	淳祐	咸淳	成化	嘉靖	万历	康熙	光绪	民国	坐标
右 一 厢									
糙团巷（怀信坊）	糙团巷（怀信坊）	糙团巷（怀信坊）	糙团巷	怀信坊 糙团巷	糙团巷	糙团巷	鼓楼湾		E10
		裕民坊	裕民坊		裕民坊	裕信坊 通江桥街	（通江桥西）	（通江桥西）	E11
		新开坊							E10
		上下抱剑营街	锺公桥街		锺公桥街	锺公桥街	上中下扇子巷	上中下扇子巷	E9
柴垛桥巷（常庆坊）		柴垛桥巷（常庆坊）					（柴垛桥西）	（柴垛桥西）	E8
荐桥巷 昌乐坊	荐桥巷 昌乐坊	富乐坊[1]					（荐桥西）	（荐桥西）	E8
右 二 厢									
沙皮巷（清平坊）	沙皮巷（清平坊）	沙皮巷（清平坊）	清平坊	沙皮巷	清平坊 沙皮巷	清平坊 沙皮巷	打铜巷[2]	打铜巷	E10
		漆器墙	清泠桥街		清泠桥巷	清泠桥巷	柳翠井巷	柳翠井巷	E9
金波桥巷（通和坊）	金波桥巷（通和坊）	金波桥巷（通和坊）	通和坊	通和坊	通和坊	通和坊	（金波桥西）	（金波桥西）	E9
		宝佑坊	保佑坊	宝佑坊	保佑坊	保佑坊	（保佑桥西）	（保佑桥西）	E9

---

[1] 荐桥巷，《乾道志》《淳祐志》作昌乐坊，《咸淳志》作昌乐巷，《乾道志》《淳祐志》作富乐坊。蒲桥巷，《咸淳志》作昌乐坊。
[2] 《咸淳志》卷二一："清泠桥，南通沙皮巷，北通漆器墙。"清上柳翠桥即宋清泠桥，打铜巷在其南，柳翠井巷在其北。

附　录　215

续表

乾道	淳祐	咸淳	成化	嘉靖	万历	康熙	光绪	民国	坐标
				右二厢					
灞东巷（延福坊）	灞东巷（延福坊）	坝东巷（贤福坊）	东文锦坊羊坝头	贤福坊东文锦坊坝东巷	东文锦坊洋坝头	东文锦坊洋坝头	（平津桥西）	（平津桥西）	E8
水巷（兰陵坊）	水巷（兰陵坊）	水巷（兰陵坊）	永清坊水巷	永清坊水巷	永清坊水巷	永清坊水巷	（永漾桥西）	（水漾桥西）	E8
炭桥巷（羲和坊）	炭桥巷（羲和坊）	炭桥巷（羲和坊）	羲和坊	羲和坊药市街	羲和坊	羲和坊	（炭桥西）	（炭桥西）	E7
李博士桥巷（武志坊）	李博士桥巷（武志坊）	李博士桥巷（武志坊）	武志坊	武志坊	武志坊	武志坊	李博士桥西	李博士桥西	E7
棚桥巷（戒民坊）	棚桥巷（戒民坊）	棚桥巷（戒民坊）	戒民坊	戒民坊	戒民坊	戒民坊	（棚桥西）	（棚桥西）	D6
小新桥巷（新安坊）	小新桥巷（新安坊）	新桥楼巷（新安坊）	新桥巷	新安桥巷[1]	新桥巷千胜巷	新桥巷千胜巷	（千胜桥西）	（千胜桥西）	D6
鹅鸭桥巷（延定坊）	鹅鸭桥巷（延定坊）	鹅鸭桥巷（延定坊）	清宁坊	清宁坊[2]	清宁坊	清宁坊	（和合桥西）	（和合桥西）	D5
北桥巷（安国坊）	北桥巷（祈祥坊）	北桥巷（安国坊）	安国桥坊北桥巷	安国坊北桥巷	安国桥坊北桥巷仙灵巷	安国桥坊北桥巷仙灵巷	（北桥西）	（北桥西）	D5
军头司巷（怀远坊）	军头司巷（怀远坊）	军头司巷（怀远坊）	军头司桥街	军头司桥巷*	军头司桥街	军头司桥街	（有玉桥西）	（有玉桥西）	D5

[1]《游览志》卷一三："新安坊，俗称新安桥巷，有千胜将军庙。"新安桥巷疑为新桥巷之讹。
[2]《游览志》卷二〇："延定坊，旧名清宁坊。"《嘉靖仁和志》卷一："清宁坊，旧名延定坊。"前者误，后者正。

续表

乾道	淳祐	咸淳	成化	嘉靖	万历	康熙	光绪	民国	坐标
				右二厢					
清远桥巷（普宁坊）	清远桥巷（普宁坊）	清远桥巷（普宁坊）	普宁坊	普宁坊 清远桥巷	普宁坊 清远桥街	普宁坊 清远桥街	（清远桥西）	（清远桥西）	D4
镫心巷[1]（同德坊）	灯心巷（同德坊）	灯心巷（同德坊）	同德坊	同德坊 灯心巷	同德坊 灯心巷	同德坊 灯心巷	灯心巷	灯心巷	C4
十郎堂巷[2]（嘉新坊）	七郎堂巷（嘉新坊）	七郎堂巷（嘉新坊）	七郎堂巷	七郎堂巷 祖庙巷*	七郎堂巷 祖庙巷	七郎堂巷 祖庙巷	祖庙巷	祖庙巷	E6
竹竿巷（教钦坊）	竹竿巷（教钦坊）	竹竿巷（教钦坊）	广兴巷[3]		广兴巷	广兴巷	广兴巷	广兴巷	E5
		团子巷	团子巷	延定巷 团子巷	团子巷	团子巷	延定巷 团子巷	延定巷 团子巷	D6
		醋坊巷	醋坊巷	醋坊巷	醋坊巷	醋坊巷	楚妃巷	楚妃巷	D5
	新开南巷	新开南巷					（方便桥东）	（方便桥东）	E8
	新开北巷	新开北巷					（日新桥东）	（日新桥东）	E8
		铁线巷*	铁线巷、铁线下巷	铁线巷	铁线巷、铁线下巷	铁线巷、铁线下巷 缸儿巷	上下缸儿巷	上下缸儿巷	E8
		柴木巷	柴木巷、柴木普宁巷	普宁巷、柴木巷	柴木巷、柴木普宁巷、普福巷	谢麻子巷、前忠孝巷、盆头巷*	谢麻子巷、盆头巷	谢麻子巷、盆头巷	E8

[1] 《乾道志》卷二："同德坊，镫心巷。"镫心当作灯心。
[2] 《乾道志》卷二："嘉新坊，十郎堂巷。"十郎当作七郎。
[3] 《咸淳志》卷一九："教钦坊，北酒库东面南，俗呼竹竿巷。"北酒库在鹅鸭桥东，其东南面者即明清广兴巷。

续表

乾道	淳祐	咸淳	成化	嘉靖	万历	康熙	光绪	民国	坐标
仁和县巷（招贤坊）	仁和县巷	仁和县巷					百井坊巷	百井坊巷	D4
仁和仓巷（安国坊）			仁和仓桥街	平安坊仓桥街	仁和仓桥街	仁和仓桥街	屏风街	屏风街*	D4
		打猪巷		打猪巷*	兴福巷打猪巷	兴福巷打猪巷大芝巷#	大打芝巷	大打芝巷	C3
\multicolumn{10}{c}{右 三 厢}
中沙后巷（东坊）	中沙后巷（东坊）	上中沙巷（东巷坊）	忠孝坊、忠孝巷	忠孝巷	忠孝坊、忠孝巷	忠孝坊、后忠孝巷、忠孝巷、丝绸巷*	忠孝巷、欢乐巷	忠孝巷、欢乐巷	E8
中沙前巷（西坊）	中沙前巷（西坊）	下中沙巷（西巷坊）					上下珠宝巷	上下珠宝巷	E8
丰禾仓巷（丰禾坊）	丰禾仓巷（丰禾坊）	丰禾巷	丰禾巷	丰禾巷	丰禾巷	丰禾巷	丰禾巷	丰禾巷	F8
丰乐桥巷（善履坊）	丰乐桥巷（善履坊）	善履坊					（丰乐桥西）	（丰乐桥西）	E7
	毛郎巷	毛郎巷		茅郎巷	茅郎巷	茅郎巷	毛郎巷	毛郎巷	F7
盐桥巷（兴德坊）	盐桥巷（兴德坊）	兴德坊					（联桥西）	（联桥西）	E5
蒲桥巷（富乐坊）	蒲桥巷（富乐坊）	昌乐坊					联桥街	联桥街	E6

续表

乾道	淳祐	咸淳	成化	嘉靖	万历	康熙	光绪	民国	坐标
				右三厢					
		上八界巷	上八界巷	上八界巷	上八界巷	上八界巷	上八街巷	上八街巷	E6
		下八界巷	下八界巷	下八界巷	下八界巷小福清巷	下八界巷小福清巷	小福清巷	小福清巷	E5
				右四厢					
		兴礼坊	佑圣观巷	佑圣观街	佑圣观巷	佑圣观巷	佑圣观巷	佑圣观巷	F8
铁碇巷（宁海坊）	宁海坊	宁海坊	林木梳宁海巷[1]	宁海巷林木梳巷	林木梳宁海巷	宁海巷林木梳巷	堂子巷、上下凝海巷	凝海巷、铁佛寺桥河下新宫桥河下	E8
		四条巷					四条巷		E11
				城南左厢					
		雪酷车巷					（梁家桥西）	（梁家桥西）	E15
		颜家楼街	颜楼巷	颜楼巷	颜楼巷		（诸桥西）	（诸桥西）	E15
		马仓巷	马仓巷	马仓巷	马仓巷	马仓巷	（美政桥西）	（美政桥西）	D15
		洋洋巷					（洋洋桥西）	（洋洋桥西）	D16
				城北右厢					
		夹城巷	夹城巷	夹城巷	夹城巷	夹城巷	夹城巷	夹城巷	

[1]《康熙钱塘志》卷三："宁海巷，俗称林木梳巷。旧志有宁海巷、林木梳巷，今考一巷两名。"《浙江省城图》凝海巷之东另有凌木梳巷。

续表

乾 道	淳 祐	咸 淳	成 化	嘉 靖	万 历	康 熙	光 绪	民 国	坐标
				城 东 厢					
		小粉场					小粉墙	小粉墙	F7
		竹竿巷	竹竿巷	竹竿巷、板儿巷、白花蛇散巷	小竹竿巷、百花池上巷	小竹竿巷、百花池上巷、板儿巷	狮子巷、上中下板儿巷	大狮子巷、上中下板儿巷	F9
		蒲场巷		蒲场巷	蒲菖巷	蒲菖巷	蒲菖巷[1]	蒲场巷	G7
		马婆巷	上下马婆巷	上下马坡巷	上下马坡街	上下马坡街	上中下羊市市街、马坡巷	上下羊市街、上下马坡巷	G9
		横街						（章家桥东）	G8

参考文献：

乾道＝《乾道临安志》
淳祐＝《淳祐临安志》
咸淳＝《咸淳临安志》，据《梦粱录》者标＊号
成化＝《成化杭州府志》
嘉靖＝《嘉靖仁和县志》，据《嘉靖仁和县志》者标＊号
万历＝《万历杭州府志》
康熙＝《康熙杭州府志》，据《康熙仁和县志》者标＊号，据《康熙钱塘县志》者标＊号
光绪＝《浙江省城图》，据《浙江省垣城厢总图》者标＊号
民国＝《杭州城近傍图》，据《浙江省城全图》者标＊号，据《杭州市近傍图》者标＃号

---

[1]《浙江省城图》作菖蒲巷，《浙江省垣城厢总图》作蒲菖巷。前者误，后者正。

第三节 南宋临安城复原图桥梁地名表

乾道	淳祐	咸淳	成化	嘉靖	万历	康熙	乾隆	光绪	民国	坐标
		登平桥								E13
都亭驿桥		六部桥	锦云桥	云锦桥[1]	锦云桥	六部桥	六部桥	六部桥	六部桥	D12
州桥		州桥[2]	州桥	州桥	州桥	州桥	稽接骨桥	稽接骨桥	稽接骨桥	E12
		黑桥	黑桥	黑桥	黑桥	黑桥 福德桥[3]	黑桥	黑桥 福德桥	黑桥	E11
通江桥	通江桥	通江桥	通江桥	通江桥	通江桥	通江桥	通江桥	通江桥	通江桥	E11
望仙桥	望仙桥	望仙桥	望仙桥	望仙桥	望仙桥	望仙桥	望仙桥	望仙桥	望仙桥	E10

盐桥运河（大河）

[1]《游览志》卷一三:"云锦桥，宋称六部桥。"云锦当为锦云之误。
[2]《咸淳志》卷二一列黑桥在州桥之前，似误。州桥即清稽接骨桥，明清黑桥在其北。宋本《舶上谣》:"予以至元廿六年出杭，故居东厢隅四条巷，旁有桥名黑桥，居有杨梅、银杏二树，在巨井上园。"《咸淳志》卷七六:"国清寺，在通江桥四条巷。"元初黑桥在通江桥、四条巷附近，与明清黑桥位置相合。
[3]《通玄观志》附图。

续表

乾道	淳祐	咸淳	成化	嘉靖	万历	康熙	乾隆	光绪	民国	坐标
					盐桥运河（大河）					
		宗阳桥 新宫桥 宗阳宫桥*	新宫桥	新宫桥 宗阳宫桥	新宫桥	新宫桥	新宫桥	新宫桥	新宫桥	E10
三圣庙桥	三圣庙桥	三圣庙桥 三圣桥*	三圣桥	三圣桥	三圣桥	三圣桥	三圣庙桥	三圣桥	三圣桥	E9
	佑圣观桥	佑圣观桥	佑圣观桥	佑圣桥	佑圣观桥 铁佛寺桥	铁佛寺桥	铁佛寺桥	铁佛寺桥	铁佛寺桥	E9
	荣王府桥	荣府桥 福王府桥 荣王府桥*	荣府桥	荣府桥	荣府桥	府桥	府桥	抚桥	抚桥	E9
柴垛桥	大和桥 柴垛桥	大和桥 柴垛桥 太和楼桥*	柴垛桥 太和桥	柴垛桥	柴垛桥	柴垛桥	柴垛桥	柴垛桥	柴垛桥	E8
荐桥	荐桥	荐桥	清泰桥	清泰桥	清泰桥	荐桥 清泰桥	荐桥	荐桥	荐桥	E8
道明桥		道明桥	积善桥 回回新桥	积善桥	积善桥 回回新桥	积善桥 回回新桥	积善桥 回回新桥	回回新桥	回回新桥	E8
丰乐桥	丰乐桥	丰乐桥	丰乐桥	丰乐桥	丰乐桥	丰乐桥	丰乐桥	丰乐桥	丰乐桥	E7
	新桥	油蜡局桥	油局桥	油局桥	油局桥	油局桥	油局桥	油局桥	油局桥	E6
盐桥	盐桥	盐桥	惠济桥	惠济桥	惠济桥	盐桥 惠济桥	盐桥	联桥	联桥	E5
	仙林寺桥	仙林寺桥	仙林桥	仙林桥	仙灵寺桥	仙林寺桥	仙林桥	仙林桥	仙林桥	E5

续表

乾道	淳祐	咸淳	成化	嘉靖	万历 [1]	康熙	乾隆	光绪	民国	坐标
\multicolumn{11}{c}{盐桥运河（大河）}
	西桥	西桥	西桥	西桥	西桥	西桥	西桥	西桥	西桥	E4
梅家桥	梅家桥	通济桥 葛家桥	通济桥 梅家桥	通济桥 梅家桥 梅东高桥*	通济桥 梅家桥	梅东高桥	通济桥 梅东高桥	梅东高桥	梅东高桥	E3
葛公桥[2]	葛家桥	葛家桥	葛家桥	葛家桥 胭脂桥	葛家桥	胭脂桥	葛家桥 胭脂桥	燕支桥	胭脂桥 燕子桥*	D3
	田家桥	田家普济桥	田家桥		田家桥	田家桥	田家桥	田家桥	田家桥	E3
\multicolumn{11}{c}{市河（小河）}
锺公桥	锺公桥	锺公桥	锺公桥	锺公桥	锺公桥	锺公桥 中宫桥	锺宫桥	锺公桥	宗公桥	E10
清冷桥	清冷桥	清冷桥	清冷桥	清冷桥	清冷桥	清冷桥	清冷桥	上柳翠桥 清冷桥*	清冷桥	E10

[1]《嘉靖仁和志》卷二："登云桥，新建，旧名西桥，宋时有平籴仓。宋时有平籴仓，东有宋时御酒库。"《万历府志》卷四五："西桥，今名登云桥，宋时有平籴仓，贡院在其北。"《康熙府志》卷二："登云（桥），贡院在其北。"《乾隆府志》卷六："西（桥），一名塌坊。"按《咸淳志》无登云桥。《嘉靖仁和志》云新建，是也。陈《志》谓：旧西桥今改登云，马《志》谓：今西桥，旧名塌坊，皆无据。"登云桥为明代新建，据《游览志》、今朝郡城图》，在西桥南。塌坊桥在雨山河，不在大河。《万历府志》延续《嘉靖仁和志》之误，《康熙府志》又参杂二者之误，《乾隆府志》所辨甚明。后人仍有指登云桥为南末西桥者，故此理其源。

[2]《乾道志》卷二于锺公桥之前列葛公桥，卷二又记太医局在南末葛公桥之南。据《宋会要辑稿》食货六之一七，此太医局址乾道六年并入丰储仓，而《咸淳志》卷二一则谓葛家桥即葛公桥后末之葛家桥。是知所谓葛公桥即葛公桥之前，是误以《乾道志》小河下首列葛公桥于锺公桥之前，是误以《乾道志》大河最末葛公桥为小河之首桥。《咸淳志》《京城图》于小河之首注记葛公，锺公，清冷三桥，锺公，清冷，熙春之误。而《咸淳志》正文不误，然《京城图》正文注记葛公首注记葛公，锺公，清冷三桥，实为锺公，清冷，熙春之误。

续表

乾道	淳祐	咸淳	成化	嘉靖	万历	康熙	乾隆	光绪	民国	坐标
					市河（小河）					
瓦子前桥	熙春桥	熙春桥 熙春楼桥*	熙春桥	熙春桥	熙春桥	熙春桥	熙春桥	熙春桥	熙春桥*	E10
瓦子后桥	灌肺桥	灌肺桥 灌肺岭桥*	灌肺桥	灌肺桥	灌肺桥	灌肺桥	灌肺桥	灌肺桥	灌肺桥*	E9
金波桥	金波桥	金波桥	金波桥	金波桥	金波桥	金波桥	金波桥	金波桥	金波桥	E9
	普济桥	普济桥	普济桥	普济桥	普济桥	普济桥	普济桥		柳翠桥	E9
巧儿桥	巧儿桥	巧儿桥	巧儿桥	巧儿桥	废					E9
		宝祐桥	宝祐桥	保祐桥	宝祐桥	宝祐桥 保祐桥*	宝祐桥	保祐桥	保祐桥	E9
亨桥	亨桥	亨桥	亨桥	亨桥	废					E8
猫儿桥	平津桥 猫儿桥	平津桥 猫儿桥	平津桥 猫儿桥	平津桥 猫儿桥	平津桥 猫儿桥	猫儿桥	平津桥	平津桥	平津桥	E8
舍儿桥	舍人桥	舍人桥	舍人桥	舍人桥	废					E8
永清桥	永清桥	永清桥	方便桥	方便桥	方便桥	方便桥	方便桥 平安桥	方便桥	新水漾桥* 方便桥	E8
水巷桥	水巷桥	水巷桥	永清桥	永清桥	永清桥	永清桥 水巷桥	永清桥	水漾桥	水漾桥	E8
	日新楼桥	日新楼桥	日新桥	日新桥	日新桥	日新桥	日新楼桥	日新桥	日新桥	E8
炭桥	炭桥	芳润桥	芳润桥	芳润桥	芳润桥	炭桥	芳润桥	炭桥		E7
李博士桥	李博士桥	李博士桥	李博士桥	李博士桥	李博士桥	李博士桥	李博士桥	李博士桥	李博士桥	E7
棚桥	棚桥	棚桥	棚桥	棚桥	棚桥	棚桥	棚桥	棚桥	棚桥	D6

续表

乾道	淳祐	咸淳	成化	嘉靖	万历	康熙	乾隆	光绪	民国	坐标
					市河（小河）					
新桥	新安桥	新安桥	新桥	新安桥* 新桥	新桥	新桥 千胜桥	新安桥 千胜桥	千胜桥	千胜桥	D6
鹅鸭桥	鹅鸭桥	鹅鸭桥	清宁桥 鹅鸭桥	度生桥 清宁桥* 鹅鸭桥*	清宁桥 鹅鸭桥	鹅鸭桥	鹅鸭桥	和合桥	和合桥	D5
北桥	北桥 安国桥	安国桥	安国桥 北桥	北桥 安国桥*	安国桥 北桥	安国桥 北桥	安国桥	北桥	北桥	D5
军头司木桥	军头司桥	军头司桥	军头司桥	军头司桥	军头司桥	诟辱桥 偶辱桥 有玉桥	偶辱桥	有玉桥	有玉桥	D5
清远桥	清远桥	清远桥	清远桥	清远桥	清远桥	清远桥	清远桥	清远桥	清远桥	D4
仁和仓桥 仁和县桥[1]	仁和仓桥	仁和仓桥 仓桥	仁和仓桥	仁和仓桥	仁和仓桥	仓桥	仁和仓桥	仓桥	仓桥	D4
天水院桥	天水院桥	天水院桥	天水院桥	天水院桥	天水院桥	天水桥	天水院桥	天水桥	天水桥	D3
	百万仓桥	百万仓桥 淳祐桥 仓桥*	百万仓桥	百万仓桥	百万仓桥	破仓桥	百万仓桥 破仓桥	北仓桥	北仓桥	C3
		永新桥		烈帝庙桥*			永新桥 烈帝桥	永兴桥	永兴桥*	B3
回龙桥 观桥	观桥 回龙桥	观桥	观桥	观桥	观桥	观桥	观桥	观桥	贯桥 观桥*	D4

[1]《乾道志》卷一："省仓中界，在仁和县桥之东。"

续表

乾道	淳祐	咸淳	成化	嘉靖	万历	康熙	乾隆	光绪	民国	坐标
\multicolumn{11}{	c	}{市河（小河）}
贡院桥	贡院桥	贡院桥	贡院桥	贡院桥	贡院桥	阁板桥	阁板桥	阁板桥	阁板桥	D4
	潘封库桥	潘封库桥	潘封库桥	潘封库桥	潘封库桥	潘封桥 小桥	潘封桥	小桥	小桥	C4
祥符桥	祥符桥	祥符桥	祥符桥	祥符桥	祥符桥	祥符桥	祥符桥	祥符桥	祥符桥* 祥福桥	C4
	小新庄桥	小新庄桥	小新庄桥	小新庄桥	小新庄桥	迥龙桥	小新庄桥	迥龙桥	迥龙桥*	C4
万岁桥	万岁桥	万岁桥						天汉桥[1] 天汉洲桥*	天汉州桥*	D3
\multicolumn{11}{	c	}{清湖河（西河）}
		普济桥	普济桥	普济桥	普济桥	普济桥		（华光巷北）		D9
施家桥	施家桥	施家桥	施家桥	施家桥	施家桥	施家桥		余庆桥	余庆桥*	D9
侍郎桥	侍郎桥	侍郎桥	侍郎桥	侍郎桥	侍郎桥	侍郎桥	侍郎桥	福寿桥	福寿桥*	D8
三桥	三桥	三桥 三桥子*	三桥	三桥	三桥	三桥 三桥子	三桥 三桥子	三桥址* 三桥	三桥址*	D8
净因寺桥		府衙前桥 州桥* 懊来桥*	宣化桥 懊来桥	宣化桥 懊来桥	宣化桥 懊来桥	宣化桥	宣化桥	宣化桥		C10
	闸儿桥	流福桥	流福桥	流福桥	流福桥	流福桥	流福桥	（水沟巷北）		C10

[1] 《咸淳志》卷二一记万岁桥在仁和县巷北，卷六记大理寺北渠东过万岁桥而达之河渠，《京城图》注记万岁桥于仁和县学东北。此桥明清方志均无记载，惟《北隅掌录》卷上云："天汉洲桥，盖即古万岁桥也。"其位置正与《咸淳志》图文描述相合。

续表

乾道	淳祐	咸淳	成化	嘉靖	万历	康熙	乾隆	光绪	民国	坐标
					清湖河（西河）					
楼店务桥	楼店务桥	楼店务桥	楼店务桥		楼店务桥	废				C10
石桥	戒子桥	戒子桥	戒子桥	戒子桥	戒子桥	戒子桥	戒子桥		王栅库桥*	C10
木桥	定安桥	定安桥	定安桥	定安桥	定安桥	定安桥	定安桥	凌云桥	凌云桥*	C9
凌家桥	凌家桥	凌家桥	凌云桥	凌云桥	凌云桥	凌云桥庙桥	凌云桥府学桥	庙桥	庙桥*	C9
仁寿桥	德寿桥	德寿桥	福宁桥	福宁桥	福宁桥	福宁桥	福宁桥	福宁桥		C9
转运简石桥	转运司桥	普安桥	转运新桥	普安桥	转运新桥	转运新桥	普安桥		转运桥	C9
渡子桥	渡子桥	渡子桥	转运桥	转运桥	转运	渡子桥	渡子桥	杜子桥	杜子桥*	C8
	永安桥五圣庙桥	永安桥五圣庙桥	永安桥							C8
六房院桥	如意桥	如意桥	如意桥					（饮马井巷口西）		C8
	台官简简后桥	台官简后桥台官简后门桥*	台官后桥			台官后桥		金水桥金文桥*	金文桥*	C8
	太常寺后小桥	大常寺后小桥	木龙桥大常后桥							D8
金文桥	金文桥	惠迁桥	惠仙桥	惠迁桥	惠仙桥	惠仙桥	惠迁桥	会仙桥		D8
	涌金桥	涌金桥	涌金桥		涌金桥					C8

续表

乾道	淳祐	咸淳	成化	嘉靖 清湖河（西河）	万历	康熙	乾隆	光绪	民国	坐标
		镶子井桥[1]								C8
		永安桥	小永安桥							C8
		石桥	石桥		石桥					C8
	曲阜桥	曲阜桥	曲阜桥	曲阜桥	曲阜桥					D8
军将桥	军将桥	军将桥	军将桥	军将桥	军将桥	军将桥	军将桥	（军将桥西南）	兴武桥	D8
施水坊桥	施水坊桥	施水坊桥	施水坊桥	施水坊桥	施水坊桥	施水坊桥	施水坊桥	施水芳桥		D8
井亭桥	井亭桥	井亭桥	井亭桥	井亭桥	井亭桥	井亭桥	井亭桥	井亭桥	井亭桥	D7
红桥	洪福桥	洪福桥	洪福桥	洪福桥	洪福桥	洪福桥	洪福桥	洪福桥	洪福桥	D7
鞔鼓桥	鞔鼓桥	鞔鼓桥	鞔鼓桥	鞔鼓桥	鞔鼓桥	鞔鼓桥	鞔鼓桥	鞔鼓桥	鞔古桥*	D7
马家桥	马家桥	马家桥	马家桥	马家桥	马家桥	马家桥	马家桥	马家桥	马家桥*	D7
洗菜桥	八字桥	八字桥	八字桥	八字桥	八字桥	八字桥	洗菜桥 八字桥	八字桥	八字桥*	D6
石灰桥	石灰桥	石灰桥	石湖桥 石灰桥	石湖桥 石灰桥	石湖桥 石灰桥	石湖桥 石虎桥	石灰桥	石湖桥	石湖桥*	D6

[1]《咸淳志》卷二一："镶子井桥，永安桥西，镶子井东。永安桥，俞家园张府后。石桥，六房院后，镶子井湖水由此注出六房院后。"《成化府志》卷四："曲阜桥，在河之西，韩府前。"小永安桥，在俞家园，湖水由此来，经石桥在西北，畏兀儿寺前。石桥，在军将桥西北，在恭淑韩皇后宅，即恭淑韩皇后宅，曲阜桥在其南。六房院，在清饮马井巷西（明六房巷）。巷西滨河有灵寿寺，即明畏兀儿寺，石桥在其北。镶子井在丰豫门豫门里沿城，东为镶子井桥，永安桥又在其东与石桥之间。跨街南北，水由此入西河，卢大监宅在晚北。……这条暗渠明成化十二年改为明河，清仍

续表

乾道	淳祐	咸淳	成化	嘉靖	万历	康熙	乾隆	光绪	民国	坐标
					清湖河（西河）					
结绳桥	结绳桥	结绳桥	结绳桥	结绳桥	结绳桥	结绳桥	结绳桥	结绳桥	结绳桥*	D6
	下瓦后桥	下瓦后桥 众乐桥	众乐桥	众乐桥	众乐桥	众乐桥	众乐桥	众乐桥	众乐桥*	D6
众安桥	众安桥	众安桥	众安桥	众安桥	众安桥	众安桥	众安桥	众安桥	众安桥	D6
清湖桥	清湖桥	清湖桥	清湖桥	清湖桥	清湖桥	清湖桥	清湖桥	八字桥	八字桥*	D6
	黑桥	黑桥	黑桥	废						D6
	左藏库桥	左藏库桥	左藏库桥	废				板桥[1]	板桥	D6
	安济桥	安济桥	安济桥	安济桥	安济桥	安济桥	安济桥	龙翔宫桥	龙翔桥	C6
	安福桥	安福桥	安福桥	安福桥	安福桥	安福桥	安福桥	丁家桥[2]	丁家桥*	C6
丁家桥	丁家桥	丁家桥	丁家桥	丁家桥	丁家桥	丁家桥	丁家桥	嘉乐桥[3]	加乐桥*	C6
	长生老人桥	长生老人桥	长生老人桥	长生老人桥	长生老人桥	长生老人桥	长生老人桥	长生桥	长生桥	C6
纪家桥	纪家桥	纪家桥	纪家桥	纪家桥	纪家桥	纪家桥	纪家桥	众兴桥[4]	众兴桥*	C6
车桥	车桥	车桥	车桥	车桥	车桥	车桥	车桥	车桥	大车桥 车桥*	C5

[1]《杭州八旗驻防营志略》卷二三引《城西古迹考》："板桥，在宋左藏库前，亦称左藏库桥。"
[2]《杭州八旗驻防营志略》卷二三引《城西古迹考》："安福桥，今误呼为丁家桥。"
[3]《杭州八旗驻防营志略》卷二三引《城西古迹考》："丁家桥，今呼嘉乐桥。"
[4]《杭州八旗驻防营志略》卷二三引《城西古迹考》："纪家桥，元时改为乘骢桥，今呼众兴桥，因雍正四年（1726）众姓重修，故名。"

续表

乾道	淳祐	咸淳	成化	嘉靖	万历	康熙	乾隆	光绪	民国	坐标
\multicolumn{11}{c}{清湖河（西河）}
杨四姑桥	杨四姑桥	长寿桥	杨四姑桥	杨四姑桥*	杨四姑桥	长寿桥 杨四姑桥	长寿桥	长寿桥	长寿桥	C5
新庄桥	新庄桥	新庄桥	大新庄桥	新庄桥	大新庄桥	教场桥	教场桥	教场桥	教场桥	C4
师姑桥	师姑桥	师姑桥	师姑桥	师姑桥	师姑桥	师姑桥 狮虎桥	师姑桥	狮虎桥	狮虎桥	C4
斜桥	斜桥	中正桥	中正桥 斜桥	中正桥	中正桥 斜桥	大斜桥	中正桥 斜桥	斜桥	斜桥*	B3
便桥	钓桥	钓桥	吊桥	武林吊桥*	吊桥	小斜桥 便桥	过军桥 小斜桥	水关桥*		B2
\multicolumn{11}{c}{茆山河}
蒲桥		蒲桥	蒲桥		蒲桥			（乌龙巷口）[1]		E5
东桥	东桥	咸淳仓桥	东桥	东桥	东桥			东桥	东桥*	E4
	塌坊桥	塌坊桥	塌坊桥	鹭鸶桥		鹭鸶桥	鹭鸶桥 吉庆桥	吉庆桥		E3
		小梅家桥	小梅家桥	小梅家桥	小梅家桥	梅家桥	小梅家桥	梅家桥	梅家桥*	E3
\multicolumn{11}{c}{菜市河}
		通利桥	平安第一桥		平安第一桥 豆腐第一桥	平安第一桥 豆腐一桥 斗富一桥	平安一桥 豆腐一桥	斗富一桥	斗富一桥	F10

[1] 蒲桥在盐桥东，元系茆山河所经。绍兴间，河道为宠医王继先填塞，遂不通舟楫。明代蒲桥尚存，《成化府志》卷四：“蒲桥、盐桥东，今夷而为街矣。”其故址约在清之乌龙巷口，《武林坊巷志》："乌龙巷口筑有障火公墙，上书'蒲桥遗址'，所闻当有自也。正位于茆山河道尚存部分向南延长线上。"

续表

乾道	淳祐	咸淳	成化	嘉靖	万历	康熙	乾隆	光绪	民国	坐标
					菜 市 河					
	米市桥	米市桥	平安第二桥		平安第二桥 豆腐第二桥	平安第二桥 豆腐第二桥 斗富二桥	平安二桥 豆腐二桥	斗富二桥	斗富二桥	F9
	五柳庄桥	五柳园桥	平安第三桥 豆腐桥		平安第三桥 豆腐第三桥	平安第三桥 豆腐第三桥 斗富三桥	平安三桥 豆腐三桥	斗富三桥	斗富三桥	F9
	席潭桥	福济桥 席潭桥	安乐桥		安乐桥	安乐桥	安乐桥	安乐桥	安乐桥	F8
	章家桥	章家桥	春熙桥		章家桥	章家桥	章家桥	章家桥	章家桥	F8
	淳祐桥	淳祐桥	淳祐桥		淳祐桥	淳祐桥	淳祐桥	淳祐桥	淳祐桥	F8
	看经桥	普安桥[1] 横河桥	横河第一桥*	横河第一桥*	横河第一桥 西横河桥	西横河桥	西横河桥	西横河桥	西横河桥	F7
	菜市桥	菜市桥	庆春桥	庆春桥* 菜市桥*	庆春桥	菜市桥	菜市桥	菜市桥	菜市桥	F6
	骆驼桥	骆驼桥		骆驼桥*				骆驼桥	骆驼桥*	F3
	坝子桥 顺应桥	顺应桥	坝子桥	坝子桥*	坝子桥	坝子桥	坝子桥	坝子桥	坝子桥	F2
					龙 山 河					
		进隆桥	进隆桥	进龙桥	进隆桥	进隆桥	进隆桥		金童桥#	

[1] 菜市河与外沙河之间横河之上，南来有五桥，明清有三桥。清之西横河桥在小粉墙（来小粉场）北，即来普安桥；东横河桥通蒲菖巷（来蒲场巷）；土桥通马坡街（来马婆巷），其处来时均当有桥，惟名称如何对应，难以遽断。

续表

乾道	淳祐	咸淳	成化	嘉靖	万历	康熙	乾隆	光绪	民国	坐标
\multicolumn{11}{c}{龙山河}
	洋洋桥	洋洋桥	洋洋桥	洋洋桥	洋洋桥	洋洋桥	洋洋桥	洋洋桥#	洋洋桥	D16
	石桥									D16
		美政桥	美政桥	美政桥	美政桥	美政桥	美政桥	美政桥#	美政桥	D16
		下梁家桥	诸桥	诸桥	诸家桥诸桥	诸桥诸家桥	朱桥	诸桥#	诸桥	E15
		上梁家桥	梁家桥	梁家桥	梁家桥	梁家桥	梁家桥	梁家桥#	梁家桥	E15
朱桥		南新吊桥朱桥	南新吊桥	南新桥	南新吊桥	南新桥	南新桥	南新桥#	南新桥	E14
							利津桥	利津桥#	利津桥	E14
里横河桥		里横河桥	里横河桥		里横河桥					F14
外横河桥		外横河桥	外横河桥		外横河桥				洪福桥	F14
\multicolumn{11}{c}{贴沙河（里沙河）}
		跨浦桥	跨浦吊桥	跨浦桥	跨浦吊桥	跨浦吊桥	跨浦桥	跨浦桥#	跨步桥	F14
萧公桥		萧公桥	萧公桥	萧公桥	萧公桥	萧公桥庆丰闸桥	萧公桥	萧公桥#	萧公桥	F14
上槠木桥		上槠木桥普济桥	普济桥	济川桥	普济吊桥	普济吊桥	普济桥	普济桥	普济桥	E13
诸家桥		诸家桥	诸家桥		诸家桥	诸家桥车驾桥	诸家桥	车驾桥	车驾桥	E11
保安闸桥		保安闸桥	保安闸桥		保安闸桥	闸桥	保安闸桥	小桥		E11
		保安	保安		保安	保安	保安桥	保安桥	保安桥	E11
		保安延寿桥	水门桥		水门桥	水门桥	水门桥			E11

续表

乾道	淳祐	咸淳	成化	嘉靖	万历	康熙	乾隆	光绪	民国	坐标
					贴沙河（里沙河）					
	过军桥	过军桥	普济桥		普济桥	普济桥 过军桥	过军桥	过军桥	过军桥	E11
					外　沙　河					
	四板桥	南新草桥	永昌吊桥	永昌吊桥*	永昌吊桥	望江吊桥	望江吊桥	（望江门东）		F11
	四板桥	四版桥	四板桥	四板桥*	四板桥	四板桥	四板桥		四板桥	G10
	螺蛳桥	螺蛳桥	清泰吊桥	清泰吊桥*	清泰吊桥	清泰吊桥	清泰吊桥	（清泰门东）		H8
	太平桥	太平桥	庆春吊桥	庆春吊桥*	庆春吊桥	庆春吊桥	庆春吊桥	（庆春门东）		H6
	无星桥	无星桥	无星桥	无星桥*	无星桥	无星桥	无星桥	（艮山门北）		F2
					下　塘　河					
			余杭桥	余杭桥	余杭桥		余杭桥 务桥	务桥#		
		天宗栈库桥	天宗栈库桥	天宗栈库桥 道塘桥	天宗栈库桥	天宗栈库桥	天宗栈库桥		（大塘巷）	
	德胜桥	德胜桥	德胜桥	德胜桥	得胜桥	得胜桥	德胜桥 得胜桥	得胜桥#		
	黑桥	黑桥	黑桥	松盛桥 黑桥	黑桥	黑桥	松盛桥	松胜桥#	松声桥#	
	杨婆桥	杨婆桥	东杨婆桥	东梁婆桥	东杨婆桥	东杨婆桥	杨婆桥 东粮洎桥	东粮洎桥#		
		梁婆桥	西杨婆桥	西梁婆桥	西杨婆桥	西杨婆桥	梁婆桥 西粮洎桥	西粮洎桥#		

234　南宋临安城复原研究

续表

乾道	淳祐	咸淳	成化	嘉靖	万历	康熙	乾隆	光绪	民国	坐标
下塘河
	江涨桥	江涨桥	江涨桥	江涨桥	江涨桥	江涨桥	江涨桥	江涨桥#	江涨桥#	
	归锦桥	归锦桥	归锦桥	归锦桥	归锦桥	归锦桥 卖鱼桥	归锦桥 卖鱼桥	卖鱼桥#	卖鱼桥#	
	北新桥	北新桥	北新桥	北新桥	北新桥	北新桥	北新桥		北星桥#	
子塘河
		浴堂桥	浴堂桥		浴堂桥	浴堂桥	混堂桥	混堂桥#	混堂桥	B2
	米市桥	米市桥	米市桥		米市桥	米市桥	米市桥		（米市巷）	
		范婆桥	范婆桥	范婆桥	范婆桥	范婆桥 鱼堂巷桥	范婆桥		（余塘巷）	
	水冰桥	水冰桥					水冰桥		（水浜街）	
	左家桥	佐家桥	左家桥	左家桥	左家桥	左家桥	左家桥	左家桥	左家桥	
	葱版桥	宝庆桥 葱版桥 螺蛳桥	宝庆桥	宝庆桥	宝庆桥	寳慶桥	寳庆桥	宝庆桥#	保庆桥#	
下湖河
		石函桥 西石头桥	石函桥	石函桥	石函桥	石函桥	石函桥		（昭庆寺西南）	A5
		八字桥	八字桥	八字桥	八字桥	八字桥	八字桥	八字桥#	八字桥	
		上泥桥	上泥桥	上泥桥	上泥桥	上泥桥	上泥桥	上宁桥#	上宁桥	
		下泥桥	下泥桥	下泥桥	下泥桥	下泥桥	下泥桥	下宁桥#	下宁桥#	

续表

乾道	淳祐	咸淳	成化	嘉靖	万历	康熙	乾隆	光绪	民国	坐标
					下湖河					
		富春桥 乌盆桥	西隐桥 乌盆桥 富春桥		西隐桥 乌盆桥 富春桥	乌盆桥 西隐桥 富春桥	富春桥 普宁桥	乌盆桥#	湖平桥#	
	望佛桥	望佛桥	望佛桥		望佛桥	望佛桥	望佛桥		里万佛桥#	
					西湖					
		九曲昭庆桥	九曲昭庆桥		九曲昭庆桥	九曲昭庆桥	九曲昭庆寺万善桥		（昭庆寺东南）	B5
		昭庆广济桥	昭庆广济桥		昭庆广济桥	昭庆广济桥	昭庆寺广济桥		（昭庆寺南）	B5
		断桥 宝祐桥 段家桥#	断桥 段家桥	断桥	断桥 段家桥	断桥 段家桥	断桥		断桥	A5
		西林桥 西陵桥# 西冷桥# 西村桥#	西林桥	西泠桥 西林桥 西陵桥	西林桥	西泠桥	西林桥		西泠桥	
		东行春桥	东行春桥	行春桥	东行春桥	东行春桥	行春桥		洪春桥	
		西行春桥 小行春桥#	西行春桥	小行春桥	西行春桥	西行春桥	小行春桥		庆春桥	
		映波桥	映波桥	映波桥	映波桥	映波桥	映波桥		映波桥	
		锁澜桥	锁澜桥	锁澜桥	锁澜桥	锁澜桥	锁澜桥		锁澜桥	
		望山桥	望山桥	望山桥	望山桥	望山桥	望山桥		望山桥	

续表

乾道	咸淳	成化	嘉靖	万历	康熙	乾隆	光绪	民国	坐标
				西湖					
		压堤桥	压堤桥	压堤桥	压堤桥	压堤桥		压堤桥	
	东浦桥	东浦桥	东浦桥	东浦桥	东浦桥	束浦桥		东浦桥	
	跨虹桥	跨虹桥	跨虹桥	跨虹桥	跨虹桥	跨虹桥		跨虹桥	
	长桥	长桥	长桥	长桥	长桥	长桥		长桥	A12
	学士桥	学士桥		学士桥			内学士桥	学士桥	B10

参考文献：
乾道 ＝《乾道临安志》
淳祐 ＝《淳祐临安志》
咸淳 ＝《咸淳临安志》，据《梦梁录》者标 * 号，据《武林旧事》者标 # 号
成化 ＝《成化杭州府志》
嘉靖 ＝《西湖游览志》，据《嘉靖仁和县志》者标 * 号
万历 ＝《万历杭州府志》
康熙 ＝《康熙杭州府志》，据《康熙钱塘县志》者标 * 号
光绪 ＝《浙江省城图》，据《浙江省垣城厢总图》者标 * 号，据《浙江省垣水利全图》者标 # 号
民国 ＝《杭州城迎傍图》，据《浙江省城全图》者标 * 号，据《新测杭州西湖全图》者标 # 号

第四节 南宋临安城复原图建置资料表

南宋名称	南宋地点	民国地点	建置沿革	参考文献	类别	坐标
			中央官署			
三省	御街西，旧贵恕坊南	严官巷南	绍兴二十七年（1157）以显宁寺（一说显忠寺）建，寺即刘正夫第，元延祐间改试院	《咸淳志》卷四，《要录》卷二〇，《巴西集》卷上《试院端梅诗序》	二	D12
枢密院	御街西，六部桥对	六部桥西		《咸淳志》卷五	二	D12
六部	朝天门西北	鼓楼西北海会寺	嘉泰间以吴山智果院为之	《咸淳志》卷八、七六	二	D10
都进奏院	丽正门东南		旧在和宁门，绍兴二十八年（1158）徙今地	《咸淳志》卷八	三	D14
登闻检院	丽正门西南					
登闻鼓院						
敕令所	油车巷北，罗汉洞南，太常寺东	福寿桥西南，余庆桥西北红门局	初在法惠寺东旧实录院地，后徙朝天门南，再徙令地，旧太常寺	《咸淳志》卷七，《乾道志》卷一，《南宋馆阁录》卷二，《攻媿先生文集》卷五一《重修太常寺记》	二	D9
秘书省	清河坊北，怀庆坊对，通浙坊东，开元宫西，国史院在东南，提举厅在西南	旧藩署	绍兴二年（1132）寓宋氏宅，四年（1134）徙法惠寺，十三年（1143）以殿前司营寨地建，十四年（1144）成，元为江浙行省，明清为布政使司	《南宋馆阁录》卷二、《要录》卷七二、《咸化府志》卷一六、《雍正通志》卷三〇	一	D9
国史院					二	
提举厅					二	

238　南宋临安城复原研究

续表

南宋名称	南宋地点	民国地点	建置沿革	参考文献	类别	坐标
			中　央　官　署			
太常寺	油车巷北，台官宅东，救令所西，北临河	红门局	初在东偏今救令所地，绍兴三十一年（1161）徙今地，旧为实录院，继为救令所，明为织染局	《咸淳志》卷六，《攻媿先生文集》卷五一《重修太常寺记》，《南宋馆阁录》卷二，江晓《织染局碑记》	二	D9
太医局	通江桥东北	通江桥东北	绍兴二十六年（1156）建，乾道六年（1170）以局罢地人丰储仓，绍熙二年（1191）复置今地，旧封桩下年，元为三皇庙，明为三皇仓，布政使司清军分司，嘉靖二十四年（1545）改巡抚督察院，清为巡抚署	《咸淳志》卷一一，《会要》食货二二-七，职官二二之四一，《诚意伯文集》《杭州路重修三皇庙碑》，《成化府志》卷三四，《游览志》卷一二，《万历府志》卷三七，《杭州府志》卷八	二	E11
宗正寺	御街西，州桥对	稽接骨桥对		《咸淳志》卷六，二一，《会要》职官二〇之五四，《乾道志》卷一	二	D12
玉牒所	同宗正寺		绍兴二十二年（1152）以旧天门南建，在勅天门南，后徙今地		二	D12
大宗正司	天庆观巷	城隍牌楼巷南	旧在睦亲坊，嘉泰元年（1201）以嘉王府之半改，绍定四年（1231）灾，五年（1232）徙今地，旧寓睦亲宅，端平元年（1234）成魏惠宪王府	《咸淳志》卷八，《乾道志》卷一，《洛水集》卷八《行在重建大宗正司记》，《鹤山集》卷四六《大宗正司记》	三	D11
牛羊司	望仙桥东，権货务后	牛羊司巷		《咸淳志》卷九，《梦粱录》卷一九，《癸辛杂识》续集卷上《天雨尘》	二	E10
骐骥院	紫坊岭下漾沙坑			《咸淳志》卷九，《乾道志》卷一	四	B10
都亭驿		六部桥直街北		《乾道志》卷一，《礼书》二八六，二九〇	三	E12

续表

南宋名称		南宋地点	民国地点	建置沿革	参考文献	类别	坐标
				中央官署			
司农寺		庙巷内	城隍牌楼巷	旧在市南坊北，凡三徙，嘉定初迁于旧韩侂冑园，绍定间徙今地，旧侍卫马军司	《咸淳志》卷六，《乾道志》卷一，《白獭髓》	三	D11
司农排岸司		前洋街南，武学对	钱塘路南		《咸淳志》卷九，《乾道志》	二	C6
太府寺		庙巷内	城隍牌楼巷	旧在通江桥东北，淳熙四年（1177）建封桩库，徙和剂局西府醋库，十五年（1188）以敕令所官屋充，绍定间徙今地，旧侍卫马军司	《咸淳志》卷六，《乾道志》卷一，《会要》食货五之一七、一八，职官二七之三三	三	D11
太平惠民局	南局	御街东，三省对	大学士牌楼东			二	D12
	西局	御街西，观巷北	贯巷北		《咸淳志》卷九	三	D4
	北局	御街西，坝头南	羊坝头南			二	E8
审计司（诸司诸军审计司）		庙巷内	城隍牌楼巷内	旧在净因坊北，凡再徙今地，旧侍卫马军司	《咸淳志》卷八，《乾道志》卷一	三	D11
国子监		纪家桥东北，车桥东南，太学西	众兴桥东北，车桥东南	绍兴十三年（1143）以岳飞宅建，元改北按察使司，明人按察使司，清仍之	《咸淳志》卷八，《成化府志》卷一六，《万历府志》卷一八，《杭州府志》卷一八	三	C5
文思院		安国桥东北	北桥东北	分吉祥院地建	《咸淳志》卷八	二	D5
军器监		庙巷内	城隍牌楼巷	旧在修文坊，绍定间徙今地，旧侍卫马军司	《咸淳志》卷八，《乾道志》卷一	三	D11
将作监		庙巷内	城隍牌楼巷	旧在修文坊，绍定间徙今地，旧侍卫马军司	《咸淳志》卷八，《乾道志》卷一	三	D11

附　录　239

续表

南宋名称		南宋地点	民国地点	建置沿革	参考文献	类别	坐标
中央官署							
御史台		清河坊南,八作司巷东	西河坊街南,八蜡司街东		《咸淳志》卷五、一九	二	E10
大理寺		旧招贤坊北,礼部贡院对	百井坊巷北,小井头巷对,耶稣堂街南	旧在钱塘门内,绍兴二十年(1150)入景灵宫,徙今地,旧祥德庙	《咸淳志》卷六,《要录》卷一六一,《象山集》卷二〇《记祥德庙始末》	二	D3
殿前司		皇城西南,八嘴岭南	茗香湾		《咸淳志》卷一〇,《乾道志》卷一	三	C14
侍卫步军司		铁冶岭西			《咸淳志》卷一〇	四	B11
军头司（御前忠佐军头引见司）		军头司桥东南,文思院北	有王桥东南	分吉祥院地建	《咸淳志》卷一〇、一九、二一	二	D5
军器所（制造御前军器所）		御街北,祥符寺东	龙兴寺街北,祥符寺巷东	分祥符寺地建	《咸淳志》卷九,《乾道志》卷一	二	C4
地方官署							
临安府治		州桥北	府前街北	旧在子城,绍兴初徙今地,旧净因寺,元为杭州路总管府治,明清为杭州府署	《咸淳志》卷五二、《松乡集》卷一《杭州路重建总管府记》,《成化府志》卷一九	一	C9
临安府	通判北厅	州桥东南,仁美坊西	府前街南,水沟巷西		《咸淳志》卷五三	二	C10
	通判南厅	州桥东南	府前街南				
	通判东厅	州桥东南	府前街南				

续表

南宋名称	南宋地点	民国地点	建置沿革	参考文献	类别	坐标
\multicolumn{7}{c}{地 方 官 署}
两浙转运司	丰豫门东南，普安桥西北	涌金门东南，转运桥西北	旧在子城双门北，元明清仍之	《咸淳志》卷五二、卷六一、一六，《成化府志》卷二，《两浙盐法志》	一	C9
钱塘县治	纪家桥西北	众兴桥西北	旧在钱塘门里，后入景灵宫，旧华严寺，明清为按察使司狱司	《咸淳志》卷五四、卷五五《钱塘县志》文集，《攻媿先生文集》，《成化府志》卷六	二	C5
仁和县治	旧招贤坊北，大理寺东	百井坊巷北，耶稣堂衖南	旧在仁和仓桥东北，绍兴三年（1133）徙今地	《咸淳志》卷五四	二	D3
慈幼局	戒子桥西	王栅库桥西	淳祐七年（1247）创	《咸淳志》卷八八、二二	二	C10
施药局	慈幼局北		淳祐八年（1248）创	《咸淳志》卷八八	二	C9
\multicolumn{7}{c}{中央仓库场务}
省仓上界	天水院桥西北，草料场西	天水桥西北	初名镇城仓，绍兴三年（1133）改行在南号仓，十一年（1141）改今名，嘉熙间徙今地	《咸淳志》卷九，《会要》食货六二之一三，一四	三	C3
丰储仓	旧安国坊北，三面临河	屏风街北	初名仁和仓，旧行在北仓，绍兴三年（1133）改行仁和县治，十一年（1141）改省仓中界，乾道五年（1169）改今名，六年（1170）展套旧太医局	《咸淳志》卷九，《会要》食货六二之二三，一四，一七	一	D3
丰禾仓	丰禾坊东	丰禾巷东		《乾道志》卷二，《咸淳志》卷一九	二	F8
淳祐仓	百万仓桥北	北仓桥北	淳祐九年（1249）创	《咸淳志》卷九、二二	二	C3
平籴仓	仙林寺东，西桥东南	仙林寺东北，西桥东南	淳祐间创	《咸淳志》卷九	二	E5

续表

南宋名称	南宋地点	民国地点	建置沿革	参考文献	类别	坐标
中央仓库场务							
咸淳仓	咸淳仓桥东北	东桥东北	咸淳间以旧琼华园及内酒库柴炭屋地创建	《咸淳志》卷九	二	E4
左藏库	左藏库桥北	板桥北	绍兴二十三年（1153）以韩世忠赐第为之	《咸淳志》卷八	二	D6
六部架阁库	天水院桥西北	天水桥西北		《咸淳志》卷五	三	D3
法物库	梅家桥北	梅东高桥北		《咸淳志》卷九	四	D2
度牒库	油车巷北，永安桥南，合谏官宅西	红门局		《咸淳志》卷九	二	C9
御前酒库	梅家桥南	梅家桥南		《咸淳志》卷一〇	三	E3
草料场	天水院桥西北、六部架阁库西	天水桥西北		《咸淳志》卷九	三	C3
合同场	过军桥南	过军桥南彩霞岭		《咸淳志》卷九、二一	二	E11
権货务都茶场	通江桥东北，太医局北	旧抚署址北		《咸淳志》卷八、二一、三五	二	E10
杂买务杂卖场	通江桥东北，太医局北	旧抚署址北		《咸淳志》卷八	二	E10
市舶新务	梅家桥北	梅东高桥北		《咸淳志》卷九	二	D2
青器窑	雄武营山上	老虎洞		《咸淳志》卷一〇	二	C13
	圜坛左右	乌龟山		《咸淳志》卷一〇	二	B16

续表

南宋名称		南宋地点	民国地点	建置沿革	参考文献	类别	坐标
				地方仓库场务			
临安府	镇城仓	师站桥东北	师站桥东北			二	C3
	常平仓	镇城仓东				二	C3
	回易库	丰乐桥南	丰乐桥南			三	E7
	北比较醋库	都酒务西，新房廊对	小井巷西			二	D10
	都醋库	井亭桥东大街面北	井亭桥东南			二	D7
	朝天门醋库	朝天门里大街面西	鼓楼东南		《咸淳志》卷五五	二	E10
	修城北醋库	鹅鸭桥东大路面北	和合桥东南			二	D6
	南比较醋库	三桥大街面北	三桥址东南			二	D8
	楼店务	楼店务巷内，楼务桥东	运司河下东			三	C10
	都税务	大和桥西北	柴垛桥西北		《咸淳志》卷一九	二	E8
	都酒务	大隐坊东	小井巷东			二	D10
浙西安抚司	回易库	荐桥西北	荐桥西北		《咸淳志》卷五五	二	E8
	卖酒局	丰储仓边家渡东	平安桥东			三	E3

续表

南宋名称	南宋地点	民国地点	建置沿革	参考文献	类别	坐标
			地方仓库场务			
东酒库	崇新门内北	丰禾巷东	旧在柴垛桥东，楼曰大和，在桥东北		二	F8
西酒库	惠迁桥西南，罗汉洞北	三桥址西南，福寿桥西北	即金文正库，楼曰西楼		一	D8
南酒库	御街西，清和坊南	清河坊西，西河坊街南	即升旸宫，楼曰西楼		二	E10
北酒库	鹅鸭桥东	和合桥东南，祖庙巷西	楼曰春风		二	E6
中酒库	御街西，狗儿山巷北，上百戏巷南	积善坊巷南	即银瓮酒库，楼曰中和		二	D8
南上酒库	御街西，崇学巷北	平海路北，石贯子巷南	楼曰和丰		一	D6
天宗酒库	天宗水门内东			《咸淳志》卷五五、一九，《乾道志》卷一，《武林旧事》卷一，《都城纪胜》酒肆，《梦粱录》卷一〇《点检所酒库》，《西湖百咏》卷上	四	C2
崇新酒库	崇新门外	章家桥东南			四	F8
钱塘正库	钱塘门外		楼曰先得		三	B5
钱塘栈库	钱塘县东南				三	C6
北新酒库	醋坊巷内	楚妃巷			三	D5
煮碧香库	西桥东北	西桥东北			二	E4
潘封栈库	潘封桥东南，贡院桥西南	小桥东南，阔板桥西南			二	C4

行在赡军激赏酒库所

续表

南宋名称	南宋地点	民国地点	建置沿革	参考文献	类别	坐标
天宗盐仓（盐事所天宗仓）	天宗水门内东		原为糠场	《咸淳志》卷五五，《淳祐志》卷七	四	C2
地方仓库场务
文 教
太学	前洋街北，国子监东	钱塘路北	绍兴十二年（1142），权以临安府学为太学，十三年（1143）以岳飞宅建，元改其东部为浙西肃政司，西部为西湖书院，明改肃政司为按察使司，书院为仁和县学，后徙学，地人按察使司，清仍之	《咸淳志》卷一一，《武林金石记》殿记，《西湖书院重修大成殿记》，《成化府志》卷一六，《万历府志》卷三三，《杭州府志》卷一八	一	C5
武学	前洋街北，太学东	钱塘路北	绍兴十六年（1146）建，明人按察使司署，清仍之	《咸淳志》卷一一，《成化府志》卷一六，《万历府志》卷一八，《杭州府志》卷一八	一	C5
宗学	宗学巷北，西为十官宅，东为南上酒库	平海路北	初为宫学，在睦亲宅，嘉定九年（1216）重建，改今名	《咸淳志》卷一一，《会要》崇儒一之六、七、一〇、一一、一五	二	D6
礼部贡院	御街北，贡院桥对	宝带桥北，王家巷东，余官巷西，小井头巷南	分争住院地建	《咸淳志》卷一一，七六，《会要》选举六之一三	一	D4
别试所	仁和县学北，大理寺西	百井坊巷北	初在贡院西，淳祐十二年（1252）以军器所西万指挥营空地为之，地人贡院	《咸淳志》卷一二，《会要》选举六之一三	二	C3
临安府学	凌家桥西北	凌家桥西北	绍兴元年（1131），旧县丞厅，明清仍之	《咸淳志》卷五六	二	C9
钱塘县学	纪家桥西北，钱塘县治东	众兴桥西北	旧附京庠，嘉熙四年（1240）以县丞廨改建，明洪武三年（1370）徙于圣观西，地人按察司狱司，清仍之	《咸淳志》卷五六，《鹤林集》卷三六《钱塘县学记》，《成化府志》卷二二	二	C5

续表

南宋名称		南宋地点	民国地点	建置沿革	参考文献	类别	坐标
仁和县学		仁和县巷北、仁和县治东	百井坊巷北	旧附京庠，绍兴三年（1133）建于县治东	《咸淳志》卷五六、《渭南文集》卷二一《仁和县重修先圣庙记》	二	D3
				文 教			
				武 备			
班直	金枪班	丰禾坊北	金枪班巷		《咸淳志》卷一四	三	F7
	银枪班		银枪班巷		《咸淳志》卷一四	三	F7
内诸司	皇城司营	毛郎巷东北	毛郎巷东北		《咸淳志》卷一四、五五	二	F7
		奉官营北			《咸淳志》卷一四	四	F6
		奉官营西北			《咸淳志》卷一四	四	F6
		天庆观巷			《咸淳志》卷一四	四	D11
	御厨营	观巷南、报恩光孝观西	贯巷南	分报恩光孝观地建	《咸淳志》卷一四、《雪坡舍人集》卷三三《重修报恩光孝观记》	二	D4
	翰林司营	京畿第二将南			《咸淳志》卷一四	四	F6
	修内司营	孝仁坊内			《咸淳志》卷一四	四	C13
		万松岭			《咸淳志》卷一四、七六	四	C12
	修内司纲兵营	榷货务东	金钗袋巷西	旧仪鸾司营	《咸淳志》卷一四、《思陵录》下	三	E10
		平籴仓北	东桥西南		《咸淳志》卷一四、二一	三	E4
	奉官营	丰禾坊北			《咸淳志》卷一四	四	F6

附　录　247

续表

南宋名称		南宋地点	民国地点	建置沿革 备 武	参考文献	类别	坐标
营观	太庙营	天庆观后山				四	D11
	寿慈宫营	五柳园桥东南	斗富三桥东南			二	F9
	大乙宫营	金刚寺北	老人街北			三	F9
	万寿观营	大学后			《咸淳志》卷一四，二一	三	C5
省院	枢密院亲兵营	长寿桥东北沿河	长寿桥东北			二	C4
	省马院	褚家塘	王马巷		《咸淳志》卷一四	三	F5
殿前司	策选锋步军寨	钱湖门外		分天长净心寺地建	《咸淳志》卷一四	四	B12
	后军步军寨	褚家塘	大东门直街			三	E3
		后洋街巷、砖街巷	竹竿巷北、孩儿巷南			三	C5
		中正桥东南	斜桥东南			三	C3
		褚家塘	大东门直街		《咸淳志》卷一四	三	F4
马军司	旧司 龙卫	艮山门内	三拨营南			四	F3
	云骑、武骑	平籴仓北	西桥门内			三	E4
		观桥东	贯桥东			三	D4

续表

南宋名称		南宋地点	民国地点	建置沿革	参考文献	类别	坐标
禁军	东南第三将	威捷第一指挥	东青门内	威仪表巷			三	F4
		全捷第二指挥	东青门内	燕子街		《咸淳志》卷五七	三	F5
		全捷第三指挥	东青门内	水陆寺巷			三	F5
	京畿第二将		东青门内	双眼井巷			四	F6
	兵马铃辖司		东青门内				三	F5

坛 庙

南宋名称	南宋地点	民国地点	建置沿革	参考文献	类别	坐标
圜坛	龙华寺西	八卦田	绍兴十三年（1143）建	《咸淳志》卷三、《会要》方域二之一七、《西湖百咏》卷下《包家山》	二	A16
社稷坛（大社大稷坛）	观桥东北	贯桥东北社坛巷	绍兴十四年（1144）建，十五年（1145）成	《咸淳志》卷三、《会要》一三之二六	三	D4
耤田先农坛	玉津园南		绍兴十五年（1145）建	《咸淳志》卷三、《礼书》一三五	四	
高禖坛	圜坛之东龙华寺		绍兴十六年（1146）建	《咸淳志》卷三、《乾道志》卷一、《要录》卷一五五	四	A16
太庙	御街西，旧保宁坊北	察院前直街西，大庙巷北，大马街东，察院巷南	绍兴五年（1135）创，十年（1140）扩建大殿，十二年（1142）扩建别庙，十三年（1143）扩建斋厅，十六年（1146）扩建大殿，增建东西廊、西神门、祭器殿，册宝殿，十九年（1149）改建斋殿，淳熙十四年（1187）扩建大殿，绍熙五年（1194）增建四祖殿，景定五年（1264）庙寝南扩，增建致高閤子	《咸淳志》卷三、《乾道志》卷二、《礼书》卷九五、《会要》礼一五之一八、一九、礼二之七、八，《礼书续编》卷六八、《杂记》甲集卷二	一	D11

续表

南宋名称	南宋地点	民国地点	建置沿革	参考文献	类别	坐标
景灵宫	新庄桥西北、万寿观北，崇禧馆道院在太乙宫东北	教场桥西北	绍兴十三年（1143）建，旧刘光世宅，二十一年（1151）以旧韩世忠宅扩建	《咸淳志》卷三，《中兴礼书》卷一〇五，《会要补编》四三	二	B4

坛 庙

攒 宫

成穆郭皇后		南屏山北	绍兴二十六年（1156）攒	《咸淳志》卷一四，《杂记》甲集卷二，《要录》卷一七三，《礼书》卷二八六，《宋史全文》卷二九上	四	
成恭夏皇后	修吉寺	南屏山北	乾道三年（1167）攒		四	
慈懿李皇后		南屏山北	庆元六年（1200）攒		四	
恭淑韩皇后	修吉寺东广教寺	南屏山北	庆元六年（1200）攒	《杂记》甲集卷二，《宋史》三七	四	
庄文太子	宝林院	南屏山北太子湾	乾道三年（1167）攒	《礼书》卷二八九、二九〇	四	
景献太子	法因院	南屏山北太子湾	嘉定十三年（1220）攒	《会要》礼四四之五、一二	四	

御 前 宫 观

万寿观	新庄桥西、晨华馆道院在礼部贡院西	教场桥西	绍兴十三年（1143）暂寓景灵宫辰星门内，十七年（1147）改建	《咸淳志》卷二〇、二一，《要录》卷一五〇、一五六，《燕翼诒谋录》卷四	二	B4
太乙宫	新庄桥西南、长寿桥西，崇真馆道院在南	长寿桥西	绍兴十七年（1147）建，十八年（1148）成	《咸淳志》卷三，《礼书》卷二七，《淳祐志》卷一二，《灵岩集》卷四《绍兴新建太一宫记》	二	B5
西太乙宫	孤山四圣延祥观东	孤山	淳祐十二年（1252）建	《咸淳志》卷二三，《礼书》卷三四	四	
四圣延祥观	孤山	孤山	绍兴十四年（1144）建四圣堂，二十年（1150）赐今额	《咸淳志》卷二三	四	

250　南宋临安城复原研究

续表

御前宫观

南宋名称	南宋地点	民国地点	建置沿革	参考文献	类别	坐标
宁寿观	七宝山	三茅观	绍兴二十年（1150）赐今额，旧三茅堂	《咸淳志》卷一三、《渭南文集》卷一六《行在宁寿观碑》、《武林石刻记》卷五《吴山三茅观尚书省牒》	二	D11
显应观	丰豫门西南，聚景园北，崇祐馆道院在东	涌金门西南	绍兴十八年（1148）建于玉津园口，二十四年（1154）徙今地，分灵芝寺之半为之	《咸淳志》卷一三、《梦粱录》卷八，《朱子语类》卷一二七	三	B9
佑圣观	兴礼坊西，佑圣观桥东北，延真馆道院在西	佑圣观巷西	淳熙三年（1176）改建，旧恭王府，元明清递存	《咸淳志》卷一三、《礼书》卷一五〇	二	E9
开元宫	糯米仓巷西，秘书省东，国史院北，阳德馆道院在北	华光巷西	嘉泰四年（1204）改建，分旧嘉王府之半为之，绍定四年（1231）毁，大宗正司扩建，元入江浙行中书省，宫徙安济桥旧周汉国长公主宅，明清为浙江布政司一部	《咸淳志》卷一三、《舆地纪胜》卷一、《洛水集》卷八《行在重建大宗正司记》、《松乡集》卷一《杭州路开元宫建碑》、《成化府志》卷四《开元宫》卷一一《安雅堂集》卷一一《重建杭州开元宫碑》	二	D9
龙翔宫	后市街西，施家桥东南，南真馆道院在东	后市街西，余庆桥东南	淳祐四年（1244）改建，旧沂靖惠王府，元改寿宁寺，宫徙安济桥，明为织造府，分东西二府，清改东府为行宫	《咸淳志》卷一、一二、一三、《钱塘遗事》卷一〇《龙翔宫》、《东维子文集》卷二《杭州龙翔宫重建碑》、《成化府志》卷二二《重建龙翔宫碑记》、《万历府志》卷一一《重修龙翔宫》、《南巡盛典》卷三〇二	一	D9
宗阳宫	宗阳宫桥东北，三圣庙桥东，兴礼坊西，介真馆道院在西	吉祥巷西宗阳宫	咸淳四年（1268）建，分旧德寿宫之半为之，元明清递存	《咸淳志》卷一三、《梦粱录》卷八、《格庵奏稿》《又奏新宫事》	二	E9

续表

南宋名称	南宋地点	民国地点	建置沿革	参考文献	类别	坐标
			宫　观			
天庆观	执政府后		旧真圣观，天禧三年（1019）徙今额，元改玄妙观，明清重建于四牌楼北	《咸淳志》卷七五，《武林玄妙观志》	四	D11
报恩光孝观	观巷南，砖街巷北	孩儿巷北报恩院	绍兴十三年（1143）改今额	《咸淳志》卷七五，《雪坡舍人集》卷二三《重修报恩光孝观记》	二	D5
元真观	晨华馆西	王家巷西	唐景龙二年（708）建，雍熙二年（985）改今额	《咸淳志》卷七五	三	C4
中兴观	吴山	吴山东岳庙	大观中建东岳行祠，嘉定二年（1209）赐额	《咸淳志》卷七五	二	D10
天明观	吴山忠清庙后	吴山东岳庙侧	嘉泰中重建	《咸淳志》卷七五	三	D10
承天灵应观	吴山之巅	吴山文昌阁	旧冲天观，端平三年（1236）改今额	《咸淳志》卷七五，丁敬《武林石刻记》、《两浙金石志》卷一七《承天灵应观记》	二	C11
至德观	吴山之巅	吴山太岁庙	即十一曜太岁堂	《咸淳志》卷七五	二	D10
福田宫	崇新门内南，兴礼坊东	佑圣观巷东	旧梵严观，嘉定中改今额	《咸淳志》卷七五，《梦粱录》卷七	二	F8
景隆观	通利桥东南	斗富一桥东南	旧通元庵，嘉定十四年（1221）以旧修内司营地建	《咸淳志》卷七五，二一，《梦粱录》	二	F10
			寺　院			
明庆寺	木子巷北	长寿桥东北，祥符桥西南	唐大中二年（848）建灵隐院，大中祥符五年（1012）改今额，南末初分其地广刘光世宅	《咸淳志》卷七六，《雪楼集》卷一三《虎林山大明庆寺重建佛殿记》，《金华黄先生文集》卷一二八《杭州明庆寺记》，《缀耕录》卷二二《刑赏失宜》，《东维子文集》卷二二《俞同知军功功》	三	C4

续表

南宋名称	南宋地点	民国地点	建置沿革	参考文献	类别	坐标
仙林寺（仙林慈恩普济教寺）	仙林寺桥西北	仙林桥西北	绍兴十三年（1143）创，三十年（1160）成，赐额，明清递存	《咸淳志》卷七六，二一，《松隐集》卷二一《仙林寺记》	二	E5
传法寺（太平兴国传法寺）	兴礼坊东	梅花碑东	绍兴初建传法院，淳熙二年（1175）赐额，明入巡盐察院，清改织造署	《咸淳志》卷七六，《万历府志》卷三七，《杭州府志》卷一八	二	F9
大中祥符寺	御街北，祥符桥对，祥符桥东，祥符寺巷西	祥符寺巷西龙兴寺	旧龙兴寺，大中祥符初改今额，南末分其地建军器所等，留西南隅为寺，元明清递存，今唐经幢尚存	《咸淳志》卷七六，一九，《金华黄先生文集》卷二二《龙兴祥符戒坛寺记》，《龙兴祥符戒坛寺志》	一	C4
千顷广化院	木子巷北，明庆寺东		后梁开平元年（907）建，旧名千顷，大中祥符九年（1016）改今额	《咸淳志》卷七六	三	C4
净住院	礼部贡院北	小井头巷	旧名慈光，吴越改今额，南末地建礼部贡院	《咸淳志》卷七六	三	D4
开宝仁王寺	七宝山	白马庙巷西仁王寺	绍兴五年（1135）建仁王院，绍熙三年（1192）赐额，明清递存	《咸淳志》卷七六	二	D12
天长净心寺	砖街巷南	竹竿巷北天长寺	后晋天福四年（939）建，旧名天长，大中祥符元年（1008）改今额，南末初分其地建军寨	《咸淳志》卷七六	二	D5
永福院	后洋街北	竹竿巷北，永福寺巷东	嘉定中徙今额，明清递存	《咸淳志》卷七六	二	D5
净戒院	崇真馆南	车桥西北	后梁龙德二年（922）建，旧名青莲，大中祥符九年（1016）改今额，绍兴二十二年（1152）建祚德庙于内，至正末入张士信府	《咸淳志》卷七六，《成化府志》卷四七，《平吴录》	二	B5

续表

南宋名称	南宋地点	民国地点	建置沿革	参考文献	类别	坐标
寺 院						
吉祥院	北桥巷北，文思院东	仙林寺西	乾德三年（965）建，南宋初分其地建文思院，军头司	《咸淳志》卷七六	二	E5
翔鸾院	余杭水门内东	武林水门东	后唐清泰元年（934）建，旧名普光，治平二年（1065）改今额	《咸淳志》卷七六	四	B2
七宝院	盐桥东北	盐桥东北七宝寺巷东	后梁贞明七年（921）建，旧名上方多福，大中祥符初改今额，明清递存	《咸淳志》卷七六	二	E5
旧圣果寺	凤凰山右	圣果寺	吴越建，镌西方三圣像，南宋初以其地为殿前司，徙包家山，明清递存	《咸淳志》卷七六、《成化府志》卷四八、《凤凰山圣果寺志》	二	B14
梵天寺	皇城西南	梵天寺	吴越建，旧名南塔，治平中改今额，今吴越二经幢尚存	《咸淳志》卷七六	二	D15
华严院	井亭桥西北	井亭桥西北	绍兴二年（1132）建，赐旧额	《咸淳志》卷七六	三	D7
安国罗汉院	井亭桥西	井亭桥西	即井寺，淳熙十一年（1184）徙今额，元明清递存	《咸淳志》卷七六、《游览志》卷一六	二	C7
安福院	军器所东，元真观西	宝极观巷北	绍兴五年（1135）分祥符寺地建，景定四年（1263）徙今额，有千佛阁，嘉靖十六年（1537）改同仁祠	《咸淳志》卷七六	四	C4
智果院	朝天门西吴山	鼓楼西海会寺	吴越建，旧名石佛，大中祥符中改今额，嘉泰间分其地为进奏院，元改海会寺，明清递存	《咸淳志》卷七六	二	D10
兴福院	仁和县治北	耶稣堂街北	绍兴初建，徙今额	《咸淳志》卷七六、《武林石刻记》卷五《临安府在城兴福院记》	二	D3
百法广润院	忠清庙南	五奎街西南	旧百法庵，淳熙十四年（1187）徙今额，明清递存	《咸淳志》卷七六	二	D10

续表

南宋名称	南宋地点	民国地点	寺　院 建置沿革	参考文献	类别	坐标
定水院	修内司营前	凤山门西城基	旧观音庵，嘉定八年（1215）徙今额	《咸淳志》卷七六，《成化志》卷四七	三	C12
广寿慧云院	白洋池北	白洋池北，水星阁东	淳熙十四年（1187）张镃舍宅为之，绍熙元年（1190）赐额，明清递存	《咸淳志》卷七六，《南湖集》卷七《桂隐纪咏并序》，《武林旧事》卷一〇《约斋桂隐百课》，《武林石刻记》卷五《舍宅普愿疏文》《广寿慧云禅寺之记》	二	E2
妙喜资福院	水巷东	水漾桥东北	绍兴初建妙喜庵，庆元六年（1200）徙今额	《咸淳志》卷七六	三	E8
广恩院	清远桥巷北	清远桥东北	淳熙中建	《咸淳志》卷八二	三	D4
上方院	丰豫门内北	铁佛寺桥西北	旧西竺庵，庆元五年（1199）徙今额，明初废，万历间复建	《咸淳志》卷七六，《杭防营志》卷一	三	C7
慈光寺	佑圣观桥西北	铁佛寺桥西北	宝庆二年（1226）建，明称铁佛寺	《咸淳志》卷八二，《武林梵志》卷一	二	E9
宝梵寺	清平坊东，新开坊北	打铜巷东	旧崇新门外崇寿院，崇宁元年（1102）改今额，淳熙二年（1175）徙今地	《京城图》，《游览志》	二	E10
水陆院		水陆寺巷北		《武林坊巷志》引末点观水陆寺宋刻石经幢》	二	E11
普济院	上楞木桥东	候潮门东普济寺	即普济寺，太平兴国元年（976）建	《咸淳志》卷八一，《浙江图》	二	E13
福田院	上楞木桥东	候潮门东福田寺	宝祐二年（1254）移今额，后改今额	《咸淳志》卷八一，《浙江图》	二	F13
崇先显孝院	马婆巷西	紫金桥西紫荆庵	绍兴初建紫金庵	《咸淳志》卷八一	二	F9

续表

南宋名称	南宋地点	民国地点	建置沿革	参考文献	类别	坐标
寺　院							
永宁院	马婆巷东	永宁寺巷	乾德二年（964）建，旧名还乡，治平间改今额	《咸淳志》卷八一	三	F10
慈云院	马婆巷东	永宁寺巷北慈云寺	后周显德二年（955）建，旧名慈济，大中祥符二年（1009）改今额，明清递存	《咸淳志》卷八一、《武林石刻记》卷五《城东慈云院甲乙传流住持记号府帖》	二	F10
演教院	新开门外	望江门直街北演教寺	建炎间建，明清递存	《咸淳志》卷八一	二	F10
悟空院	淳祐桥东	悟空寺巷南悟空寺	后晋天福七年（942）建，旧名崇新，大中祥符元年（1008）改今额，明清递存	《咸淳志》卷八一	二	F7
长明院	章家桥东，横街北	章家桥东长明寺	开宝四年（971）建，旧名法灯，治平二年（1065）改今额，明清递存	《咸淳志》卷八一、《武林石刻记》卷五《长明寺石刻心经》	二	G8
崇宁万寿寺	米市桥东	姚园寺巷北姚园寺	即姚园寺，绍兴初创，乾道初徙今额，明清递存	《咸淳志》卷八一	二	F9
崇宁万寿寺		萧公桥东万寿寺		《浙江图》	二	F14
金刚广福院	五柳园桥东北	金刚寺巷西金刚寺	明清递存	《咸淳志》卷八一	二	F9
寂照院		清泰门东寂照寺	旧为施水庵，庆元六年（1200）改今额		二	
华藏院		华藏寺巷北华藏寺	后唐清泰二年（935）建，旧名报恩，大中祥符元年（1008）改今额，明清递存	《咸淳志》卷八一、《浙江图》	二	G7
归德院		潮鸣寺巷北潮鸣寺	即潮鸣寺，后梁贞明元年（915）建，明清递存	《咸淳志》卷八一、《浙江图》、《游览志》卷一八	二	G5

续表

南宋名称	南末地点	民国地点	建置沿革	参考文献	类别	坐标
仙林定香院	法明院北	定香寺巷北定香寺	乾德四年（966）建，旧香积院，治平二年（1065）改今额，宝庆间为崇德观，徙今地，明清递存	《咸淳志》卷八一	二	F2
香积院	江涨桥东北	香积寺	太平兴国三年（978）建，旧名兴福，何氏舍宅为之，大中祥符中改今额，明清递存	《咸淳志》卷八一	二	
接待妙行院	湖州市左家桥西	接待寺巷	即喻弥陀寺，大观间建	《咸淳志》卷八〇	三	
龙华寺（龙华宝乘院）		龙华寺	后晋开运二年（945）建，大中祥符九年（1016）改今额	《咸淳志》卷七七，《武林石刻记》卷三	四	A16
感业寺		天龙寺北	乾德三年（965）建，旧名天龙，大中祥符元年（1008）改额造像尚存	《咸淳志》卷七七	二	
天真院		玉皇山	后梁龙德元年（921）建，旧名登云台，大中祥符元年（1008）改今额，山顶有灵化洞	《咸淳志》卷七七	二	
崇先袭庆寺		虎跑山西真珠寺	开庆元年（1259）赐额，充嗣濮王攒王攒所，明清递存	《咸淳志》卷七七，《游览志》卷五	二	
祖塔法云院		虎跑寺	唐开成二年（837）建，太平兴国六年（981）改今额，明清递存	《咸淳志》卷七七，《虎跑定慧寺志》	二	
慈恩开化寺	六和塔	六和塔	开宝三年（970）建，造六和塔，宣和毁，绍兴二十二年（1152）重建，隆兴二年（1164）赐额，明清递存	《咸淳志》卷七七，八二	二	
净慈寺（报恩光孝禅寺）	雷峰塔南	净慈寺	后周显德元年（954）建，绍兴十九年（1149）改今额，明清递存	《咸淳志》卷七八、《敕建净慈寺志》	二	A12

续表

寺　院

南宋名称	南宋地点	民国地点	建置沿革	参考文献	类别	坐标
显严院	雷峰塔	雷峰塔	开宝中建，造皇妃塔，治平二年（1065）赐额	《咸淳志》卷七八	二	
兴教寺	南屏山北	南屏山北	开宝五年（972）建，旧名善庆，太平兴国中改今额，寺后有司马光家人卦刻石	《咸淳志》卷七八、二三，《四朝闻见录》甲集《南屏兴教磨崖》	二	
荣国寺	南高峰	南高峰荣国寺	后晋天福中建，宝祐五年（1257）徙今额，明清递存	《咸淳志》卷七八	二	
净梵院		净梵寺	吴越广运中建，旧名瑞峰，大中祥符元年（1008）改今额，明清递存	《咸淳志》卷七八	二	
水乐净化院	烟霞岭下	水乐洞	吴越广运中建，旧名石屋，南末重建，复旧额	《咸淳志》卷七八，《武林石刻记》《净化寺经幢》	二	
大仁院	石屋洞	石屋洞	吴越广运中建，宣和三年（1121）改今额，有石屋洞，镂罗汉像尚存	《咸淳志》卷七八、二九	二	
惠因院		高丽寺	即高丽寺，后唐天成二年（927）建，南末充成国公主馔所，明清递存	《咸淳志》卷七八，《王岑山慧因高丽华岩教寺志》	二	
法相院		法相寺	后晋天福四年（939）建，旧名长耳相，大中祥符九年（1016）改今额，明清递存	《咸淳志》卷七八	二	
延恩衍庆院	凤凰岭	凤凰岭龙井寺	后汉乾祐二年（949）建，旧报国看经院，淳祐六年（1246）改今额，有龙井	《咸淳志》卷七八	二	
灵芝崇福寺	丰豫门外	涌金门西南钱王祠	太平兴国元年（976）建，绍兴间析其地建显应观，明嘉靖三十九年（1560）改钱王祠	《咸淳志》卷七九，《万历钱塘志》纪制、祠	二	

续表

南宋名称	南宋地点	民国地点	建置沿革	参考文献	类别	坐标
		寺 院				
慧明院	丰豫门外	涌金门西北	即柳洲寺，后晋天福五年（940）建，旧额资福，大中祥符中改今额，绍兴间为聚景园，徙今地	《咸淳志》卷七九，《武林旧事》卷五	三	B8
菩提院	钱塘门外	钱塘门西南	即菩提寺，太平兴国二年（977）建，旧名菩严，七年（982）改今额	《咸淳志》卷七九	三	B6
大昭庆寺	昭庆广济桥北	昭庆寺	乾德五年建，旧名菩提，太平兴国七年（982）改今额，南宋初分其地建策选锋教场，明清递存	《咸淳志》卷七九，二一，《大昭庆律寺志》	二	A5
兜率寺		宝石山东南大佛寺	即大佛头，传秦皇缆船石，宣和中僧思净就山镌弥勒像，治平中改今额	《咸淳志》卷七九	二	A5
崇寿院	巨石山	保俶塔	开宝元年（968）建，造保叔塔成，改今额	《咸淳志》卷七九，八二	二	
上智果院		智果寺	后晋开运元年（944）建，景定四年（1263）充冲善广王攒所，明清递存	《咸淳志》卷七九	二	
玛瑙宝胜寺	葛岭东	玛瑙寺	后晋开运三年（946）建，旧在孤山，绍兴二十二年（1152）入四圣延祥观，徙今地，明清递存	《咸淳志》卷七九	二	
景德灵隐寺	武林山东	灵隐寺	旧名灵隐，景德四年（1007）改今额，明清递存	《咸淳志》卷八〇，《灵隐寺志》	二	
天竺灵山教寺	下天竺	法镜寺	旧名灵山，天竺，宝祐二年（1254）改今额	《咸淳志》卷八〇，《天竺山志》	二	

续表

南宋名称	南宋地点	民国地点	建置沿革	参考文献	类别	坐标
天宁万寿永祚禅寺	中天竺	法净寺	太平兴国元年（976）建，旧崇寿院，政和四年（1114）改今额，明清递存	《咸淳志》卷八〇、《天竺山志》	二	
灵感观音寺	上天竺	法喜寺	吴越建，嘉祐末赐额，淳熙二年（1175）改院为寺，明清递存	《咸淳志》卷八〇、《杭州上天竺讲寺志》、《天竺山志》	二	

祠 庙

祚德庙	车桥西，太乙宫南	车桥西	绍兴十六年（1146）建于仁和县西，二十年（1150）以其地建大理寺，徙于元真观，二十二年（1152）又徙于净成院，元初庙废，至正末张士信府	《咸淳志》卷三、《象山先生全集》卷二〇《记祚德庙始末》、《礼书》卷一五、《会要》礼二〇之二七、《成化府志》卷四七	二	B5
城隍庙	宝月山	吴山省城隍庙	旧在凤凰山，绍兴九年（1139）移地，明年为府城隍庙，清改省城隍庙	《咸淳志》卷七一、《布政使司城隍庙记》、《吴山城隍庙志》	二	D10
忠清庙	吴山	吴山伍公庙	雍熙二年（985）重建，大中祥符五年（1012）赐额，嘉泰二年重修（1202），明清递存	《咸淳志》卷七一	二	D10
顺济庙	丰乐桥东北	萧公桥北冯相公庙	即冯大郎庙	《咸淳志》卷七一、《浙江图》	二	F13
旌忠庙（三圣庙）	丰乐桥东北	三官巷、宽苑寺巷	绍兴三年（1133）建于三圣庙东，十九年（1149）改观额，三十二年（1162）入德寿宫，徙建宽苑寺废址，明清复为寺	《咸淳志》卷七一、七五、《会要》礼五之一四	二	E7
灵卫庙	钱塘门内	小营门旁	即金祝庙，淳祐十年赐额（1250），明清递存	《咸淳志》卷七一、《京城图》、丁敬《武林石刻记》卷二、《杭防旗驻防营志略》卷一	二	B5

续表

南宋名称	南宋地点	民国地点	建置沿革	参考文献	类别	坐标
			寺　院			
嘉泽庙	涌金门北西井城下	安国罗汉院西	景定五年（1264）赐额，明清为邺侯祠	《咸淳志》卷七二，《游览志》卷一六	三	C7
昭贶庙	候潮门外浑水闸东	江干三郎庙	即张司封庙，淳祐八年（1248）重建，明清递存	《咸淳志》卷七二，《浙江图》，《两浙金石志》卷一八《昭贶神庙记》	二	F14
显忠庙	长生老人桥西	长生桥西显忠庙	即霍使君庙，宣和间赐额，明清递存	《咸淳志》卷七三	二	C6
金华将军庙	涌金池前	涌金门东南金华庙	明清递存	《咸淳志》卷七三	二	C8
广福庙	盐桥顶	盐桥上	咸淳四年（1268）赐额，明清递存	《咸淳志》卷七三，《广福庙志》	二	E6
嘉应公祠	下百戏巷	东平巷		《咸淳志》卷七三	三	D7
白马庙（护国天王堂）	寿域坊北	白马庙巷北白马庙	旧在太庙南，景定五年（1264）毁，徙今地，旧粮料院	《咸淳志》卷七三	二	D11
惠应庙	晨华馆	王亲巷	即皮场庙	《咸淳志》卷七三，《燕翼诒谋录》卷四	三	C4
	吴山	吴山药王庙	即皮场庙，清名药王庙	《咸淳志》卷七三	二	D10
东岳庙	中兴观	吴山东岳庙	大观中建东岳行祠，明清仍之	《咸淳志》卷七三，七五	二	D10
仰山二王庙	观桥东马军司西营	清远桥东南		《咸淳志》卷七三，《竹溪鬳斋十一稿续集》卷一〇《行在仰山孚惠二王庙记》	三	D4
显祐庙	淳祐仓西	永新桥北	即烈帝庙，明清仍之	《咸淳志》卷七三	二	B3
梓潼帝君庙	承天灵应观	吴山文昌阁	端平三年（1236）建	《咸淳志》卷七三，丁敬《武林石刻记》，《两浙金石志》卷一七《承天灵佑广济王灵武烈忠佑广济王像》碑	二	C11

续表

南宋名称	南宋地点	民国地点	建置沿革	参考文献	类别	坐标
			寺　院			
五显庙	断河头普济桥前	普济桥华光庙	明清仍之	《咸淳志》卷七一、七六	二	D9
会灵庙	丰豫门外	涌金门北	即柳洲洲五龙王庙	《咸淳志》卷七一	三	B8
崔府君庙	丰豫门外显应观	涌金门西南	绍兴十八年（1148）建于王津园路口，二十四年（1154）徙于今地，分灵芝寺之半为之	《咸淳志》卷七三、《梦粱录》卷八，《朱子语类》卷一二七	三	B9
伏虎大王庙	下马婆巷南	永昌坝东伏虎庙		《浙江图》	二	F11
甘王庙		清泰门东甘王庙		《浙江图》	二	
			官　宅			
五府	御街西，太庙北，天庆观巷南	察院前巷北	绍兴二十六年（1156）建执政府三省之太庙北，左右相府两位于三省台北，相府北徙，聚于今地，元明为南察院	《咸淳志》卷一〇、一九、《会要》方域二之一九，《成化府志》卷六	二	D11
侍从官宅	都亭驿东	六部桥直街北	景定四年（1263）建，或即十二官宅	《咸淳志》卷一〇，《碧梧玩芳集》卷一〇《恭题从官宅进思堂宸翰》	三	E12
台谏官宅	油车巷北，南对天井坊，北对官街后桥	金文桥南	旧法惠寺，南宋初为秘书省，继为怀远驿，南宋末辟为台谏官宅，明仍为织染局	《咸淳志》卷一〇、一三，《南宋馆阁录》卷七、《碧梧玩芳集》卷三《恭题玩芳集》卷三《恭题从官宅进思堂宸翰》	二	C9
六官宅（省院官宅）	糯米仓巷东，普济桥东南	华光巷东，十三湾巷西		《咸淳志》卷一〇，《梦粱录》卷一〇，《舆地纪胜》卷一	二	D9
九官宅（卿监郎官宅）	俞家园		咸淳七年（1271）建	《咸淳志》卷一〇	四	C8

续表

南宋名称	南宋地点	民国地点	建置沿革	参考文献	类别	坐标
七官宅	郭婆井		官　宅	《咸淳志》卷一〇、一二、二八	四	C11
五官宅	石板巷	水沟巷		《咸淳志》卷一〇	三	C10
三官宅	潘阆巷东，司农排岸司西，前洋街南	钱塘路南	亦作四官宅	《咸淳志》卷一〇，《舆地纪胜》卷一	三	C6
十官宅	官巷北，石灰桥东南	平海路北，石湖桥东南	旧西百官宅	《咸淳志》卷一〇、二二、《乾道志》卷一	二	D6
六房院	如意桥北，石桥南	饮马井巷西	绍兴十五年（1145）建	《咸淳志》卷一〇、二二	二	C8
五房院	杨和王府西	清河街	绍兴十五年（1145）建	《咸淳志》卷一二，《梦粱录》卷一〇	三	C7
			私　第			
昭慈圣献孟太后宅	坝头南，后市街西	羊坝头南，后市街西		《咸淳志》卷一〇	二	D8
显仁韦太后宅	荐桥东北	荐桥东北	绍兴十五年（1145）建	《咸淳志》卷一〇，《要录》卷一五四	三	E8
宪节邢皇后宅	荐桥南	荐桥南		《咸淳志》卷一〇	四	E8
宪圣慈烈吴太后宅	州桥东	五福街		《咸淳志》卷一〇，《四朝闻见录》乙集《吴云壑》	二	E12
成穆郭皇后宅	佑圣观北，兴礼坊西	佑圣观西	淳熙十六年（1189）建	《咸淳志》卷七、一〇，《会要》后妃二二四	三	E8
成恭夏皇后宅	丰乐桥北	丰乐桥东北		《咸淳志》卷一〇	四	E7
成肃谢皇后宅	佑圣观北，兴礼坊西	佑圣观巷西	淳熙四年（1177）建	《咸淳志》卷一〇，《会要》后妃二之二三	三	E8

续表

南宋名称	南宋地点	民国地点	建置沿革	参考文献	类别	坐标
			私　第			
慈懿李皇后宅	后市街	后市街西	淳熙十六年（1189）建	《咸淳志》卷一〇，《会要》后妃二之二四	二	D9
恭淑韩皇后宅	军将桥西北	军将桥西北		《咸淳志》卷一〇，二一，《梦梁录》卷七	二	D8
恭圣仁烈杨皇后宅	漾沙坑	陆官巷，塔儿头西南	嘉泰三年（1203）扩建	《咸淳志》卷一〇，二一，《会要》后妃二之二七	二	C10
寿和圣福谢太后宅	后市街西，龙翔宫南	后市街西		《咸淳志》卷一五，《梦梁录》卷一〇	二	D9
全皇后宅	丰禾坊西	丰禾巷西	咸淳三年（1267）建	《咸淳志》卷一〇，一九，《梦梁录》卷七	二	F8
濮安懿王府	军将桥东	兴武桥东		《咸淳志》卷一〇，《乾道志》卷一	三	D8
吴王府	后洋街北，秀安僖王府东	竹竿巷北		《咸淳志》卷一〇	三	D5
益王府	油蜡局桥，中沙巷	油局桥东南		《咸淳志》卷一〇，《乾道志》卷一	三	E7
秀安僖王府	后洋街北，天长净心寺东	竹竿巷北，天长寺东	淳熙十五年（1188）赐，旧赵密宅，淳熙五年（1178）曾赐史浩，十三年（1186）曾赐梁克家	《咸淳志》卷一〇，《皇伯祖太师崇宪王行状》，《思陵录》下，《攻媿先生文集》卷八九《杂记》乙集卷七，《宋宰辅编年录》卷八	二	D5
庄文太子府	活水巷北，清和坊南	洪福桥西南	乾道六年（1170）以知枢密院府为之，后徙今地	《咸淳志》卷一〇，一九，《续编两朝纲目备要》卷一	二	D7

续表

南宋名称	南宋地点	民国地点	建置沿革	参考文献	类别	坐标
私第						
沂靖惠王府	结缚桥西	结缚桥西	旧在后市街，淳祐四年（1244）以其地建龙翔宫，徙今地	《咸淳志》卷一〇	二	D6
景献太子府	铁冶岭			《咸淳志》卷一〇	四	C11
荣文恭王府	荣王府桥东	抚桥东	即福王府，咸淳三年（1267）嗣荣王与芮进封福王	《咸淳志》卷一〇、二一	二	E9
周汉国长公主府（驸马府）	安济桥东北，左藏库西	龙翔宫桥东北	景定二年（1261）建，元为龙翔宫	《咸淳志》卷一〇、二一，《宋季三朝政要》卷三，《柳待制文集》卷一六《开元启图后序》	二	C6
张循王府	清河坊北，天井坊东，油车巷南	浙江省立杭州初级中学	绍兴十二年（1142）建，元为行宣政院，明为浙江都指挥使司，改浙江提督学政署	《咸淳志》卷一〇，《二老堂杂志》卷四《张循王赐第》，《侨吴集》卷二《古墙行》，《成化府志》卷一六，《雍正通志》卷三〇	一	C9
韩蕲王府	前洋街北，纯礼坊南	钱塘路北，竹竿巷南		《咸淳志》卷一〇，《清波杂志》卷三《钱塘旧景》	二	D5
刘鄜王府	明庆寺南	长寿桥东南	分明庆寺地广之	《咸淳志》卷一〇，《金华黄先生文集》卷二二《杭州明庆寺记》	三	C5
杨和王府	清和坊北	洪福桥西北		《咸淳志》卷一〇、一九，《齐东野语》卷四《杨府水渠》	二	D7
贾魏公府	葛岭		景定三年（1262）建	《咸淳志》卷一〇，《宋史全文》卷三六	四	
御园						
聚景园	清波门西北，丰豫门西南	清波门西北，涌金门西南	孝宗建	《咸淳志》卷一三，《癸辛杂识》续集卷上《回回送终》	二	B9

续表

南宋名称	南宋地点	民国地点	建置沿革	参考文献	类别	坐标
御 园						
玉津园	嘉会门西南		绍兴十七年（1147）建	《咸淳志》卷一三	四	
富景园	南新草桥西北	望江门西北	即东花园，孝宗建	《咸淳志》卷一三、二一，《武林旧事》卷四《御园》	二	F10
翠芳园	南屏山东，净慈寺南	南屏山东，净慈寺南	旧名屏山，咸淳四年（1268）徙材建宗阳宫	《咸淳志》卷一三，《梦梁录》卷一九，《西湖百咏》卷下《翠芳园》	三	A12
玉壶园	钱塘门外		旧刘光世园，景定间隶修内司，后隶慈元殿	《咸淳志》卷一三，《西湖百咏》卷下《玉壶园》	三	B6
私 园						
水月园	大佛头西	大佛寺西	绍兴中赐杨存中，后献御前，孝宗赐嗣秀王伯圭		三	
真珠园	雷峰东北	雷峰东北	张俊园	《咸淳志》卷八六	二	
环碧园	柳洲寺侧	涌金门外北	杨郡王府园		四	B8
瓦 舍						
南瓦	清冷桥西北，熙春桥北，巾子巷南	清冷桥西北，熙春桥北，灌肺桥东南			一	E9
中瓦	巾子巷北	惠民巷北			二	D9
大瓦	坝头北，菱椒巷南	羊坝头北	又名上瓦，西瓦	《咸淳志》卷一九、卷二二，《乾道志》卷二	二	D8
北瓦	下瓦后桥南	众乐桥南，扁担街北	又名下瓦		二	D6
便门瓦	便门外北	太平坊巷北，瓦子巷西北			二	E14

续表

南宋名称	南宋地点	民国地点	建置沿革	参考文献	类别	坐标
	瓦　舍
候潮门瓦	候潮门外北	候潮门北			三	E12
小堰门瓦	保安门外东	保安桥东北	又名四通馆瓦		三	E11
新门瓦	新门外南，竹竿巷西	大獅子巷西		《咸淳志》卷一九、卷二一，《乾道志》卷二	二	E10
荐桥门瓦	章家桥东南，竹竿巷西	章家桥东南，下板儿巷西			二	F8
菜市门瓦	菜市桥东南	菜市桥东南，南瓦子巷北，普安街西			一	F6
	水　井
吴山井	吴山之北吴山井巷	大井巷		《咸淳志》卷三七	一	E10
郭婆井	铁冶岭北	郭婆井巷			一	C4
下八眼井	秘书省南	粮道山			一	D10
祥符寺井	旧大中祥符寺	钱王井			一	C11
相国井	相国井巷	井亭大街		《咸淳志》卷三三	一	D7

第五节　南宋临安城复原图地名索引

A

安福桥　C6

安福院　C4

安国罗汉院　C7

安国桥　D5

安济桥　C6

安荣坊　D10

B

八字桥　D6

八作司巷　D10

坝东巷　E8

坝头　D8

白马庙　D11

百法广润院　D10

百万仓桥　C3

保安门　E11

保安桥　E11

保安水门　E11

保安延寿桥　E11

保安闸桥　E11

宝梵寺　E10

宝祐坊　E9

宝祐桥　E9

报恩光孝观　D5

鲍生姜巷　D7

北比较醋库　D10

北酒库　E6

北桥巷　D5

北水门　E14

北瓦　D6

北新酒库　D5

便门　E14

便门瓦　E14

别试所　C3

兵马钤辖司　F5

C

菜市门瓦　F6

菜市桥　F6

草料场　C3

策选锋步军寨　C3 C5 E3

柴垛桥巷　E8

柴木巷　E8

昌乐坊　E6

长明院　G8

长桥　A12
长庆坊　E10
长生老人桥　C6
长寿桥　C5
常平仓　C3
朝天门　E10
朝天门醋库　E10
车桥　C5
成恭夏皇后宅　E7
成穆郭皇后宅　E8
成肃谢皇后宅　E8
承天灵应观　C11
城隍庙　D10
敕令所　D9
崇宁万寿寺　F9
崇宁万寿院　F14
崇先显孝院　F9
崇新酒库　F8
崇新门　F8
传法寺　F9
淳祐仓　C3
淳祐桥　F8
慈光寺　E9
慈懿李皇后宅　D9
慈幼局　C10
慈云院　F10
糍团巷　E10
醋坊巷　D5
崔府君庙　B9
翠芳园　A12

D

打猪巷　C3
大和桥　E8
大理寺　D3
大瓦　D8
大隐坊　D10
大昭庆寺　A5
大中祥符寺　C4
大宗正司　D11
道明桥　E8
德寿桥　C9
登平坊　D13
登平桥　E13
登闻鼓院　D14
登闻检院　D14
灯心巷　C4
殿前司　C14
钓桥　B2
丁家桥　C6
定安桥　C9
定水院　C12
东酒库　F8
东青门　F6
东岳庙　D10
都醋库　D7
都进奏院　D10
都酒务　D10
都税务　E8
都亭驿　E12
兜率寺　A5

度牒库　C9

渡子桥　C8

断桥　A5

E

鹅鸭桥　D5

鹅鸭桥巷　D5

F

法物库　D2

梵天寺　D15

芳润桥　E7

丰储仓　D3

丰禾仓　F8

丰禾坊　F8

丰乐桥　E7

丰豫坊　C9

丰豫门　C8

优虎大王庙　F11

福济桥　F8

福田宫　F8

福田院　F13

府衙前桥　C10

富景园　F10

富乐坊　E8

G

高禖坛　A16

葛家桥　D3

艮山门　F2

恭圣仁烈杨皇后宅　C10

恭淑韩皇后宅　D8

贡院桥　D4

狗儿山巷　D8

官巷　D7

观桥　D4

观巷　D4

灌肺岭巷　E9

灌肺桥　E9

广恩院　D4

广福庙　E6

广寿慧云院　E2

归德院　G5

癸辛街　D7

郭婆井　C4

国史院　D10

国子监　C5

过军桥　E11

H

韩蕲王府　D5

翰林司营　F6

合同场　E11

和丰坊　C10

黑桥　D6 E11

亨桥　E8

横衖　G8

洪福桥　D7

后军步军寨　F3 F4

后市街　D9

后洋街巷　D5
候潮门　E12
候潮门瓦　E12
虎跑泉巷　D8
华藏院　G7
华严院　D7
怀庆坊　D10
环碧园　B8
皇城司营　F6 F6 F7
回易库　E7
回易库　E8
惠迁桥　D8
惠应庙　C4 D10
会灵庙　B8
慧明院　B8
活水巷　D7

J

吉祥院　E5
纪家桥　C6
嘉会门　D15
嘉应公祠　D7
嘉泽庙　C7
荐桥　E8
荐桥门瓦　F8
将作监　D11
结缚桥　D6
戒子桥　C10
巾子巷　D9
金波桥　E9

金波桥巷　E9
金刚广福院　F9
金华将军庙　C8
金枪班　F7
近民坊　C10
京畿第二将　F6
旌忠庙　E7
井亭桥　D7
景灵宫　B4
景隆观　F10
景献太子府　C11
净戒院　B5
净住院　D4
净慈寺　A12
九官宅　C8
九曲昭庆桥　B5
旧贵恕坊　D12
旧仁和仓巷　D4
旧圣果寺　B14
旧太庙巷　D11
聚景园　B9
军将桥　D8
军器监　D11
军器所　C4
军头司　D5
军头司桥　D5
军头司巷　D5

K

开宝仁王寺　D12

开元宫　D9

跨浦桥　F14

L

李博士桥　E7

李博士桥巷　E7

里横河桥　E14

礼部贡院　D4

粮料院巷　D12

两浙转运司　C9

临安府学　C9

临安府治　C9

凌家桥　C9

菱椒巷　D8

灵卫庙　B5

流福坊　C10

流福桥　C10

刘鄜王府　C5

六部　D12

六部架阁库　D3

六部桥　D12

六房院　C8

六官宅　D9

龙华寺　A16

龙卫　E4

龙翔宫　D9

楼店务　C10

楼店务桥　C10

楼店务巷　C9

罗汉洞巷　D8

螺蛳桥　H8

骆驼桥　F3

M

马仓巷　D15

马家桥　D7

马婆巷　G9

卖酒局　E3

卖马巷　D8

鞔鼓桥　D7

毛郎巷　F7

美化坊　B10

美政桥　D16

米市桥　F9

秘书省　D9

妙喜资福院　E8

庙巷　D11

明庆寺　C4

N

南比较醋库　D8

南酒库　E10

南上酒库　D6

南水门　E14

南瓦　E9

南新草桥　F11

南新街　D9

南新桥　E14

辇官营　F6

镊子井桥　C8

宁海坊　E8
宁寿观　D11
牛羊司　E10
糯米仓巷　D9

P

潘苻库桥　C4
潘苻栈库　C4
潘阆巷　C6
棚桥　D6
棚桥巷　D6
平籴仓　E5
平津桥　E8
菩提院　B6
蒲场巷　G7
蒲桥　E5
濮安懿王府　D8
普安桥　C9 F7
普济桥　D9 E9
普济院　E13

Q

七宝院　E5
七官宅　C11
七郎堂巷　E6
漆器墙　E9
骐骥院　B10
千顷广化院　C4
前洋街　C5
钱湖门　B12

钱塘门　B6
钱塘县学　C5
钱塘县治　C5
钱塘栈库　C6
钱塘正库　B5
巧儿桥　E9
青器窑　B16 C13
清波门　B10
清和坊　D7
清河坊　E10
清湖桥　D6
清冷桥　E10
清远桥　D4
清远桥巷　D4
曲阜桥　D8
全皇后宅　F8
全捷第二指挥　F5
全捷第三指挥　F5
榷货务都茶场　E10

R

仁和仓桥　D4
仁和县巷　D4
仁和县学　D3
仁和县治　D3
日新楼桥　E8
荣府桥　E9
荣文恭王府　E9
如意桥　C8

S

三官宅　C6
三桥　D8
三省　D12
三圣庙桥　E9
沙皮巷　E10
善履坊　E7
上八界巷　E6
上百戏巷　D8
上方院　C7
上梁家桥　E15
上椤木桥　E13
上下抱剑营街　E9
上中沙巷　E8
舍人桥　E8
社稷坛　D4
审计司　D11
省仓上界　C3
省马院　B12
施家桥　D9
施水坊桥　D8
施药局　C9
师姑桥　C4
十官宅　D6
石板巷　C10
石函桥　A5
石灰桥　D6
石榴园巷　D8
石桥　C8
市舶新务　D2

侍从官宅　E12
侍郎桥　D8
侍卫步军司　B11
寿慈宫营　F9 F9
寿和圣福谢太后宅　D9
枢密院　D12
枢密院亲兵营　F5
水陆院　E11
水巷　E8
水巷桥　E8
顺济庙　F13
顺应桥　F2
司农排岸司　C6
司农寺　D11
四版桥　G10
四条巷　E11

T

塌坊桥　E3
塔儿头　C10
台官衙后桥　C8
台谏官宅　C9
太常寺　D9
太常寺后小桥　D8
太府寺　D11
太庙　D11
太庙营　D11
太平坊　D9
太平惠民北局　E8
太平惠民南局　D12

太平惠民西局　D4
太平桥　H6
太学　C5
太医局　E11
太乙宫　B5
太乙宫营　C5
炭桥巷　E7
陶家巷　D7
提举厅　D10
天长净心寺　D5
天井巷　C9
天明宫　D10
天庆观　D11
天庆观巷　D11
天水院桥　D3
天宗酒库　C2
天宗水门　C2
天宗盐仓　C2
田家普济桥　E3
铁线巷　E8
通济桥　E3
通江桥　E11
通利桥　F10
通判北厅　C10
通判东厅　C10
通判南厅　C10
团子巷　D6

W

外横河桥　F14

万寿观　B4
万寿观营　C4
万岁桥　D3
望仙桥　E10
威捷第一指挥　F4
文思院　D5
闻扇子巷　D7
吴山北坊　D10
吴山井　E10
吴山井巷　D10
吴王府　D5
无星桥　F2
五房院　C7
五府　D11
五官宅　C10
五柳园桥　F9
五显庙　D9
武学　C5
悟空院　F7

X

西酒库　D8
西桥　E4
熙春桥　E10
下八界巷　E5
下八眼井　D10
下百戏巷　D7
下梁家桥　E15
下瓦后桥　D6
下中沙巷　E8

仙林定香院　F2
仙林寺　E5
仙林寺桥　E5
咸淳仓　E4
咸淳仓桥　E4
显仁韦太后宅　E8
显应观　B9
显祐庙　B3
显忠庙　C6
宪节邢皇后宅　E8
宪圣慈烈吴太后宅　E12
相国井　D7
相国井巷　D7
祥符桥　C4
祥符寺井　C11
翔鸾院　B2
萧公桥　F14
小粉场　F7
小梅家桥　E3
小新庄桥　C4
小堰门瓦　E11
孝仁坊　D13
新安桥　D6
新房廊巷　D9
新街　C6 E9
新开北巷　E8
新开坊　E10
新开南巷　E8
新门　E10
新门瓦　E10

新桥楼巷　D6
新庄桥　C4
兴德坊　E5
兴福院　D3
兴礼坊　F8
修城北醋库　D6
修内司纲兵营　E4
修内司营　C12 C13 E10
修文坊　D7
秀安僖王府　D5
学士桥　B10
雪醅库巷　E15

Y

颜家楼街　E15
盐桥　E5
演教院　F10
洋泮桥　D16
洋泮巷　D16
杨和王府　D7
仰山二王庙　D4
沂靖惠王府　D6
益王府　E7
银枪班　F7
永安桥　C8
永福院　D5
永宁院　F10
永清桥　E8
永新桥　B3
涌金桥　C8

油车巷　C9	智果院　D10
油蜡局桥　E6	中酒库　D8
佑圣观　E9	中棚巷　D7
佑圣观桥　E9	中瓦　D9
余杭门　B3	中兴观　D10
余杭水门　B2	中正桥　B3
玉牒所　D12	忠清庙　D10
玉壶园　B6	锤公桥　E10
浴堂桥　B2	众安桥　D6
御厨营　D11 D4	州桥　E12
御前酒库　E3	周汉国长公主府　C6
御史台　E10	诸家桥　E11
裕民坊　E11	竹竿巷　E5 F9
元真观　C4	煮碧香库　E4
圜坛　A16	砖街巷　D5
云骑武骑　D4	庄文太子府　D7
	梓潼帝君庙　C11
Z	宗学　D6
杂买务杂卖场　E10	宗学巷　D6
张循王府　C9	宗阳宫　E9
章家桥　F8	宗阳桥　E10
昭慈圣献孟太后宅　D8	宗正寺　D12
昭贶庙　F14	左藏库　D6
昭庆广济桥　B5	左藏库桥　D6
镇城仓　C3	祚德庙　B5
至德观　D10	

第六节　南宋临安城考古年表

1983年秋，中国社会科学院考古研究所、浙江省文物考古研究所、杭州市文物管理委员会组建临安城考古队，徐苹芳任队长。

1983年7—8月，江城路立交桥发现吴越捍海塘遗迹[1]。

1983年10月—1985年1月，勘查皇城东城墙、北城墙等[2]。

1984年，杭州市文物考古所组建。

1984年春，江城中学西墙外、中山南路25—31号地段中河东侧、老吊桥东北角发掘一段南宋城墙基础[3]。

1984年，杭州卷烟厂发现南宋三开间建筑遗迹及排水设施，推测与六部有关[4]。

1984年，望仙桥至新宫桥之间中河东侧发现一条南宋南北向砖砌道路，推测与德寿宫有关[5]。

1985年10月—1986年1月，发掘乌龟山瓷窑址[6]。

1987年，中山南路杭州东风酿造厂发现南宋建筑遗迹[7]。

---

[1] 浙江省文物考古研究所《五代钱氏捍海塘发掘简报》，《文物》1985年4期，85—89页。

[2] 浙江省文物考古研究所《杭州市南宋临安城考察》，《中国考古学年鉴·1985》，北京：文物出版社，1985年，149—150页。李德金《南宋临安城遗址》，《中国考古学年鉴·1986》，北京：文物出版社，1988年，127页。

[3] 姚桂芳《南宋临安城遗址保护与利用问题的若干思考》，《探索与守望：浙江省考古学会成立20周年暨历史村镇、街区保护利用学术研讨会论文集》，北京：科学出版社，2009年，73页。唐俊杰《武林旧事：南宋临安城考古的主要收获》，何忠礼主编《南宋史及南宋都城临安研究》下，北京：人民出版社，2009年，871页。

[4] 浙江省文物考古研究所《杭州市南宋临安城考察》，《中国考古学年鉴·1985》，北京：文物出版社，1985年，149—150页。

[5] 浙江省文物考古研究所《杭州市南宋临安城考察》，《中国考古学年鉴·1985》，北京：文物出版社，1985年，149—150页。

[6] 中国社会科学院考古研究所等《南宋官窑》，北京：中国大百科全书出版社，1996年。

[7] 马时雍主编《杭州的考古》，杭州：杭州出版社，2004年，181页。

1988年6月,凤凰山脚路中段市中药材仓库工地发现南宋建筑遗迹[1]。

1988年8—11月,杭州卷烟厂工地发现南北向御街遗迹,分为主道和辅道[2]。

1988年,云居山发现南宋建筑遗迹,推测为"圣水寺"遗址[3]。

1989年2月,凤凰山小学发现南宋砖砌道路及大型夯土台基[4]。

1989年8月,南星桥粮食仓库工地发现宋代砖砌建筑遗迹[5]。

1990年3—6月,南星桥站货运楼工地发现南北向南宋城墙遗迹[6]。

1991年11月—1992年1月,试掘皇城西城墙[7]。

1992年1月—1993年1月,试掘皇城西城墙、宫殿遗址[8]。

1992年,省军区后勤部仓库被服厂前清理两座南宋大型夯土建筑基址,砖墙上有"大苑"字样[9]。

1993年3月,馒头山市气象局工地清理一处南宋遗迹,包括路面、石柱础、花坛,其上发现元代夯土台基,推测与镇南塔有关[10]。

1993年,宋城路北侧市射击俱乐部南围墙外发现南宋建筑基址,推测与皇城南城墙有关[11]。

1993年,临安城考古队暂停工作。

1994年11月—1995年5月,大马厂巷杭州卷烟厂工地发现御街、大型房基、水沟、暗井

---

[1] 杭州市地方志编纂委员会《杭州年鉴1989》,杭州:杭州出版社,1990年,59页。唐俊杰、杜正贤《南宋临安城考古》,杭州:杭州出版社,2008年,19—20页。

[2] 杭州市地方志编纂委员会《杭州年鉴1989》,杭州:杭州出版社,1990年,59页。唐俊杰、杜正贤《南宋临安城考古》,杭州:杭州出版社,2008年,19页。杜正贤主编《杭州中山路》,杭州:浙江人民出版社,2008年,226—227页。杭州市文物考古所《南宋御街遗址》,北京:文物出版社,2013年。

[3] 马时雍主编《杭州的考古》,杭州:杭州出版社,2004年,236页。杭州历史博物馆展品。

[4] 卓军《凤凰山小学发现南宋皇城建筑遗迹》,《杭州文物通讯》第7期,1989年,4页。唐俊杰、杜正贤《南宋临安城考古》,杭州:杭州出版社,2008年,19—20页。

[5] 唐俊杰《粮食仓库发掘简况》,《杭州文物通讯》第8期,1989年,8—9页。

[6] 高峰《杭州铁路南星桥站发现南宋京城墙》,《杭州考古》1990年1期,5页。

[7] 杭考《南宋皇城西城墙的发现》,《杭州考古》1992年1期,51—52页。

[8] 李德金《南宋临安皇城遗址》,《中国考古学年鉴·1993》,北京:文物出版社,1995年,146—147页。

[9] 杜正贤主编《杭州中山路》,杭州:浙江人民出版社,2008年,219页。

[10] 唐俊杰《1993—1994年杭州市考古工作概述》,《杭州考古》1994年1、2期,18—19页。马时雍主编《杭州的考古》,杭州:杭州出版社,2004年,268页。

[11] 唐俊杰《1993—1994年杭州市考古工作概述》,《杭州考古》1994年1、2期,18—19页。

等遗迹，推测为六部遗址[1]。

1995年，太庙巷北侧发现太庙东墙、东门门址及房屋基址等，太庙东围墙外发现御街遗迹[2]。

1995年，中河路与万松岭路交口附近华府饭店（原浙江省粮食局仓库）工地发现南宋城墙遗迹[3]。

1996年2月，惠民路北侧上城区文化中心发现南宋三开间房屋遗迹，推测为作坊遗址[4]。

1996年4—7月，宋城路北侧凤凰山脚路西侧省军区后勤部仓库招待所工地发现南北向南宋砖砌道路及夯土台基，推测这条砖道是南宫门—丽正门的主通道[5]。

1996年9—12月，吴山小区工地发现南宋围墙和大型夯土台基、散水等遗迹，推测为"五府"遗址[6]。

1996年，发现老虎洞瓷窑址[7]。

1997年5月，杭州卷烟厂工地发现南宋船坞、河道遗迹[8]。

1998年5—12月，发掘老虎洞窑址。

---

[1] 杭州市文物考古所《杭州发现南宋六部官衙遗址》，《杭州考古》1995年12月。所办《杭州卷烟厂大马厂巷基建工地考古发掘简况》，《杭州考古》10期，1995年12月，55—56页。马时雍主编《杭州的考古》，杭州：杭州出版社，2004年，182页。杜正贤主编《杭州中山路》，杭州：浙江人民出版社，2008年，229—231页。唐俊杰、杜正贤《南宋临安城考古》，杭州：杭州出版社，2008年，71—74页。杭州市文物考古所《南宋御街遗址》，北京：文物出版社，2013年。

[2] 杭州市文物考古所《南宋太庙遗址》，北京：文物出版社，2007年。

[3] 杜正贤《南宋都城临安研究：以考古为中心》，上海：上海古籍出版社，2016年，47页。

[4] 杭州市文物考古所《96年度考古发掘工作简要回顾》，《杭州考古》总12期，1997年12月，2。杜正贤主编《杭州中山路》，杭州：浙江人民出版社，2008年，233页。

[5] 杭州市文物考古所《96年度考古发掘工作简要回顾》，《杭州考古》总12期，1997年12月，2。唐俊杰、杜正贤《南宋临安城考古》，杭州：杭州出版社，2008年，20—22页。

[6] 杭州市文物考古所《96年度考古发掘工作简要回顾》，《杭州考古》总12期，1997年12月，2。杜正贤主编《杭州中山路》，杭州：浙江人民出版社，2008年，232页。案：五府系两相府与三执政府的合称，位置在太庙之北。吴山小区工地在太庙西北，约当五府之西，该地先为马军司帅衙，后为太府寺、司农寺、将作监、军器监、审计司。

[7] 杭州市文物考古所《杭州老虎洞南宋官窑址》，《文物》2002年2期。

[8] 梁宝华《杭州卷烟厂南宋船坞遗迹发掘报告》，《杭州文博》第2辑，杭州：杭州出版社，2005年，25—31页。马时雍主编《杭州的考古》，杭州：杭州出版社，2004年，179页。杜正贤主编《杭州中山路》，杭州：浙江人民出版社，2008年，237—238页。

1998年8—10月,姚园寺巷发掘姚园寺天井、房址、廊、水沟等遗迹[1]。

1999年10月—2000年1月,发掘老虎洞窑址。

1999年,灵隐寺藏经阁工地发现南宋灵隐寺法堂遗址[2]。

2000年2月—2002年8月,发掘雷峰塔遗址[3]。

2000年5—8月,旧仁和署路西侧、三衙前南侧发现厅堂、天井、廊庑、庭院、水井等南宋建筑遗迹,推测为临安府治"诵读书院"遗址[4]。

2000年8—10月,鼓楼遗址发掘出朝天门部分基址,由石墙、夯土台基及柱础坑等遗迹组成[5]。

2000年12月—2001年7月,旧仁和署路西侧扩展发掘厅堂、廊庑、石塔基址等南宋建筑遗迹[6]。

2001年5—9月,吴庄工地发掘恭圣仁烈皇后宅主体建筑,包括正房、后房、东西两庑、庭院和夹道遗迹[7]。

2001年9—12月,望江路北侧发掘德寿宫东宫墙、南宫墙及夯土台基、过道、廊、散水宫内建筑遗迹[8]。

2002年1月,吴山商城工地发现房址、天井、夹道等南宋建筑遗迹[9]。

2002年12月—2003年5月,灵隐寺西侧、石笋峰南麓发现南宋房屋、天井、挡土墙、排水沟等建筑遗迹,推测为"永福寺"遗址[10]。

---

[1] 唐俊杰、杜正贤《南宋临安城考古》,杭州:杭州出版社,2008年,68—70页。

[2] 杜正贤《南宋都城临安研究:以考古为中心》,上海:上海古籍出版社,2016年,324—325页。

[3] 浙江省文物考古研究所《雷峰塔遗址》,北京:文物出版社,2005年。

[4] 杭州市文物考古所《杭州南宋临安府衙署遗址》,《文物》2002年10期,32—46页。杭州市文物考古所《南宋临安府治与府学遗址》,北京:文物出版社,2013年。案:应是临安府治中轴线建筑的西侧部分。

[5] 杜正贤主编《杭州中山路》,杭州:浙江人民出版社,2008年,235—236页。

[6] 杭州市文物考古所《南宋临安府治与府学遗址》,北京:文物出版社,2013年。

[7] 杭州市文物考古所《南宋恭圣仁烈皇后宅遗址》,北京:文物出版社,2008年。

[8] 马时雍主编《杭州的考古》,杭州:杭州出版社,2004年,173—175页。唐俊杰、杜正贤《南宋临安城考古》,杭州:杭州出版社,2008年,26—28页。杜正贤《南宋都城临安研究:以考古为中心》,上海:上海古籍出版社,2016年,103—110页。

[9] 马时雍主编《杭州的考古》,杭州:杭州出版社,2004年,187、190页。杜正贤《南宋都城临安研究:以考古为中心》,上海:上海古籍出版社,2016年,238—255页。案:工地靠近杭州四中,张循王府约当其地。

[10] 杭州市地方志编纂委员会《杭州年鉴2004》,北京:方志出版社,2004年,226页。杜正贤《南宋都城临安研究:以考古为中心》,上海:上海古籍出版社,2016年,321—324页。

2003 年 7—10 月，新民村发现南宋房屋、廊庑、天井等建筑遗迹，被推测为"临安府学"遗址[1]。

2003 年 12 月—2004 年 8 月，严官巷东段北侧发现御街遗迹。南宋早期御街分为主道和辅道两部分。南宋中期砖砌道路与御街辅道垂直相交。发现"三省六部衙署北围墙"遗迹。发现"白马庙"部分遗迹，由后檐廊、东厢房、天井、过道、边门、排水沟及砖座组成[2]。

2003 年，金鸡岭发现南宋城墙遗迹[3]。

2004 年，中国社会科学院考古研究所、浙江省文物考古研究所、杭州市文物考古所组建新的临安城考古队，安家瑶任队长。

2004 年 4—8 月，发现皇城北墙西段、南墙和西墙，以及城墙外侧的城壕遗迹，进一步确认宫殿中心区域的具体位置在省军区后勤部综合仓库，发现夯土台基和水池遗迹[4]。

2004 年 8—12 月，水沟巷东侧发现南宋建筑遗迹，西侧发现南宋砖砌道路遗迹[5]。

2005 年 3 月，白马庙巷西侧发现天井、夯土台基、水槽与水缸等南宋遗迹，被推测为制药作坊遗址[6]。

2005 年 5—6 月，湖墅南路、密渡桥路口东南角发现宋代河道遗迹[7]。

---

[1] 马时雍主编《杭州的考古》，杭州：杭州出版社，2004 年，188—189 页。唐俊杰、杜正贤《南宋临安城考古》，杭州：杭州出版社，2008 年，125—129 页。杭州市文物考古所《南宋临安府治与府学遗址》，北京：文物出版社，2013 年。案：其地实在临安府学西南，应属临安府治范围。

[2] 杜正贤等《浙江杭州严官巷发现南宋御街遗迹》，《中国文物报》2005 年 2 月 4 日 1 版。李蜀蕾《杭州严官巷南宋御街遗址发掘简报》，《杭州文博》第 3 辑，杭州：杭州出版社，2006 年，7—12 页。张建庭主编《南宋御街》，杭州：浙江人民出版社，2006 年。杭州市文物考古所《南宋御街遗址》，北京：文物出版社，2013 年。案：所谓"三省六部衙署北围墙"年代上还有疑问，而"白马庙"位置与文献记载不合，本在白马庙巷口北侧。

[3] 杜正贤《南宋都城临安研究：以考古为中心》，上海：上海古籍出版社，2016 年，47 页。

[4] 朱岩石、何利群《二〇〇四年度杭州南宋临安皇城考古取得突破性进展》，《中国文物报》2004 年 11 月 17 日 1 版。《杭州南宋临安城皇城考古新收获》，国家文物局主编《2004 中国重要考古发现》，北京：文物出版社，2005 年，164—168 页。

[5] 杭州市地方志编纂委员会《杭州年鉴 2005》，北京：方志出版社，2005 年，256 页。

[6] 李蜀蕾《杭州白马庙巷南宋制药作坊遗址》，《杭州文博》第 6 辑，杭州：杭州出版社，2007 年，43—57 页。杜正贤主编《杭州中山路》，杭州：浙江人民出版社，2008 年，234 页。

[7] 杭州市人民政府地方志办公室《杭州年鉴 2006》，北京：方志出版社，2006 年，239 页。

2005年6—7月，吴山广场发现宋代建筑遗迹[1]。

2005年11月—2006年7月，望江路北侧发掘德寿宫西宫墙与便门、水渠、水闸、水池、水井、砖铺路面、柱础基础、墙基、大型夯土台基等[2]。

2006年3月，望江路与吉祥巷交界东侧原杭州家具厂发现南宋、北宋、五代叠压城墙基础[3]。

2006年，孔家山西麓发现城墙遗迹[4]。

2007年1—4月，玉皇山发现天真院遗迹[5]。

2007年11月，中山中路33号发现御街遗迹[6]。

2008年3—4月，中山中路112号发现御街遗迹[7]。

2008年3—5月，南星桥粮食仓库中部发现五代、北宋城墙基础，其东41米发现南宋城墙基础，分别推测为皇城和京城东城墙遗迹[8]。

2008年3—5月，发掘六和塔西南侧、六合茗轩以东开化寺遗址[9]。

2008年5月，湖滨路庆春路口西侧发现钱塘门遗迹[10]。

2008年7—8月，吴山景区发现宁寿观遗迹[11]。

---

[1] 杭州市人民政府地方志办公室《杭州年鉴2006》，北京：方志出版社，2006年，239页。

[2] 唐俊杰、杜正贤《南宋临安城考古》，杭州出版社，2008年，29—33页。杜正贤《南宋都城临安研究：以考古为中心》，上海古籍出版社，2016年，103—110页。

[3] 唐俊杰、杜正贤《南宋临安城考古》，杭州：杭州出版社，2008年，45—48页。

[4] 唐俊杰《武林旧事：南宋临安城考古的主要收获》，何忠礼主编《南宋史及南宋都城临安研究》下，北京：人民出版社，2009年，869页。

[5] 王征宇等《杭州市玉皇山天真院遗址考古调查简报》，《杭州文博》第18辑，北京：中国书店，2017年，2—7页。

[6] 杭州市人民政府地方志办公室《杭州年鉴2008》，北京：方志出版社，2008年，207页。

[7] 唐俊杰《杭州中山中路南宋御街遗址》，《2008中国重要考古发现》，北京：文物出版社，2009年，142—145页。杭州市文物考古所《南宋御街遗址》，北京：文物出版社，2013年。

[8] 唐俊杰《武林旧事：南宋临安城考古的主要收获》，何忠礼主编《南宋史及南宋都城临安研究》下，北京：人民出版社，2009年，871页。杭州市人民政府地方志办公室《杭州年鉴2009》，北京：方志出版社，2009年，207页。

[9] 杭州博物馆《临安城与南宋视野下的杭州》，北京：文物出版社，2023年，298页。

[10] 唐俊杰《武林旧事：南宋临安城考古的主要收获》，何忠礼主编《南宋史及南宋都城临安研究》下，北京：人民出版社，2009年，869、871—872页。

[11] 杨金东、赵一杰《杭州吴山三茅（宁寿）观遗址清理报告》，《杭州文博》第16辑，北京：中国书店，2016年，29—40页。

2009年2—6月，上仓桥路原东南化工厂发现宋代河道遗迹[1]。

2009年4—6月，南星桥粮食仓库发现南宋城墙遗迹[2]。

2009年5—9月，省电力局仓库发掘乌龟山窑挡土墙、排水沟、灰坑等遗迹[3]。

2009年12月—2010年2月，凤凰山东麓省军区后勤部仓库发现南宋皇城建筑基址、水池等遗迹[4]。

2010年4—7月，发掘德寿宫遗址，明确中轴线南部殿堂类建筑遗迹分布情况[5]。

2010年夏，中山南路与十五奎巷交口东侧发掘南宋水池、灶台、房址等遗迹[6]。

2010年冬，原浙江大学湖滨校区地块发现武学遗迹[7]。

2011年6—7月，新宫桥地下停车库项目地块发现市河南段驳岸、熙春桥遗迹[8]。

2012年3—5月，望湖宾馆扩建工地发现南宋墙基、排水沟、散水等建筑遗迹，推测与祚德庙、太乙宫等有关[9]。

2012年5月，城头巷（市三医院段）东侧发现南宋城墙遗迹[10]。

2012年6—12月，浙江大学医学院附属妇产科医院南侧湖滨地区C3—12地块发现宗学遗迹[11]。

2012年，包家山至将台山发现南宋城墙遗迹[12]。

2014年2—4月，上仓桥路北、江城路西发现南宋城墙遗迹[13]。

---

[1] 杭州市人民政府地方志办公室《杭州年鉴2010》，北京：方志出版社，2010年，354—355页。

[2] 杭州市人民政府地方志办公室《杭州年鉴2010》，北京：方志出版社，2010年，355页。

[3] 杭州市人民政府地方志办公室《杭州年鉴2010》，北京：方志出版社，2010年，355页。

[4] 杭州博物馆《临安城与南宋视野下的杭州》，北京：文物出版社，2023年，21页。

[5] 杭州博物馆《临安城与南宋视野下的杭州》，北京：文物出版社，2023年，21页。

[6] 杭州博物馆《临安城与南宋视野下的杭州》，北京：文物出版社，2023年，21页。

[7] 杭州博物馆《临安城与南宋视野下的杭州》，北京：文物出版社，2023年，218页。

[8] 杭州博物馆《临安城与南宋视野下的杭州》，北京：文物出版社，2023年，272页。

[9] 杭州博物馆《临安城与南宋视野下的杭州》，北京：文物出版社，2023年，21页。

[10] 郎旭峰《南宋临安城城垣若干问题研究》，《东方博物》第56辑，北京：中国书店，2015年，23—31页。杜正贤《南宋都城临安研究：以考古为中心》，上海：上海古籍出版社，2016年，47页。案：郎将发现时间记为2011年。

[11] 李坤《南宋宗学遗址发掘的主要收获》，《东方博物》第67辑，北京：中国书店，2018年，7—18页。

[12] 郎旭峰《南宋临安城城垣若干问题研究》，《东方博物》第56辑，北京：中国书店，2015年，23—31页。

[13] 杭州市文物考古研究所《杭州临安城遗址上仓桥段东城墙试掘简报》，《杭州文博》第15辑，北京：中国书店，2015年，57—61页。

2014年6—11月，江城文化宫地块发掘吴越捍海塘遗迹[1]。

2015年4—7月，发掘上仓桥路南宋城墙遗迹[2]。

2015年4—9月，紫城巷地块发现引西湖水入城的南宋木管、水井等地下设施[3]。

2016年10月—2017年6月，东坡路附近的劝业里发现南宋木质引水管道[4]。

2016年，环城北路勘探发现南宋城墙遗迹[5]。

2017年1—9月，发掘南高峰塔遗址[6]。

2017年4月—2020年1月，发掘德寿宫遗址西南部遗迹，发现朝寝类宫殿建筑和后苑园林类建筑[7]。

2018年2—3月，高银街南、河坊街南北发现南宋水沟、路面、墙基等遗迹[8]。

2018年4—5月，对北高峰塔遗址进行调查和物探[9]。

2018—2019年，调查发掘圣果寺遗址[10]。

2021年，在净慈寺西南部进行发掘[11]。

2021年，平海路与岳王路交口、清波街与孝子坊交口发现南宋道路、房屋等遗迹[12]。

---

[1] 杭州博物馆《临安城与南宋视野下的杭州》，北京：文物出版社，2023年，72—73页。

[2] 唐俊杰、王征宇《杭州南宋临安城址考古》，《中国文物报》2016年4月22日8版。王征宇、李坤《2015年南宋都城临安城考古取得重大收获》，《杭州文博》第17辑，北京：中国书店，2016年，2—7页。

[3] 唐俊杰、王征宇《杭州南宋临安城址考古》，《中国文物报》2016年4月22日8版。王征宇、李坤《2015年南宋都城临安城考古取得重大收获》，《杭州文博》第17辑，北京：中国书店，2016年，2—7页。

[4] 杭州博物馆《临安城与南宋视野下的杭州》，北京：文物出版社，2023年，264页。

[5] 杭州博物馆《临安城与南宋视野下的杭州》，北京：文物出版社，2023年，61页。

[6] 杭州市文物考古研究所《杭州南高峰塔》，北京：文物出版社，2018年。

[7] 施梦以、王征宇《南宋德寿宫遗址2017至2020年发掘的主要收获》，《杭州文博》第27辑，杭州：浙江古籍出版社，2023年，5—12页。

[8] 李坤《杭州市上城区地铁工程北宋至明清遗址》，《中国考古学年鉴·2019》，北京：中国社会科学出版社，2021年，253—254页。

[9] 孙媛、石战结《杭州市北高峰塔遗址考古调查与物探报告》，《杭州文博》第22辑，杭州：浙江古籍出版社，2019年，8—14页。

[10] 杭州博物馆《临安城与南宋视野下的杭州》，北京：文物出版社，2023年，86页。

[11] 杭州博物馆《临安城与南宋视野下的杭州》，北京：文物出版社，2023年，303页。

[12] 杭州博物馆《临安城与南宋视野下的杭州》，北京：文物出版社，2023年，20页。

附 录　285

第七节　南宋临安城营建史料编年

（起建炎二年戊申[1128]，止德祐二年丙子[1276]）

建炎二年戊申（1128）

【十二月五日乙卯】隆祐太后至杭州，扈从统制苗傅以其军八千人驻于奉国寺。（《要录》卷一八）十二月五日乙卯，隆祐皇太后至杭州。隆祐皇太后至杭州，以州治为行宫，扈从统制官苗傅等团住于奉国寺。（《会编》卷一一九）案：时高宗驻跸扬州。

建炎三年己酉（1129）

【二月十三日壬戌】上至杭州，以州治为行宫，显宁寺为尚书省。（《要录》卷二〇、《会编》卷一二二）

【三月五日癸未】日将午，上步自内殿，登阙门，盖杭州双门也。……是日，上移御显忠寺。按史作显宁寺。……王庭秀云，上出居显忠寺，寺即刘正夫第。（《要录》卷二一）案：《宋史》卷三五一《刘正夫传》：晚年筑第杭州万松岭，以建阁奉御书为名，悉取其旁军营民舍，议者讥之。

【六日甲申】是日，上徽号曰睿圣仁孝皇帝，以显忠寺为睿圣宫。（《要录》卷二一）

【四月一日戊申】时己巳刻，上始御殿，百官起居，上犹未肯入内。胜非再请，遂就西廊摺笏，披上乘马还行宫。（《要录》卷二二）

【二十日丁卯】上发杭州，留签书枢密院事郑毂卫皇太后。（《要录》卷二二）

【五月八日乙酉】上至江宁府，驻跸神霄宫。……御笔：建康之地，古称名都，其以江宁府为建康府。（《要录》卷二三）

【七月十五日辛卯】升杭州为临安府。（《要录》卷二五）

【闰八月二十六日壬寅】上幸浙西。……是日，上发建康。（《要录》卷二七）案：闰八月二十六日高宗发建康，二十八日至镇江府，九月四日至常州，五日至无锡县，六日至平江府。

【十月八日癸未】上至临安府。（《要录》卷二八）案：十月三日高宗发平江府，八日至临安府，十五日趋浙东，十七日至越州，其间均乘御舟。

【十七日壬辰】上至越州，入居州廨。(《要录》卷二八)

【十一月二十五日己巳】上发越州。(《要录》卷二九)案：高宗经明州泛海至温州，四年四月十二日始还。

建炎四年庚戌（1130）

【二月七日庚辰】（兀朮）敛军于吴山、七宝山，遂纵火，三日夜烟焰不绝。(《会编》卷一三七)又闻贼以十二月十六日破杭，始入城，杀人，少顷而止，子女玉帛取尽。乃以二月初七日下令洗城，自州门杀人，而四隅发火。十四日始离杭，火十余日方罢。(《建炎笔录》卷上)

【四月十二日癸未】上次越州，驻跸州治。(《要录》卷三二)

【七月六日丙午】诏临安府宜迁府治于祥符寺基创建。从中书舍人季陵请也。(《辑稿》方域二之九)

绍兴元年辛亥（1131）

【十月二十二日乙酉】临安府、越州大火，民多露处。(《宋史》卷六三《五行志》二上)

【二十六日己丑】升越州为绍兴府。(《要录》卷四八)

【十一月五日戊戌】诏以会稽漕运不继，移跸临安。命两浙转运副使徐康国兼权临安府，与内侍杨公弼先营（公）〔宫〕室。既而，康国奏为屋百楹，以充大内。公弼请增之，上不许。(《要录》卷四九，另参《辑稿》方域二之九、一〇)诏：绍兴府驻跸日久，漕运艰梗，军兵薪水不便，可移跸临安府。令徐康国日下前去权知临安府，措置移跸事务。候席益到，交割府事讫，依旧同共措置。(《辑稿》礼五二之一三)

【是年】行都雨，坏城三百八十丈。(《宋史》卷六五《五行志》三)案：时高宗尚在绍兴府，然此处行都系指临安府，雨雪坏临安府城事又见《辑稿》方域二之二四。府学，旧有先圣庙，在通越门外。……绍兴元年，始以凌家桥西慧安寺故基建，士尤病其湫隘。(《咸淳志》卷五六)

绍兴二年壬子（1132）

【正月十日壬寅】上御舟发绍兴。(《要录》卷五一)

【十四日丙午】上至临安。(《要录》卷五一)正月，车驾幸临安府。是时，百司官府皆草创，往往草舍。以杭州州治为大内，临安府迁于奉国寺基。(《会编》卷一五〇)

【二十一日癸丑】臣僚言：钱塘州城内相去稍远，数有盗贼。又缘兵火之后，流寓士民往往茅屋以居，则火政尤当加严。虽有左右厢巡检二人，法制阔略，名存而已。乞下枢密院，委马、步军司措置，略效京城内外徼巡之法，就钱塘城内分为四厢，每厢各置巡检一人，权差以次军都指挥使有材能者充。每厢量地步远近，置铺若干。每一铺差禁军长行六名，夜击鼓以应更漏，使声相闻，仍略备防火器物。每两铺差节级一名，每十名差军员一名，皆总之于巡检。遇有收领公事，解送临安府，仍日具平安申马、步军司。本地分有盗贼，则巡检而下皆坐罪，如在京法。从之。二十六日，殿前、马、步军司言：左右厢巡，乞与临安府都监司同共量度摊拨，定作一百二铺，计差禁军六百七十三人。内军员一十人，（丁）〔十〕将节级五十一人，长行六百一十二人，充巡防。……从之。（《辑稿》兵三之七、八）案：《要录》卷五一记为铺一百一十五，卒六百七十三，显误。《辑稿》兵三之九记绍兴二十二年有铺一百一十五，拟增至一百五十。

【二十五日丁巳】皇城司更造入禁卫宫殿皇城门号四等，岁一易之。敕入禁卫三千道黄绫八角，入殿门二千道黄绢方，入宫门八千道黄绢圆，入皇城门三千道黄绢长。三年十一月壬申，更宫门号以绯红绢方，皇城门以绯红绢圆，自后不复易。（《要录》卷五一）

【二十七日己未】诏修临安城之颓圮者，以修内司所集湖、秀等五州役卒就筑之。（《要录》卷五一）知临安府宋辉言：车驾驻跸本府，城壁理宜严固。昨缘雨雪，推倒过州城三百七十九丈，工力稍大，本府阙人修筑。据壕（塞）〔寨〕官申元发到人兵二百九人，欲乞候修内司打并了当，退下湖、秀等五州役兵，尽数拨差，并工修筑。从之。（《辑稿》方域二之二四）

【二十九日辛酉】知临安府宋辉言：昨得旨，将府学改充府治，方造厅屋并廊屋三两间。而本府日有引问勘鞠公事，合置当直司签厅，使院诸案未有屋宇。诏州治有刑狱司分，特许修盖。时有诏：访闻行在系官修造去处甚多，可日下并罢。故申明云。（《辑稿》方域四之一七）御史台、阁门言：车驾移跸临安府，百官趁赴朝参，若值雨雪，殿内向无南廊，其四参官系于南阁子内起居，若更令百官立班，委是窄隘。今相度如值雨雪，宰执、使相、前宰执、太尉于檐下立班，侍从、两省、台谏、正任管军、横行御带、阁门应奉官等于南面阁子内立班，内文（武）〔臣〕卿监郎官以下、（文）〔武〕臣武功大夫以下并于殿门外立班。诏：文臣卿监郎官以下、武臣武功大夫以下并于东西两廊立班，余并依。（《辑稿》仪制二之二〇）

【二月一日癸亥】诏临安府近行宫高阜，禁人毋得至其处，犯者徒二年。以其可以下瞰宫中也。（《要录》卷五一）

【五日丁卯】太常少卿程瑀等言：已降指挥，令临安府于城外东南巳地踏逐祀天去处。本府见踏逐城外东南妙觉院屋四间，城内天宁观屋五间。今相视得妙觉院屋系面东，兼出城遥远，不可用。城外东南别无寺院，若令创行修建，有碍近降权住修造指挥；若止就城内天宁观望祭，又

近降指挥合于城外东南望祭。今来合取自朝廷指挥。诏权于天宁观望祭。(《辑稿》礼二之二、三)

【十五日丁丑】太常少卿程瑀等言：奉诏遇祀昊天上帝、大社、大稷、高禖，并于天宁观望祭。其行事官宿斋等位次，望下临安府，于本观止修盖席屋二十间。从之。(《辑稿》礼一四之七六、七七)

【二十四日丙戌】诏六部于东北角开便门，遇有职事赴都堂禀白，听于便门出入。(《要录》卷五一)

【四月二十一日壬午】是日，临安火。(《要录》卷五三)

【五月二十一日庚辰】是日，临安府火，弥六七里，延烧万余家。火之始炽也，神武右军都统制张俊仗剑登屋，督所部救之，不能止。最后，修内司搭材兵至，火乃熄。(《要录》卷五四)六月四日，臣僚言：五月二十一日，临安城中火灾，顷刻之间，弥亘六七里，延烧一万余家。(《辑稿》瑞异二之三五)余始寓京邸，于绍兴二年五月大火，仅挈母妻出避湖上。此时被毁者一万三千余家。(《枫窗小牍》卷下)

【二十四日癸未】三省请于行在别置作院一所，令诸军匠各造器甲，并申朝廷支拨。后以御前军器所为名，仍隶工部。(《要录》卷五四)案：《咸淳志》卷七六：大中祥符寺，在礼部贡院西。……南渡初，斥为军器所，留西南隅建寺，余地多为民居。

【六月二十一日庚戌】知临安府卢知原言：访闻大宗正司及南班宗室，自今逐旋前来行在，缘修建宅舍尚未了当，全无安泊去处，欲将同文馆及明庆寺廊屋应副，候修造了毕依旧。诏从之，即不得多占间数及损坏屋宇。(《辑稿》职官二〇之二三)

【七月八日丙寅】尚书省言：行宫南门添置楼屋一所，已令临安府修盖，相次了毕，所有牌额，乞下所属书写。诏令临安府书写，仍以"行宫之门"四字为名。(《辑稿》方域二之一一)

【八月九日丙申】临安府火。(《宋史》卷二七《高宗本纪》四)诏：临安府被火，百姓许于法慧寺及三天竺寺等处权安泊，应客店亦许安下，免出房钱。(《辑稿》食货五九之二三)

【十六日癸卯】初置宰执已下待漏院于行宫南门之外。(《要录》卷五七)

【九月二十六日癸未】新作行宫南门成。(《要录》卷五八)南门成，诏名曰"行宫之门"。(《咸淳志》卷一)

【九月二十九日丙戌】尚书省又言：行宫南门修盖毕工，今来太史局选用十月二日，欲令百官朝谒出入。从之。(《辑稿》方域二之一一)

【十一月二十六日癸未】临安大火。(《宋史》卷二七《高宗本纪》四)

【十二月八日甲午】夜，行在临安府火，燔吏、工、刑部、御史台及公私室庐甚众。乙未旦乃灭。(《要录》卷六一)十二月八日，是夜，行在临安府火灾，延烧居民，达旦扑灭。(《辑稿》瑞异二之三五)余尝刊《净行品》施人，帖于屋柱间，凡数十年，已万余本矣。后以遗一司敕令所删定官张博南叟，帖于竹窗上。绍兴二年腊月八日，临安大火，烧数万家。张氏之居亦尽被焚爇，其竹窗半焚，至所贴经处而止，其上屋一间亦独存。是皆可异者也。(《鸡肋编》卷中)适六部大火，案牍皆空，（郑）庚转丞萧山，未知也。西兴寨卒携文书数幅来，言曰：隔江望临安火，有大风吹此文书坠沙上，聊取观之，见公姓名在焉，敢以献。取而阅视，乃吏部甲库案行遣赏典也。(《夷坚志补》卷三《郑庚赏牍》)案：此条未系年，依文意为建炎稍后，暂附于此。

【十二日戊戌】诏临安民居皆改造席屋，毋得以茅覆盖。行宫皇城周回各径直留空三丈，毋得居。(《要录》卷六一)（绍兴）二年春，除两浙转运判官，又升副使兼权临安府。市皆芨舍，数火，公始陶瓦易之。(周必大《宝文阁学士通奉大夫赠少师梁汝嘉神道碑》,《庐陵周益国文忠公集》卷六九)

绍兴三年癸丑（1133）

【正月六日壬戌】权知临安府梁汝嘉言：被旨令措置朝大门一所，不用门楼，除置门外，有本门墙角至河亦合修筑城墙，更置角门一所。诏依所乞，即不得别有增添，却致繁费。(《辑稿》方域二之二四)行在省仓内镇城仓改为行在南仓，仁和仓改为行在北仓。镇城仓系临安府州仓，仁和县仓系仁和县地基上修盖，各袭其称，至是改之。(《辑稿》食货六二之一三)仁和县县治，旧在余杭门里梅家桥西今北省仓，绍兴三年，县令孙延直徙于招贤坊。(《咸淳志》卷五四)

【十六日癸酉】中书门下省奏：勘会行宫南门里并无过廊，百官趋朝，冒雨泥行。诏令梁汝嘉同修内司官就东廊旧基营盖。(《辑稿》方域二之一一)

【二月四日庚寅】诏以法惠寺为同文馆。(《要录》卷六三)

【三月一日丙辰】诏以两浙转运司两廨舍充新除参知政事席益、签书枢密院事徐俯府第，其退下位次，却充本司廨宇。(《辑稿》方域四之一七)

【二十三日戊寅】皇后母福国夫人熊氏言，家无居第，乞令临安府盖屋十五间为皇后宅。上不许，命以官屋假之。(《要录》卷六三)故赠开府仪同三司邢焕妻福国夫人熊氏言，本家见无居止，乞下临安府应副修盖瓦屋十五间充皇后宅位。诏令临安府踏逐空闲舍屋应副。(《辑稿》方域四之二四)

【五月七日辛酉】诏筑第百间，以居南班宗室，仍以睦亲宅为名。(《要录》卷六五)

【六月四日丁亥】命提举修内司杨公弼更作行宫南北台门。(《要录》卷六六)

【九月五日丙辰】时行宫外朝止一殿。日见群臣省政事，则谓之后殿；食后引公事，则谓之内殿；双日讲读于斯，则谓之讲殿。至是梁朽，前荣且坏，命有司缮治之。乃权御射殿，极卑陋，茆屋才三楹，侍臣行列，巾裹触栋宇。(《要录》卷六八)

【九日庚申】夜，朝天门外火，燔民居甚众。(《要录》卷六八)宰臣朱胜非等言：九日夜，朝天门外居民遗火，延烧颇广。(《辑稿》食货五九之二四)行都阙门外火，多燔民居。(《宋史》卷六三《五行志》二上)

【十月二十七日戊申】祠部员外郎、兼权太常少卿、太庙景灵宫提点江端友言：天子之居岂可无宗庙社稷？《礼》曰：君子将营宫室，宗庙为先。今宫室略备矣，宗庙岂可简而不修？欲乞于临安府行宫门内修创太庙。从之。（《辑稿》礼一五之一六）

【十一月五日丙辰】宰臣奏闻修运河浅涩画一。上曰：间有言以五军不堪出战士卒充此役者，固不可。又有言调民而役之者，尤不可。惟发旁郡厢军、壮城、捍江之属为宜。至于廪给之费，则不当吝。宰臣朱胜非等奏言：开河似非今急务，而馈饷艰难，为害甚大，故不得已。但时方盛寒，役者良苦，临流〔居〕人侵塞河道，悉当迁避。至于畚捐所经，泥沙所积，当预空其处，则居人及富家以僦屋取货者皆非便，恐议者以为言。上曰：禹卑宫室而尽力乎沟洫，浮言何恤焉！（《辑稿》方域一七之一九，另见《宋史》卷九七《河渠志》七）

【十九日庚午】是日，临安火。承信郎杨有坐纵延烧，追一官，编管严州。（《要录》卷七〇）

【二十二日癸酉】诏：……被火处每自方五十间，不被火处每自方一百间，各开火巷一道，约阔三丈。委知通躬亲相视，画图取旨，即不得夤缘骚扰。内朝天门里遗火人户，令并盖瓦屋。行宫内宫人所居屋宇，昨缘移跸草创，大段低小逼窄，于防谨火烛不便。令修内司日下措置拨移修盖，务要宽阔。（《辑稿》瑞异二之三六）

【十二月五日乙酉】是日，临安火。后二日，又火，燔民居甚众。宰相朱胜非引咎乞罢政，不许。（《要录》卷七一）

【九日己丑】知临安府梁汝嘉言：被旨委开火巷，今乞用旧陌巷开城，如丈尺不及，即拆及三丈之数；如屋宇稍密，巷陌遥远，别画图申取指挥。又言：巷阔者不过一丈，狭者止五尺以下，若一概展作三丈，恐拆去数多。欲将已烧去处，只展作一丈五尺；不经火处，展作一丈。诏并依。已降空留三丈指挥，更不施行。既而殿中侍御史常同言：近者有司以遗火延烧之频，乞于执政侍从之居、仓库四面各毁民居，开留隙地。计所毁无虑数百千家，连日急迫，与延烧无异。民咨胥怨，有害仁政。乞除仓场库务四面量留空地外，其执政侍从傍近居民，特免毁拆。诏：执政府第元降空留丈尺指挥减二丈，只空留三丈。侍从官宅不经烧毁去处，并免毁拆。余依已降指挥。（《辑稿》方域一〇之七、八）诏：宫墙底小却薄，不足以限制内外，令修司使相度帮贴砌垒。其合用工料砖灰，具申尚书省。（《辑稿》方域二之一一）

【十三日癸巳】诏修盖殿宇，迎奉祖宗神御赴行在。用祠部员外郎兼权太常少卿江端友议也。先是，端友建言：……今临安宫室略备矣，欲乞行宫门内修创太庙，务令近古质素，不必华饰，约用屋五十间，不过费万余缗。……（《要录》卷七一）

【二十四日甲辰】诏南班宗室新第，仍旧以睦亲宅为名。（《要录》卷七一）大宗正司言，修盖新宫，乞依旧以睦亲宅为名。从之。（《辑稿》职官二〇之二三）案：《辑稿》系于十月二十四日，今从《要录》。

【是年】诸天阁华严院，在井亭桥西。……绍兴三年，僧守卓始创佛殿。(《咸淳志》卷七六) 旌忠观……（绍兴）三年，张循王俊、杨和王存中于临安府踏道桥东立庙。(《咸淳志》卷七五) 绍兴初，张、杨、郭三大将建永乐三侯庙于临安柴垛桥之东，赐额旌忠，各有封爵。(《梁溪漫志》卷一〇)（仁和县学）绍兴三年，县令孙廷直于县治东建文宣王庙。(《咸淳志》卷五六) 六部架阁，在天水院桥，绍兴三年置库。(《咸淳志》卷五)

绍兴四年甲寅（1134）

【正月八日戊午】以法慧寺为秘书省。(《要录》卷七二)

【二十八日戊寅】夜，临安火。(《要录》卷七二) 行都火，燔数千家。(《宋史》卷六三《五行志》二上)

【二月四日甲申】两浙运副马承家等言：开撩临安府运河，元约两月为期，已于今月二十三日兴工，自跨浦桥及飞虹桥北下手开掘，以二十日为一料。(《辑稿》方域一七之一九、二〇)

【二十二日壬寅】工部员外郎谢伋等言：知临安府梁汝嘉具到开撩本府里河深处，乞更不须开掘，其坝子基并余杭门里外一节，措置并工量行挑撩。臣等躬亲将带壕寨前去，自地名葛公桥埧子基探量水势，至余杭门里外两处，各有水四尺五六寸，可以随宜挑撩外，其余河本皆及四尺七八寸至五尺以来，欲依梁汝嘉等所乞施行。从之。(《辑稿》方域一七之二一)

【十月二十三日戊戌】上登舟，发临安府。(《要录》卷八一)

【二十七日壬寅】御舟次姑苏馆，上乘马入居平江府行宫。(《要录》卷八一)

绍兴五年乙卯（1135）

【二月三日丁丑】上御舟发平江府。(《要录》卷八五)

【四日戊寅】命祠部员外郎、兼权太常少卿张铢奉太庙神主自海道至临安府，令本府雅饰同文馆安奉。其景灵宫神御祭享事，令温州通判权管。(《要录》卷八五)

【八日壬午】御舟至临安府，……上乘辇还行宫。(《要录》卷八五)

【十五日己丑】诏临安府修盖瓦屋十间，权充太庙，用守臣梁汝嘉奏也。既而，侍御史张致远言：陛下顷自平江自进发间，先降指挥，暂回临安，委江东帅漕缮治建康路，逐省部百司仓库等具图来上。驾方至临安，又首议差官奉迎太庙神主，令梁汝嘉雅饰同文馆权充太庙。中外闻之，靡不忭踊，咸谓陛下进都之意决矣。窃闻建言者以同文馆隘陋不胜，当别有营造。……采于外议，谓同文馆若就加葺饰，亦足崇奉。必不获已，惟有明庆寺耳。伏望睿断，以臣二说择一而用之。……殿中侍御史张绚亦奏：人言籍籍，难以户晓。只谓陛下去岁建明堂，今年立太庙，是将以临安府为久居之地，不复有意中原矣。……后二日，有诏汝嘉随宜修盖，不得过兴工役，俟移跸日，复充本府使用。(《要录》卷八五) 权知临安府梁汝嘉言：契勘本府同文馆当来起造仓猝，材植细小，间加窄狭，难以充太庙奉安。昨曾踏逐南仓空地，若以盖造太庙，委是稳便。兼四向地步阔远，可以限隔火烛。诏依。令临安府修盖瓦屋一十间，权充太庙奉安。(《中兴礼书》卷九五)

【十七日辛卯】诏：太庙令临安府随宜，不得过兴工役，候移跸日，依旧本府使用。先是，有旨于温州奉迎太庙神主赴行在所。太常少卿江端友奏请修创太庙，委守臣梁汝嘉雅饰同文馆奉安。汝嘉言，累以兵马安泊践秽，非崇奉所。至是，汝嘉请于南省仓空地盖屋十间，权充太庙。既而侍御史张致远、殿中侍御史张绚言：创建太庙，兹为定都，议者谓无进跸之图。故有是命。(《辑稿》礼一五之一六)

【闰二月二十日甲子】诏：三圣庙见占地基与全免合纳役钱，余依绍兴三年九月三十日已降指挥施行。以婺州兰溪县刘天民言，昨父置到产地，后蒙踏逐修盖三圣庙，所有役钱乞行蠲免，故有是诏。(《辑稿》食货一四之二三、二四，又见六五之八一)

【二十一日乙丑】(太庙)……一、依庙制合设四神门外，更置棂星门二重，今来止修立棂星门，即未有神门，欲乞将西壁屋五间内那三间修作南神门，余二间依旧。一、殿东壁欲于墙内开小便门，常日锁闭，至行事遇阴雨，许行事官经由四门入出，升东侧阶行礼，及修砌班路并东西侧阶。一、将见修南棂星门却乞依于移东棂星门地步修立。(《中兴礼书》卷九五)

【四月五日戊申】尚书祠部员外郎、兼权太常少卿张铢奉太庙神主自温州至行在，宰相赵鼎率文武百僚、宗室迎拜于候潮门外。(《要录》卷八八)

【五月八日辛巳】(赵)鼎先得旨，于行宫门内造书院屋一区，欲令就学。有司以图来上，凡建屋十有六间，从约也。至是，书院成。上曰：只以书院便为资善堂，俟除授讫，命儒臣为直讲翊善，悉如资善故事。(《要录》卷八九) 制以贵州防御使瑗为保庆军节度使，封建国公，于行宫门外建资善堂。(《宋史》卷三六〇《赵鼎传》)

【六月】千佛阁安福院，在军器所东。绍兴五年六月，以祥符寺旧基分建。(《咸淳志》卷七六)

【八月十九日庚申】诸王宫大小学教授钱观复等言：……今行在惟有睦亲宅一处，专以居南班官。其子弟之系外官者无几，所余外官无宅，散在民居、邸店者，不可胜数。欲尽令入学，则睦亲宅见在散居五间，除教官二员，各得直舍屋一间外，余讲堂三间，更无斋舍可以容处。……欲乞就睦亲宅附近踏逐空闲地基，增广学舍，令应干到行在宗子，皆得入学，庶使内外宗子均被教养。……并从之。(《辑稿》崇儒一之六、七)

【是年】开宝仁王寺,在七宝山。先是,东京开宝寺有仁王院,僧慧照大师法晔随驾南渡,绍兴五年,奏请权建于七宝山,主大内祈禳事如故典。绍熙三年,始赐敕额。(《咸淳志》卷七六)

绍兴六年丙辰(1136)

【正月十五日癸未】礼部言:准都省批下太常少卿何悫(寻)〔等〕札子:近准省札,勘会(圆)〔圜〕(邱)〔丘〕、方泽、社稷之祭,见于临安府天庆观,小屋三楹,卑陋湫隘,军民杂居,喧怒杂乱,深属不便,札付〔本〕寺同临安府于城内外空闲去处别行踏逐,申尚书省。今同共踏逐到城外惠照院,见今空闲,堪充望祭斋宫。其屋宇与见今斋宫间数颇同。除廊门屋三间欲还寺僧依旧居止,及别援屋两间安顿佛像外,其余堪充斋宫屋宇去处,合行修葺,擗截门窗篱壁之类。乞下临安府施行,更合取自朝廷指挥。后批送礼部,本部相度,欲依所乞施行。诏依。(《辑稿》礼二之三,另参《辑稿》礼一四之七八、《中兴礼书》卷九二)

【二月】行都屡火,燔千余家。(《宋史》卷六三《五行志》二上)

【三月十四日辛巳】诏天章阁、万寿观:祖宗帝后神御见在温州,令干办官黄彦节迎奉赴行在,惟圣祖像留温州如故。既而,中书言,恐内侍沿途骚扰,止命本州遣近上兵官迎奉焉。后旨在是月乙未。(《要录》卷九九)

【三十日丁酉】诏于皇城内修盖天章阁,以奉祖宗神御。后以亲征未及行。(《要录》卷九九)

【九月一日丙寅】上发临安府。(《要录》卷一○五)

【八日癸酉】上次平江府。以水门隘,不通御舟,乃就辇于城外,百官朝服乘马,扈从至行宫。(《要录》卷一○五)

【十二月一日甲午】是日,临安火,所燔几万家。诏以米一千斛赐被火之家贫乏者。(《要录》卷一○七)十二月,行都大火,燔万余家,人有死者。(《宋史》卷六三《五行志》二上)及家山中,六年十二月,京师复火,更一万余家。(《枫窗小牍》卷下)

绍兴七年丁巳(1137)

【二月二十七日己未】上发平江府。(《要录》卷一○九)

【三月九日辛未】上次建康府。……时行宫皆因张浚所修之旧,寝殿之后,庖圊皆无。上既驻跸,加砌小屋数间,为燕居及宫人寝处之地。地无砖面,室无丹雘。(《要录》卷一○九)

【四月二日癸巳】诏筑太庙于建康,以临安府太庙充本府圣祖殿。(《要录》卷一一○,又见《辑稿》

礼一三之二五）三省言：迎奉神主已到建康府，所有太庙殿宇合行修建。诏令守臣限一月修盖，其临安府太庙殿宇，可赐本府充圣祖殿。(《辑稿》礼一五之一八)

【闰十月二十四日壬午】诏临安太庙且令留存。初，以行在建康，故以太庙为本府圣祖殿。及是将回跸，议者乃言本朝推尊圣祖，比之有唐尊奉老子，事若相类，而礼实不同。爰自仁祖缵承以来，五圣百年，踵行不易，协于礼经。所谓凡祭有其举之，莫敢废也之义。今乃赐太庙为圣祖殿，在理实有未安。故有是旨。(《要录》卷一一六)

【十二月二十六日癸未】有司奉九庙神主还浙西，百官辞于城外。(《要录》卷一一七)

【是年】临安府火。(《宋史》卷六三《五行志》二上)

绍兴八年戊午（1138）

【二月七日癸亥】上发建康府。(《要录》卷一一八)

【二十二日戊寅】上次临安府。……上还宫。(《要录》卷一一八)

【三月二日丁亥】诏曰：昔在光武之兴，虽定都于洛，而车驾往反，见于前史者非一。用能奋扬英威，递行天讨，上继炎汉，朕甚慕之。朕荷祖宗之休，克绍大统，夙夜危惧，不常厥居。比者巡幸建康，抚绥淮甸，既已申固边围，将率六军，是制复还临安，内修政事，缮治甲兵，以安基业，非厌霜露之苦，而图宫室之安也。自今而后，应诸路宣抚制置使等阙，其深戒不虞，益励士卒，常若敌至，以听号令，帅守监司，其合力同心，共济军务，罔或不勤，以副朕经营之意。(《会编》卷一八三) 案：《咸淳志》卷一、《方舆胜览》卷一、《舆地纪胜》卷一均载有此诏，文字略有不同，可参看。始定都于杭。(《宋史》卷二九《高宗纪》六)

【是年】又命守臣张澄发厢军、壮城兵千人，开浚运河堙塞，以通往来舟楫。(《宋史》卷九七《河渠志》七) 省仓下界，在东仓铺，创于绍兴八年。(《咸淳志》卷九)

绍兴九年己未（1139）

【正月十二日癸巳】诏建皇太后宫室于大内，以旧承庆院为之。(《要录》卷一二五)

【十六日丁酉】手诏渊圣皇帝宫殿令临安府计度修建。(《要录》卷一二五)

【二十二日癸卯】修内司承受提辖王晋锡言：奉旨于内中修盖皇太后殿门一所，今踏逐直笔内省事务承庆院屋宇地步可以修盖。诏依，合用工料令临安府应副。(《辑稿》方域二之一五)

【二月二十八日己卯】临安府火。(《要录》卷一二六) 行都火 (《宋史》卷六三《五行志》二上)

【五月七日丙戌】名显肃皇后神御殿曰承顺。时原庙未立，承元、承顺殿皆寓行宫天章阁之西。（《要录》卷一二八）

【七月二十三日辛丑】临安府火。（《要录》卷一三〇）

【二十四日壬寅】（行都）又火。（《宋史》卷六三《五行志》二上）案：疑与辛丑事同。

【九月十七日甲午】名皇太后宫曰慈宁。（《要录》卷一三二）名皇太后殿曰慈宁。（《宋史》卷二九《高宗纪》六）

【十月二十一日戊辰】宰臣秦桧等进表请建皇太后宫殿，以慈宁为名。上因谓辅臣曰：行宫地步窄隘，今营建太后宫，只是依山因地势修筑，至于器用供张衣衾之类，悉已毕备，皆朕一一临视，亲加指画。仍许执政入观。（《辑稿》后妃二之六）慈宁宫成。宫依山为之，供帐皆备。上召秦桧等入观。（《要录》卷一三二）

【三十日丁丑】昭宣使、忠州防御使、入内内侍省押班陈永锡言：修盖皇太后殿宇门廊，并创造到铺设什物帘额等，一切了毕。（《辑稿》方域二之一五、一六）

【是年】城隍庙，旧在凤凰山。……绍兴九年，移宝月山。（《咸淳志》卷七一）

绍兴十年庚申（1140）

【正月八日甲申】知临安府张澄言：准省札太常少卿苏携等札子，将来大礼前一日，车驾合诣太庙行礼。缘今太庙殿室东西止阔七丈二尺，南北止深三丈一尺，比之建康府所修殿，东西少五丈二尺，南北深少二丈九尺。奉圣旨，令临安府相度措置。本府今相度于太庙殿两次间各添展一间，各阔二丈（一）〔六〕尺，通本殿身共七间。及于殿身前檐五间，各添插一椽，高一丈五尺。并于殿后将新添二间与旧殿屋五间共七间，各更添插两椽，通阔一十二丈四尺，深六丈。其后面两稍间转角高与旧屋难以一平，微显两重檐槽用护缝板缠钉接殿椽，遮影造作，即依得建康府太庙殿室地步丈尺。……诏依。（《中兴礼书》卷九五）

【三月二十七日壬寅】奉安徽宗皇帝、显恭皇后、显肃皇后神御于天章阁西之神御殿。（《要录》卷一三四）

【七月】《夷坚戊志》载裴老智数，谓绍兴十年七月，临安大火，延烧城内外室屋数万区。（《宾退录》卷九）（绍兴十年七月泉州杨客）悉辇物货置抱剑街主人唐翁家，身居柴垛桥西客馆。……次日，闻外间火作，惊起，走登吴山，望火起处尚远，俄顷间已及唐翁屋。（《夷坚志》丁志卷六）

【九月二十日辛酉】临安火，延烧省部仓库。翌日，辅臣奏事。上曰：累令撤蓆屋作瓦屋，皆不奉行。朕已戒内侍，如敢不行，比众罪当加重。卿等更戒诸房吏，亦依此。若内侍、堂吏奉行，则众不敢违矣。于是参知政事孙近建言拆去草屋，宽留地步。诏限五日，后亦不果行焉。绍兴十一年七月八日甲辰，臣中上言：去年临安遗火，延烧府库。参知政事孙近首建言拆去草屋，宽留地步，致朝旨限五日毁拆。及知府俞俟取禀，近复云未得毁拆。待近再取旨，盖朝天门一带，多堂吏所居故也。姑附此，当考。（《要录》卷一三七）

【十月】行都火，燔民居，延及省部。（《宋史》卷六三《五行志》二上）是月，临安府居民遗火，延烧省部官舍。朱胜非《闲居录》曰：……十一月火作，首焚三省，库中所积，一夕而尽。（《中兴小历》卷二八）案：此二条所记实为九月二十日辛酉之火。

绍兴十一年辛酉（1141）

【三月八日丁未】诏将编估打套局移出左藏库外，于南仓之北置局。（《辑稿》职官二七之七〇）

【五月七日戊申】郡守俞俟奏请：府城之外南北相距三十里，人烟繁盛，各比一邑。乞于江涨桥、浙江置城南北左右厢，差亲民资序京朝官主管本厢公事，杖六十以下罪听决。奉圣旨依。（《乾道志》卷二）案：《咸淳志》卷一九作五月十日。

【六月六日癸酉】诏：行在三仓以行在省仓上、中、下界为名，监官监行在省仓上、中、下界系（御）〔衔〕称呼。（《辑稿》食货六二之一四）分行在省仓为三界，界百五十万斛。凡民户白苗米南仓受之，以廪宗室百官，为上界；次苗米北仓受之，以给卫士及五军，为中界；粮米东仓受之，以备诸军月粮，为下界。（《要录》卷一四〇）

【八月三日戊辰】立祚德庙于临安，祀韩厥。（《宋史》卷二九《高宗纪》六）

绍兴十二年壬戌（1142）

【三月三日丙申】行都火。（《宋史》卷六三《五行志》二上，卷三〇《高宗纪》七）

【四月二十一日甲申】起居舍人杨愿请以临安府学增修为太学，从之。（《要录》卷一四五）

【是月】行都又火。（《宋史》卷六三《五行志》二上）

【五月十四日丙午】增筑慈宁殿。（《要录》卷一四五）

【十九日辛亥】权礼部侍郎施坰等请立别庙于太庙之内，从之。殿室三间，其南为棂星门，不立斋舍神厨，以地隘故也。（《要录》卷一四五）

【二十六日戊午】礼部、太常寺言：太庙（毁）〔殿〕室之后修建别庙，安奉大行皇（帝）〔后〕（懿节皇后）神主，欲于见今太庙北墙外展套地步九丈，可以修建别庙殿室三间，其合修筑墙围，并修立别庙南棂星门，及修砌班道等，并乞依图本修筑安立。兼依大观二年建置别庙礼例，系各置神厨并斋舍，遇祭享各差行事官。缘太庙别无地步，欲就用太庙神厨、斋舍。从之。（《辑稿》礼一五之一八）

【八月二十九日己丑】徽宗皇帝、显肃皇后及懿节皇后梓宫皆至行在，寓于龙德别宫。以故待漏院为之，在行宫南门外之东，帝后异殿。（《要录》卷一四六）

【十月三日壬戌】臣僚言：大驾南巡，阅岁滋久，城壁剥蚀，日就摧毁。……（诏今）〔乞令〕临安府措置，申尚书省，候农隙和买砖石，用壮（壯）城兵相兼人夫修筑，即不碍官私舍屋，委是经久利便。从之。（《辑稿》方域二之二四）言者论钱塘驻跸之地，而城壁摧剥，傥不加饰，何以肃远近之瞻，况临安府昨被旨置回易库，收其赢以备此举几年矣，今宜取而用之。诏临安府措置。（《中兴小历》卷三〇）

【二十七日丙戌】……既而，御史台请以射殿作崇政殿，遇朔望权安置幕帐门作文德、紫宸殿。……以驻跸殿宇未备，故有是请。（《辑稿》仪制一之三五）

【十一月五日癸巳】太傅、枢密使、益国公张俊为镇洮宁武奉宁军节度使、充醴泉观使、奉朝请，进封清河郡王。……（江）邈言，俊据清河坊以应谶兆，占承天寺以为宅基。……（《要录》卷一四七）

【十一日己亥】诏太学养士，权于临安府学措置增展。（《要录》卷一四七）十二月十二日，诏：太学养士，权于临安府府学措置增展，所有府学先次别选去处建置。其增展屋宇，约可容生员三百人。斋舍并官吏直舍等并临安府措置修盖。（《辑稿》方域二之一六、一七）案：此事《要录》记在十一月己亥（十一日），《辑稿》记在十二月十二日，似后者笔误。绍兴十二年，临安始建太学于众安桥北。基址已定，两道人不知名，过门注视。……其一人笑曰：汝眼力不见尽，若向东一处，却大胜此。……于是用所指者立贡院。（《夷坚志》支癸卷一〇）

【十二日庚子】命内侍王晋锡作崇政、垂拱二殿。时言者请复朔日视朝之礼，而行宫止一殿，故改作焉。崇政以故射殿为之，朔望则权置帐门，以为文德、紫宸殿。按射则以为选德，策士则以为集英。垂拱以故内诸司地为之，在皇城司北。（《要录》卷一四七）提举修内司承受提辖王晋锡言：依已降指挥，同临安府将射殿修盖两廊并南廊殿门，作崇政殿。遇朔望权安置幕帐门，作文德、紫宸殿。及将皇城司近北一带相度，修盖垂拱殿。今具拨移诸司，屋宇共二百四十七间，乞依画到图本修建。从之。（《辑稿》方域二之一六）案：据《咸淳志》卷一，正衙曰文德殿，上寿作紫宸殿，朝贺作大庆殿，宗祀作明堂殿，策士作集英殿；常朝曰垂拱殿。

【十四日壬寅】提举修内司承受提辖王晋锡言：依已降指挥修盖射殿廊舍，合用两朵殿，乞一就修盖。从之。（《辑稿》方域二之一六）

绍兴十三年癸亥（1143）

【正月十五日癸卯】诏以钱塘县西岳飞宅为国子监、太学。旧太学七十七斋，今为斋十有二，曰：褆身、服膺、守约、习是、允蹈、存心、持志、养正、诚意、率履、循理、时中。（《要录》卷一四八，另参《辑稿》方域二之一七）

【正月十九日丁未】礼部、太常寺言：国朝礼制，圜坛在国之东南，坛之侧建青城斋宫，以备车驾出郊宿斋。今欲令临安府于行宫东南城外，先次踏逐可以修建圜坛并青城斋宫去处。从之。（《辑稿》礼二八之二三）

【二月二十五日癸未】殿前都指挥使杨存中等言：相视圆坛地步，今于龙华寺西空地，得东西长一百二十步，南北长一百八十步，修筑圆坛。除坛及内壝丈尺依制度用九十步外，其中壝、外壝欲乞随地之宜，用二十五步，分作两壝，外有四十步。若依前项地步修筑，其兵部车辂仪仗、殿前司禁卫，皆可以排列。兼修建青城并望祭殿，委是可以（图）〔圆〕备。从之。（《辑稿》方域二之一七，又见礼二之四一）

【二月二十七日乙酉】诏令临安府建景灵宫。先是，言者谓：自元丰始广景灵宫，以奉祖宗衣冠之游，即汉之原庙也。自艰难以来，庶事草创，而原庙神游，犹寄永嘉，四孟荐享，旋即便朝设位，未副广孝之意。望命有司择地，仿灵宫旧规，以建新庙，迎还列圣晬容。庶几四孟躬行献礼，用慰祖宗在天之灵。事下礼官。至是，权礼部侍郎王赏等乞体仿温州见今安奉殿宇，令本府同修内司随宜修盖。熊克《小历》载此事在三月丁酉，与《日历》不同。其后创于新庄桥之西，以刘光世赐第为之。光世家进纳赐第，在三月庚子，今并附此。筑三殿，圣祖居前，宣祖至徽宗居中，昭宪而下二十一后居后。《中兴圣政》、吕中《大事记》：……绍兴十一年，置玉牒所。十二年，作崇政、垂拱二殿。十三年，筑圜丘，建太社、太稷、国子监、太学。十四年，置宗子学，建秘书省、御书院。十六年，建武学。二十五年，建执政府。二十六年，筑两相第。二十七年，建尚书六部。定都二十年，而郊庙宫省之制亦已具备矣。（《要录》卷一四八）

【三月十三日庚子】故赠太师刘光世妻秦国夫人向氏札子：伏见踏逐建置景灵宫去处，先蒙赐到第宅，坐落临安府余杭门内，并本家增置到园地稍阔，欲乞并行进纳。诏令临安府、修内司同共相度。（《辑稿补编》三四）

【十八日乙巳】诏临安府建太社、太稷。言者以为社稷之祠，王者所重，故汉光武东迁，则置于雒阳。国家南渡以来，上戊之祭，寓于佛祠，未副事神保民之意。望下礼官讲明，择地为坛，以备春秋之礼。故有是命。（《要录》卷一四八，另参《辑稿》礼二三之五、六）案：此事《辑稿》礼二三之三、方域二之一六及《咸淳志》卷三误系于十二年。

【十九日丙午】诏临安府同殿前司修筑圜丘于龙华寺之西。坛四成，上成纵广七丈，下成二十有二丈，分（三）〔二〕陛，陛七十有二级。坛及内壝凡九十步，中壝、外壝共二十五步。以龙华寺为望祭〔殿〕，不筑斋宫。(《要录》卷一四八）小帖子开说圆坛丈尺：……共合用第一成纵（横）〔广〕七丈，第二成纵广一十二丈，第三成纵广一十七丈，第四成纵广二十二丈。分一十二陛，每陛七十二级。三壝，第一壝去坛二十五步，中壝去第一壝一十二步半，外壝去中壝一十二步半。并燎坛之制，方一丈，高一丈二尺，开上南出户方六尺，三出陛，在坛（内）〔南〕二十步丙地修建。……用七月二十三日庚时兴工，至十月二十二日毕工。(《辑稿》礼二之四、五，另参《咸淳志》卷三）案：《要录》及《咸淳志》误作十三陛，当以《辑稿》十二陛为准。

【四月三十日丁亥】阁门言：今来垂拱殿内已安砌石位，其字与石色一同，百官难以辨认。乞行下有司，将四参石位装字以黄蜡，日参石位以红蜡。从之。同日，阁门言：在京自垂拱殿门里天井中有隔门，如值（两）〔雨〕开隔门，臣僚起居。今月二十九日，文武百僚赴垂拱殿，习看石位。切见今来垂拱殿门作宫门，其隔门却作殿门，百官下从人皆带入出宫门，欲依在京日作殿门。从之。(《辑稿》仪制五之二五、二六)

【闰四月二十八日乙卯】权太常少卿王师心等言，本寺同临安府、修内司相视到刘光世宅下项：一、厅，东西长七丈五尺，可以随宜改修作前殿，奉安圣祖天尊大帝。一、前堂，东西长七丈四尺二寸，可以随宜改修作第二殿，奉安祖宗神御九位。一、后堂，东西长七丈四尺，欲于东西各展一丈，可以随宜改修作第三殿，奉安元天大圣后并诸后神御一十八位。一、后堂北四并堂，欲随宜改修，充奉安万寿观会圣宫并章武殿圣像神御。诏依。(《中兴礼书》卷一〇五）案：原书未系年，据相关史事系此。

【五月二日戊午】提举修内司承受提辖王晋锡状……今来四并堂虽在后堂之北，缘有河一道相隔，到彼地步稍远，窃虑缓急行香未便。今相度目即刘光世宅大门里南壁，有旧宅一所，与前项三殿相去不远。欲别作一所在，可以随宜添修，充奉安万〔寿〕观等圣像神御。诏依，令太常寺相度。(《中兴礼书》卷一〇五)

【九日乙丑】知临安府卢知原言：本府周回城壁久不修治，颓损至多。今日钱湖门南冲天观等并系相近禁卫去处，未敢擅便前去相视。诏令计会中军、皇城司、殿前司前去检计修葺。(《辑稿》方域二之二五)

【六月五日辛卯】提举修内司承受提辖王晋锡状……今相度，即今后堂五间，通阔七十四尺。太常寺申明，乞东西各展一丈，通阔九十四尺。今契勘侵占内四尺系堂两壁山墙隔减侵占，每壁阔二尺；造神御帐座两壁山花斜分并转道构栏侵占，每壁一尺，实阔八十八尺。今来分作一十八位,每位阔四尺八寸九分。缘每位前合设香案,就小造已长六尺,兼帐座前两壁未有进汤御路。今来欲每位作六尺阔,东西两壁各留五尺,充诣神御前进汤御路。并堂两壁山墙隔减,每壁侵占二尺,及帐座两壁山花斜分转道构栏,每壁侵占一尺,通计合使阔一百二十四尺。止将堂东西两挟并廊屋改修,通作九间,日后委无妨碍。诏依,令太常寺日下相度。(《中兴礼书》卷一〇五)

【十二日丁酉】权礼部侍郎王赏等言……今来太庙止有大次瓦屋五小间外,未曾建置斋殿。(《辑稿》礼二之五)

【十四日己亥】提举修内司承受提辖王晋锡状,据修内司申,勘会已降指挥,刘光世宅大门里南壁旧宅一所,随宜添修,充奉安万寿观等处圣像神御。太常寺相度,其南壁旧宅若将面东前堂奉安万寿观昊天上帝一位,后堂奉安会圣宫、章武殿、万寿观神御一十三位,并将来迎奉内中承元殿徽宗皇帝神御二位,共一十五位。缘见今后堂据图内贴说,止系四丈四尺,欲东西各展一丈,通作六丈四尺,所贵可以随宜奉安,别无妨碍。札付修内司照会。本司契勘后堂元系四丈四尺,今来东西各展一丈,通作六丈四尺,窃虑行香御路隘窄,将欲每位从小造作,以香案、奠酒盆台为率,依第三殿,每位各得六尺,并除两壁墙侵占四尺、山花二尺,及驾路一丈,计一丈六尺,共展作一百六尺,系作七间。除旧位三间,两壁共添四间,每间各得一丈五尺五寸。诏依,令太常寺相度施行。(《中兴礼书》卷一〇五)

【七月十一日丙寅】内侍省押班、主管景灵宫奉迎所张见道言,在〔京〕景灵宫、万寿观后,各有车马门,只备内人赴宫酌献。乞下修内司,于见今修建宫后修置。诏依。(《中兴礼书》卷一〇五)

【是月】国学大成殿告成,奉安庙像。(《宋史》卷一一四《礼志》一七)

【八月二日丙戌】礼部、太常寺言,已降指挥,修盖景灵宫,奉安祖宗帝后神御,并章武殿、会圣宫、万寿观圣像神御,今既毕工,所合差官迎奉。(《中兴礼书》卷一〇五)

【二十三日丁未】礼部、太常寺言:在京,大礼前一日差官祓祭利涉门。从之。其后更名曰嘉会门,每遇南郊,率用此例。(《辑稿》礼二八之二三)

【二十五日己酉】大理寺臣吴镛言:伏自车驾驻跸东吴,城壁仍旧未暇作改。近日创建前殿,肇(亲)〔新〕典礼,每遇朝会,宰执百〔官〕缘朝在城之外,遂自五鼓后启外城二门之钥,不惟(蜜尔)〔密迩〕皇城,而又迫临江渚,富商大贾风帆海舶往来之冲,岂所谓九重严邃、君门万里之义乎?乞下所属措置。若城外朝路难以移改,只于朝路之外东量添城壁,免致未旦启钥。诏于临安府措置,申尚书省。(《辑稿》方域二之一七、一八)

【九月十八日辛未】上曰:太庙窄隘,宿斋处与神御殿逼近,人迹喧杂,行礼不肃。可令展套地步,添盖宿斋处所,若要规模宏壮似旧日则不可,至于崇奉之意,须当依旧也。(《辑稿》礼一五之一八、一九,礼二之七)

【二十一日甲戌】礼部侍郎王赏等言：已降指挥，太庙斋居逼近庙室，致有喧杂，令礼部、太常寺同临安府相度地步增展。寻相度到太庙斋厅后隔墙南省仓内有敖四间，及傍有空地，若拆去敖屋，其地南北九丈、东西一十丈，可以将见今绞缚斋厅移那向后，兼北墙与别庙后墙一齐。诏依。(《辑稿》礼二之七、八)

【十月十二日乙未】奉安祖宗帝后及徽宗皇帝、显肃皇后神御于景灵宫。……时庶事草创，乃建万寿观于棂星门内。十七年四月始改作。(《要录》卷一五〇)

【十二月十一日癸巳】秘书丞严抑言：本省藏祖宗国史、历代图籍，旧有右文殿、秘阁石渠及三馆四库。自渡江后，权寓法慧寺，与居民相接，深虑风火不虞。欲望重建，仰副右文之意。于是建省于天井巷之东，以故殿前司寨为之。上自书右文殿、秘阁二榜，命将作监米友仁书道山堂榜。(《要录》卷一五〇)

【十二月十二日甲午】诏两浙转运司建秘书省。先是复省，止寓法惠寺，至是重建，从秘书丞严抑之请也。(《辑稿》职官一八之二七)绍兴十三年十二月，诏两浙转运司建秘书省。(《南宋馆阁录》卷二)

【二十二日甲辰】两浙转运司言：准尚书省札子，踏逐去处，重建秘书省。今西河坊糯米仓巷西街北殿前司营寨地步宽广，可以建造。从之。(《辑稿》方域二之一八)

【是年】敕修甲第，遣中使就第赐宴，侑以教坊乐部。(《宋史》卷三六九《张俊传》)临安在东南，自昔号一都会。建炎及绍兴间，三经戎烬，城之内外，所向墟落，不复井邑。继大驾巡幸，驻跸吴会，以临浙江之潮。于是士民稍稍来归，商旅复业，通衢舍屋，渐就伦序。至天子建翠凤之旗，萃虎貔之旅，观阙崇峻，官舍相望，日闻将相之传呼，法从之朝会，贡输相属，梯航踵至，翼翼为帝所神都矣。……有右武大夫蔡通舍地一段，及御带杨公恕、大夫司邦宪等诸大檀那，皆哀长财，积土木，毂击肩摩，水航陆聚，云臻雾委，莫可数计，不约而集。凡心许意诺者，各出力以营建，悉心于督护。自绍兴十有三年创为三门、佛殿、药师殿、法堂、佛阁、戒坛、寝室、方丈、僧堂、厨库、廊庑、钟楼、磨坊、病院、选僧、浴厕，无一不备。……为行都僧坊第一。至绍兴三十年落成，上悯其劳出于一力，特赐仙林慈恩普济教寺额以宠之。(曹勋《仙林寺记》,《松隐集》卷三一)

绍兴十四年甲子（1144）

【正月十二日甲子】行都火。(《宋史》卷六三《五行志》二上)临安府火。(《宋史》卷三〇《高宗纪》七)

【六月十七日丁酉】临安府踏逐到观桥东民户地一段，修建（社稷坛）坛壝并行事官致斋去处。(《辑稿》礼二三之六)

【六月二十二日壬寅】（秘书省）迁新省。省在清河坊，糯米仓巷西，怀庆坊北，通浙坊东。地东西三十八步，南北二百步。是年四月二十九日，本省札子：新省围墙外，见今各有空地，窃虑官私乱有侵占，欲各量留空地五步充巡道，以御火灾。从之。(《南宋馆阁录》卷二)

【七月一日庚戌】秘书少监游操等言：伏睹朝廷复建秘书省，并右文殿、秘阁、国史院、实录院、日历所，并已了毕，规模宏丽，实称朝廷右文之意。(《中兴礼书》卷二二一)

【二十七日丙子】诏：景灵宫南壁旧草场见今空现闲地步拨入景灵宫。(《中兴礼书》卷一〇七、《辑稿》方域二之一八)

【是年】延祥观，绍兴十四年建，以奉四圣真君。(《杂记》甲集卷二)四圣延祥观，在孤山，旧名四圣堂。四圣者，道经云：紫微北极大帝之四将曰天蓬、天猷、翊圣、真武。先是，显仁皇太后绘像事甚谨。高宗皇帝以康邸北使，将行，有见四金甲人执弓剑以卫者。绍兴十四年，慈宁殿斥费即今地建观，凡古佛刹如宝胜、报恩、智果、广化之在此山者，皆它徙。十五年，内出神像奉安。斫以沉香。二十年，诏复东都延祥旧名。(《咸淳志》卷一三)伏自靖康之变，岁在丁未，显仁太后北狩，佩平日所绘四圣像以行。至绍兴十有一年南归，因与韦渊语及北方尝梦见所谓四圣者，复止见二人，问之云二送圣君还南朝，二留卫圣母。……既归，遂于禁中造沉香像，同所绘像奉安于慈宁宫。越二年，委韦渊就西湖择地建四圣殿两庑三门成，即降赐慈宁所奉圣像于殿。至(十八年)戊辰，显仁以慈宁宫屋三间两庑立醮堂于殿北。(二十年)庚午，复在京延祥观，命道录彭德淳主观事，置道士二十一人，拨望湖堂、广化等寺归观，别建寺以安僧徒。又以智果观音院充本观道院，建殿以奉三清四帝。(《咸淳志》卷一三引张贵谟记文)案：《乾道志》建观在绍兴十六年。

绍兴十五年乙丑（1145）

【正月十九日乙丑】礼部、太常寺言：今讨论耤田之制，仍乞下临安府，就行宫之南标拨田亩，候相视到地段可以营建，即从礼部、太常寺参酌前项典故，申请施行。诏令临安府踏逐地段，申尚书省。(《中兴礼书》卷一三五)

【二十二日戊辰】知临安府张澄札子：遵依指挥，委官前去城南（圆）〔圜〕坛相近踏逐人户园池并水田，打量得东西折长四百八十二步，南北折阔二百四十步。已上积计一十三万六千八百八十八步，细计五百七十亩一角二十八步。合并画图，呈候指挥。(《中兴礼书》卷一三五)

【二月五日辛巳】诏临安府、两浙（专）〔转〕运司修盖五房、六房院。先是，三省枢密院诸房状，居止散漫，外人妄作，传报漏泄，难以分别。乞依在京例，于五房院、六房院居止，差置监门等，互相觉察。故有是诏。(《辑稿》职官三之四〇)六房院，在三桥西。五房院，在洪桥西。国朝旧制，三省有六房院，枢密院有五房院，主事以下集居其中，所以绝请谒、防泄漏。绍兴

十五年二月，诏临安府、两浙运司依在京例修盖两院。(《咸淳志》卷一二)

【二月二十一日丁酉】知临安府张澄言：今和买到人户园池并水田地段充耤田，合行盖造思文殿、观耕台、神仓等屋宇，及亲耕地步，伏望朝廷下礼部、太常寺指说修盖施行。诏依。(《中兴礼书》卷一三五)

【四月一日丙子】赐太师秦桧甲第一区。(《要录》卷一五三)

【四日己卯】诏耤田殿宇不须盖造，止依南郊例，临时绞设幕殿。(《中兴礼书》卷一三五)

【七月二十日甲子】(社稷坛)修建毕工。(《辑稿》礼二三之六)

【八月二十八日辛丑】入内内侍省东头供奉官王晋锡言：神御殿遇旦望、节序、生辰，驾过酌献行香，御路窄狭。欲于射殿东修盖神御殿一座，告迁安奉，委是稳便。所有土工、人匠、材料，乞下临安府应副，同共修造。从之。(《辑稿》方域二之一八)复营建神御殿于崇政殿之东，朔望、节序、帝后生辰，皇帝皆亲酌献行香，用家人礼。其殿名：徽宗曰承元，钦宗曰端庆，高宗曰皇德，孝宗曰系隆，光宗曰美明，宁宗曰垂光，理宗曰章熙，度宗曰昭光。(《宋史》卷一〇九《礼志》一二)内中神御殿，东都旧有之，号钦先孝思殿。绍兴十五年秋始创，在崇政殿之东。凡朔望、节序、生辰，上皆亲酌献行香，盖用家人礼也。(《杂记》甲集卷二)

【九月八日辛亥】临安府守臣张澄条上修建皇太后宅官吏名衔。(《要录》卷一五四)

【二十一日甲子】夜，太庙旁居民遗火。乙丑，上谕大臣，令于庙左右各撤屋二十步，以备不虞。(《要录》卷一五四)行都火，经夕，渐近太室而灭。(《宋史》卷六三《五行志》二上)二十二日，上宣谕辅臣曰：昨有遗火，朕以太庙在迩，终夕不安。可令于庙左右各撤去屋宇二十余步，以备不虞。(《辑稿》礼一五之一九)

【九月】初，(六部)架阁有屋数十楹，皆上依山阜下即湫隘而为之，所久乃弊坏弗枝。……绍兴十有五年九月，有旨命两浙转运司使为之，越明年秋八月始告成。(《咸淳志》卷五)

【十月三日乙亥】上书秦桧赐第书阁曰"一德格天之阁"。(《要录》卷一五四，详参《辑稿》礼六二之六五、六六)

绍兴十六年丙寅（1146）

【正月】观，唐开元宫也。圣宋章圣朝改景德，道君改崇宁万寿，继又改崇宁曰天宁。光尧六龙南飞，永言孝思，追念罔极，诏天下立报恩光孝观，以奉祐陵神御，在京以天宁万寿为之，绍兴十有六年春正月也。观旧基最广，厥后侵为民居，为御厨兵营，由是遂狭。至今营有碑志，可考不诬。中兴百年，观之栋宇，日就倾毁，上凌旁震，靡奠厥居，羽褐黄冠，无所于息。上念前朝奉先追孝之地，弗可听圮，乃于淳祐十年秋八月，以龙翔宫履和斋高士九江曹大通祷桧屡应，命主观事。师至，慨然以修复为己任，请于大尹节斋赵公与𥲅，公听从之。鸠工度材，不一年，倾者扶，毁者葺，堂庐殿庑，丹耀碧粲，食息用具，靡细弗举。又念四方云鹤之士至京者，惟天庆、报恩二观可憩，虑无以续食。复请于大尹，得楮五万五千有奇，买仁和、德清闲田五十余亩，岁收粟五十余石，复观西屋一所，日可僦十千，以佐蔬榼。由是供给不乏，集徒如云，规制日宏矣。（姚勉《重修报恩光孝观记》，《雪坡舍人集》卷三三）

【三月一日庚午】诏有司建武学。（《要录》卷一五五）诏令临安府修建武学。（《辑稿》崇儒三之三三）

【二十六日乙未】增建太庙。时新祭器将成，而太庙殿室狭，至不能陈列。给事中段拂请正殿从西增六间，通旧为十三间。其中十有一间为十一室，东西二间为夹室。又作西神门、册宝殿、祭器库。（《要录》卷一五五）礼部、太常寺言：给事中段拂奏乞厘正郊庙祭器之数，……缘祭器既增倍于旧数，其正庙七间，通九间，祖宗神主地步窄狭。今相视欲从西增建六间，通一十三间，为十一室，东西两间为夹室，则可以随宜安设。仍乞增置廊庑及西（城）〔神〕门，以应庙制。并从之。（《辑稿》礼一五之一九）

【四月四日癸卯】用前荆湖等路抚谕司干办公事胡骏请，立祚德庙于临安府。寻加封程婴为忠节成信侯，公孙杵臼为通勇忠智侯，韩厥为忠定义成侯。婴等封在六月丁巳今并书。（《要录》卷一五五）十六年六月，（信成）〔成信〕侯程婴加封忠节（信成）〔成信〕侯，忠智侯公孙杵臼加封通勇忠智侯，义成侯韩厥加封忠定义成侯，别建庙于仁和县之西。（《辑稿》礼二〇之二七）

【二十二日辛酉】礼部、太常寺言：今讨论太庙既增笾豆簠簋倍于旧数，见今正庙七间，通设祖宗神主。至于安设礼器，地步狭窄。今相视西向墙内有地一十余丈，欲从西增建六间，通一十三间，为十一室，东西两间为夹室，以称严奉。兼见今太庙未有东西廊室屋，欲乞增盖廊庑及西神门，以应庙制。诏依，令两浙转运司添修。（《中兴礼书》卷九五，《辑稿》礼一五之一九略同）

【五月四日壬申】诏浚临安府运河。时北关门外河道湮塞，漕舟往往卸于门外，极为劳费，而商贩亦阻。上闻，乃谕大臣令开撩之。（《要录》卷一五五）

【九日丁丑】礼部、太常寺言：两浙转运副使吴坰等札子，备奉圣旨指挥，添展太庙。今相视旧殿经隔累年揍插不齐，难任久远，欲增添修新木，直建一十三间，与两庙相凑。……今行在太庙系随宜修盖，未曾安室祐室。今既创行修盖，即合体仿在京庙制，同殿异室修盖。及将殿东西作两夹室，其两夹室止合设户。一十一室依庙制设户牖，其殿南北深七丈，每室于西壁从北以南一丈二尺作厚，随宜安设祐室。其西夹亦合室祐室，藏顺祖室神主。并逐室祐室合用金钉、朱户、黑漆跌坐。乞一就制造施行。诏依。（《中兴礼书》卷九五）

【十五日癸未】初作太庙祐室于室之西，墙金钉、朱户、黑漆跌坐，如承平之制。（《要录》卷一五五）

【八月四日辛丑】筑高禖坛。初，监察御史王镃以上继嗣未立，请行亲祠高禖之礼。……乃改筑于圜丘之东，高倍而广五倍。(《要录》卷一五五)绍兴十二年太常寺博士刘燡乞诏有司讲求坛位，乃令临安府于行宫东南城外随宜修建。十六年，又以监察御史王镃言，下礼寺讨论。既而，礼官援嘉祐二年故事，谓宜在东方长男之位，今坛在行宫东南巽地，未合礼制，宜于南郊坛之东相视改筑。旨从之。(《咸淳志》卷三)案：嘉祐二年改筑禖坛事见《长编》卷一八五。

【十五日壬子】礼部、太常寺言：两浙转运司奉旨增修太庙殿室、廊庑、神门，先相视到墙内地步充添盖殿宇外，所有创盖祭器屋六椽、库屋五间，及拨移妨碍册宝殿、三门亦未有地步。今看详，欲依两浙转运司相度，展套省仓屋三间，地步东西阔九丈，南北长一十丈，乞下户部拆起应副。从之。(《辑稿》礼一五之一九)礼部、太常寺言：两浙转运司申，奉旨增修太庙，所有创盖祭器库屋五间，及拨移妨碍册宝殿三间未有地步。契勘得省仓屋三间，东西阔九丈，南北长一十丈，正在太庙地步北壁中。若行展套，可以随宜修盖。其妨碍仓屋等处，合行拆移修展。乞下礼部、太常寺同共相度施行。后批送礼部同太常寺看详。今看详，欲依两浙转运司所申，展套仓屋。乞行下户部照会，起拆应副并审度。除合展套西南角，见今墙外行路二丈，充行事官随宜过往道路外，有力斜照直妨碍近北东西二丈五尺不须展套，可以随宜拨移修盖神厨等屋。诏依。(《中兴礼书》卷九五)案：《中兴礼书》将此事接续于五月九日事之后，据《辑稿》应为八月事。

【是年】佑圣观，在兴礼坊内，孝宗皇帝旧邸。绍兴十六年，以普安就外第时建。明年，诞生光宗皇帝。乾道四年，宁宗皇帝又开甲观之祥。时为恭邸。淳熙三年，诏改为道宫，以奉真武。绍定间重建。(《咸淳志》卷一三)

绍兴十七年丁卯（1147）

【四月八日辛丑】改筑万寿观前后殿。(《要录》卷一五六)万寿观，在新庄桥西。绍兴十七年建，以奉皇帝元命。(《咸淳志》卷一三)

【十月十三日癸卯】建太一宫。(《宋史》卷三〇《高宗纪》七)礼部言……见今遇四立日，随气祀十神太一，并权于钱湖门外惠照院设位望祀，切恐未称朝廷钦崇之意。今讨论，欲望朝廷详酌，令所属踏逐吉地，随宜修建太一宫，塑十神太一神像。……诏依，令两浙转运司修盖，先次画图，申尚书省取旨。(《中兴礼书》卷一三一)

【十一月一日辛酉】诏：太一宫令两浙转运司、修内司同共修建。(《辑稿》方域二之一八)中书门下省言，御前降下太一宫图本，诏令两浙转运司、修内司同共修盖。(《中兴礼书》卷一三一)

【是年】玉津园，在嘉会门外，绍兴十七年建。(《咸淳志》卷一三)

绍兴十八年戊辰（1148）

【三月十四日壬申】名行宫之南门曰丽正，北门曰和宁。(《要录》卷一五七)学士院撰到皇城南门名曰丽正，北门名曰和宁，从之。(《辑稿》方域二之一八)

【二十二日庚辰】上初诣太一宫，以宫成故。凡一百七十楹。(《要录》卷一五七)宫成，御书其榜。十太一位于殿上，南面，西上。从祀，东庑九十有八，西庑九十有七，皆北上。(《宋史》卷一〇三《礼志》六)宣和旧宇，盖在乾维。爰究爰度，鸠工聚材，考成于绍兴十八年季春之月，凡一百七十四区。……璇题奎画，曰崇真，曰灵休，曰琼章宝室，曰介福崇禧。炳焕一时，齐明有殿，真仪有库，修庑角立，采绘彪列，笾豆静嘉，悉着悉备。(唐士耻《绍兴新建太一宫记》，《灵岩集》卷四)太乙宫，在新庄桥南。……绍兴十七年，遂命两浙转运司度地建宫。十八年三月成，凡一百七十四区。殿门曰崇真，大殿曰灵休，挟殿曰琼章宝室，皇帝本命殿曰介福，三清殿曰金阙寥阳，斋殿曰斋明。(《咸淳志》卷一三)

【五月四日辛酉】权礼部侍郎、兼直学士院沈该言：国家乘火德之运以王天下，望用故事，即道宫别立一殿，专奉火德，配以阏伯，而祀以夏至。从之。后建殿于太乙宫，名明离。(《要录》卷一五七)

【十六日癸酉】以太一宫斋殿后隙地为景灵宫道院。(《要录》卷一五七、《辑稿》方域二之一八)

【六月十八日甲辰】用太常寺主簿、兼权秘书省校勘书籍林大鼐议，始筑九宫贵神坛于东郊。(《要录》卷一五七)诏临安府于国城之东择（桑）〔爽〕垲地，建筑九宫贵神坛墙。(《辑稿》方域二之一八、《中兴礼书》卷一二九)坛制二成，其一成方各百二十尺，再成各百尺，高皆三尺。坛四方各出一阶，西南坤道又为一阶，各阔五十尺。上设小坛九，从广各八尺，高各一尺五寸，相去十六尺。坛下四面为两墙，各二十五步。(《咸淳志》卷三)

绍兴十九年己巳（1149）

【正月八日辛卯】礼部、太常寺言：已降指挥，令临安府修建九宫贵神坛墙等，今据临安府申，踏逐到东青门外长生院寺基，可以随宜筑盖坛墙、望祭殿并神厨、宿斋等屋，伏乞详酌指挥施行。(《中兴礼书》卷一二九)

【五月三日甲申】始创太庙斋殿。(《要录》卷一五九)三日，礼部、太常寺言：太庙奉安所申乞修盖将来大礼斋殿等，寻委太常寺主簿林大鼐相视得初献厅后元搭盖斋殿地步，其斋殿若遇大礼，旋行绞缚，其木植、甃砖、物料等，所用浩瀚。今来若行修盖，别无妨碍，贵得永久，应奉车驾宿斋严洁，免致逐番费扰。今欲依本官相视到事理，并斋殿两壁合用屋宇，乞下两浙转运〔司〕修盖。诏依。(《辑稿》礼二之九)三日，太庙奉安所言：乞修盖将来大礼斋殿等，太常寺相视得初献厅搭盖斋殿地步，若每遇大礼，旋行绞缚，(橡)〔缘〕木植、甓(砌)〔砖〕、物料等，所用甚广。今若修盖，别无妨碍，贵得永久，应奉车驾宿斋严洁，免致逐番费扰。并监官直舍西南墙角开门，通夹墙内空地巡道，委是利便。乞下两浙转运司依图本修盖。从之。(《辑稿》礼一五之一九)

【八月十一日庚申】知临安府汤鹏举言，开撩西湖及修砌六井阴窦水口，增置斗门闸板，通放入井已得就绪。(《辑稿》方域一七之二三、二四)

绍兴二十年庚午（1150）

【正月四日壬午】行都火，燔吏部，文书皆尽。(《宋史》卷六三《五行志》二上)

【十九日丙寅】初作玉牒所。(《要录》卷一六一)

【二月九日丙辰】知临安府宋祝相度，欲将旧车辂院地步改造玉牒所及宗正寺。从之，以玉牒所检讨官王(俨)〔晹〕有请也。(《辑稿》职官二〇之五四)

【八月五日戊申】诏改建大理寺。先是，监察御史汤允恭面对，言：今朝廷盛明，百司一新，独大理狱湫隘非便。乃命改建，以其地入景灵宫。(《要录》卷一六一)诏：大理寺刑狱所在，与景灵宫、太一宫相近，令临安府择空地移置，如法修盖，旧基拨入景灵宫。(《辑稿》职官二四之二二，另参方域二之一八)大理寺，在仁和县西。中兴初，在钱塘门内。绍兴二十年，诏以景灵宫、太乙宫比近，令临安府别择地，乃徙今处。(《咸淳志》卷六)初立(祚德)庙在棘寺基上，后建棘寺，徙于元真观。(陆九渊《记祚德庙始末》，《象山先生全集》卷二〇)

【十月】绍兴二十年十月，诏赐行在三茅堂名曰宁寿观，因东都三茅宁寿院之旧也。(陆游《行在宁寿观碑》，《渭南文集》卷一六)宁寿观，在七宝山。本三茅堂，绍兴二十年，因东都旧名赐观额。(《咸淳志》卷一三)案：《两浙金石志》卷八收录紫阳山七宝峰摩崖绍兴二十年六月尚书省赐七宝山三茅堂宁寿观额牒碑，《乾道志》卷一赐额在绍兴十六年，误。

【是年】(仁和县)丞厅，在旧西皇坊改为大理寺，绍兴二十年徙于观桥北普宁坊。(《咸淳志》卷五四)

绍兴二十一年辛未（1151）

【七月二十二日庚申】以修天章阁神御殿成，诏两浙转运司官吏减勘年有差。(《要录》卷一六二)

【九月二十日丁巳】增筑景灵宫，用韩世忠赐第为之。前殿五楹，中殿七楹，后殿十有七楹，斋殿、进食殿皆备焉，期年而毕。(《要录》卷一六二)诏：令转运司、修内司同共拆韩世忠宅，依图添建景灵宫天兴殿五间、中殿七间、后殿一十七间、斋殿五间、进食殿三间。(《辑稿补编》四三)

【二十一日戊午】诏：景灵宫，令转运司、修内司同(供)〔共〕检计，拆韩世忠宅，作图本添建，合用钱米令户部支给。(《辑稿》方域二之一八、一九)

绍兴二十二年壬申（1152）

【二月十七日壬午】诏建祚德庙于临安府，用殿中侍御史林大鼐请也。(《要录》卷一六三)二十二年，臣僚上言：(祚德)庙在委巷中，湫隘卑陋，郡岁遣从事草具酒脯祠之，弗虔。宜崇其庙貌，超六字八字侯，加封二字公，升为中祠。于是，婴封为强济公、杵臼为英(累)〔略〕公、厥为启佑公，徙庙于青莲寺侧。秩于祀典，掌于太常，岁差官行事，作乐祠之。庙貌始严肃，封告寺僧主之。(陆九渊《记祚德庙始末》，《象山先生全集》卷二〇)二十二年七月，加封婴曰彊济公，杵臼曰英略公，厥曰启佑公。又重以净戒院地别建庙。(《辑稿》礼二〇之二七)案：七月当为二月之误。二十二年，又改封婴(疆)〔彊〕济公、杵臼英略公、厥启佑公，命两浙漕臣建庙宇，升为中祀。庙在净戒院故址，太一宫之南。(《文献通考》卷一〇三)两浙转运司委临安府踏逐到旧净戒院空闲地基，在太一宫南，相视得可充庙基，修盖堂屋廊舍等，大小共四十五间。(《中兴礼书》卷一五二)案：《中兴礼书》系于十八日。《咸淳志》卷七六："净戒院，在太一宫道院之北。……绍兴二十年，建祚德庙，乃以春秋二仲祠祭属焉。"误。二十年因建大理寺，庙徙于元真观，二十二年又徙于净戒院。

【六月二十七日庚寅】诏：将故韩世忠宅东位地步见在门廊屋宇，并景灵宫退材，令转运司、修内司同共修盖左藏库、南省仓，听逐处指引造作。(《辑稿》方域二之一九)

【十月十八日己卯】知临安府赵士璨言：本府所管地分阔远，元降指挥，虽置一百一十五铺，委是铺分稀少，阙人巡警。今欲更增置三十五铺，量地里紧慢分布置立，作一百五十铺，应副寅夜巡警盗贼。所有合添兵级，乞于行在殿前、马、步三司军兵内，与本府相度差拨。从之。(《辑稿》兵三之九)

【是年】忠清庙，在吴山。……兴于绍兴二十二年。(《咸淳志》卷七一)

绍兴二十三年癸酉（1153）

【是年】左藏库，在清湖桥西。绍兴二十三年，以韩世忠所献赐第为之。(《咸淳志》卷八)韩郡王解枢柄，建第于临安清湖之东。……韩府今为左藏库。(《夷坚志》乙志卷一六)

绍兴二十四年甲戌（1154）

【二月一日甲申】诏：丽正外东壁有修内司空地，仰殿前、马、步三司各差辎重军兵一千人，就用见在砖土，打筑入皇城门。（《辑稿》方域二之一九）

【九月二十五日乙亥】诏建天章等六阁。（《要录》卷一六七）礼部言：准敕讨论天章等阁制度，检照《国朝会要》，即不该载。欲乞置天章等阁一所，将诸阁御书、御集、图籍等分诸阁安奉。诏依，令临安府、修内司同共修盖。（《舆地纪胜》卷一，另参《辑稿》方域二之一九）

【十一月一日庚戌】龙图等六阁成。（《要录》卷一六七）

【是年】显应观，绍兴十九年于龙山西建立，二十四年徙于涌金门外灵芝寺之右。（《乾道志》卷一）显应观，在涌金门外。始绍兴十八年，诏有司建观于城南包家山，以奉磁州崔府君。二十四年，分灵芝佛刹之半，移建今处，在湖之东，水四面绕观。（《咸淳志》卷一三）

绍兴二十五年乙亥（1155）

【六月九日乙酉】作怀远驿，以待安南贡使。（《要录》卷一六八）

【八月十七日壬辰】宰执奏事次，上曰：顷韩世忠纳宅子，当令移左藏库及仓，欲以仓基造二府，以处执政。此祖宗故事，今各散居，非待遇之体。降指挥已三年矣，转运未见施行。可呼至都堂，传旨催促，并要日近了毕。合用物料工钱，于御前请降，不得科敷。（《要录》卷一六九，另参《辑稿》方域四之一九）

绍兴二十六年丙子（1156）

【正月九日辛亥】两浙转运司修盖到执政府三位，诏东位魏良臣，中位沈该，西位汤思退，并令迁入。（《辑稿》方域二之一九）案：其时魏良臣、沈该参知政事，汤思退签书枢密院事。

【十一日癸丑】是日，执政始入新第。东位魏良臣居之，中位沈该居之，西位汤思退居之。于是良臣等称谢。上曰：比年执政府上漏下湿，盖不堪居。卿等曾到京，见宰执入位，诸事如法，所以待天下贤俊，礼当如此。（《要录》卷一七一）

【十八日庚申】筑两相第于都省之北。（《要录》卷一七一）二十八日，诏令两浙转运司、修内司将都省北旧府第修盖左右相府第两位。（《辑稿》方域二之一九）案：疑当作十八日。

【二月五日丁丑】诏：行在太医局已降指挥修盖，所有塑像并什物等令两浙转运司应副置办。(《辑稿》方域二之一九）太医局，在通江桥北，创始于绍兴二十六年，至绍定间重建。(《咸淳志》卷一二）

【四月二十七日戊戌】户部尚书韩仲通言：今斗米为钱不满二百，正宜积谷之时。如辇毂之下，诸军云屯，仰哺太仓，终岁之用，亦有余数。若岁取所余之数，别置仓廪贮积，以一百万石为额，常以新易陈，阙即补之，遇有水旱，助给军食，减价出粜，以资民用，实为经久之利。从之，仍以丰济为名。(《要录》卷一七二）丰储仓者，绍兴二十六年夏始置。……韩尚书仲通在版曹，乃请别储粟百万斛于行都，以备水旱，号丰储。四月戊戌。(《杂记》甲集卷一七）

【六月二日壬申】咸宁郡夫人郭氏薨。郭氏归普安郡王，生四子：愉、恺、惇、幼未及名。薨年三十一，权攒于北山之修吉寺。(《要录》卷一七三）案：北山为南山之误。

【十二日壬午】户部尚书韩仲通乞以上供米所余之数岁桩一百万石别廪贮之，遇水旱则助军粮及减收粜，号丰储仓。壬午，诏从之。(《中兴小历》卷三七）

【十七日丁亥】作皇帝本命殿于万寿观，依在京以纯福为名。(《要录》卷一七三）

【十八日戊子】入内内侍省东头供奉官、干办万寿观陈思恭言：万寿观在京日有皇帝本命殿，……今来本观有南挟殿一座空闲。欲依在京日建置，以纯福殿为额，随宜设置本命所属星官位牌，焚修香火。从之。(《辑稿》方域二之一九）

【二十九日己亥】丞相益国周公《词科旧稿》后刻益国亲书一跋，云：绍兴丙子四月，予任行在和剂局门官，适乳媪姚氏病甚，问占黑象，其繇云："药不蠲疴，财伤官磨，困于六月，盍祈安和。"此人数为予画卦影多验。五月旦，姚媪果没，深以六月为忧。迨晦日，同僚举酒相庆，而是夕焚庐之灾作。初所居在漾沙坑，与运属王某共席屋数椽，动息相闻。王夜醉登圊，其婢插纸灯于壁，火然而走，延烧首及予家，老幼已熟寝，比惊寤，小儿方在襁褓，仅能挈之以逃，生计一空。其实被焚才数十室。(《水东日记》卷二一）

【七月十二日辛亥】诏：两浙转运司见修盖丰储仓，当此暑月，工役不易，候农隙十月以后兴工。(《辑稿》方域二之一九、二〇）又诏丰济仓俟农隙兴工。(《要录》卷一七三）

绍兴二十七年丁丑（1157）

【三月二十四日己丑】户部侍郎王俣奏：切见旧制，登闻鼓院在正阳门南之西廊，院在门西之北廊，检院亦相距不远。大厦深严，密迩皇城，盖所以增重其事，昭示四方。往者权臣擅朝，人情冤抑，不欲上闻，此官殆废。是时官府治所无不增修，独检、鼓两院杂于比屋之间，不过数椽，浅露狭隘，仅能揭榜而已，殆非仰称陛下通达下情之意。望申严所属，讨论旧制。诏令工部措置。本部下将作监委官相视。检、鼓院据臣寮所请，移于正阳门外。切恐士庶疑惑，难于陈诉，欲乞各于旧址增展地步，重修盖公厅、吏舍及入出门屋，以周围墙。其左右民舍有碍，以其他隙地给还。从之。(《辑稿》职官三之六九)

【五月二十七日辛卯】礼部、太常寺言：奉诏举行大祀一十三祭。其四郊方位，缘今来坛壝斋宫未备，欲乞立春日祀青帝、春分朝日季春出火祀大辰、腊前一日蜡祭东方百神，权于(青东)〔东青〕门外长生院斋宫行事。立夏日祀赤帝、季夏土王日祀黄帝，于利涉门外净明寺斋宫行事。立秋日祀白帝、秋分夕月季秋内火祀大辰、腊前一日蜡祭西方百神，于钱湖门外惠照院斋宫行事。立冬日祀黑帝，于余杭门外精进寺斋宫行事。立夏祀荧惑合于南方，缘净明寺已共同日祀赤帝，行事相妨，欲于钱湖门外惠照院斋宫行事。立冬后祭神州地祇合于北方，缘精进寺斋宫地步窄隘，难以安设登歌、宫架、乐舞，欲于钱湖门外惠照院斋宫行事。……从之。(《辑稿》礼一四之八二，另参《中兴礼书》卷二)

【八月四日丁酉】诏重修宗学，用宗正丞吴景偲请也。(《要录》卷一七七)宗正丞吴景偲言：……惟是宫学兴复，既已历年，止有敝屋数间，萧然环堵。释菜无殿，讲说无堂，逼近通衢，又无廊庑。……欲望捐内府之钱，建立黉舍，以幸宗室。乞于(令)〔今〕宫学之侧，令临安府计置度量修盖。从之。(《辑稿》崇儒一之一〇、一一)

【九月十八日庚辰】尚书省言：乞将六(郊)〔部〕门移就三省都门内出入，却将都门向外起盖。从之。(《辑稿》方域二之二〇)

【十月二十二日甲寅】尚书省言：近将官告院地步展修六部，权移本院于望(山)〔仙〕桥置司。今来六部修盖毕工，乞将官告〔院〕依旧迁归六部。从之。(《辑稿》方域二之二〇)

【十二月四日丙申】诏：……并以修盖六部毕工推恩。(《辑稿》方域二之二〇)

【是年】尚书省、中书省、门下省、枢密院，在和宁门北旧显宁寺，绍兴二十七年建。(《咸淳志》卷四)

绍兴二十八年戊寅（1158）

【六月三日辛卯】诏：皇城东南一带，未有外城，可令临安府计度工料，候农隙日修筑。具合用钱数申尚书省于御前支降。今来所展地步不多，除官屋外，如有民间屋宇，令张俣措置优恤。(《辑稿》方域二之二〇)

【七月二日己未】诏筑皇城东南之外城，命领殿前都指挥使职事杨存中莅其事。增展出故城十有三丈，计用三十余万工。凡民居所占，以隙地偿之，每楹赐钱十千为改筑之费。(《要录》卷一八〇）殿前都指挥使杨存中言：降下展城图子令臣相度，臣看详所展城离隔墙五丈，（街）〔御〕路止阔三丈，只是通得朝马路。今乞更展八丈，通一十三丈，以五丈作（街）〔御〕路，六丈令民居。将来圣驾亲郊，由候潮门经从所展（街）〔御〕路，直抵郊台，极为快便。展八丈地步，十之九是本司营寨教场，其余是居民零碎小屋。若筑城毕工，即修盖屋宇，依旧给还民户居住，委实利便。诏依。差户部郎官杨偰同知临安府张偁计料修筑。张偁、杨偰言：今相视合修筑五百四十一丈，计三十余万工，用砖一千余万片、矿灰二十万秤。……今来所展城阔一十三丈，内二丈充城基，中间五丈充御路，两壁各三丈充民居。所展民屋六丈，基址内有可以就便居住之家，更不拆移。所有合拆移之家，如自己屋地，今已踏逐侧近修江司、红亭子等处空闲官地四十余丈，许令人户就便拨还内和赁房廊舍，候将来盖造，却依元间数拨赁。其新城内外不碍道路屋宇依旧存留。……从之。（《辑稿》方域二之二〇、二一，另参《舆地纪胜》卷一）

【十九日丙子】诏置修国史院。在秘省门内之东。（《玉海》卷一六八）

【九月九日乙丑】诏：近修垂拱三殿已毕工，知临安府张偁特转一官，余人等第推恩。（《辑稿》方域二之二一）

【二十二日戊寅】措置修城所言：契勘新城添置便门，今欲移用利涉为名，所有旧利涉门系于园墙大路修盖，乞别立门名。诏：新南门可名嘉会门。（《辑稿》方域二之二一、二二）

【十月一日丁亥】名新南门曰嘉会。（《要录》卷一八〇）

【十一月二日戊午】直敷文阁、知临安府张偁升直显谟阁，都官员外郎杨偰进秩一等，皆以修外城毕工故也。（《要录》卷一八〇）

【十二月十六日壬寅】诏出御前钱修葺睦亲宅，及重建宫学殿宇，凡一百七十一区。（《要录》卷一八〇）修睦亲宅，建宫学。（《宋史》卷三一《高宗纪》八）案：《宋史》系于十五日辛丑。

【二十五日辛亥】诏大金使副依宰相上下马，及于丽正门外西廊北从第一至第三间为待漏幕次。（《要录》卷一八〇）

绍兴二十九年己卯（1159）

【十月十八日戊辰】礼部、太常寺言：攒宫桥道顿递使董苹等言，躬亲相视将来大行皇太后（显仁皇后）梓宫发引门户，太史局官供报状并图：一、甲方，系国音福德利方，其地系在候潮门之南看详。……一、丙方，系国音利方，无凶神，其地约在嘉会门左右看详。……一、乙方，不系国音利方，无凶神，其地约在便门之南看详。……今议定所具三路互有利害，缘事干国音，合取自圣裁。诏用乙方。（《辑稿》礼三七之七〇、七一，《中兴礼书》卷二七〇略同）

【二十八日戊寅】是日，攒宫破土。作新城门于候潮、嘉会二门之间，直跨浦桥江次，以梓宫所由出也。凡经由道隘，民居权撤之，每楹赐钱二十千，为迁徙之费。(《要录》卷一八三)

绍兴三十年庚辰（1160）

【是年】至绍兴三十年落成，上悯其劳出于一力，特赐仙林慈恩普济教寺额以宠之。(曹勋《仙林寺记》，《松隐集》卷三一)

绍兴三十一年辛巳（1161）

【四月九日辛亥】敷文阁待制、知临安府赵子潚奏：府城摧倒者千八百余丈，乞支降钱二十七万缗、米七千石，调三衙卒九百人，分头修筑。从之。(《要录》卷一八九，另参《辑稿》方域二之二五)

【五月三日乙亥】增筑禁城。(《宋史》卷三二《高宗纪》九)

【八月十一日辛亥】殿中侍御史杜莘老上言曰：……（王）继先于都城广造第宅，多侵官司地分。如陶家巷寨屋、丰乐桥官地，皆被强占，起盖房廊，收领赁直。又蒲桥之傍有古运河，继先因广宅基，遂填塞其上。其宅周回侵占民居数百家，及官街二条，见今屋宇台榭皆高广宏丽，都人谓之快乐仙宫，可谓僭侈矣。(《会编》卷二三〇) 案：其日王继先令于福州居住，莘老上言在此之前。

【十一月二十五日癸巳】翰林学士、兼权吏部尚书何溥上钦宗神御殿名曰庆瑞。然新宫诸帝，实同一殿，但立其名，以为乐曲之名而已。(《要录》卷一九四)

绍兴三十二年壬午（1162）

【二月二十七日戊午】诏令临安府，自浙江清水闸横河口西曲尽头，南至龙山闸一带河道，并令开淘。(《辑稿》食货八之一)

【六月三日戊辰】名望仙桥东新宫曰德寿。(《要录》卷二〇〇)

【四日己巳】诏：行在望仙桥东新葺宫室以德寿宫为名。(《辑稿》方域二之二二)

【十一日丙子】上行内禅之礼。……太上皇帝即日驾之德寿宫。(《要录》卷二〇〇)

【七月十五日庚戌】即期相地，剪莽斫荆，凿山平基，运斤斫木。前创茅君之庭，后竖玉清之殿。筑谒斗台于乾维，立放鹤亭于艮位。经丹房屋，起盖随宜，钵室山门，蔑一不备。工竣，观冈额，特疏请沐，御题曰通玄，仍加玺书于左，焕耀元宇。……工始庚辰之丑，讫壬午之申。请额月弦，而石壁襄于月望也。……皇宋绍兴三十二年龙集壬午七月中元日,奉敕左右街大都道录、少师、赐紫衣真人、法名能真、鹿泉刘敖撰并书篆。(《创建通玄观记》,《两浙金石志》卷九,摩崖在杭州紫阳山)

【八月二十二日丙戌】诏以临安府觉苑寺地建三圣旌忠观。旧观在府城踏道,其地入德寿宫,桥以别建,财植命尽给之,仍赐白金千两。(《辑稿》礼五之一四)案:《辑稿》误作二十二年,而文字亦疑有误。《乾道志》卷一:(绍兴)三年,张俊、杨存中、郭仲荀用己俸于临安府踏道桥东立庙。绍兴十九年,改赐观额,三十二年徙于觉苑寺故基。《咸淳志》卷七二引黄由记文:初,观之立也,实在清冷桥北。隆兴受禅,上欲斥庙垣之地广养亲之宫,乃撤浮屠觉苑寺易之。

【十一月十三日乙巳】诏:尚书户部侍郎、兼权知临安府赵子潚转一官,以修临安府城毕工,推恩也。(《辑稿》方域二之二五)

【是年】仙林慈恩普济教寺,在盐桥北。绍兴三十二年,僧洪济大师智卿造,赐今额。(《咸淳志》卷七六)

隆兴元年癸未(1163)

【三月】霖雨,行都坏城三百三十余丈。(《宋史》卷六五《五行志》三)

【十二月十八日甲戌】权发遣临安府陈辉言:本府车驾驻跸之地,其周回禁城,因春雨连绵,旧城多圮。自德寿宫东,及钱湖门北,至景灵宫寺等,计三百三十五丈。自今年三月二十一日兴役,至十月二十七日毕。(《辑稿》方域二之二五)

【是年】南渡后,(钱塘县尉司)公宇弗存,侨寄昭庆寺。隆兴癸未,施君温舒徙望湖楼之桃园,规制草创。(《咸淳志》卷五四引华庚记文)

隆兴二年甲申(1164)

【五月二十三日丁未】诏:临安府具到修盖环卫官宅子图,内三十间盖二位,以待正任观察使以上;二十间盖四位,以待正任防御使、遥郡观察使以上;一十七间盖四位,以待余环卫官。不得别官指占。(《辑稿》方域四之一九)

【六月五日戊午】诏:德寿宫火,修内司、皇城司、三衙忠锐将、临安府军兵,依则例等第犒设一次。以扑灭有劳也。(《辑稿》瑞异二之三六)

【是年】守臣吴芾言:城里运河,先已措置北梅家桥、仁和仓、斜桥三所作坝,取西湖六处水口通流灌入。府河积水,至望仙桥以南至都亭驿一带,河道地势,自昔高峻。今欲先于望仙桥城外保安闸两头作坝,却于竹车门河南开掘水道,车戽运水,引入保安门通流入城,遂自望仙桥

以南开至都亭驿桥，可以通彻积水，以备缓急。计用工四万。从之。(《宋史》卷九七《河渠志》七)

乾道二年丙戌（1166）

【五月二十三日乙丑】知临安府王炎奏，欲乞将怀远驿地基创行盖造廨舍五所，专充台谏官住屋，不许指占。从之。(《辑稿》方域四之二〇)

【八月十一日辛巳】诏以怀远驿给台谏官为廨舍。(《辑稿》方域一〇之一六)

乾道三年丁亥（1167）

【四月二十日丁亥】郡守王炎奏请，以城外东西厢地分广阔，巡逻稀疏，乞于见任官内路逐有武勇之人二员，兼城东西巡检使，各差军兵三十人，带器仗巡警，措置盗贼。奉圣旨依。(《乾道志》卷二)

【六月九日乙亥】诏：两浙转运司、临安府踏逐到二百万石仓敖基止，所用材植物料，候青城毕日就用。仍令将作监将应管抽解竹木应付盖造。(《辑稿》食货六二之一六)

【是月】知荆南府王炎言：临安居民繁夥，河港堙塞，虽屡开导，缘裁减工费，不能讫功。臣尝措置开河钱十万缗，乞候农暇，特诏有司，用此专充开河支费，庶几河渠复通，公私为利。上俞其请。四年，守臣周淙出公帑钱招集游民，开浚城内外河，疏通淤塞，人以治办称之。(《宋史》卷九七《河渠志》七)

【七月十二日丁未】太常寺言：准尚书省札子，大行皇后丧事都大主管所状，今来梓宫攒殡去处已承指挥，就安穆皇后攒宫。所有将来梓宫发引，合选定利方经由道路门户，下所属讨论。奉圣旨，依太史局申，将来梓宫发引，合出本殿门，头北出北宫门，至和宁门外，系是岁空方。至都亭驿新路，头东向南出嘉会门，已次委曲经大路转至赤山路口，头东至安□□后攒宫，依得阴阳经书，即与国音别无妨碍。太常寺今讨论，欲依太史局所申事理，其道路乞令道顿递使司措置。诏依。(《中兴礼书》卷二八六)

【十六日辛亥】据太史局申，依经书照望得本府（庄文太子）正南大门之东丙位开城别置门户，所出系是利方。乞札下临安府同修内司去拆修砌，并下皇城司照会施行。诏依。(《中兴礼书》卷二九〇)

【十九日甲寅】敕葬都大主管所言，已定南山净慈寺为殡所，续降指挥，改营安处。据克择官别行踏逐到安穆皇后攒宫一带宝林院法堂屋三间中三间，堪充皇太子攒所去处。其两边有士庶坟穴，合行移去，其攒所委是利方。诏依。(《中兴礼书》卷二八九)

【二十七日壬戌】敕葬都大主管所状：勘会闰七月二日出葬皇太子，下事用其日丁时，如不及，用辛时。俟下事毕，其本府一行官属祗应人等，合经由入钱湖门，至新开皇城门归府，并内中内人还内经由入和宁门、北宫门并内东门，委是日晚。欲乞特赐敷奏下所属，权留合入门户，候内人等入门讫，即行鐍闭。诏依。(《中兴礼书》卷二九〇)诏：艮山门外于养济院盖造五十万石仓敖。(《辑稿》食货六二之一六)

【二十八日癸亥】礼部、太常寺言：闰七月二日，故皇太子殡，……仍乞于兴灵时前一刻，开东宫相对新开门，放令行事官等入出，……诏依。同日，又言：出葬掩圹日行虞祭之礼，今续次条具事件下项：一、掩圹毕，次日迎奉虞主，回赴本府行虞祭礼，所有经由道路，今据太史局克择官申，自葬所出宝林寺门，依经书照望得，头东带南行至钱湖门系是利方，次入钱湖门，取万松岭路，行至都亭驿，向南迤逦行，入元开门至本府，即与国音别无妨碍。一、掩圹毕，行虞祭，至初七日七虞礼毕，所有本府前新开门，欲乞令皇城司行下所属，自闰七月初二日开门，放令虞祭行礼官并祗应人入出经由，至初七日虞祭礼毕，迎奉虞主赴葬所，方行筑塞。诏依。(《中兴礼书》卷二九〇)

【闰七月八日癸酉】权攒安恭皇后于临安修吉寺。(《宋史》卷三四《孝宗纪》二)

【十二月十二日乙巳】户部言：近承指挥，创盖新仓，……诏依户部所申，仍以丰储仓为名。(《辑稿》食货六二之一六) 置丰储仓。(《宋史》卷三四《孝宗纪二》)

乾道四年戊子（1168）

【二月十一日甲辰】主管殿前司公事王琪言：本军元有小教场寨屋一所，坐落东青门里。昨临安府起盖环卫官宅，缘无官员居住，却尽行拆去。今来本军先有收管江州拨到官兵，并新招到人兵及增添队伍，见今官兵权行合并居住，委是阙少寨屋。乞下临安府将见今空闲地段拨还本司，应副起盖寨屋，令官兵居住。从之。(《辑稿》兵六之一九)

【三月十三日乙亥】诏：礼物局如将来空闲，令临安府将上件屋宇同嗣濮王见住宅子一并拨赐嗣濮王士輵永远居住，仍与量行修葺。(《辑稿》帝系二之四七，礼六二之七三、七四同，方域四之二〇略同)

【十二月十四日辛丑】诏于临安府清湖闸堰下创木桥一，北郭税务北创浮桥一。以户部侍郎曾怀等言三衙诸军赴新置丰储仓请粮地远故也。(《辑稿》方域一三之二八)

乾道五年己丑（1169）

【十一月七日己未】诏：省仓中〔界〕改作丰储仓，却将东青门外丰储仓改作省仓中界。(《辑稿》食货六二之一七)

【十二月壬申】太室东北垣外民舍火。(《宋史》卷六三《五行志》二上)案：十二月无壬申日，恐为十五日丙申之误，参下十六日丁酉条。

【十六日丁酉】奉安所言：昨本庙墙内外居民遗火，延至墙上，事体至重。今潜火军兵宿屋在外，接连东墙，虑停灯火，乞令去拆，却于棂星门里东墙下空地令转运司造宿屋三间，遇夜量差数人在门外起居，亭内止宿，以备不测探烟。及令临安府于庙外墙下增置缸栏贮水，马步军司填补合差潜火军兵四十人。其庙南及西墙外居民去墙不数尺，引檐接墙，及士庶等家栽植竹木，乞下所属相度措置，存留空地。又西南行路遇夜幽僻，常聚众作喧，虑引火盗，乞下所属徙置，巡铺遇夜巡惊。并从之。(《辑稿》礼一五之二一)

乾道六年庚寅（1170）

【正月十四日乙丑】增筑丰储仓。(《宋史》卷三四《孝宗纪》二)户部尚书曾怀等言：丰储仓展套太医局添造敖屋已经相视，可以修盖新旧敖屋八十六座，贮米一百三十万石，乞下两浙漕司、临安府疾速修盖。从之。(《辑稿》食货六二之一七)

【四月七日丁亥】直敷文阁、权发遣临安府姚宪言：府城十八门锁年深，启闭不谨，今造新者十八，其分给诸门，欲自今月八日施用。管钥关大内锁匙库收掌，日休时降付诸门。从之。(《辑稿》方域一三之三一)

【十四日甲午】工部言：据奉安所省记，棂星门外东西照直华表柱为界，合留地步三丈二尺，南北三丈，毋得搭造棚厦竹篱之类，今墙外欲酌中空留一丈五尺，应在丈尺之内，并令拆去。从之。(《辑稿》礼一五之二一)

【六月】遂以知枢密院府为庄文太子外第，命荣国公挺与钱妃自东宫徙居焉。(《续编两朝纲目备要》卷一，另参《杂记》乙集卷二)

乾道七年辛卯（1171）

【正月二日丁丑】临安府言：契勘本府城内外地里阔远，置立巡铺二百三十二处，每铺差军兵四人，押铺一名，共差军巡一千一百五十五人。(《辑稿》兵三之一〇)

【三月】侍卫马军司，乾道七年虞允文为相，移屯建康，以为出师之渐，号马军行司，以边帅兼领。元有帅廨在保民坊，今为司农寺、将作监等公宇。(《咸淳志》卷一〇)

【五月十三日丁亥】诏：行在宫门以西，旧隔城通内军器一库，增造库屋十间，改筑土墙，并

将南库门筑合，止留旧北库门出入。(《辑稿》方域二之二二)

【八月五日丁未】令于丽正门里东壁慢道上修盖太子宫门一座，所属委官计料，如法修盖。(《辑稿》职官三〇之四)

【十一月十七日丁亥】禁垣外阉人私舍火，延及民居。(《宋史》卷六三《五行志》二上)

【二十九日己亥】诏：入内内侍省使臣杨震在皇城下居止，遗火盛大，特降一官。(《辑稿》瑞异二之三六)

乾道九年癸巳（1173）

【正月九日癸酉】诏：后殿门系〔车〕驾入出经由门户，其屋宇低小，入出妨碍。令工部委官计会修内司、照辇院合用高低丈尺，相视计料，重别修盖。(《辑稿》方域二之二二)

【十一月一日庚寅】诏权以贡院为怀远驿，事已依旧。先是，交趾入贡，临安府乞以马军司教场为公舍，得旨照绍兴二十六年怀远驿修除。即而以狭隘闻，礼、工部请以贡院充。至是，有司以绘图来上，故有是命。(《辑稿》方域一〇之一六)礼、工部言，交趾进贡使副等，临安府以寺院隘狭，乞以贡院充馆舍，仍照旧怀远驿屋宇数目并今来进奉到阙人数约计，严整擗截施行。从之。(《辑稿》蕃夷七之五四)

【十二月二十一日己卯】试尚书兵部侍郎、兼知临安府沈度言：本府车驾驻跸之地，其周回禁城昨因今岁梅雨，损兑七十二处，计五百九十五丈。分委官相视，检计约用砖灰木植物料工食钱九万五千余贯。委官自德寿宫东城修砌，周回城壁一切工毕。(《辑稿》方域二之二二)

淳熙元年甲午（1174）

【八月九日癸亥】诏：临安府以买到北上门外杨□桥东地充漏泽园，埋瘗遗骸，及日后无主死亡军民亦听埋瘗。(《辑稿》食货六〇之一六)

【九月二十六日庚戌】诏：临安府东青门外驹子院地将一半充漏泽园，拨付殿前司埋瘗亡殁军民。(《辑稿》食货六〇之一六)

淳熙二年乙未（1175）

【夏】始创射堂一，为游艺之所。囿中有荣观、玉渊、清赏等堂、凤山楼，皆燕息之地也。(《杂

记》乙集卷三）始创射堂，为游艺之地，囿中有荣观、玉渊、清赏等堂及凤山楼，皆次第建置。（《咸淳志》卷二）

【十一月三日庚戌】丽正门内火。（《宋史》卷三四《孝宗纪》二）

【四日】诏：今月三日皇城内火，三衙、皇城司、修内司等处救火官兵并令左藏南库等支散犒设。（《辑稿》瑞异二之三七）

【十六日癸亥】丽正门内东庑灾。（《宋史》卷六三《五行志》二上）

【二十八日乙亥】诏：殿前司、修内司、临安府、转运司修盖射殿殿门、隔门并皇太子宫门已毕工……（《辑稿》方域二之二三）

【十二月十六日癸巳】临安府言，欲于通江桥用石砌叠置立闸板，遇河水干涸启板通放潮水入河，继行下板，固护水势。（《辑稿》食货八之四五）（是年）两浙漕臣赵磻老言：临安府长安闸至许村巡检司一带，漕河浅涩，请出钱米，发两岸人户出力开浚。又言：欲于通江桥置板闸，遇城中河水浅涸，启板纳潮，继即下板，固护水势，不得通舟。若河水不乏，即收闸板，听舟楫往还为便。（《宋史》卷九七《河渠志》七）

淳熙三年丙申（1176）

【八月十六日戊子】诏：修内司、临安府修盖垂拱殿毕工……（《辑稿》方域二之二三）

【九月二十八日庚午】诏：藩邸旧府已令修内司改造道观一所，专一崇奉佑圣真武灵应真君，可作佑圣之观。（《中兴礼书》卷一五〇）佑圣观……淳熙三年初建，以奉佑圣真武灵应真君，十二月落成。（《杂记》甲集卷二）佑圣观，在兴礼坊内，孝宗皇帝旧邸。绍兴十六年，以普安就外第时建。明年，诞生光宗皇帝。乾道四年，宁宗皇帝又开甲观之祥。时为恭邸。淳熙三年，诏改为道宫，以奉真武。绍定间重建。（《咸淳志》卷一三）

【九月】大内射殿灾，延及东宫门。（《宋史》卷六三《五行志》二上）

【十二月十一日壬午】诏：临安府都亭驿至嘉会门里一带，居民旧来侵占官路，接造浮屋，近缘郊祀大礼拆去，旋复搭盖。如应日前界至，且听依旧，其今次侵展，及官路大段窄狭去处，日下拆截。其余似此侵占去处，令本府相度开具以闻。（《辑稿》方域一〇之八）

淳熙四年丁酉（1177）

【二月十九日己丑】进呈知临安府赵磻老具到两学修造图本，西北隅建阁安顿太上皇帝御书石

经。上云：碑石可置之阁下，其上奉安墨本，以"光尧御书石经之阁"为名，朕当亲写。（《皇宋中兴两朝圣政》卷五五）

【四月四日癸酉】诏两浙转运司以丰（和）〔禾〕仓卒内宅子一所修作皇后外宅。（《辑稿》后妃二之二三）

【七月十七日甲寅】诏：临安府于和剂局西本府醋库地段修盖太府寺。以旧太府寺为封桩库故也。（《辑稿》职官二七之三三）

【八月二十一日戊子】以太府寺改造封桩库。是年五月，诏以封桩库窄狭，令两浙漕臣踏逐近便空闲地或官司屋宇移置，如有干碍（民）〔居〕民去处，同临安帅臣详议。以太府寺基与封桩库连接，遂以寺基建库屋，凡一百间。（《辑稿》食货五二之一七、一八）

淳熙五年戊戌（1178）

【五月十四日丁未】修临安府城。（《宋史》卷三五《孝宗纪》三）

【十一月八日丁卯】诏赐少保、右丞相史浩后洋街宅一区。（《辑稿》礼六二之八〇）以后洋街赵密故第赐史公。（《杂记》乙集卷七）

【十二月二十五日甲寅】宰臣赵雄等奏：昨夕居民遗火，颇近德寿宫，臣等监督官兵即时扑灭。（《辑稿》瑞异二之三八）

淳熙六年己亥（1179）

【四月二十四日壬子】知临安府吴渊乞择日盖造后殿。上曰：朕止欲令修，而左右皆以此殿年深，木植有损朽处多，不可不盖造。至七月讫工……（《辑稿》方域二之二三）

【六月七日甲午】建丰储仓。（《宋史》卷三五《孝宗纪》三）案：此处疑有误。

【七月十七日癸酉】进呈知临安府吴渊状，修造后殿毕工。上曰：朕本不欲修，群臣皆言此殿朽损，不得已修之。（《中兴两朝圣政》卷五七）

【十一月十九日癸酉】上宣谕曰：近蒙太上皇帝赐到倭松、真如象齿，已于选德殿侧盖成一堂。（《皇宋中兴两朝圣政》卷五七）

【二十七日辛巳】诏：临安府修葺六部架阁库屋，其主管官员居止，令就库侧兑换廨舍，使朝夕便于检校，以防文书疏失。从吏部尚书周必大请也。（《辑稿》方域四之二〇）

淳熙七年庚子（1180）

【三月二十七日己卯】诏：天庆观巷内枢密院充故皇子魏王府第，其枢密知院府第以朝天门里天庆观西先拨赐李显忠宅。(《辑稿》方域四之二〇)

【五月十一日壬戌】诏：临安府修盖大理寺评事廨宇。以刑部尚书谢廓然言，狱情贵乎严密，评事散居于外，乞以本寺空地创廨宇，故有是诏。(《辑稿》方域四之二〇)

【六月三十日】知临安府吴渊言：万松岭两傍古渠，多被权势及百司公吏之家起造屋宇侵占，及内西寨前石桥并海眼缘渠道湮塞，积久淤填，兼都亭驿桥南北河道缘居民多将粪土瓦砾抛扬河内，以致填塞，流水不通。(《辑稿》食货八之四九，另参《宋史》卷九七《河渠志》七) 案：是月二十九天，《辑稿》系日恐误。

【九月二十六日乙亥】行都火。(《宋史》卷六三《五行志》二上)

【是年】丰储西仓，在余杭门外佐家桥北，淳熙七年创。(《咸淳志》卷九)

淳熙八年辛丑（1181）

【八月十二日丙辰】诏：以后殿拥舍改作延和殿。(《辑稿》方域二之二三)

【二十八日壬申】诏：临安府于大理寺修盖治狱正丞廨舍，从臣僚请也。(《辑稿》方域四之二〇)

【九月二日乙亥】行都火。(《宋史》卷六三《五行志》二上)

淳熙九年壬寅（1182）

【正月六日丁丑】万松岭火。(《辑稿》瑞异二之三八)

【三月二十四日甲午】诏：射殿年深损坏，未须拆盖，且令随宜抽换。既而临安府臣赵磻老言：若行拆盖，比之抽换所添工物不多，欲量行盖造。从之。(《辑稿》方域二之二三)

【十一月十八日乙酉】进奏院火。(《宋史》卷三五《孝宗纪》三)

淳熙十年癸卯（1183）

【十二月四日甲子】诏临安府添置兵官一员。以本府言：在城八厢，惟左一地分散阔，所管四十铺，内一十五铺坐占山岭，比之诸厢，地分最为遥远，兵官巡警力不能周，深虑隐匿奸盗。乞添置一兵官，令左一南厢、左一北厢分认地分。送部勘当而从之。(《辑稿》兵三之一一)

淳熙十一年甲辰（1184）

【十月十九日甲戌】(宁宗)当出阁，两宫爱之，不欲令居外，乃建第东宫之侧，以十月甲戌迁焉。(《宋史全文》卷二九上)

淳熙十三年丙午（1186）

【十一月】克家自淳熙九年九月拜右丞相，是年十一月罢，再入相四年余。诏：史浩旧第，令梁克家居止。(《宋宰辅编年录》卷一八)

淳熙十四年丁未（1187）

【二月十七日己丑】嗣濮王士歆言，乞将临安府在城蒲桥修盖庵舍一所，以崇恩延福院为额。从之。(《辑稿》道释二之一一)

【五月】大内武库灾，戎器不害。(《宋史》卷六三《五行志》二上)

【六月二十日庚寅】行都宝莲山民居火，延烧七百余家，救焚将校有死者。(《宋史》卷六三《五行志》二上)

【二十二日壬辰】臣僚言：临安府宝莲山居民遗火，延烧屋宇及毁拆间架，无虑五七百家。(《辑稿》食货五八之一七)

【七月】不雨，臣僚言：窃见奉口至北新桥三十六里，断港绝潢，莫此为甚。今宜开浚，使通客船，以平穀直。从之。(《宋史》卷九七《河渠志》七)

【十月八日乙亥】太上皇帝崩。遗诰：太上皇后宜改称皇太后。寻上宫名曰慈福。(《皇宋中兴两朝圣政》卷六三)上皇崩，遗诏改称皇太后。帝欲迎还大内，太后以上皇几筵在德寿宫，不忍舍去，因名所御殿曰慈福，居焉。(《宋史》卷二四三《后妃传》下)

【十月二十五日壬辰】礼部、太常寺言：伏睹大行太上皇帝神主将来祔庙，合添一室，修制（柘）〔祐〕室等，欲乞朝廷札下临安府、转运司预先相度地步修盖。诏令太常寺同临安府、转运相度条具奏闻。(《中兴礼书续编》卷六八)

【十一月十九日丙辰】礼部、太常寺、两浙转运司、临安府言：臣等今月初六日躬亲前诣太庙奉安所相度，条具下项：一、将来大行太上皇帝神主祔庙添置殿室一间，合阔一丈五尺，系在大殿东壁，与东门、廊屋及斋殿相连，若行掇移斋殿向东，委是费用工物浩大。今相度得自今东神门外斋殿基至太庙殿内东廊基有空地一丈五寸，若将空地增展修盖，尚少地段（一）〔四〕尺五寸。臣等今欲将斋殿西廊那入向东四尺五寸，可以添置殿室一间，即无相妨。若依此修盖，其斋殿东廊亦合那入向西四尺五寸。所有南神门、东神门及泰阶东踏道亦合取正盖造修砌。……诏依。(《中兴礼书续编》卷六八)

【二十二日己未】上曰：见令修内东门司作议事堂，以皇城司为内东门司，却移皇城司别往一处，缘动三处，所以少待。(周必大《思陵录》上，《庐陵周益国文忠公集》卷一七二)

【二十九日丙寅】诏：已令修内司将内东门〔司〕改修，充议事堂，于十二月初二日挂牌，可令有司选日开议事堂。(《中兴礼书续编》卷三〇) 内批，以内东门司为议事堂，十二月二日挂牌，令有司择日开堂。(周必大《思陵录》上，《庐陵周益国文忠公集》卷一七二)

【十二月十九日丙戌】礼部、太常寺言：……照得旧来诸室并挟室一十三间，以仁宗一室为中，见与御路及南神门一直相对。今来于东畔添创一室，若将御路及南神门掇移过东，即在仁宗及英宗两室之间，却与殿柱相对。其神门未识合与不合，依旧更合取自朝廷指挥施行。礼部、太常寺检准今年十一月十九日已降指挥，所有南神门、东神门及太阶合取正盖造，今勘当欲令两浙转运司照令已降指挥，将南神门东取正盖造，所有当中泰阶今欲乞向东接阔取正修砌。诏依。(《中兴礼书续编》卷六八)

淳熙十五年戊申（1188）

【六月十八日癸未】诏敕令所官屋改充太府寺，从本寺请也。(《辑稿》职官二七之三三)

【八月二日乙丑】诏修盖皇太后宫。(《辑稿》方域三之二) 案：《杂记》乙集卷二："永思陵既复土，寿皇欲迎宪圣还居大内。而宪圣以为：上皇享天下之养，优游二十余载，升遐此宫，何忍遽然迁去？今几筵又复安奉于此，倘欲还内，当俟终制。乃命有司改筑本殿为慈福宫，就居之。"

【五日戊辰】诏学士院给舍同礼官依典礼拟撰进宫殿名。既而……奏，恭拟殿名曰慈福。诏恭依。(《辑稿》方域三之二)

【九月二十一日甲寅】诏新修盖皇太后宫殿以慈福宫为名。(《辑稿》方域二之二三)

【十一月九日庚子】建焕章阁楼，藏高宗御集。(《宋史》卷三五《孝宗纪》三，另参《辑稿》方域三之七)

【二十五日丙辰】修内司提辖符思永传旨：小堰门里仪鸾司北营寨屋并交割付修内司，其寨内见住人兵却并归东南两营居住。已而，仪鸾司申空闲间架数少，人匠无可居。上又令转运司火急计会仪鸾司，于东营添盖二十间余屋，重行修盖。（周必大《思陵录》下，《庐陵周益国文忠公集》卷一七三）

【十二月十八日己卯】后殿坐。提举修内司刘庆祖申：契勘本司恭奉圣旨指挥，修盖慈福宫殿堂门廊等屋宇，大小计二百七十四间。内殿门三间，……正殿五间、朵殿二间，各深五丈，内心间阔二丈，次间各阔一丈八尺，柱高丈五尺。……殿后通过三间，……并寝殿五间、挟屋二间、瓦凉棚五间，……后殿五间、挟屋二间，……次后楼子五间，……正殿前后廊屋共九十四间，各深二丈七尺，阔一丈二尺，柱高一丈五尺。……侧堂二座，各三间，龟头一间，……殿厨及内人屋六十六间，官厅、直舍、外库等屋六十五间。大门一座，三间。中间隔门二座，各一间，深阔不等。……前项生活并于今月十八日一切毕工，并于当日挂牌了当。（周必大《思陵录》下，《庐陵周益国文忠公集》卷一七三）

淳熙十六年己酉（1189）

【正月十五日丙午】皇太后迁慈福宫。（《辑稿》方域三之二）

【二十八日己未】诏：德寿宫改为重华宫。后又改为慈福，又改寿慈。（《续编两朝纲目备要》卷一）诏德寿宫改作重华宫。（《辑稿》方域二之二三）

【二月二日壬戌】孝宗御便殿，新帝侍立，继登辇，同诣重华宫。帝还内，即下诏书，上孝宗尊号曰至尊寿皇圣帝。（《续编两朝纲目备要》卷一，另参《杂记》乙集卷二）上内禅，移居重华宫。（《续宋编年资治通鉴》卷一〇）

【三月六日丙申】诏：大理司直寺簿并就寺居止，仍令临安府于仁和县后花园内空地盖造廨宇两所。（《辑稿》方域四之二一）

【五月五日甲午】本观（万寿观）言：见权安奉会圣宫及应天启运宫祖宗神御，将来高宗皇帝神御二位赴宫奉安，合添盖殿宇，设置帐座，乞下礼部、太常寺，令临安府添盖。逐处相视得本殿系是东向，其殿北壁别无地段增展，今欲于殿南壁增展，添盖殿宇。临安府打量并展向南壁，去拆厅库界墙，展套地步，以南接连盖造殿屋、挟殿屋各一间，并拆移殿门三间、廊屋七间，向南一丈四尺盖造，乞令本观俟修盖毕奏告。告迁安奉以南为上，于北壁空留二位，将来安奉高宗皇帝神御。从之。（《辑稿》礼五之二二）

【七日丙申】诏安穆皇后宅可赐家庙，令有司条具以闻。……寻诏：安穆皇后宅已赐家庙，缘地段窄狭，可将坯所属亲兵营寨就赐，却令别行踏逐营寨，仍令转运司、临安府盖造，及添修两位屋宇。（《辑稿》后妃二之二四）案："坯"不通，点校本疑当作"枢府"。

【十二月二十八日癸丑】诏：见建皇后家庙，展套后市街韩彦直房廊，赁户户支般家钱三十贯文。既而臣僚言：其中有于元赁之地添造间架多者，概以给之，似觉太轻，乞命临安守臣再行审核，稍与添给。从之。于是添造楼屋者加给七千，平屋者加给五千。（《辑稿》后妃二之二四）

绍熙元年庚戌（1190）

【五月四日丁巳】直秘阁张镃言，乞以临安府艮山门里所居屋舍为十方禅寺，仍舍镇江府本家庄田六千三百余亩，供赡僧徒。礼部、太常寺拟庆寿慈云禅寺为额。从之。（《辑稿》道释二之一五）广寿慧云禅寺，在艮山门里白洋池，张循王之孙镃舍宅为寺，绍熙元年赐今额。（《咸淳志》卷七六）案：寺额当以《咸淳志》为正。

【七月二十一日癸酉】诏：伯圭赐第久弊，兼合就建秀王祠堂，令两浙转运司同临安府应办修盖，听从本府措画。（《辑稿》帝系二之五七）安僖生不及进用，殁有追封赐谥之宠。寻又筑祠堂于行在所，建园庙于茔域，如濮安懿王故事。……绍（兴）〔熙〕元年三月，诏入觐，加太保、嗣秀王，仍赐甲第于安僖祠堂之侧。……嘉泰改元，赐第为火灾延燔，乞还湖州故居守园庙。二年春，趣召赐肩舆至殿门，令子孙扶掖，命有司复营旧邸。（楼钥《皇伯祖太师崇宪靖王行状》，《攻媿先生文集》卷八九）案：《咸淳志》卷七六：智圣院……南渡后秀邸以其地建家庙，僧众分居今处。

【十月二日癸未】提领左藏封桩库所言：昨来置库之初，以三省门内地步窄狭，遂取旧太府寺安顿见钱，目今号为下库，壁落疏漏，全无关防。兼与上库相去隔远，官吏不能专一监临。窃见左藏西上库自旧收掌朝廷封桩钱物，欲将上件封桩见钱徙入桩垛，仍乞将西上库自以左藏封桩下库为名。……诏依。（《辑稿》食货五二之二〇）

绍熙二年辛亥（1191）

【正月二十八日丁丑】兼知临安府潘景珪言，本府籍定百官廨宇，其来久矣。向者师臣尝有申请，分而为三。侍从、两省官为一等，卿监郎官、省官为一等，寺监（承）〔丞〕簿以下为一等。比年以来，迁易无常，因而淆杂。乞将本府廨舍依旧分为三等。自今后遇空闲，若元系侍从、两省官及台属廨舍，并行存留，以俟朝廷除擢，应付居止。从之。（《辑稿》方域四之二一）

【四月】行都传法寺火，延及民居。言者以戚里土木为孽，火数起之应。（《宋史》卷六三《五行志》二上）

【十六日癸巳】诏：临安府传法寺并烧毁居民去处，其寺面南街道为俯近重华宫，宫墙比旧展退北一丈，经烧民居不许搭盖。继而知临安府潘景珪言：宫墙外诸处官府毗近居民，除见有楼

屋免行毁拆外，日后不得添造。从之。(《辑稿》方域一〇之八、九)

【七月十九日乙丑】诏复置太医局。九月三日，诏：封桩库地一段空闲，令(展)〔转〕运使修盖，充太医局。(《辑稿》职官二二之四一)

绍熙三年壬子（1192）

【正月二十五日己巳】行都火，通夕，至于翌日，阛阓焚者半。(《宋史》卷六三《五行志》二上)

【六月十九日己未】临安府火。既而以枢密院言：主管侍卫步军司公事阎仲申，今月十九日夜二更，清波门外遗火。数内后军统领戚拱、中军副将董庆祖、训练官王师雄三人首先上屋，向前救扑。于是士卒争奋，遂致熄灭，合行推赏。(《辑稿》瑞异二之三九)

【十一月】（临安府）又火，燔五百余家。(《宋史》卷六三《五行志》二上)

绍熙五年甲寅（1194）

【六月九日戊戌】夜，寿皇圣帝崩，遗诰改重华宫为慈福宫，建寿成皇后殿于宫后，以便定省。(《宋史》卷三六《光宗纪》) 九日，至尊寿皇圣帝崩于重华宫重华殿，遗诰曰：……将来候撤几筵，重华宫可改为慈福宫，却于向后盖殿，以居寿成皇后，庶几以便定省侍奉。(《辑稿》礼三〇之一)

【七月五日甲子】诏建泰安宫以奉太上皇帝、太上皇后。命泰安宫提举杨舜卿往南内请八宝。寻诏：五日一朝，百官月两朝。后又诏：以时方秋暑，宜用唐武德、贞观故事，太上皇帝未须移御，其即以寝殿为泰安宫。是岁，改泰安宫为寿康宫。(《续编两朝纲目备要》卷三) 绍熙五年七月，诏以太上皇后宅为泰安宫。移寓有日，上以太上玉体未安，惧有劳动，乃于大内因太上常御之所建泰安宫。遂以东华门里后苑画方等盖造殿廊五十，有四门，入出东华门，改宫名为寿康。(《辑稿》礼五〇之一八) 上（宁宗）始受禅，赵子直议以秘书省为泰安宫，已而不果，乃以慈懿皇后外第为之。会光宗不欲迁，因以旧福宁殿为寿康宫，而更建福宁殿。(《杂记》甲集卷一)

【九月二日己未】殿前司言：明堂大礼，依典礼銮驾不出宫，欲依淳熙十五年例，有临安府诸城门一十六座，欲差素队官兵守把，每座二十八〔人〕，计三百二十人，事毕依旧。从之。(《辑稿》礼二四之一〇三、一〇四) 案：临安府城门十三座、水门五座，合计十八座。

【十月二十七日甲寅】诏：临安府赡军中酒库相对官舍一所，并南邻张府房廊屋三间，令临安府日下支钱于张府，估计时直回买，并官舍并赐与武德郎、阁门看班祗候邢汝楫永为己业。

（《辑稿》礼六二之八四）

【是月】诏建福宁殿。以旧东宫为之，备移御也。朱熹、彭龟年等请罢之。（《续编两朝纲目备要》卷三）

【闰十月三日庚申】礼部、太常寺言：将来神主祔庙，合添一室，修置祐室等，乞下两浙转运司计会本寺修盖。从之。（《辑稿》礼三〇之二二）

【六日癸亥】集议庙制。……自是年冬始而别建一殿，以奉祧主于大殿之西隅，岁命礼官荐献焉。今谓四祖殿者，是也。（《续编两朝纲目备要》卷三）

【七日甲子】太史局言：将来梓宫发引经由道路，合依淳熙十四年高宗皇帝梓宫经由去处，于候潮门直南水门两桥之间权拆禁城修作门户，出城取牛皮巷、跨浦桥登舟，系是东南利方，于国音即无妨碍。从之。（《辑稿》礼三〇之二三）

庆元元年乙卯（1195）

【是年】（寿圣太皇太后）加号光祐，迁居重华宫。（《宋史》卷二四三《后妃传》下）

庆元二年丙辰（1196）

【五月十五日甲午】建华文阁。奉藏孝宗皇帝御集。（《续编两朝纲目备要》卷四）

【二十五日甲辰】改慈福宫名。为寿慈宫。（《续编两朝纲目备要》卷四）案：此处有误。庆元元年旧慈福宫已改寿慈宫，新慈福宫居吴后，庆元三年崩，撤几筵前名号尚存。

【八月十三日庚申】中书门下省言，孝宗皇帝阁以"华文"为名，乞于今阁牌"焕章"字下添入二字，以"龙图天章宝文显谟徽猷敷文焕章华文之阁"一十八字为文。本阁应行移文字并合添入。诏依。（《辑稿》方域三之八）

【十月三日戊申】上册宝于慈福、寿康宫。（《续编两朝纲目备要》卷四）

庆元三年丁巳（1197）

【三月十八日壬辰】诏：临安府前石版（卷）〔巷〕官廨舍一所，元系知阁蔡必胜居止，见今韩同（乡）〔卿〕亲属在下安泊。候迁移日，可特拨赐知阁谯令雍，永为己业居住。（《辑稿》礼六二之八四）案：韩同卿，宁宗恭淑韩皇后父。

【二十一日乙未】建东华门。（《续编两朝纲目备要》卷五）

【十一月六日乙巳】寿圣隆慈备福光祐太皇太后崩于慈福宫之慈福殿。(《辑稿》礼三四之二〇)案：《续编两朝纲目备要》系于十一月二日辛丑。

庆元四年戊午（1198）

【十二月四日丁卯】诏：临安府、转运司见修盖皇后家庙，创盖屋宇不得过寿仁太上皇后家庙间架之数。(《辑稿》后妃二之二七)案：寿仁太上皇后，即光宗慈懿李皇后。《宋史》卷二四三《后妃》下：(李后)"家庙逾制，卫兵多于太庙"。

庆元五年己未（1199）

【正月三十日壬戌】建玉堂。(《续编两朝纲目备要》卷五)更造玉堂殿，诏止以玉堂为名。(《咸淳志》卷二)

【五月】行都雨坏城，夜压附城民庐，多死者。(《宋史》卷六五《五行志》三)

庆元六年庚申（1200）

【八月八日辛卯】圣安寿仁太上皇帝崩于寿康宫寿康殿，遗诰曰：……将来撤几筵毕，寿康宫可拨还大内。(《辑稿》礼三〇之五四)

【十四日丁酉】礼部、太常寺言：将来大行太上皇帝神主祔庙，合于太庙内添一室，修制祧室等，乞令临安府、转运司预先相视地步修盖施行。从之。(《辑稿》礼一五之二一、二二，礼三〇之五八略同)

【二十日癸卯】慈懿皇后权攒于临安府南山之修吉寺。(《宋史全文》卷二九上)权攒慈懿皇后于临安府南山之修吉寺。(《宋史》卷三七《宁宗纪》一)

【十二月二十日壬寅】权攒恭淑皇后于临安府南山之广教寺。(《宋史》卷三七《宁宗纪》一)

嘉泰元年辛酉（1201）

【三月二十五日乙亥】太常寺言，祗候库元在糯米仓巷，四边皆是居民，屋宇相接，更无尺寸空隙去处。今因遗漏，致被延烧。照得城外郊台相近籍田园祭器库傍近见有空隙地段，丈尺至广，欲将祗候库就籍田园祭器库之侧起盖，安顿法物，委是利便。仍乞札下转运司，照已管认盖造，所有旧祗候库基地，却乞拨下本府，改造卿监、郎官廨舍。从之。(《辑稿》食货五二之三七)

【二十八日戊寅】临安大火。是夜，临安府宝莲山下御史台吏杨浩家火，延烧御史台、司农寺、将作、军器监、进奏、文思、御辇院、太史局、军头、皇城司诸物库。四月庚辰朔，诏被火之家愿于贡院及寺观寓止者，听之。辛巳，火乃灭。〔诏两浙转运司、临安府上所焚民居之数，于朝厚加赈恤，死者给钱瘗之。〕（案：此句点校本无，据文渊阁本补。）有司奏：延烧军民五万贰千肆百贰拾玖家，凡拾捌万陆千捌百叁拾壹口，死而可知者五十有九人。……时朝士皆借官船以居其属，太府寺丞黄何叙舟翔鸾寺前。是夜，贼登舟执何，掠其金帛、妇女而去。何诉于朝，事下大理。……其冬十一月，都城又火，明年七月，故将张忠烈家又火，所燔凡数千家焉。盖自渡江以来，都城火灾未有及辛酉岁者。(《续编两朝纲目备要》卷六) 十四日，走卒过县，言其事颇为详审。以为自二十八日入夜，至于初二日之旦，自箭桥门之西，以至张循王府之东，自玉牒所之北，以至北关之南，数路俱发，不可扑灭，老幼践死，不可胜计。(曹彦约《上丞相论都城火灾札子》，《昌谷集》卷一二) 绍兴初，行都童谣曰："洞洞张河爷娘，一似六军之教场。"忽民间遗火，自大瓦子至新街，约数里，是时皆苇席屋。后嘉泰初，童谣曰："掀也"，又曰"火里"，此银匠谚语。大小皆语及此。忽季春杨浩家遗火，自龙舌头山延烧至艮山门外船场，自南至北，仅五十余里。杨浩父子偕窜海南，其时守臣赵善坚、殿帅吴曦、步帅夏侯恪因是罢去。(《白獭髓》) 初，在所之司建于众安桥之南。嘉泰改元，埃于融风，乃徙而建于开元宫之左。(程珌《行在重建大宗正司记》，《程端明公洺水集》卷八) 吴山智果院……嘉泰间毁，以其地为进奏院，拨赐宝积廨宇及扁鹊堂建寺。(《咸淳志》卷七六) 中兴观，在吴山。……嘉泰辛酉毁。(《咸淳志》卷七五) 嘉泰辛酉春，都城不戒于火，一夕宫馆荡为游埃。(《咸淳志》卷七二引黄由记文) 金华将军庙，在丰豫门内涌金池前。……嘉泰辛酉，京城灾，反风垂应，境内无虞。耆老以神赫灵而庙弗称，乃合力更筑。(《咸淳志》卷七三) 仰山孚惠二王庙祀……今在所马军司亦有焉……始甚狭，嘉泰毕方之变，一营皆烬，而庙独存，众始嗟异，乃辟而大之。(林希逸《行在仰山孚惠二王庙记》，《竹溪鬳斋十一稿续集》卷一〇)

【四月十九日戊戌】诏将潜邸府改充开元宫并大宗正司，却将大宗正司改作百官廨宇。(《辑稿》崇儒一之一四、一五) 诏：可将潜邸改充开元宫。(《辑稿》礼五之八) 以潜邸为开元宫。(《续编两朝纲目备要》卷六) 开元宫，在泰和坊内，宁宗皇帝潜邸。……嘉泰元年四月，诏以嘉邸府改充开元宫，仪制皆视佑圣观。(《咸淳志》卷一三)

【五月二十七日丙子】诏：显仁皇后、成恭皇后、慈懿皇后家庙，近日居民遗火延烧，令礼部、太常寺讨论典故，详议以闻。(《辑稿》后妃二之二七) 诏：秀安僖王祠堂近日居民遗火延烧，令礼部、太常寺讨论典故，详议以闻。(《辑稿》帝系二之五八) 嘉泰改元，赐第为火灾延燔，乞还湖州故居守园庙。(楼钥《皇伯祖太师崇宪靖王行状》，《攻媿先生文集》卷八九)

【十一月十二日己未】以吏部尚书、兼实录院修撰、兼侍讲袁说友等言，已降指挥，令学士院、后省同实录院官议定光宗皇帝御集阁名，今恭议定，以"宝谟"为名。(《辑稿》方域三之八)

嘉泰二年壬戌（1202）

【六月六日己卯】临安府火。(《续编两朝纲目备要》卷七) 嘉泰二年六月六日，郁攸发于故张循王之第，延燎巷中七百余家。(《咸淳志》卷三七) 嘉泰二年六月，故循王张俊家火。(《宋史》卷六六《五行志》四) 张循王俊赐第，以绍兴壬戌六月六日盖造，至嘉泰壬戌六月六日焚荡，惟余一楼。甲子正周，亦异事也。临安府有天井巷，莫知其由。壬戌岁，张循王府房廊遗漏，掘得古井，阔数丈，其水甚清，井口刻，后唐清泰二年开，盖钱王时也。今以嘉泰二年复出，方悟巷名以此。(《二老堂杂志》卷四)

【是月】（秘书）省西北墙外添筑外墙一重，并置铺屋巡逻。墙外多为民居所占，嘉泰二年六月，因遗火延烧，遂请于朝，不许再造。仍添筑外墙一重为限。(《南宋馆阁续录》卷二)

【八月十二日癸未】建宝谟阁。奉藏光宗御集。(《续编两朝纲目备要》卷七)

【十八日己丑】诏令修内司于大内计料修盖寿慈殿，恭请太皇太后还内。(《辑稿》方域二之二三) 及寿皇升遐，宪圣、寿成二太后当迁内，而寿康宫已在南内矣，乃改重华宫为慈福宫，以旧慈福宫为重寿殿，二太后皆徙居焉。比宪圣终丧，又改慈福宫为寿慈，以奉太母。光宗撤几筵，上复请太母还内，而太母以为久居此宫，凡百安便，况以年尊，不欲迁移。上乃以慈训谕中外，时嘉泰二年九月也。(《杂记》乙集卷二)

【十二月十三日癸未】提领左藏封桩库所言：本库系乾道六年内承降指挥，于都省门内起盖库屋，专一桩管朝廷钱物。缘当来一时仓卒盖造，今来年深朽（栏）〔烂〕。目今诸库盈满，亦无添盖库屋去处。欲展激赏库、三省枢密院客司房并纸库，枢密院大程将房取直修盖，却将大门外两壁挟屋仍旧充激赏库、三省枢密院客司房等处。诏令封桩库支降会子一万贯，委提领官同两浙漕臣措置修盖。(《辑稿》食货五二之二一)

嘉泰三年癸亥（1203）

【七月七日癸酉】诏：皇后家庙令修内司同临安府、两浙转运司日下修盖。先是，皇后外宅与张循王银枪亲兵寨屋并张宗尹屋地相连，既而宗尹以地投献，于是展拓改造。(《辑稿》后妃二之二七)

嘉泰四年甲子（1204）

【三月四日丁卯】临安府大火。其夜二更后，行在粮料院后八条巷内，右丞相府大程官刘庆家遗火，自太庙南墙外通衢延烧粮料院及右丞相府、尚书省、枢密院、制敕院、检正房、左右司谏院、尚书六部，惟存门下后省及工部侍郎厅。次烧万松岭、清平山、仁王寺、石佛庵、枢密院亲兵营、修内司，沿烧至学士院、内酒库及内中宫门廊屋。殿步司诸军官兵连夜救扑，火势未已。有旨宣殿步司诸军分拨入内，并力救扑，诸班直禁卫等守内，百司、百官守局。时宰臣、执政、太师韩侂胄皆在太庙指挥，步帅李郁用心竭力救扑，不得烧至太庙，侂胄以重赏许诸军。夜，漏下三鼓，遂撤去太庙廊屋，祖宗神主、册宝、法物皆移寓寿慈宫，仍开候潮门，宣入殿步司城外军兵救扑。是夕，百官之家皆往都亭驿避火。火及和宁门外，焚权子门。戊辰旦，和宁门螭吻上火忽起，殿前司中军第二将、搭材队白身效用张隆用飞梯登门，腾上屋脊，持短斧击螭吻，碎之，烟遂熄。诏以隆为承信郎、殿前司准备将，赐金十两，纺丝二匹，侂胄又赐隆金七两。时火西至三茅观大门，南至御街，北至太庙巷，上及七宝山一带，所焚居民甚众，至未刻乃灭。有旨：日抄札被火及毁屋之家，人赐钱一千、米四斗，小儿半之，许从便暂往城内外寺观居止。三省、枢密院及陈丞相家皆寓都亭驿，六部寓传法院。……丙子，侍御史陆峻言：郁攸之变，起于民居，三省六部，所存无几，迫及太庙，侵及宫城，都民惊骇，宗祏震动，此岂盛时所当有哉！……（《续编两朝纲目备要》卷八）案：《永乐大典》卷一二九六〇引《续编两朝纲目备要》文字略有出入。临安府火，火迫太庙，权奉神主于景灵宫。（《宋史全文》卷二九下）时兵衅有萌，会赤眚见太阴，犯权星，未浃日，内北门鸱尾灾，延及三省、六部。（《宋史》卷四〇〇《宋德之传》）嘉泰岁甲子，以民居火延毁。（《咸淳志》卷七六引程公许记文）

【八日辛未】诏葺太庙。（《宋史全文》卷二九下）

【四月三日丙申】临安府梵天寺火。（《宋史》卷六三《五行志》二上）案：年号误作嘉定。

【五月十六日戊寅】户部言：左藏库旧来建置围墙二重，防备甚严。比年多有邻近居民、官户侵占墙外空地，间有檐屋相连。朝廷近来讲求火政，若不预行申奏，忽有旁近疏虞，利害非轻。乞委官相视，有合去拆之所，下临安府措置，应自己楼屋，或赁人屋宇，或平屋，其间有尽行去拆，或除一半，或量行去拆，并与斟酌间架所直，照应诸处去拆民间屋宇体例，欲乞于本部经常钱内就行支给。从之。（《辑稿》食货五一之一四、一五）

【六月三十日辛酉】诏令临安府于开元宫火德真君殿之右创建阏伯商邱宣明王殿，其神像依典礼用王者之服。（《辑稿》礼五之九）

开禧元年乙丑（1205）

【三月】新建阏伯祠宇毕工。（《南宋馆阁续录》卷五）

【七月二十一日丙子】诏：崇王元赐第，以居民遗火，沿烧不存，师揆未有居止。支降度牒一百道、会子二万贯，依显仁皇后等宅体例自行盖造。（《辑稿》帝系二之五八）案：伯圭追封崇宪靖王，师揆乃其次子。

【十二月】会得废寺当没，官钱以佐其费，又取吏舍以益其址。自开禧元年十二月，至二年正月，庙乃告成。（陆游《仁和县重修先圣庙记》，《渭南文集》卷二一）

【是年】都城火。（《宋史》卷四一五《黄畴传》）

开禧二年丙寅（1206）

【二月二日癸丑】夜，寿慈宫前殿火，逮晓始熄，于是太皇太后复归大内。（《杂记》乙集卷二）

【四月一日壬子】行都火，燔数百家。（《宋史》卷六三《五行志》二上）

开禧三年丁卯（1207）

【五月十六日辛卯】（寿圣慈祐太皇太后）崩于寿慈殿。（《辑稿》后妃一之八）

嘉定元年戊辰（1208）

【十一月二十七日癸亥】皇太子奏：伏见右丞相史弥远丁所生母忧，……欲乞圣慈特赐睿旨，赐第行在，……诏：……皇太子所奏甚合朕意，可特赐第行在，以便咨访。继而修内司踏逐到本司见管大和楼南官屋一所，诏令修内司、临安府、转运司日下并功修盖。弥远继以所生母之丧归葬，有诏起复，候葬事毕，前来赐第居止。（《辑稿》礼六二之八五）皇太子请赐弥远第于行在，令就第持服，许之。史弥远辞第，亦许之。（《续编两朝纲目备要》卷一一）

嘉定二年己巳（1209）

【二月二十八日壬辰】遣内侍趣（史）弥远还行在赐第。（《续编两朝纲目备要》卷一一）

【四月二日乙丑】都省言：临安府化人场间有建置年岁深远去处，往往拘于禁地，多被拆去，贫乏丧葬之家，无力扛抬，远涉重费，委有未便。诏令临安府开具申尚书省。既而，临安府奏言：化人场间有近九宫坛、黑神坛禁地一十六处，节次拆去。内金轮、梵天两院方自嘉泰以后建置，即与年岁深远去处不同。诏令临安府将见存化人场依旧外，其已拆一十六处，除金轮、梵天寺不得化人外，余一十四处并许复令置场焚化。如遇祠坛行事，太常寺照条预前三日告示主首僧知委，不得焚化。如违，重断。（《辑稿》食货五八之二七）

嘉定四年辛未（1211）

【三月八日庚申】高宗嗣历，庶事草创，而卿列不以一日废。迨驻跸钱塘，以法惠僧寺东偏隙地为敕令所，又街之东则为容台。尚不足以尽设礼乐之器，遇阅习则列宫架于法惠寺中。绍兴三十一年，少卿王公普始请易地，会敕局中废，遂迁焉。中为寅清堂，耽耽夏屋，于是为称。法惠既废为怀远驿，又以为台谏官舍，敕局再建于寺之旧处，而容台不移，于今五十年矣。梁栋堕圮，日有覆压之虞，卿少久阙。嘉定二年，崇庆张君钧为主簿，已叹其不可居。既丞胄监，又转而丞于此。时司农、太府俱舍旧以趋新，或谓亦可迁矣。君曰：此礼乐之司，庭宇宏敞，位置崇严，不应轻弃。……始于三年之仲冬，明年三月八日告毕。……发地得泉，石刻名曰观音，且曰饮者可以愈疾，犹是法惠之旧。浚而澄之，泉甘且冽，结亭其上，扁以汲古。（楼钥《重修太常寺记》，《攻媿先生文集》卷五一）

嘉定五年壬申（1212）

【七月二十四日戊辰】雷雨毁太庙屋。（《续编两朝纲目备要》卷一三）

嘉定六年癸酉（1213）

【五月一日辛丑】臣僚言：……贡院墙壁，本自低矮，年来颓圮。如西边一带，抵靠别试所、晨华馆，而断垣及肩，践踏成路，传泄之弊，多由此出。最后正通大理寺前，居民搭盖浮屋于墙上，亦作弊处，莫可堤防。东畔墙虽稍高，却与封弥誊录所相邻，而缝穴最多，关防须密。乞将贡院周围内外墙，并就旧（其）〔基〕增筑高阔，里边掘成沟池，阔五六尺许，深浚亦如之。不惟得土筑墙，可省般运，而四傍潴水，亦可泄贡院卑湿。墙里加以池，则人不得而逾矣。仍约束居民，不得因墙起造浮屋，庶革传泄之弊。……从之。（《辑稿》选举六之一三）

嘉定七年甲戌（1214）

【八月二十六日戊午】诏临安府踏逐空闲地，建宗学。其学置六斋，生员以一百人为额。（《辑稿》崇儒一之一五）

嘉定八年乙亥（1215）

【四月五日甲午】诸王宫大小学教授危积言：窃惟宫庠乃国家亲睦教养之地，伏自绍兴复置以来，因陋就弊，阙典甚多。尝阅按牍，检会嘉定七年二月二十五日都省札子，范择能申请：乞将本学殿堂后睦亲宅空闲位子壹所，量加修葺，展入宫学，以充讲堂斋舍。已札下临安府，差官相视地段，打量画成图本，检计工费外，欲乞检照临安府已申事理，早赐施行。诏令封桩库支拨官会三千贯，付临安府，委官同（官）〔宫〕学计置，如法修盖。（《辑稿》崇儒一之一五）

嘉定九年丙子（1216）

【十二月五日癸丑】尚书省札子：勘会昨已降指挥，兴复宗学，令隶祭酒司业。今来已将诸王宫学重行建造，合与改作宗学。仍参照国朝典故，宗学旧隶宗正寺，合议施行。诏将诸王宫学改作宗学，仍隶宗正寺施行。（《辑稿》崇儒一之一五）

【是年】（府学湫隘）教授袁肃、黄灏以告于府，上之朝，拓而大之，略仿成均规制。（《咸淳志》卷五六）

嘉定十一年戊寅（1218）

【二月】行都火，燔数百家。（《宋史》卷六三《五行志》二上）

【九月己巳】禁垣外万松岭民舍火，燔四百八十余家。（《宋史》卷六三《五行志》二上）案：本月无己巳日。

嘉定十三年庚辰（1220）

【八月九日丙寅】诏：皇太子（景献太子）薨，将来殡葬灵柩所出经由门户，令太史局同护丧葬所克择官选择所出门户合利是何方隅，申尚书省。既而本所请以丽正门东南方创开门户，以出灵柩，由嘉会门、姥岭子、赤山至攒所。（《辑稿》礼四三之五）诏：皇太子薨，将来殡葬去处，令护丧葬所就利方及寺院择地。既而，刑部尚书、护丧葬事徐应龙等言：本所据判局刘居仁、天文官胡居中相视踏逐到庄文太子攒所之东空地一段，堪充皇太子攒堂。应龙等将带克择、礼直官前去相视。上件地段林木茂盛，土肉肥厚，即无水脉，仍于庄文太子棂星门之北同向别置门户，委是利方地段。修制今来皇太子攒堂，应得昭穆尊卑次序，于礼典别无违碍，合随地之宜，分立墙围。所有攒堂及屋宇门户等制度，并合照庄文太子攒堂体式修盖。又据刘居仁等供到皇太子攒穴，用格盘南针定验，得其地系离山坐丙向壬。若将来开掘神穴，合深九丈，应得天星凤凰成，吉。及勒令临安府壕寨打量到皇太子新攒地段，标立围墙，内南北入深一十八丈，东西阔一十六丈。勒画匠照庄文太子攒所样制造图见到，乞下临安府、两浙转运司照应体式制度起盖施行。从之。(《辑稿》礼四三之五)

【九月一日丁亥】两浙转运司、临安府言：承议郎、特差通判临安府潘梡等申，从准牒，委提督起盖皇太子攒所，今据南山法因院住持僧善超状：本院今蒙踏逐地段，充造皇太子攒所，妨碍去处并行除治，方圆计四十余亩，尽行投献，充攒所禁地。窃见本院与攒所并壁，合行充应崇奉香火。梡等照得所占皆本寺地段，所(坼)〔拆〕皆本寺屋宇，自新攒所去本寺最为傅近，他寺委难攘夺，合取指挥施行。诏令法因院崇奉景献太子攒所香火。(《辑稿》礼四三之一二)

【十一月二十六日壬子】临安火。(《续编两朝纲目备要》卷一六)行都火，燔城内外数万家、禁垒百二十区。(《宋史》卷六三《五行志》二上)先是，太庙奉安所言：嘉定十三年十一月内东壁居民于旬日两次遗火，逼近宗庙，设有不测，岂不利害？若不预申防虞事件，仓卒难以救护。(《辑稿》礼一五之二二)

【是年】嘉定庚辰，潮怒啮堤，由候潮门抵新门，溃突不可遏，漂庐舍，泊城郭，日益甚。(〔万历〕《绍兴府志》卷一九引俞浙记文)

嘉定十四年辛巳（1221）

【正月二十日乙巳】诏封桩库支拨度牒一百道、会子一十万贯，丰储仓支拨米五千石，并给付宪圣慈烈皇后宅，充盖造家庙等用。以居民遗火延烧宅庙，故有是命。(《辑稿》礼一二之一四)

【二十八日癸丑】诏：太庙内添置石室一所，并开柜子门一座，令两浙转运司、临安府盖造，务要如法，毋致苟简。……一、欲乞于皇帝位版屋西壁围墙宽阔去处，拆开围墙，添置柜子门一座，里外关锁，或制不测拥塞，街路不通，启开救护。一、欲乞照玉牒所体例，添置石室一所于蛇亭池子北壁面东，计置起造石室一带三间，以备不虞。所有见盖乐工屋一十二间，内五间移盖于蛇亭池子之西，外有乐工屋七间拆去后壁夹墙，(车)〔东〕移向后七尺，庶得于石室四向宽阔，实为便当。一、欲乞令皇城司差亲从官五百人，殿前司差军兵一千人，自今为始，依中军体例，各司籍定前项差拨人数，专充防守宗庙，庶免误事。故有是

命。(《辑稿》礼一五之二二)

【是年】景隆观，在新门外，旧为通元庵。嘉定十四年，旨许建观，以旧修内司营地界之，羽士陈永年出力创造。(《咸淳志》卷七五)

嘉定十六年癸未（1223）

【正月十一日甲寅】臣僚言：六飞驻跸钱塘阅数十年，宫殿所峙，实在凤山之前，盖古人所谓自天目山龙飞凤舞而至者。乡来凤山一带路南未辟，车马冠盖多由嘉会门路。比年八盘岭屡经砌叠，其平如砥，遂为通衢。殊不思前近帝阙，后涉禁山，行人敢尔纷扰，非所以示尊崇也。乞下殿前司，日下自和宁门相近八盘岭路口建立门关，丽正门西旧自有门，并行关闭。除巡徼军兵往来外，应干官员等轿马、买卖物货等人，并立牌禁止，不得经行，违者具名申尚书省，重作行遣。官兵并不许假徼巡之名，因而取道。仍乞指挥令临安府严揭赏榜禁约。增重帝都，实为利便。从之。(《辑稿》刑法二之一四五)

【十一月一日己亥】臣僚言：臣昨者伏见谏臣有疏谓八盘岭迫近帝阙，非车马憧憧往来之地，乞行下禁止，诚为至当之论。然臣管见尚有可言者：自都亭驿至丽正门，系文武百僚趋朝前殿之路，皆是泥涂。穷冬雨雪冰冻，春雨梅霖淖泞，委是难行。欲望圣慈申敕攸司，自候潮门内之南至丽正门，并用石版铺砌可通车马之路，所费无几。或曰，大礼年分，恐碍行辂。曾不知逐郊例是一路石版，临期悉行除拆，礼毕日仍旧铺砌。初非难事，亦可以壮帝王之居。从之。(《辑稿》方域一〇之九)

嘉定十七年甲申（1224）

【十二月二十一日癸丑】宰臣史弥远等请以皇太后殿名慈明，诏依。御史台言：大行皇帝系是十世，当行议祧。……自太祖以至光宗，实为五庙。今大行皇帝始为六庙，合增展一室，以祔大行皇帝，于礼为合，于义为安。诏恭依。(《宋史全文》卷三一)

宝庆二年丙戌（1226）

【五月二十九日癸未】令万寿观建宁宗皇帝神御殿室。(《宋史全文》卷三一)
【十月二日甲申】诏：宁宗御集阁以"宝章"为名，仍置学士、待制员。(《宋史》卷四一《理宗纪》一)

绍定元年戊子（1228）

【三月】行都火，燔六百余家。(《宋史》卷六三《五行志》二上)

绍定四年辛卯（1231）

【九月三日丙戌】临安火。诏曰：回禄之灾，延及太庙，祖宗神主，暂就御于景灵宫。……诏令三省、枢密院暂就都亭驿，六部暂就传法寺治事，以延燎故也。……乙卯，监察御史何处久奏：两司修建太庙合遵旧制，百司庶府，不必华侈。从之。(《宋史全文》卷三二) 都城大火，延烧太庙、三省六部、御史台、秘书、玉牒所。……辛卯之火，比辛酉之火加五分之二，虽太庙亦不免，惟史丞相府独存。洪舜俞有诗云：殿前将军猛如虎，救得汾阳令公府。祖宗神灵飞上天，可怜九庙成焦土。时殿帅乃冯榯也，人言籍籍，迄不免责。(《宋季三朝政要》卷一，另见刘一清《钱塘遗事》卷二) 绍定辛卯临安之火，比辛酉之火加五分之三，虽太庙亦不免，而史丞相府独全。洪舜俞诗云：殿前将军猛如虎，救得汾阳令公府。祖宗神灵飞上天，可怜九庙成焦土。时殿帅乃冯榯也，人言籍籍，迄今不免责。(《鹤林玉露》丙编卷二) 辛卯之火，焚右文殿道山堂，而著作庭幸无恙。(《鹤林玉露》乙编卷三) 辛卯之灾，上而太庙，下而省寺、居民，延燔殆尽。而介也不救太室，而救宰相之私第；不护三省六部暨民之屋庐，而护临安之公廨。(吴泳《缴陈宗仁林介落阁降官词头》，《鹤林集》卷二一) 传闻今月三日京城火灾，延及宗庙、三省台部、百司庶府，以至民居，大半灰烬，奔避而死者，数亦不少。(袁甫《江东上封事》，《蒙斋集》卷三) 乃九月丙戌之夜，郁攸挺灾，自宗庙百司以至万姓之庐舍，自典章文告以至公私之货财，等罹煨烬，荡为瓦砾。……故太室毁则几于无宗祧矣，都省毁则几于无政事矣，御史台毁则几于无纪纲矣，秘书省毁则几于无文章矣，库务毁则几于无积贮矣，聚庐毁则几于无人民矣。(吴潜《奏论都城火灾乞修省以消变异》，《许国公奏议》卷一) 九月丙戌夜未中，祝融涨焰通天红。(曾)〔层〕楼杰观舞燧象，绮峰绣陌奔烛龙。始从李博士桥起，三面分风十五里。崩摧汹汹海潮翻，填咽纷纷釜鱼死。开禧回禄前未闻，今更五分多二分。大涂小撤噤不讲，拱手坐视连宵焚。殿前将军猛如虎，救得汾阳令公府。祖宗神灵飞上天，痛哉九庙成焦土。(洪咨夔《哭都城火》，《平斋文集》卷七) 绍定初，御街中瓦前卖团子者，目为三火下店，如此两三处。先因郑德懋家遗火，焚烧中瓦及御街数千家，时有"锦城佳丽地，灰尘瓦砾场"之语。后三年间，中瓦后娼户李博士家遗火，焚烧中瓦及大街十余家。是夜在家饮酒者，府吏王德用连坐被罪。至四年九月间，李博士桥王德家遗火，自北而南，焚烧至前湖门外方家峪山，亦仅五十余里。宗庙百司，一夕迨尽，中瓦又为灰烬。此三火之谶明矣。王德取斩，是时守臣林介、殿帅冯櫍、步帅王虎因是罢去。(《白獭髓》)再燎于绍定辛卯之季秋。(《咸淳志》卷七六引程公许记文)绍定辛卯秋，廛居荐缨不戒，爰暨兹宇。(《咸淳志》卷七五引卢壮父记文)中兴观，在吴山。……绍定辛卯、嘉熙丁酉仍毁。承天灵应观，在吴山之巅。……绍定四年毁。至德观，在吴山之巅浑仪台侧，即十一曜太岁堂也，元隶太史局。绍定四年毁，羽士请以为卢，端平三年成。(《咸淳志》卷七五)忠清庙，在吴山。……绍定四年，庙再毁。(《咸淳志》卷七一)惠应庙，即皮场庙，在城中者四所：一吴山，一万松岭，一侍郎桥，一元真观。……南渡初，有商立者，携其像至杭，舍于吴山看江亭，因以为祠。……绍定四年九月，祠毁，圣像俨然独存。(《咸淳志》卷七三)案：周密《癸辛杂识》续集上《天雨尘土》条："辛卯三月初六日甲辰，黄雾四塞，天雨尘土。……是夜二鼓，望仙桥东牛羊司前居民冯家失火，其势可畏。凡数路分火，沿烧至初七日，势益盛，而尘雾愈甚，昏翳惨淡，虽火光烟气皆无所睹，直至午刻方息。南至太庙墙，北至太平坊南街，东至新门，西至旧秘书省前，东南至小堰门吴家府，西南至宗正司、吴山上岳庙、皮场星宿阁、伍相公庙，东北至通和坊，西北至旧十三湾开元宫门楼，所烧逾万家。至今恰一甲子矣。"多系于宋绍定四年，据纪日干支推算，实为元至元二十八年事。同书《海鳅兆火》条："辛卯岁，十二月二十二三间，又有海鳅复大于前者，死于浙江亭之沙上，于是阛阓将有火灾。然越二日，于二十四日之夜，火作于天井巷回回大师家，行省、开元宫尽在煨烬中，凡毁数千家。"此亦同年事。

【十月三日乙卯】监察御史何处久奏：两司修建太庙，合遵旧制，百司庶府，不必华侈。从之。(《宋史全文》卷三二)

【十一月一日癸未】绍定四年秋，(秘书省)三馆因居民遗火延燎，仅存著作庭及后园。本省具申朝廷降钱，委转运司、临安府计置起造。以十一月一日兴工，自大门至殿门基址增高二尺，与官路平。(《南宋馆阁续录》卷二)

【是年】鹤林宫，在城内俞家园。庆元乙卯旱，顺济观道士刘友真祷而雨。绍定辛卯，即所寓舍为观，请今额。(《咸淳志》卷七五)

绍定五年壬辰（1232）

【正月二十一日壬寅】新作太庙成。(《宋史》卷四一《理宗纪》一)

【七月九日戊子】秘阁上梁……是年十月毕工……中外鼎新，规模一如旧式。(《南宋馆阁续录》卷二)

【八月二十六日甲戌】以玉牒殿成，奉安累朝玉牒，以薛极为礼仪使。(《宋史全文》卷三二)

【是年】御史台，在清河坊。……绍定五年重建朝堂。(《咸淳志》卷五)

绍定六年癸巳（1233）

【六月二十一日甲午】缉熙殿成，御书"缉熙"二字榜之。（《玉海》卷一六〇）

端平元年甲午（1234）

【八月】大宗正司，故与开元宫为邻。绍定四年灾，寓治睦亲宅。五年六月甲子，诏以天庆坊魏惠宪王府旧址为之。……自六年六月戒事，至明年端平改元八月甲子落成。（魏了翁《大宗正司记》，《鹤山先生大全文集》卷四六）案：是年八月无甲子日。

【是年】端平仓，在余杭门外德胜桥东，端平元年浙漕赵与𥌼创，以储漕籴。（《咸淳志》卷九）

端平二年乙未（1235）

【四月五日丁卯】都城火。（《宋史》卷四二《理宗纪》二）

端平三年丙申（1236）

【十月】未几赵侯（与𥌼）亦居是（浙西安抚司主管机宜文字），乃请于帅，得民庐于涌金门之北，而公宇以定。（《咸淳志》卷五三引汤中记文）

嘉熙元年丁酉（1237）

【五月二十二日壬申】行都大火。（《宋史全文》卷三三）本朝以火德王，建炎中移跸钱塘，当其盛时，七十余年，行都熙洽，土气尚厚，火性亦顺。其久也，功化薄而明与昌浸不及，齿聚蕃而华与伪交相蹙先。皇登位八年而有嘉泰辛酉之灾，盖一焦土矣，既而不复灾。陛下亦八年而有绍定辛卯之灾，又一焦土矣，岂容更复灾？改元嘉熙，议者欲以扶炎运之隆，而失性转甚。乃夏五月，延燎之家四万七千有奇，而邸第、官舍、营寨、寺观不与焉。暴露之民为口二十九万三千有奇，而毙于虐焰者不与焉。（方大琮《缴奏户部侍郎权兵部尚书兼知临安府浙西安抚使赵与欢奏火灾乞削夺寅斥奉圣旨依累降指挥不得再有陈请录黄》，《宋宝章阁直学士忠惠铁庵方公文集》卷三）乃夏五壬申、癸酉灾，京邑半毁。（方大琮《缴奏御笔李子道邹云从应诏论事文理可采并特补将侍郎录黄》，《宋宝章阁直学士忠惠铁庵方公文集》卷三）辛卯之火由不能裁抑权臣，丙申之雷虽能册免一相，天怒未息，又为丁酉之火，民间遂有疑谤。疑谓火始于废宫遗址，延及椒房节钺之弟，（钺）〔越〕两河趄某戚畹之家。（刘克庄《待制徐侍郎神道碑》，《后村先生大全集》卷一四四）乃五月辛未星文见异，壬申回禄延灾，两日之间，京城煨烬者十之七矣。……火之作也，迫于开元阳德之宫而独不毁，岂非天以此彰我宁考之盛德，以警动陛下之心乎？……然故宫遗址，火实始焉，众心之所疑者，此也。椒房之亲，富显之可也。当四郊多垒之时，节钺之华，不以待有功，而汲汲及此。恩宠先之，火亦先之，众心之所重疑者，此也。（徐鹿卿《四年丁酉六月轮对第一札》，《宋宗伯徐清正公存稿》卷一）丁酉火灾，三学生员上书，谓火起新房廊，乃故王旧邸之所，火至仙林寺而止，乃故王旧宅之林，皆指为伯有为厉之验。（《齐东野语》卷一四《巴陵本末》）中兴观，在吴山。……绍定辛卯、嘉熙丁酉仍毁。（《咸淳志》卷七五）

【六月】行都大火。由巳至酉，延烧居民五十三万家。（《宋季三朝政要》卷一）临安府火，燔三万家。（《宋史》卷六三《五行志》二上）六月，京城火灾，宰执中独公挺身出传上旨，谕诸将士，皆用命，燎原之势俄顷扑灭。（刘克庄《毅斋郑观文神道碑》，《后村先生大全集》卷一四七）案：《癸辛杂识》别集上《丁酉异星》条："丁酉正月初二日乙丑夜二鼓，天井巷张家金银铺遗漏。"多系于宋嘉熙元年，据纪日干支推算，实为元元贞三年（二月改元大德）事。

嘉熙四年庚子（1240）

【是年】嘉熙四年，（赵）公（希言）之子与欢尹京兆，遂迁簿廨，以广学舍，立三贤祠。（《咸淳志》卷五六）临安赤县二，先忠宪宰仁和，已建其一，岂斯邑亦有社有民，而不知教耶？乃景冈相基，诹日庀徒，于县之东，得承旧寺徙他所，遂建学其上。命宰与丞巩耕及簿正王梦得相其役，越三年有成。宫雍雍在左，庙肃肃在右，廷殖殖在中。门皋如也，殿邃如也，明伦堂旷如也。池疏为二，斋列为六。宿直之庐，公养之廪，靡不严备。像设礼器，稍不应图法，则又仿京校取正焉。（吴泳《钱塘县学记》，《鹤林集》卷三六）

淳祐三年癸卯（1243）

【是年】镇城仓，在余杭门里师姑桥，淳祐三年赵安抚与𥲅重建，为敖二十。常平仓，在镇城仓东，淳祐三年赵安抚与𥲅重建。（《咸淳志》卷五五）

淳祐四年甲辰（1244）

【春】建龙翔宫于中瓦，奉祀感生帝君，拆居民屋宇，三除之二。(《宋季三朝政要》卷二)诏改潜邸为龙翔宫。(《宋史》卷四三《理宗纪》三) 案：《宋史》系于淳祐七年二月壬子。龙翔宫，在后市街，理宗皇帝潜邸，旧魏惠宪王府，改为沂靖惠王府。淳祐四年建道宫，赐名龙翔，以奉感生帝。(《咸淳志》卷一三)淳祐甲辰，理宗建龙翔宫于中瓦后，彻居民屋宇三之一，奉祀感生帝君。……每孟享车驾游御街，过中瓦前，直下景灵宫。驾回则自灞头横入，过龙翔。归则自太平坊出，至御街。(《钱塘遗事》卷一)

淳祐五年乙巳（1245）

【十二月十八日己卯】以游侣为右丞相兼枢密使；郑清之为少师、奉国军节度使，依前醴泉观使兼侍读，仍奉朝请，赐玉带及赐第行在。(《宋史》卷四三《理宗纪》三)

淳祐九年己酉（1249）

【九月八日丙子】提领户部财用赵与𥲅创置新仓三百七十余间，贮米一百二十万石，欲以淳祐为名，及照丰储仓例辟官四员。从之。(《宋史全文》卷三四)淳祐仓，在余杭门内斜桥南，淳祐九年临安守赵与𥲅创。(《咸淳志》卷九) 案：淳祐仓在斜桥东北，钧桥东南。广济院，在淳祐仓北，旧为显祐王庙。开禧二年请今额。淳祐九年，斥为淳祐仓，别建庙宇。(《咸淳志》卷七六)

淳祐十二年壬子（1252）

【九月六日丁亥】诏建西太乙宫于延祥观左。(《宋史全文》卷三四)西太乙宫，在孤山。淳祐十二年，太史局奏太乙临梁益，请用天圣故事建西太乙宫，有旨从之，乃析延祥观地为宫。即凉堂建殿，曰黄庭之殿，其外为景福之门，东有延祥之观，以备临幸。(《咸淳志》卷一三)

【十一月十六日丙申】行都火，至丁酉夜始熄。(《宋史》卷六三《五行志》二上)丙申夜，临安火。丁酉夜，火乃熄。(《宋史全文》卷三四)去夏之水，九郡之民同时鱼鳖，而广福、太乙，栋宇翚飞，斧斤之声未尝绝。去冬之火，都市腹心悉为煨烬，而龙翔除道，大增形势，反似因之以为

利。(蔡杭《上殿奏札》一《蔡氏九儒书·久轩公集》)

【是年】海神坛，在东青门外太平桥之东。淳祐十二年……诏守臣马光祖建殿望祭。(《咸淳志》卷三)别试所，在大理寺之西。旧在贡院右，专以待贡士之避亲嫌者。厥后，漕监漕选皆试于此，湫隘不足以容。淳祐十二年，有旨令临安府别创。乃斥军器所万全指挥营空地为之，其元址并入贡院。(《咸淳志》卷一二)

宝祐元年癸丑（1253）

【十二月】宝祐癸丑腊月，中瓦回禄，因此自御街当中取大路直入。而中瓦之右以为武林园，其左以为皇子忠王看望楼。(《钱塘遗事》卷一)

【是年】清源崇应观，在吴山。宝祐元年……旨就吴山卜地建庙。(《咸淳志》卷七五)

宝祐五年丁巳（1257）

【八月十四日丙申】京城火。(《宋史》卷四四《理宗纪》四)临安火。(《宋季三朝政要》卷二)案：《政要》时间交代不明，今从《宋史》。

【十八日庚子】上曰：近有郁攸为灾，延燎颇多，居民殊可念。元凤奏：不能救其微，及既炽，自难扑灭。上曰：临安府所奏附城民屋须远二丈，此说可行。元凤奏：可备不虞。(《宋史全文》卷三五)

景定元年庚申（1260）

【二月六日甲辰】都省言：承平日久，京师城池所当修浚。诏厉文翁条画行之。(《宋史全文》卷三六)修京城。(《宋季三朝政要》卷三)案：《政要》时间交代不明，今从《宋史全文》。

【十八日丙辰】出内库楮币一千万、御庄米一万石付厉文翁修筑城池。(《宋史全文》卷三六)

景定二年辛酉（1261）

【八月十二日壬寅】筑周国公主馆于安济桥。(《宋史》卷四五《理宗纪》五)赐皇女周国公主第于安济桥。(《宋季三朝政要》卷三)案：《政要》系日误作壬申，今从《宋史》。右《开元宫图》一卷。宫本宋理宗女周汉国长公主第，在杭州清湖桥西。第成于景定辛酉，公主实以是年下嫁驸马都尉杨镇。……初，理宗无子，度宗自福邸入正储贰，而谢皇后女独有公主，两宫最所隆爱。有司希旨为治第，帷帐供御，下乘舆一等。居半岁，犹以远掖庭，更卜和宁门东，穿堄垣为直道，内官、宫婢朝夕通馈问。而是赐第在清湖者，惟居杨氏母。(柳贯《开元宫图后序》，《柳待制文集》卷一六) 杨驸马赐第清湖，巨珰董宋臣领营建之事，遂拓四旁民居以广之。(《齐东野语》卷一八) 景定间，周汉国公主下降，赐第嘉会门之左，飞楼复道，近接禁籞。(《齐东野语》卷一九)

景定三年壬戌（1262）

【正月十三日庚午】贾似道屡辞免赐第宅、家庙。诏从所请，仍以旧居之邻集芳园为赐，给缗钱就建家庙。(《宋史全文》卷三六) 太傅平章贾魏公府，在葛岭。景定三年正月理宗皇帝内出御札曰：……仍以集芳园为赐，可令封桩库支拨缗钱百万，展拓规模，就建家庙，遂雅志也。盖公旧有别墅在园之南，故以赐焉。(《咸淳志》卷一〇) 乃卜赐园，正基治位，为门再重，为宫五室。五代祖太师居中，左二室高祖太师、祖太师魏国公居之，右二室曾祖太师魏国公、皇考太师忠肃魏郡王居之，皆以妣配。东西序为祀堂，以祀旁亲。祭器在东房，名讳爵里谱系在西房，庖库在中门外，大抵皆颂台所定。是岁四月庙成。(《咸淳志》卷一〇引杨栋碑文)

【是年】省仓下界，在东仓铺，创于绍兴八年，旧址极广袤，景定三年朝廷给缗钱更修，乃析三之二，建厫屋八十，而垣其余废屋地于外。(《咸淳志》卷九)

景定四年癸亥（1263）

【六月七日乙卯】京城火。(《宋史》卷四五《理宗纪》五)

【是年】临安府大火。(《宋史》卷六三《五行志》二上) 侍从宅，在都亭驿东，景定四年创。(《咸淳志》卷一〇)

景定五年甲子（1264）

【二月二十六日辛未】行都大火。(《宋季三朝政要》卷三、《咸淳遗事》卷上)

【七月二日甲戌】京城大火。(《宋史》卷四五《理宗纪》五)

【十二日甲申】行都大火。(《宋史》卷六三《五行志》二上，《宋史全文》卷三六) 案：以上疑为一事。

【十月】皇子忠王即皇帝位，尊谢皇后曰寿和圣福皇太后，宫曰慈福。(《宋季三朝政要》卷三、《咸

淳遗事》卷上）

【是年】护国天王堂白马神祠附，在寿域坊口。……景定五年毁，移创粮料院故基。(《咸淳志》卷七三）景定五年，以（太庙）垣南民居逼近，厚给之直，令徙他处。即其地作致斋阁子四十四楹，前甃墙为小门。又斥粮料院、白马神祠，依山拓地为庙堧。(《咸淳志》卷三）

咸淳元年乙丑（1265）

【六月】理宗皇帝显文阁，咸淳元年六月置。(《咸淳志》卷二）

咸淳二年丙寅（1266）

【八月八日戊辰】国家中兴，仿汉籴三辅以给中都，列置诸仓于城内外，岁受诸郡粟。其在仁和县东，三面距河，则丰储仓也。仓自绍兴间置，乾道以丰储名更，嘉定尝一修治。……（景定四年）增创丰储仓，命领庾事陈公昉、军计赵嗣矗、农丞吴益董其役，检正尚书洪焘、匠丞国材继之。撤旧址布新，规墙其外三百七十四丈，崇广仓门为三间，翼以势墙。入门，东园亭，西吏舍，其旁两便门对峙。由东便门入敖，从六列，南负墙，北负河，横各一列，杈子敖附焉。由西便门入敖，从三列，南负墙一列，北负河柳司祠在焉。由仓门折行五十余步，为正厅、右敖并监门厅。后敖凡二列，左敖对右为一列。夹正厅旁曰钱库、曰筹斗库、曰纲鲜房。厅后有退公亭，两旁有阁子。又其后有园，设石假山，植竹成行，缭之墙四百尺。墙北开门，又为敖，横三列，势相向背，其面墙大者为主敖。环一仓数之敖、百杈子敖，二敖前为循廊，多不可楹数。过道有廊，为间亦五十。经纬以阶，用石万段，宣泄以沟，甃其底凡百丈。将即功，洪公犹虑累土为墙，非坚久计，语匠丞夷去改筑，甓上石下，灰斯其间。仓于是宏壮周密，为城内外冠。咸淳二年八月八日落成。(《咸淳志》卷九引林应炎记文）

咸淳四年戊辰（1268）

【四月】宗阳宫，在三圣庙桥东。绍兴间，望气者以其地有郁葱之祥，已而前后环建王邸。既绍开两朝，复为今上皇帝毓圣之所，天瑞地符，益大章显。咸淳四年四月，诏筑宫，赐名宗阳。(《咸淳志》卷一三）盛夏，建宗阳宫，坏徙民居，畿甸骚然。(《宋史》卷四二五《杨文仲传》）迩来鼎创琳宫，造端阔大，毁庐辟路，闻者惊疑。臣非不知中天以来，潜龙旧邸，固亦有之。孝宗之佑圣，宁宗之开元，兴作之初，人无议其非，落成之日，人不知其役。正以二祖俭约之至，所度之址有限，所建之楹不多，所入之迳由旧，故群臣不以为疑，百姓不以为骇尔。请详陈之。孝宗以绍兴壬午践祚，至淳熙丙申始以旧邸为佑圣观，时在御十有五年，其培养斯民，亦深且厚矣。然其所建者特不过真武一祠而止，未尝毫发勤民之力，亦未尝尺寸侵民之居也。今佑圣观在潜邸之侧，试视其规模，俭乎？侈乎？陛下而法乎孝宗，臣何疑焉。宁宗嘉泰辛酉以嘉邸之半为开元宫，特因荧惑旧祠之灾，复故额以祠之，亦不过明离一殿，阳德一馆而止。嘉邸之地亦至狭矣，犹以其半为宗正司，矧肯徙民之居乎？视今开元，广袤不过若是。陛下而法乎宁宗，臣又何疑焉。理宗以嘉定甲申光践宸极，至淳祐甲辰，所以子惠困穷，亦既久矣。龙翔之建，经始于甲辰，庆成于己酉。夫以二十年保养生息之深，蓄聚培积之厚，而又经始勿亟于五六年间，当时直臣犹有苦口之谏。其言撤屋广道一事，有曰：……臣伏愿今新宫之建，必如孝宗之佑圣观，必如宁宗之开元宫。度地量址，宁狭毋广；上栋下宇，宁朴毋华。规模务杀于龙翔，观听不骇于众见，合乎人心，即合乎天心也。况感生等殿决当就潜邸为之，则自宝祐坊大□直进，既可以昭潜龙之旧，又可以免民居之拆，为计之便，无以易此。若自兴礼坊入，不惟民居拆毁，怨咨嗷嗷然，亦但见开一新衢路，创一大宫观而已，安知其为潜跃之符也？（赵顺孙《奏新宫事》，《格庵奏稿》）臣迩者以新宫当崇俭约，免拆民居，为圣明告。陛下从善如流，诏仍旧路，务在从俭。……帅漕犹持两端之说，以待圣意之自择，何也？且拆庐之与拆檐孰轻，三尺童子孰不知之？与其直进而拆庐，宁若稍折而仍旧，三尺童子以孰不知之，何必为首鼠之说哉！（赵顺孙《又奏新宫事》，《格庵奏稿》）翠芳园，在钱湖门外南新路口，面南屏山，旧名屏山园。咸淳四年，尽徙材植以相宗阳宫之役，今惟门阆俨然。《咸淳志》卷一三）

【是年】咸淳仓，在东青门内后军寨北。咸淳四年，朝廷议建廪增贮公田岁入之米，乃捐钱买琼华废圃，益以内酒库柴炭屋地，命临安守潜说友创建。（《咸淳志》卷九）今天子即祚之五年，有司言寰内岁比数登，行在所诸仓皆盈，不增庾积新者，将靡所储胥。于是太傅平章魏国公请以琼华园废地官予其直，增创如太平故事。制曰：可。其赐楮二百万，命守臣潜说友莅其役，岁十有一月鸠工，越明年六月成。诏以咸淳名之。（《咸淳志》卷九引冯梦得记文）（社稷）坛旧在嘉会门内，今徙于城西一里小昭庆寺侧。基濒湖间，圮于水。咸淳四年，安抚潜说友筑坛壝而新之，创斋宇庖屋等凡九楹，周以石垣，且甓路。（《咸淳志》卷一八）

咸淳七年辛未（1271）

【是年】咸淳七年，安抚潜说友买民地，议增辟（府学）。八年，安抚吴益踵成之。（《咸淳志》卷

五六）卿监郎官宅，在俞家园，咸淳七年创。(《咸淳志》卷一〇）

德祐元年乙亥（1275）

【十月六日癸卯】玉牒殿灾。(《宋史》卷四七《瀛国公纪》）玉牒所灾。(《宋史》卷六三《五行志》二上）

【十日丁未】城临安。(《宋史》卷四七《瀛国公纪》）

德祐二年丙子（1276）

【正月十八日甲申】（元军）次皋亭山，……宋主遣其保康军承宣使尹甫、和州防御使吉甫等，赍传国玉玺及降表诣军前。(《元史》卷九《世祖本纪》六，另参《元史》卷一二七《伯颜传》）

【二月四日庚子】宋主㬎率文武百僚诣祥曦殿，望阙上表，乞为藩辅。……行省承制以临安为两浙大都督府，都督忙古带、范文虎入城视事。(《元史》卷九《世祖本纪》六，另参《元史》卷一二七《伯颜传》，系事于五日辛丑。)

书名缩略：

《乾道志》——《乾道临安志》

《咸淳志》——《咸淳临安志》

《会编》——《三朝北盟会编》

《辑稿》——《宋会要辑稿》

《要录》——《建炎以来系年要录》

《杂记》——《建炎以来朝野杂记》

复原地图

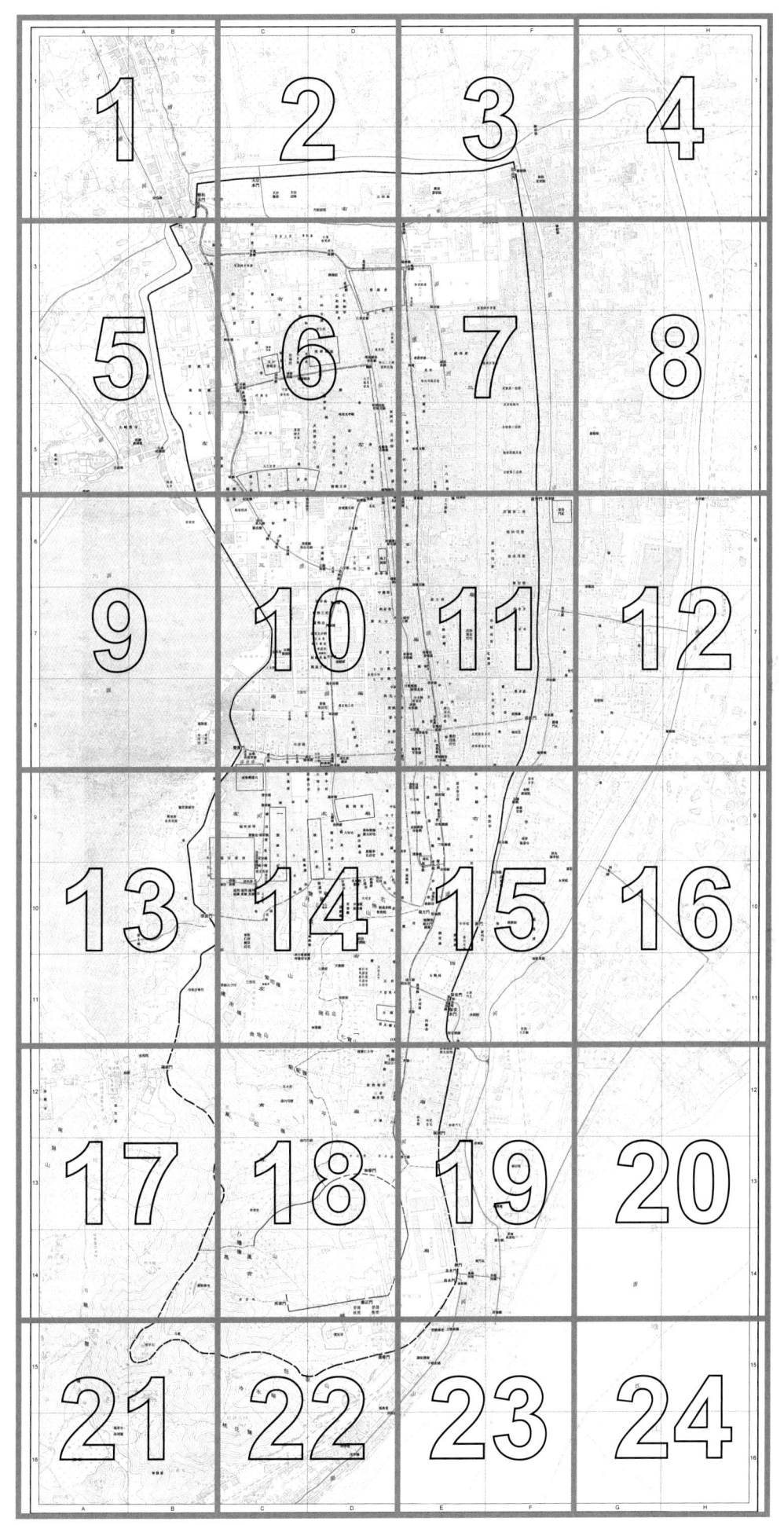

《南宋临安城复原图》分幅示意图

350　南宋临安城复原研究

图例	鳳凰山 山嶺	清河坊 一類街巷	天井巷 二類街巷	秘書省 一類建置	明慶寺 三類建置	宮城廂 ——— 廂界
	龍山河 河湖	六部橋 一類橋梁	流福橋 二類橋梁	宗陽宮 二類建置	翠芳園 四類建置	錢塘門 ━━ --- 城垣城門

南宋临安城复原图（分图1）*

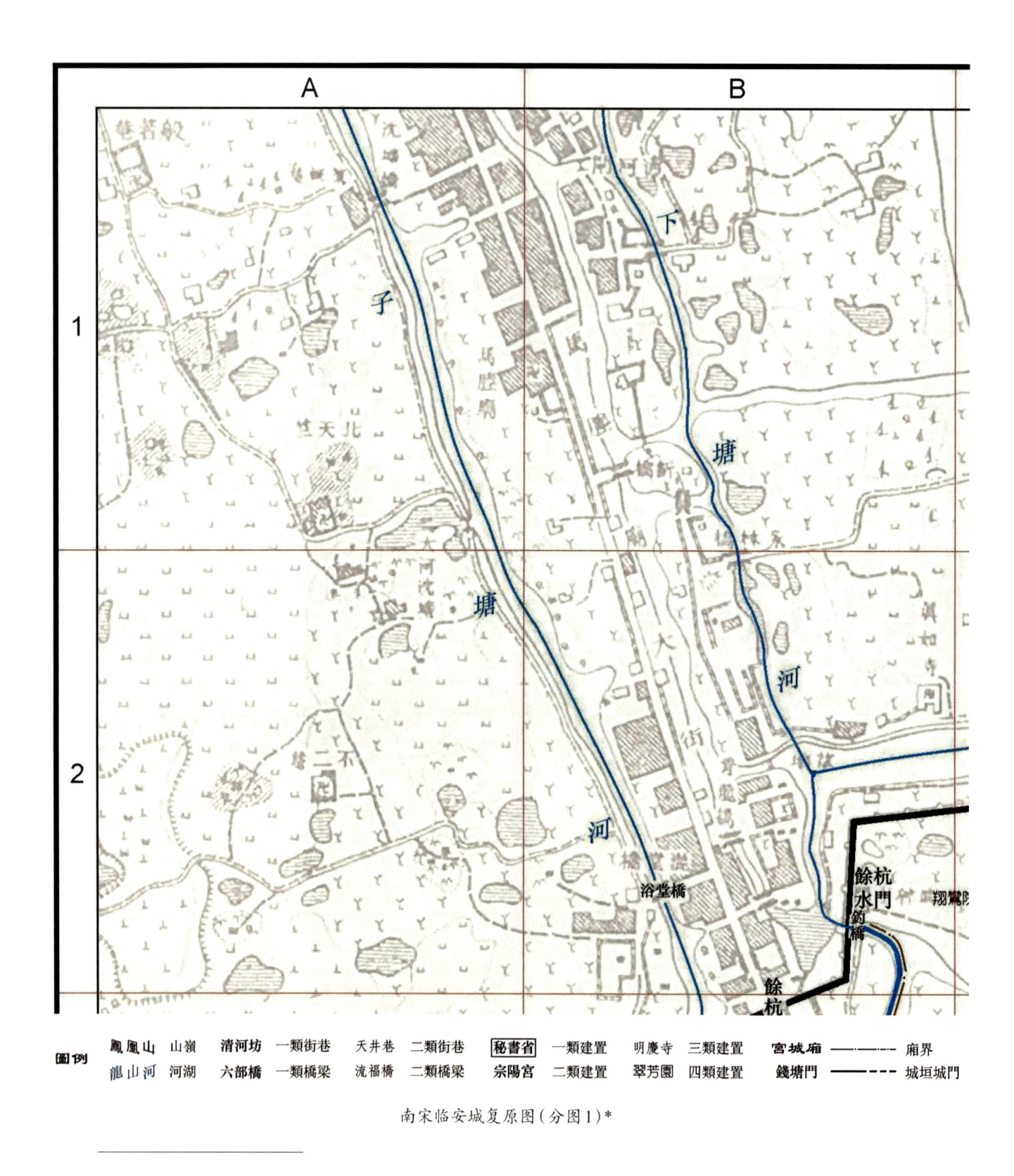

* 《南宋临安城复原图》全图比例尺为1∶10000，为便于阅读，分图比例尺均放大至1∶6000。

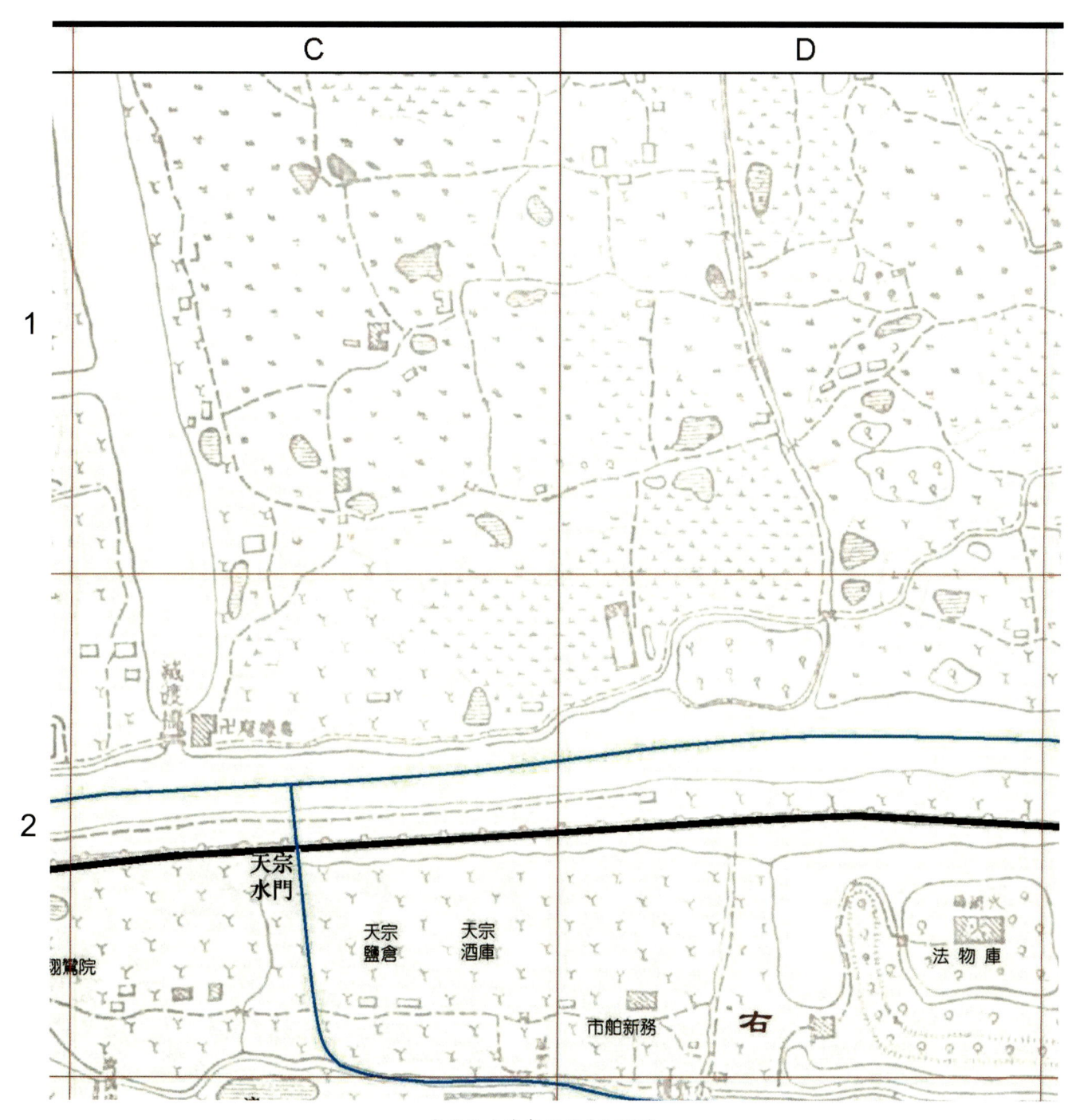

南宋临安城复原图（分图2）

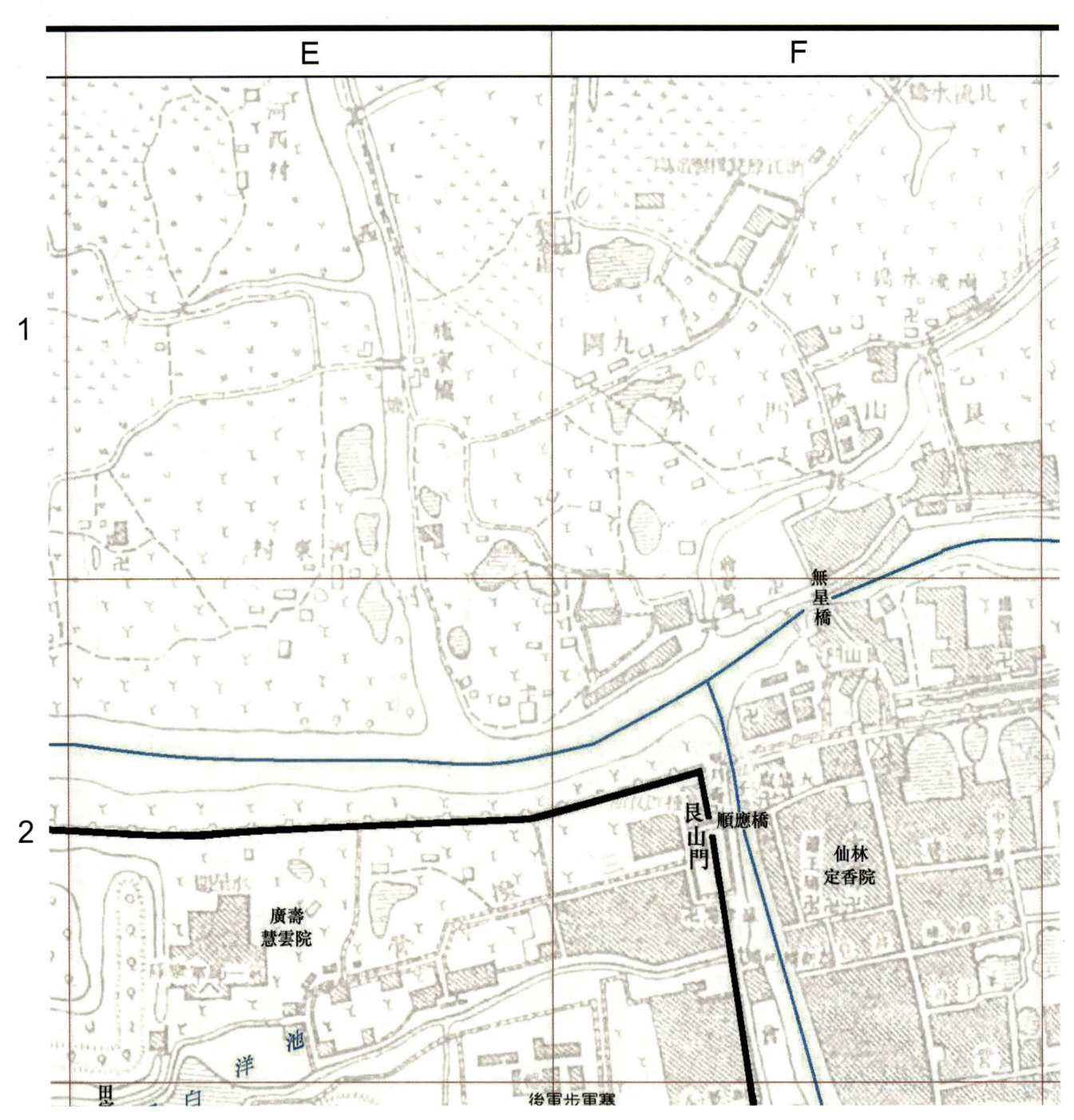

南宋临安城复原图（分图3）

南宋临安城复原图（分图4）

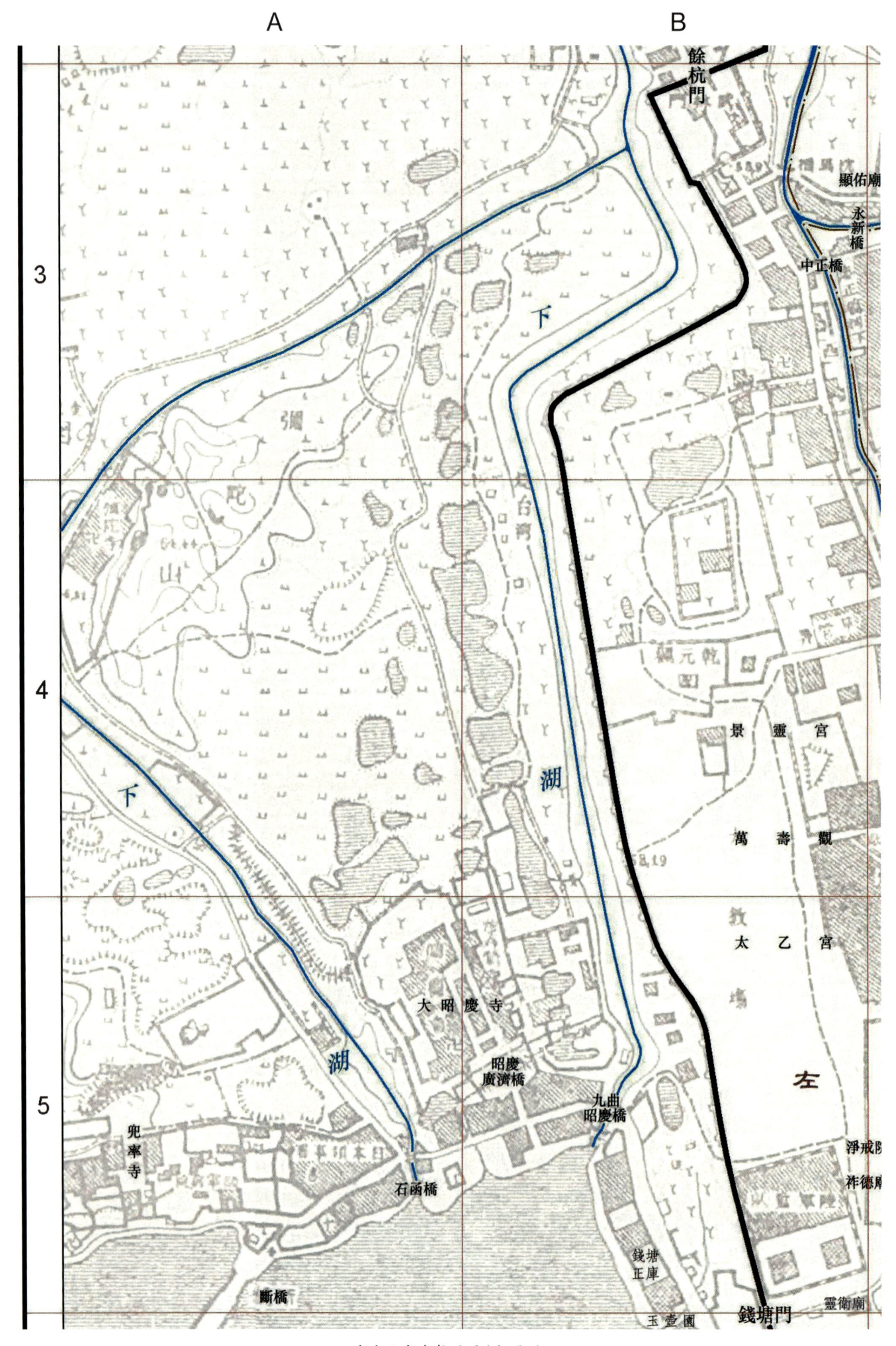

南宋临安城复原图（分图5）

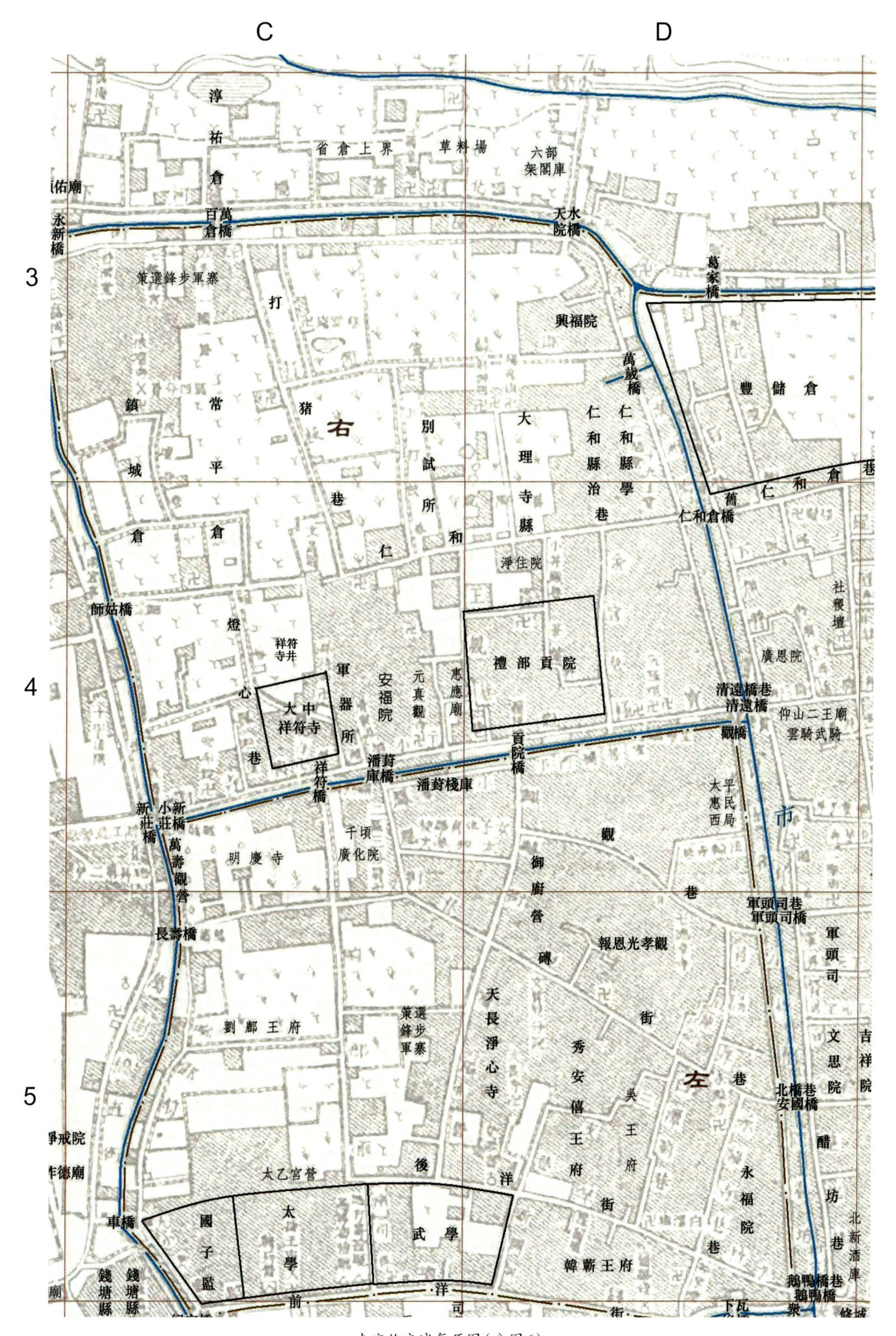

南宋临安城复原图（分图6）

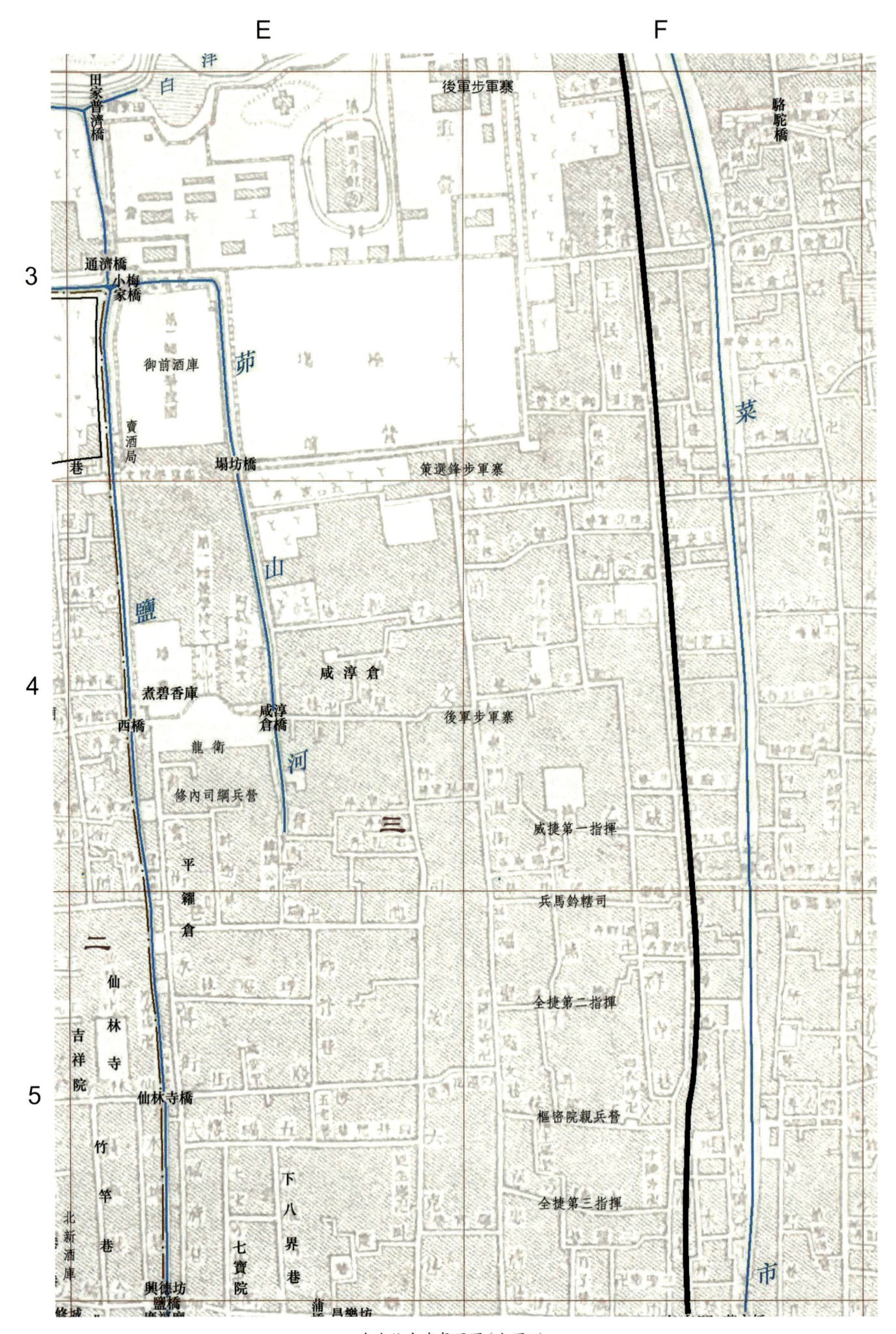

南宋临安城复原图（分图7）

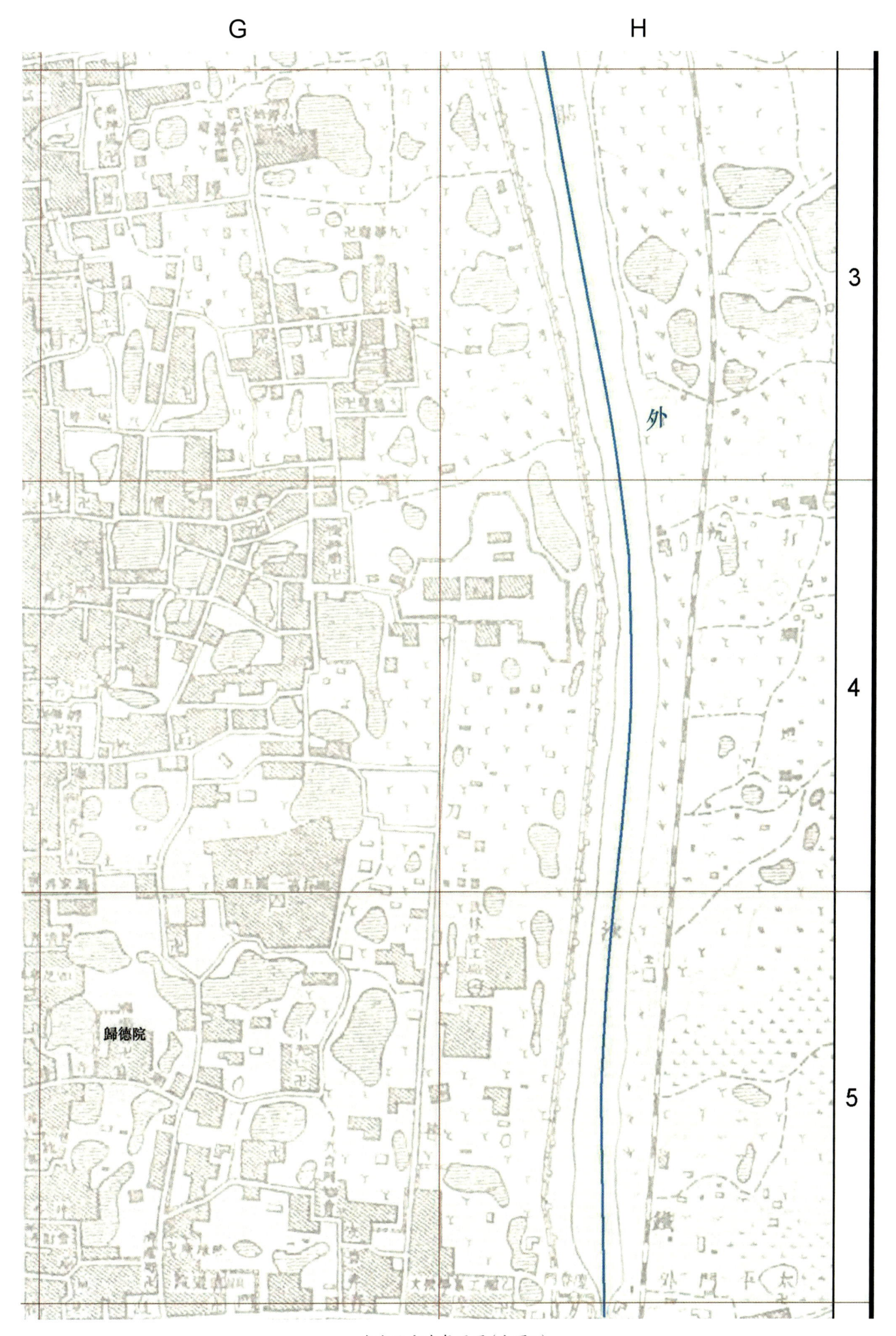

南宋临安城复原图（分图8）

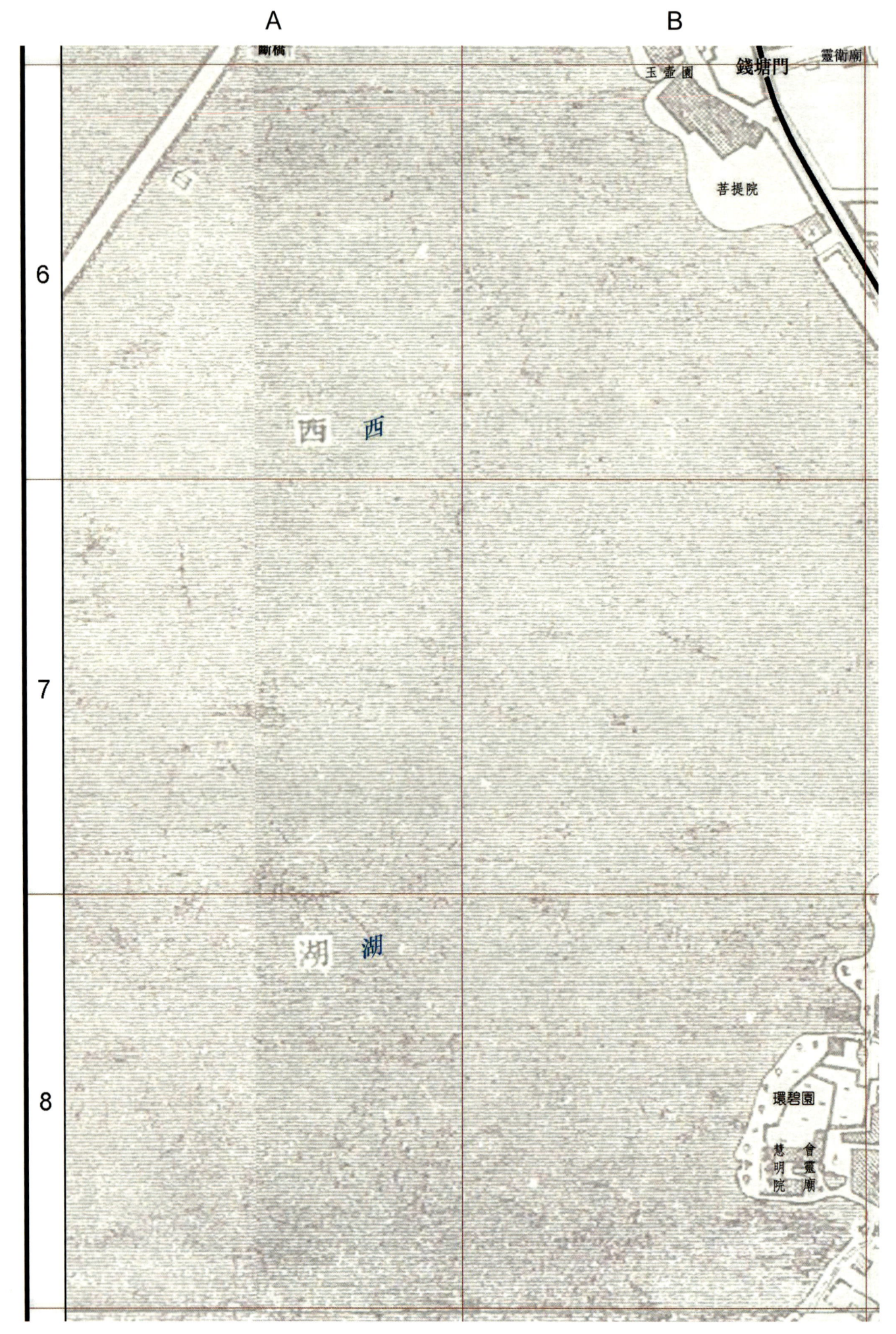

斷橋

錢塘門 靈衛廟
玉壺園

菩提院

西

湖

環碧園

慧明院 會靈廟

斷橋

錢塘門 玉壺園

南宋临安城复原图（分图9）

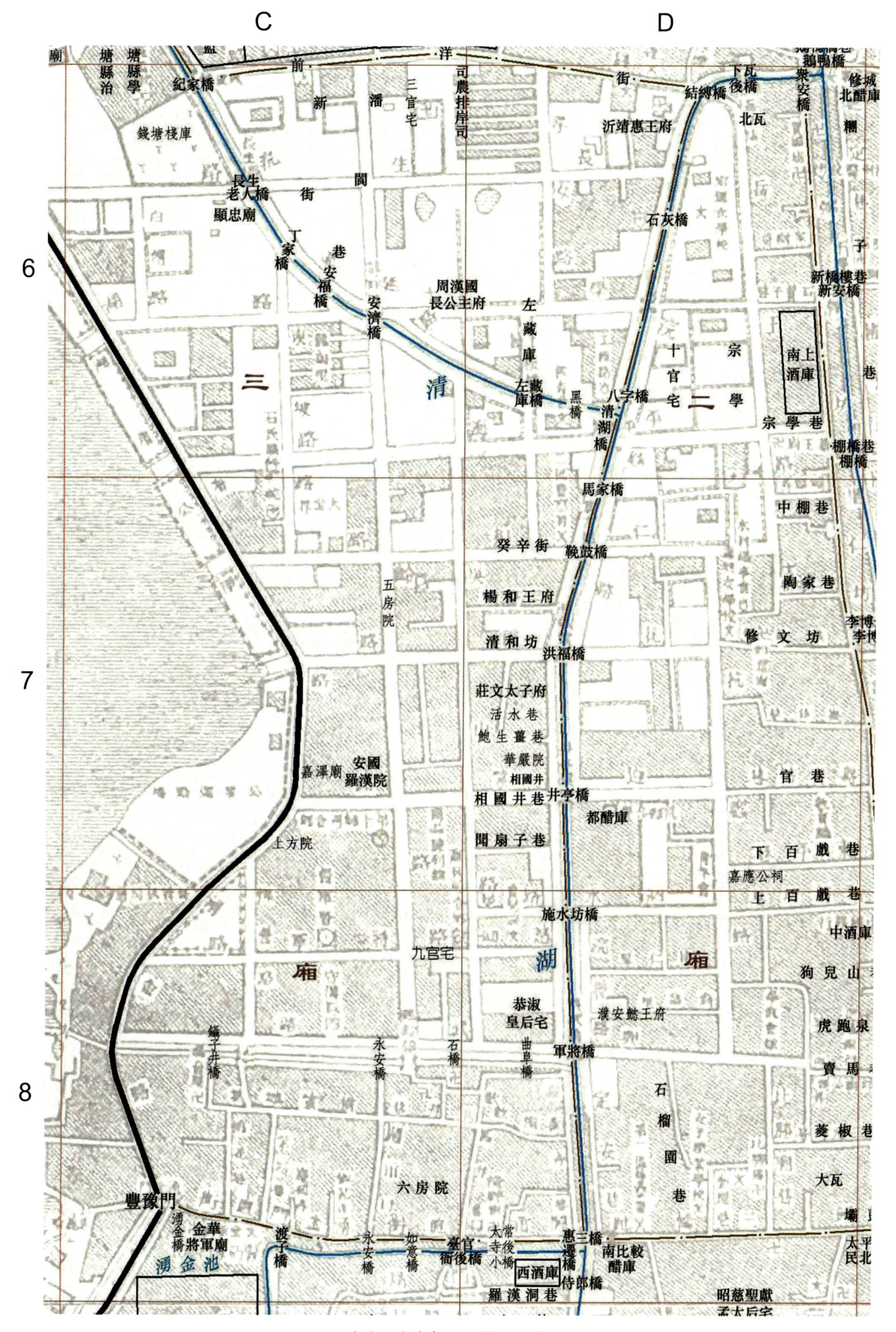

南宋临安城复原图（分图10）

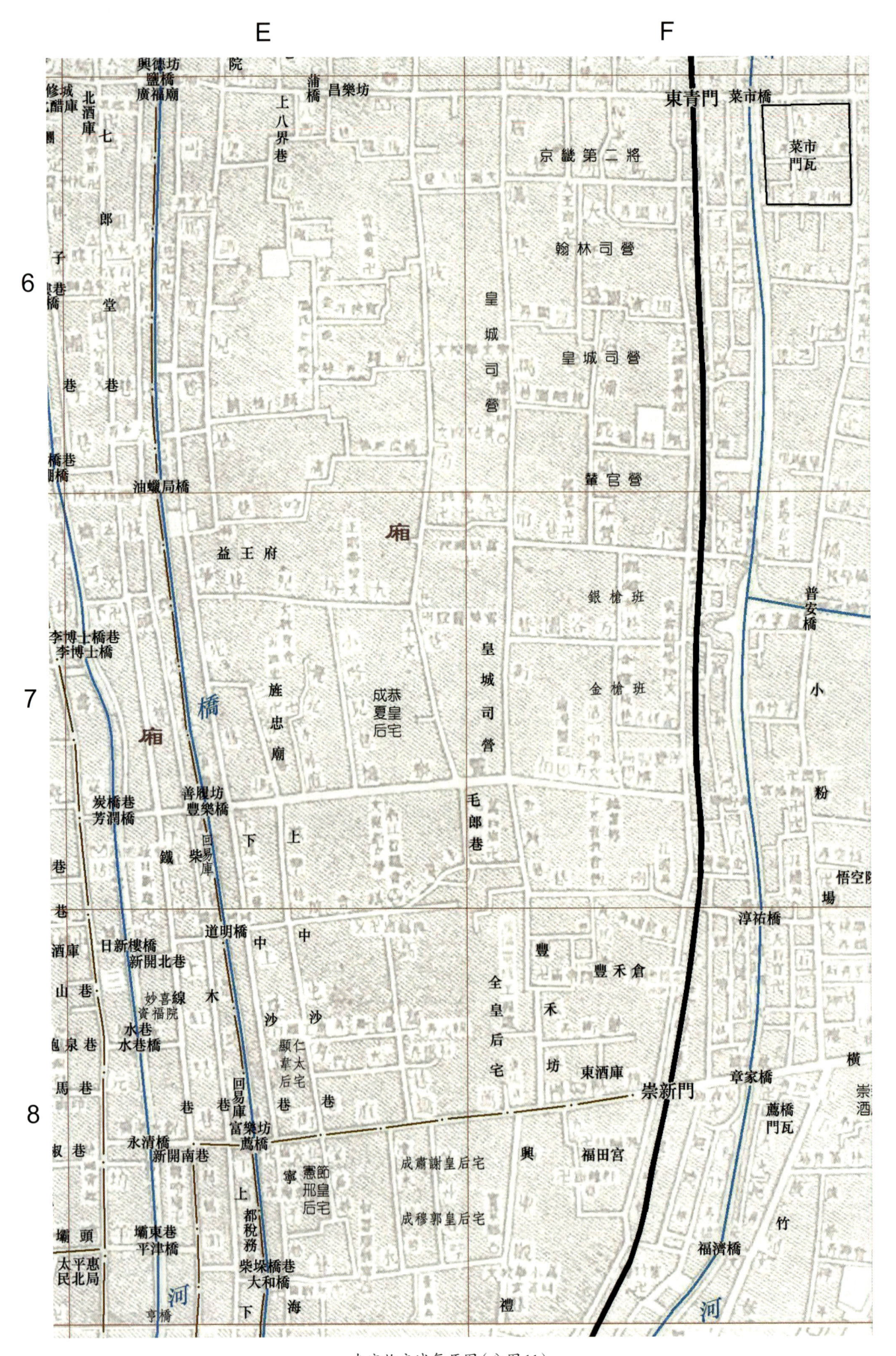

南宋临安城复原图（分图11）

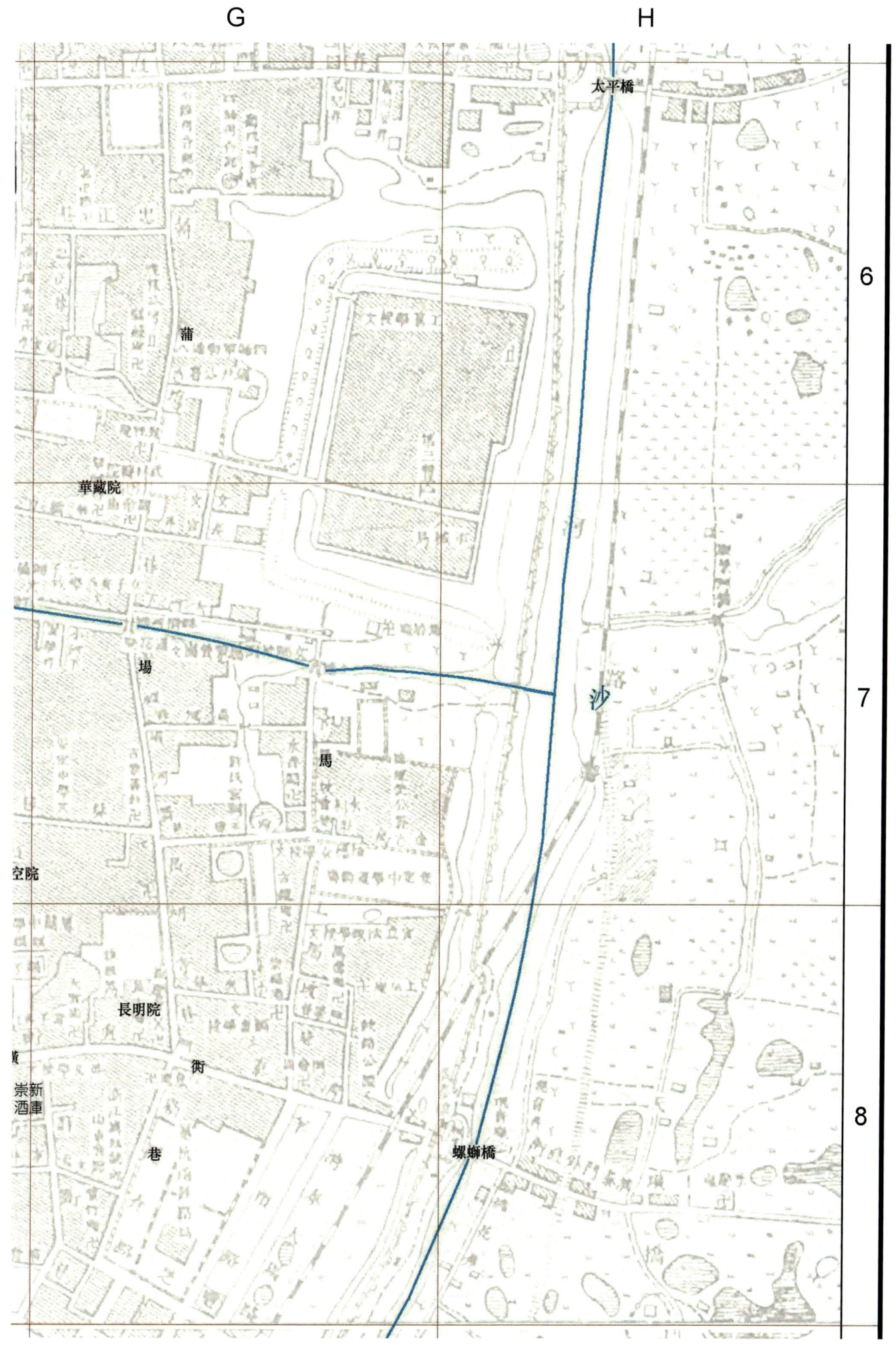

南宋临安城复原图（分图12）

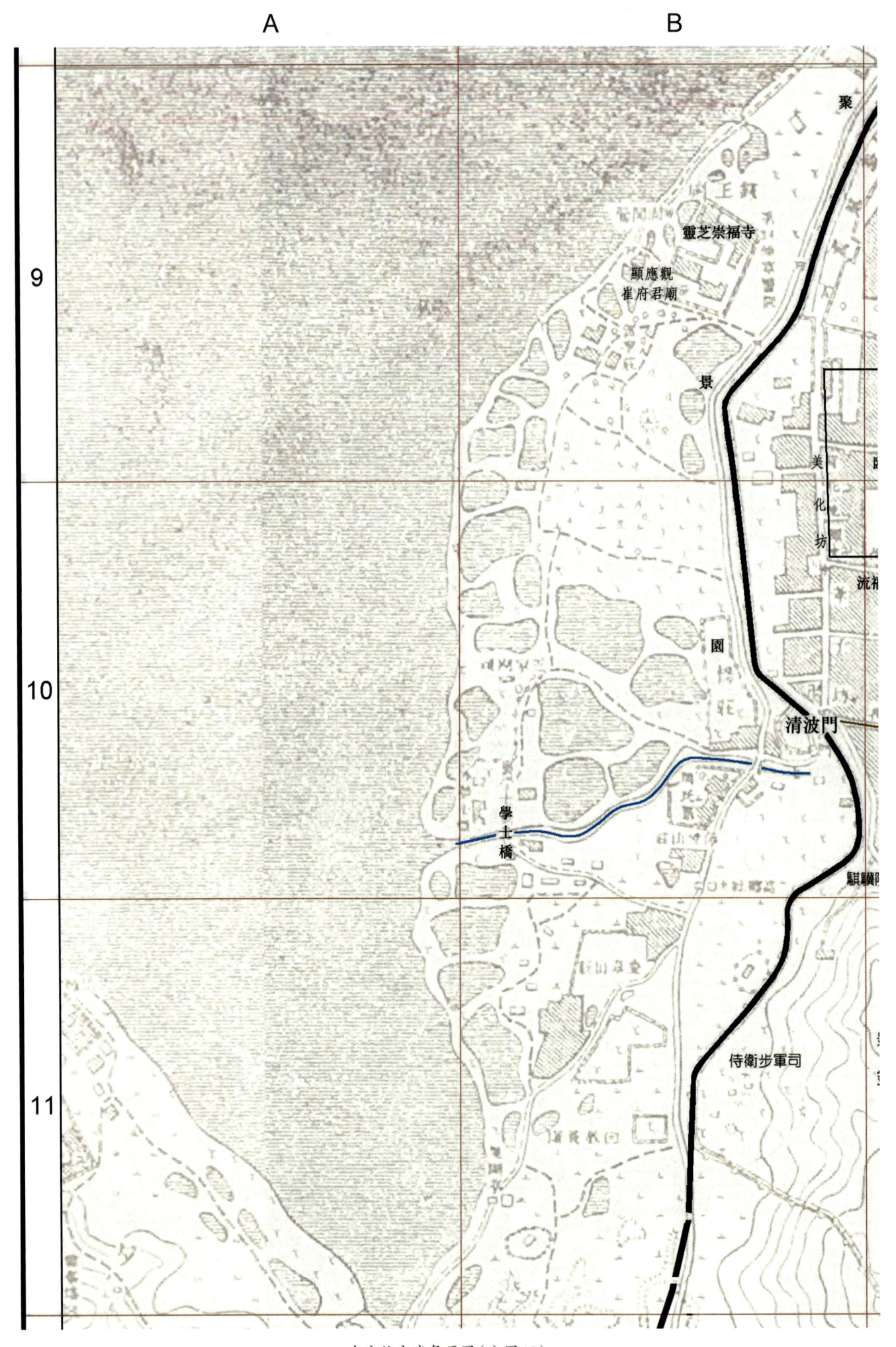

南宋临安城复原图（分图13）

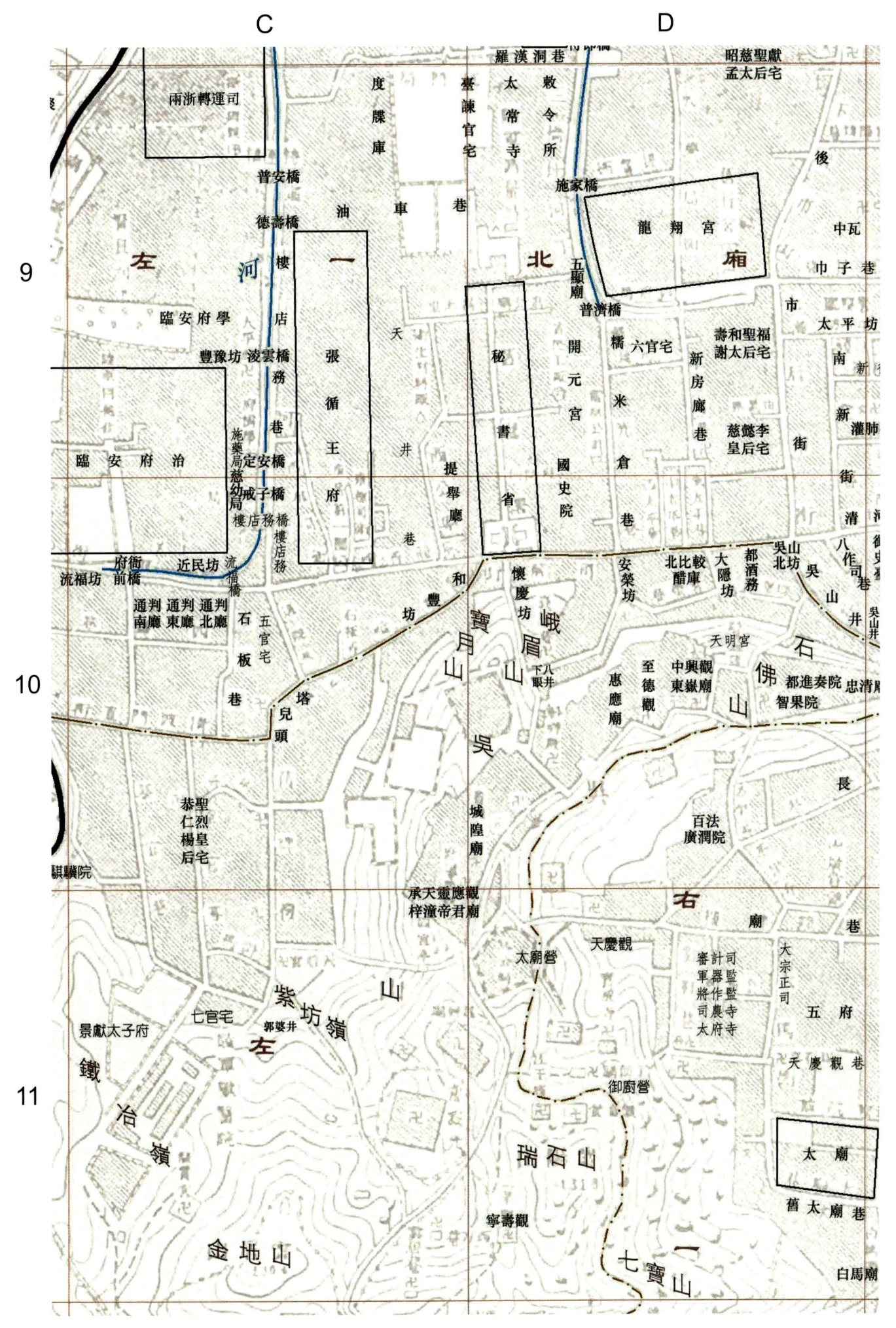

南宋临安城复原图（分图14）

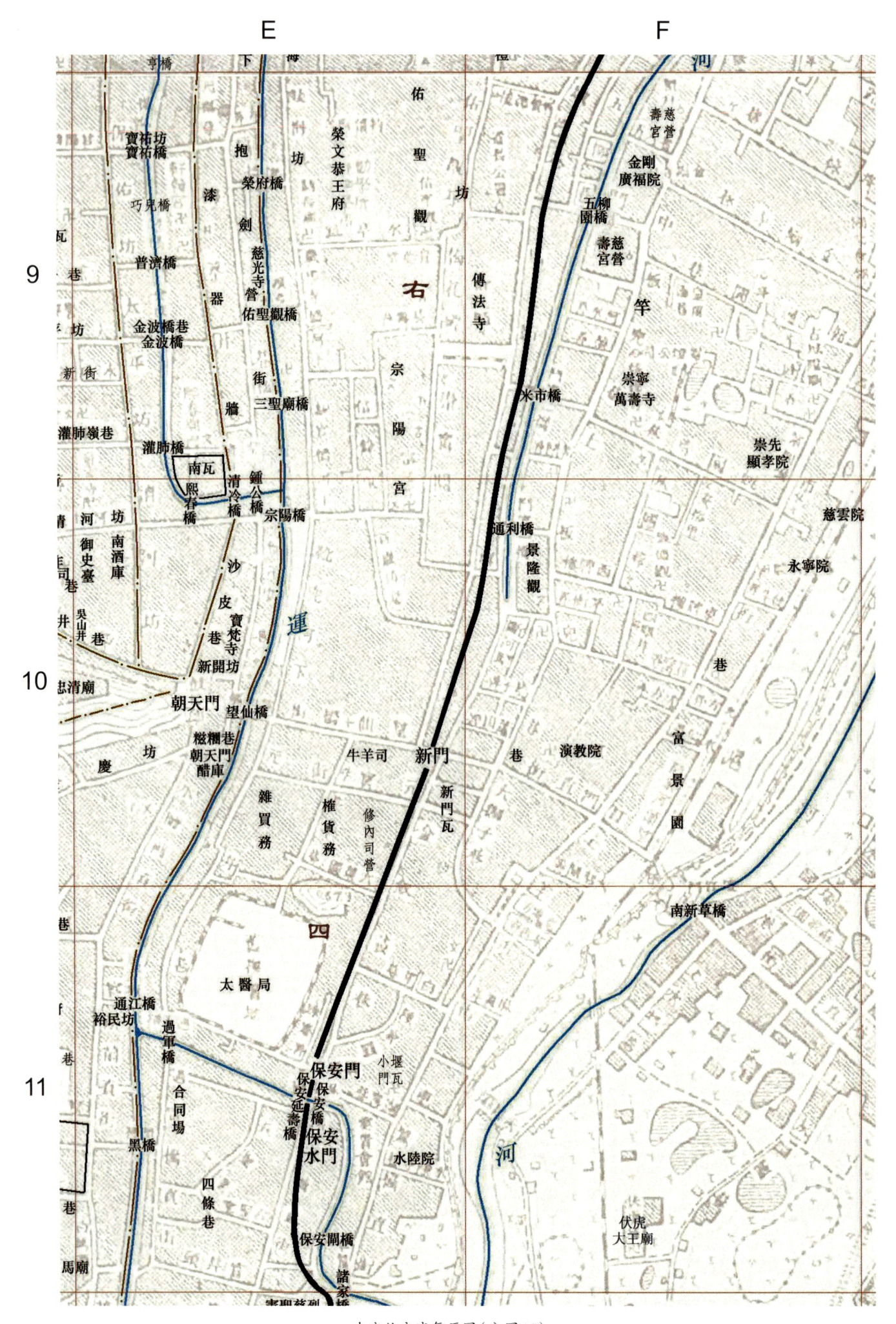

南宋临安城复原图（分图15）

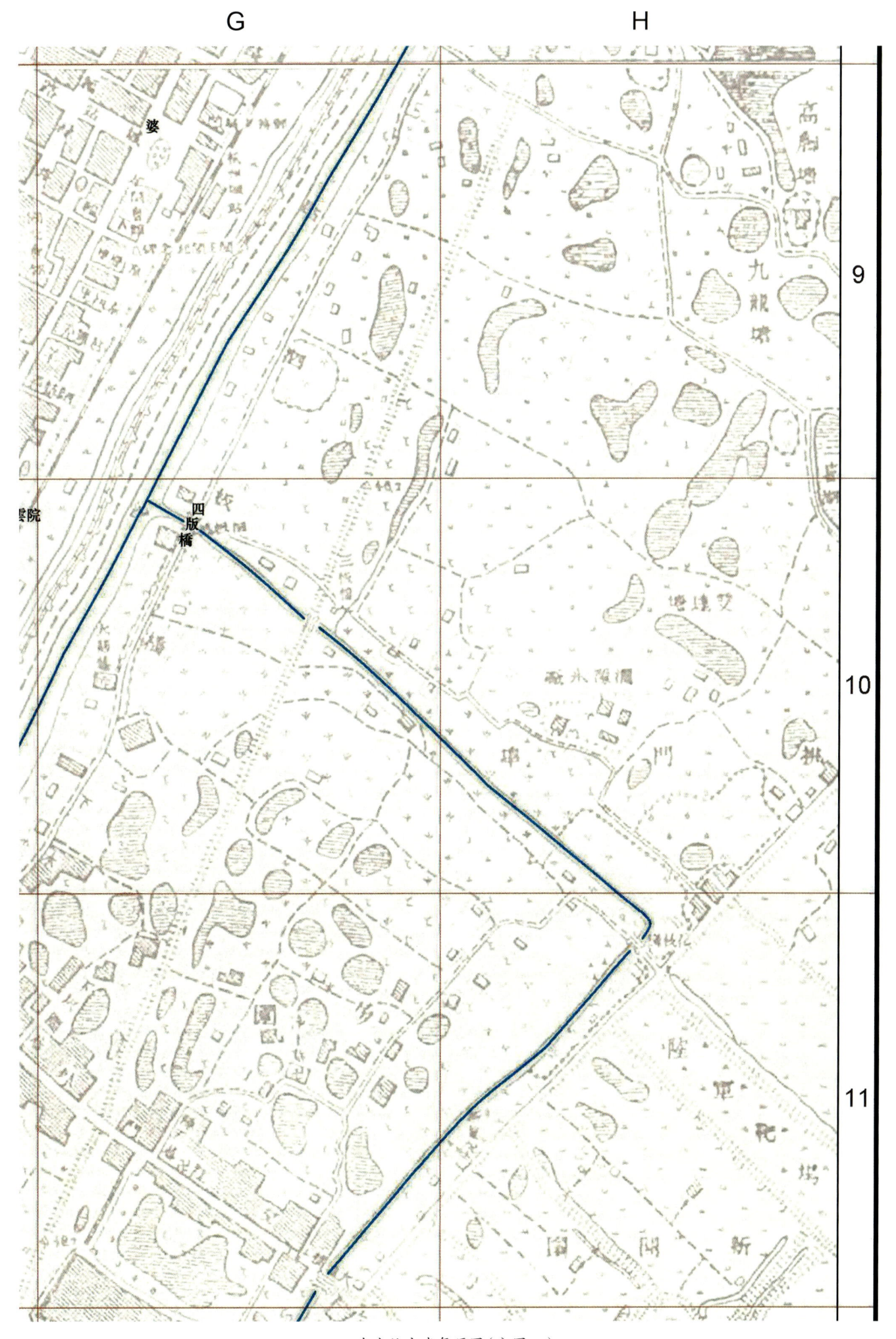

南宋临安城复原图（分图16）

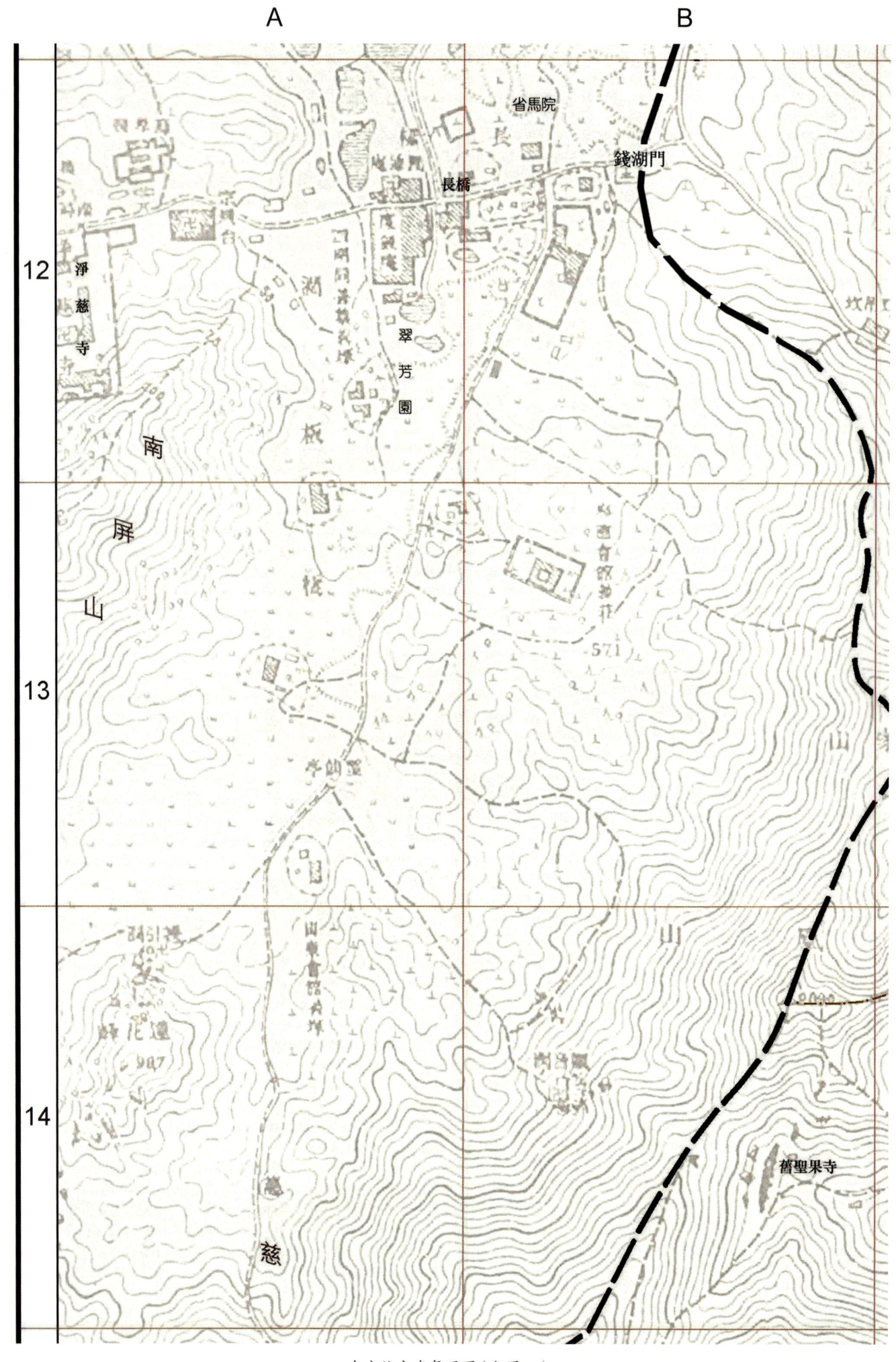

南宋临安城复原图（分图17）

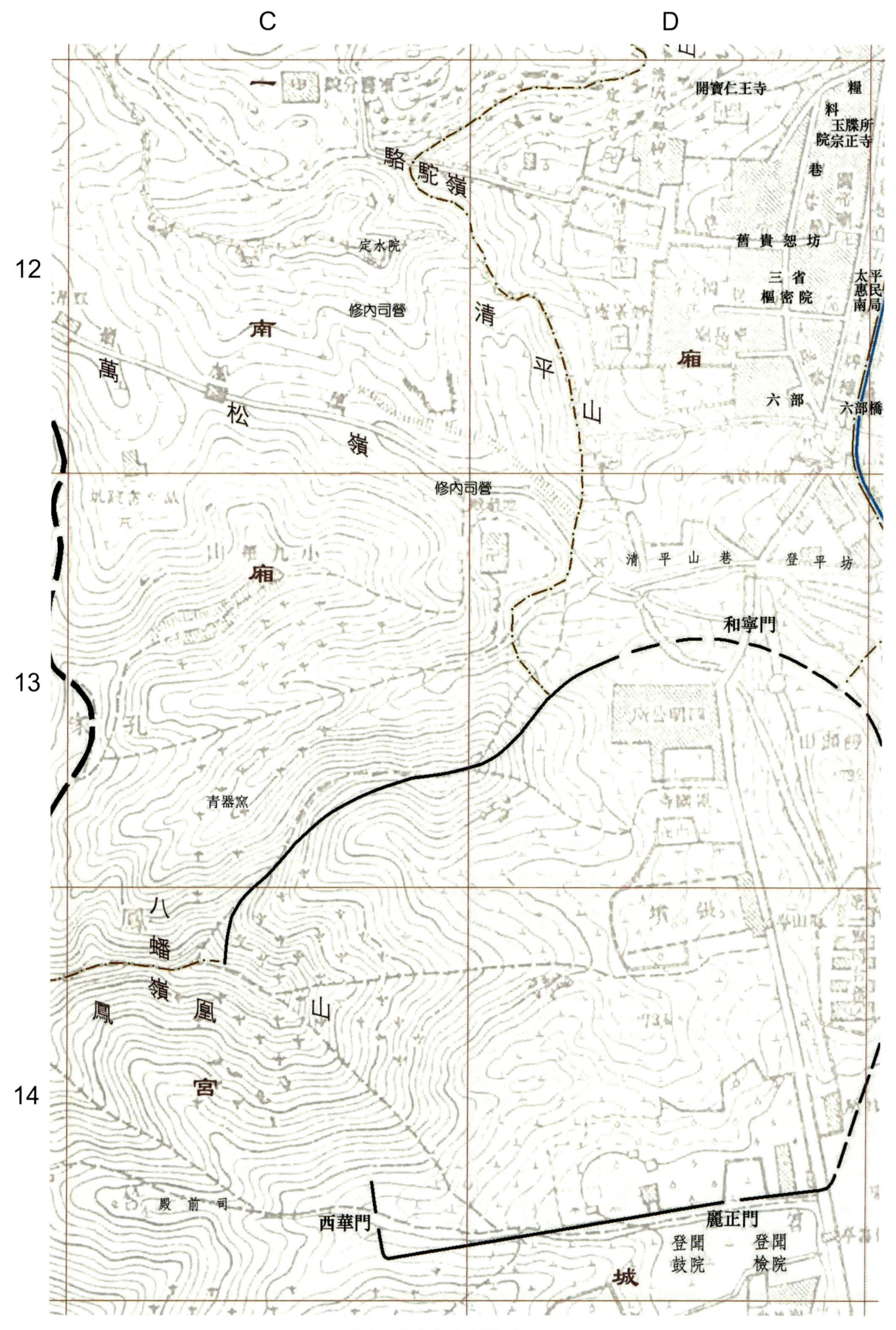

南宋临安城复原图（分图18）

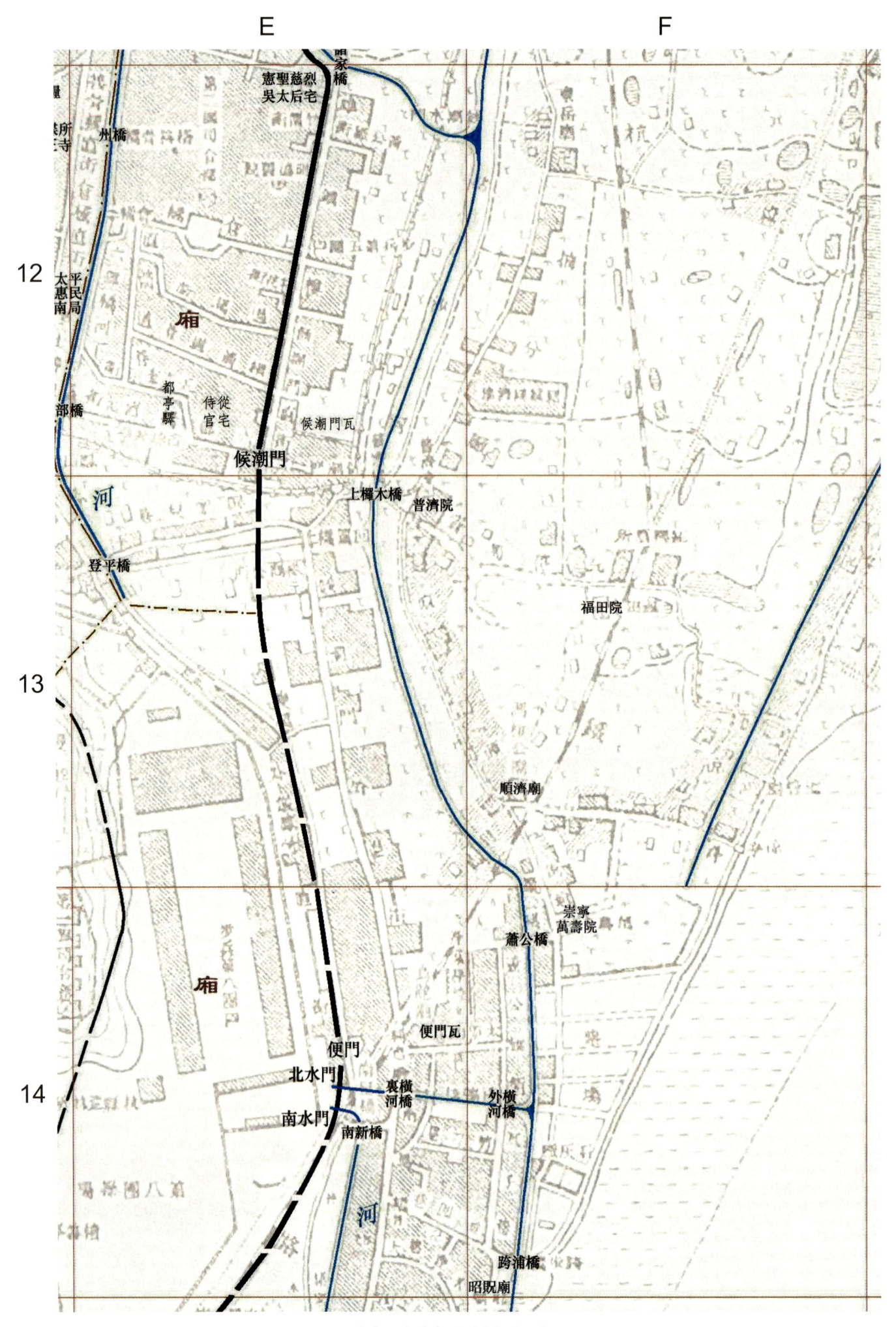

南宋临安城复原图（分图19）

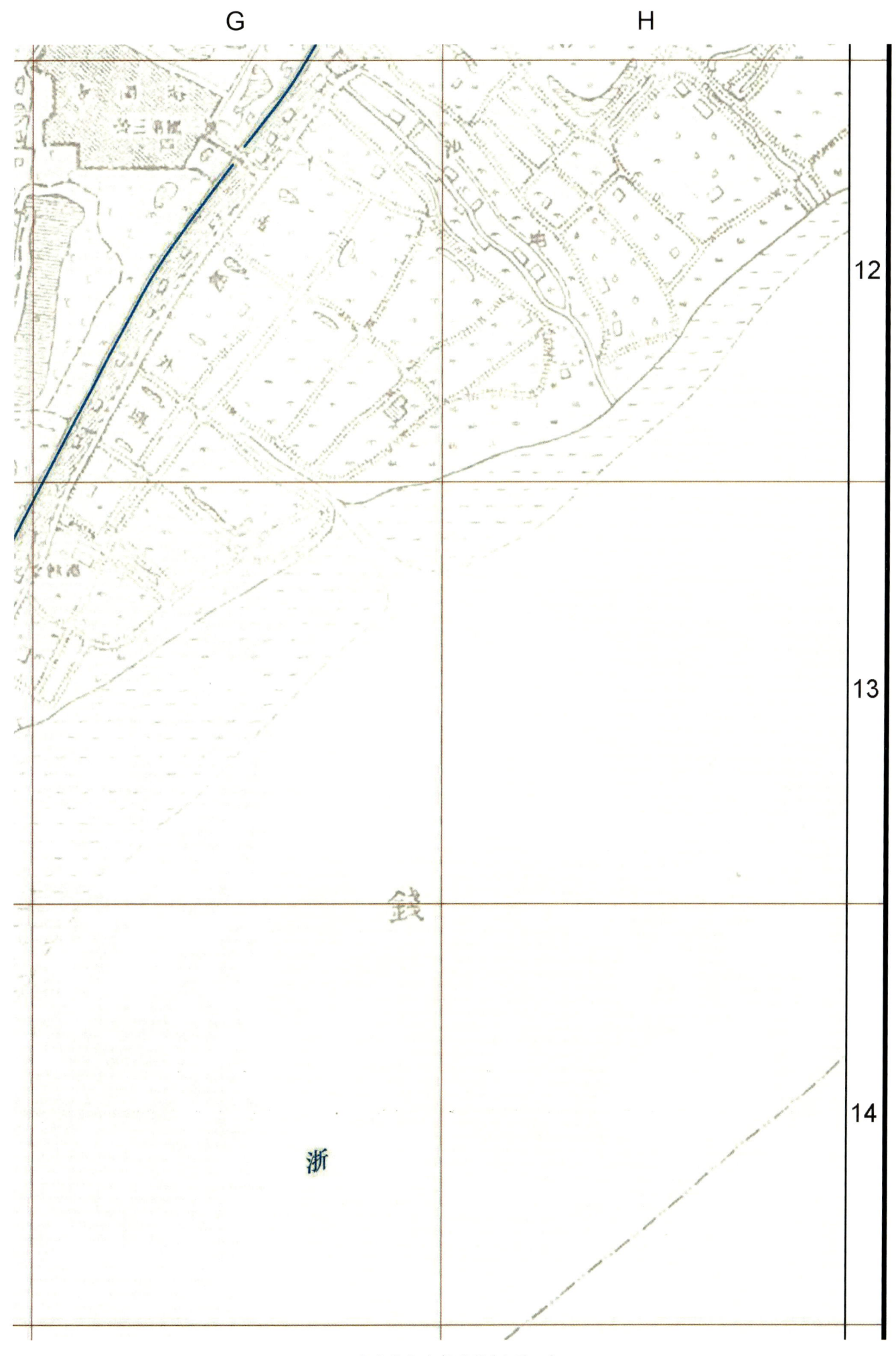

钱

浙

南宋临安城复原图(分图20)

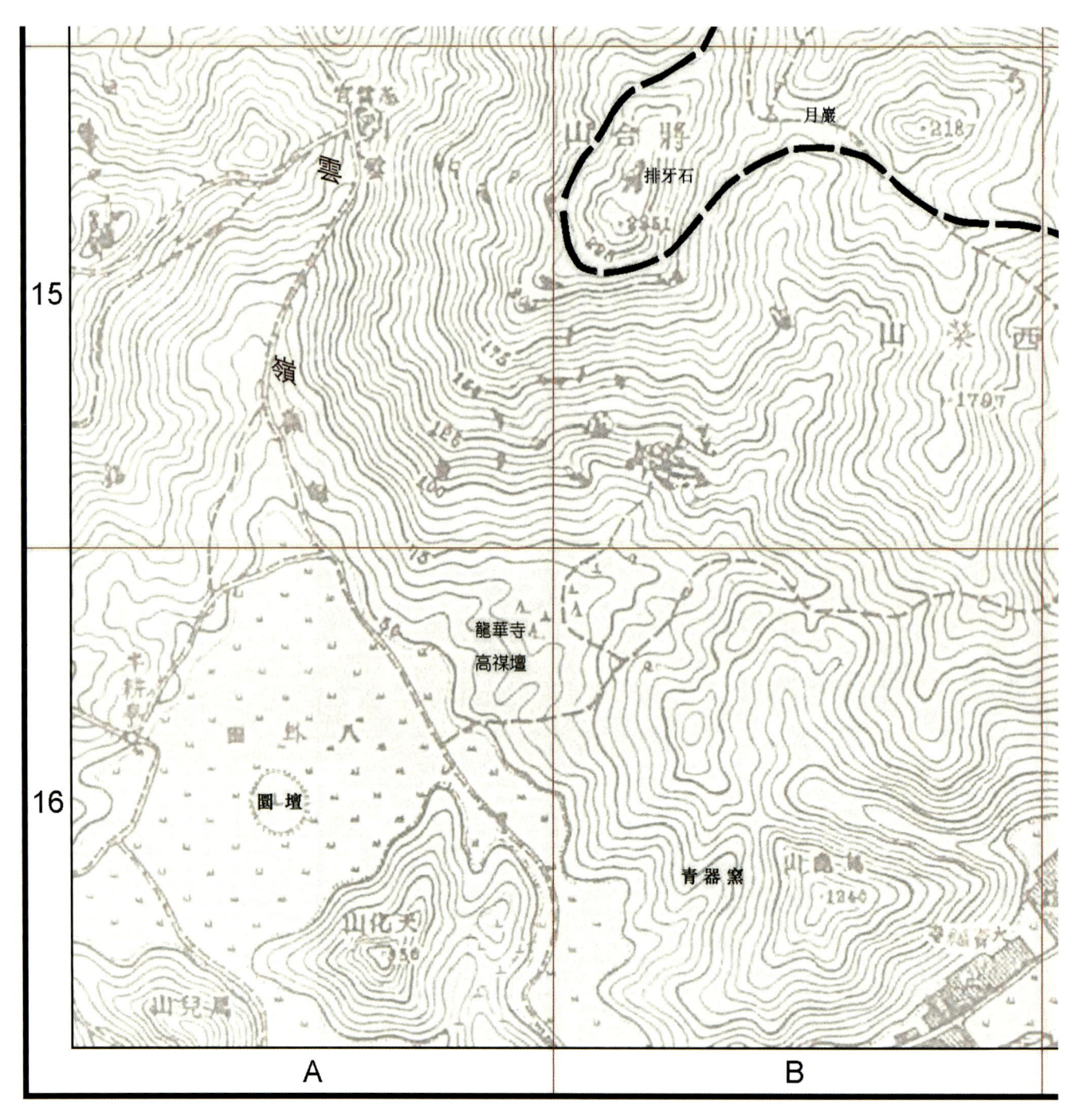

南宋临安城复原图（分图21）

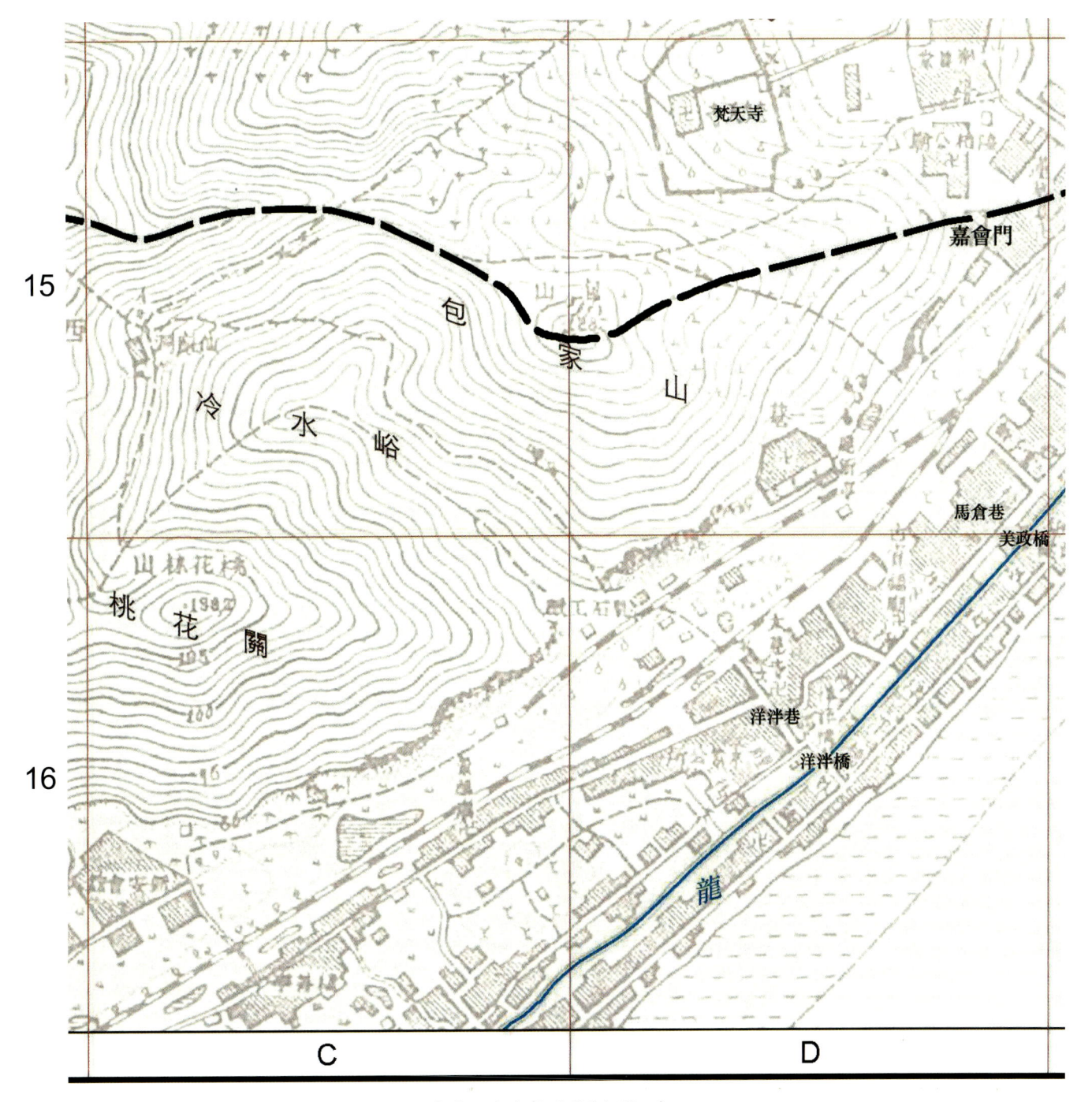

南宋临安城复原图（分图22）

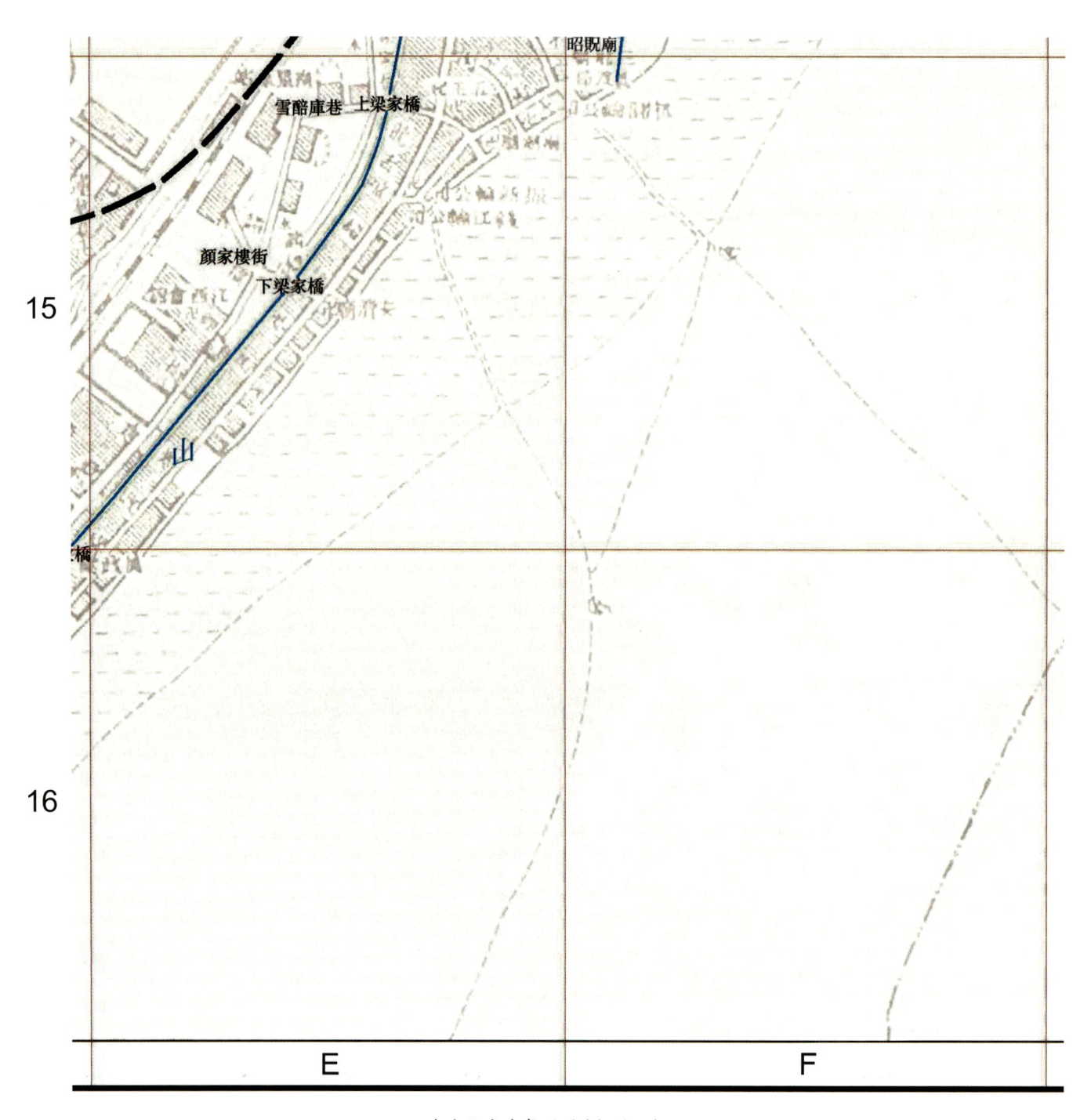

南宋临安城复原图（分图23）

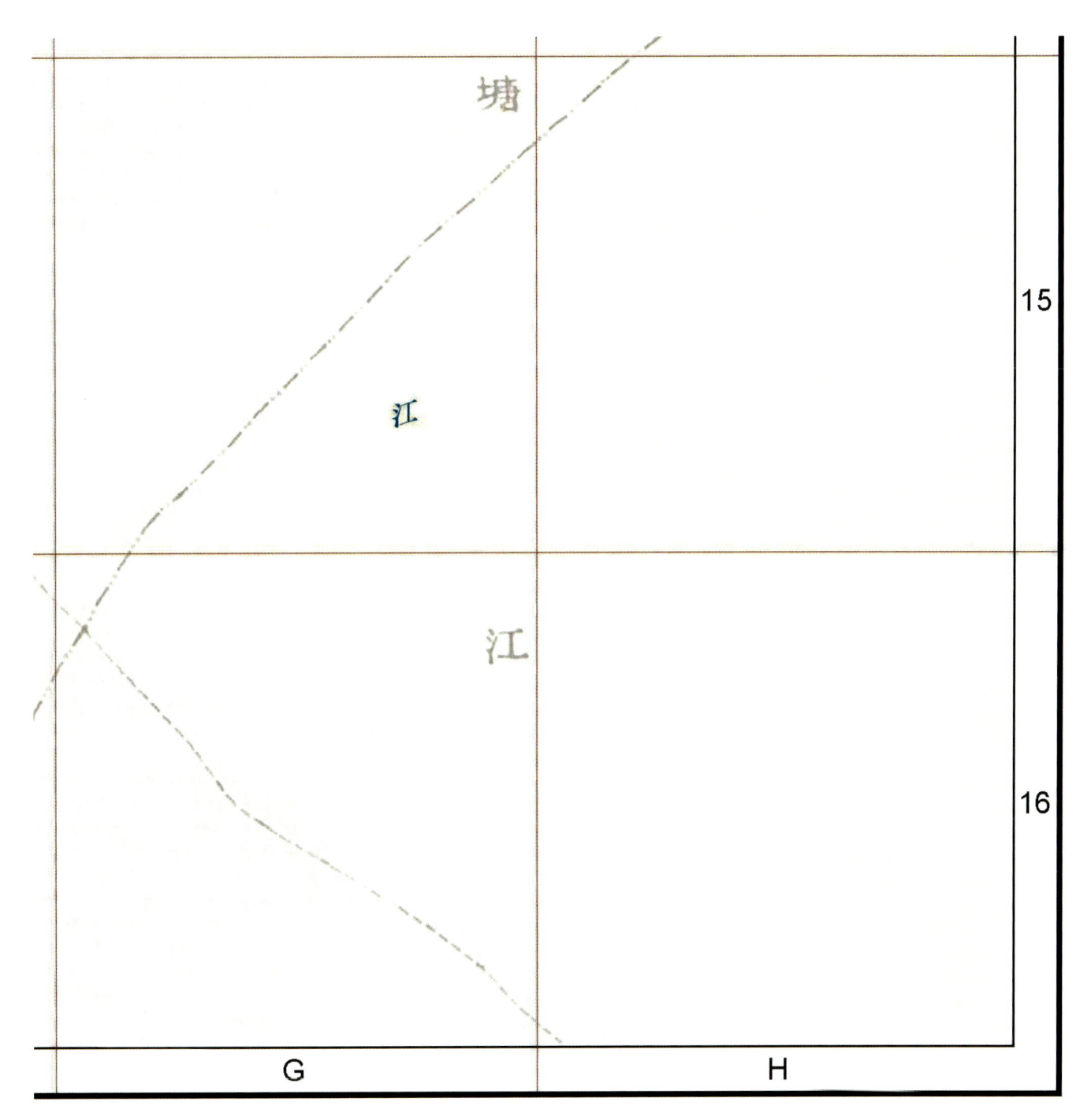

塘

江

江

G   H

15

16

南宋临安城复原图（分图24）

参考文献

一、古代文献

史书

刘昫《旧唐书》，北京：中华书局点校本，1975年。

欧阳修、宋祁《新唐书》，北京：中华书局点校本，1975年。

薛居正等《旧五代史》，北京：中华书局点校本，1976年。

欧阳修《新五代史》，北京：中华书局点校本，1974年。

脱脱等《宋史》，北京：中华书局点校本，1977年。

宋濂等《元史》，北京：中华书局点校本，1976年。

钱俨《吴越备史》，景印文渊阁《四库全书》本；清光绪二十一年钱塘丁氏嘉惠堂刻《武林掌故丛编》本。

陶岳《五代史补》，景印文渊阁《四库全书》本。

徐梦莘《三朝北盟会编》，上海古籍出版社影印清光绪三十四年清苑许涵度刻本，1987年。

熊克《中兴小历》，景印文渊阁《四库全书》本。

李心传《建炎以来系年要录》，北京：中华书局翻印商务国学基本丛书排印本，1956年。

佚名《皇宋中兴两朝圣政》，《续修四库全书》影印《宛委别藏》影宋钞本。

佚名《续编两朝纲目备要》，北京：中华书局点校本，1995年。

刘时举《续宋编年资治通鉴》，上海涵芬楼影印清虞山张氏照旷阁刻《学津讨原》本。

佚名《宋季三朝政要》，北京：中华书局笺证本，2010年。

佚名《宋史全文》，北京：中华书局点校本，2016年。

徐松辑《宋会要辑稿》，北京：中华书局翻印北平图书馆影印本，1957年；上海：上海古籍出版社点校本，2014年。

徐松辑《中兴礼书》，《续修四库全书》影印中国国家图书馆藏蒋光焴宝彝堂钞本。

马端临《文献通考》，北京：中华书局影印商务印书馆《万有文库》十通本，1986年。

胡广等修，金幼孜等纂《明太祖实录》，台北"中研院"史语所校勘影印国立北平图书馆红格钞本。

刘吉等修，傅瀚等纂《明宪宗实录》，台北"中研院"史语所校勘影印国立北平图书馆红格钞本。

陈元靓《新编纂图增类群书类要事林广记》，北京：中华书局影印元至顺建安椿庄书院刻本，1999年。

谢维新、虞载《古今合璧事类备要》，《中华再造善本》影印中国国家图书馆藏宋刻本。

王应麟《玉海》，江苏古籍出版社、上海书店影印清光绪九年浙江书局刻本，1987年。

解缙等纂《永乐大典》，北京：中华书局影印本，1986年。

祝穆《方舆胜览》，北京：中华书局点校本，2003年。

王象之《舆地纪胜》，成都：四川大学出版社点校本，2005年。

周淙《乾道临安志》，清光绪九年钱塘丁氏嘉惠堂刻《武林掌故丛编》本。

赵与𥲅修，陈仁玉纂《淳祐临安志》，清光绪七年钱塘丁氏嘉惠堂刻《武林掌故丛编》本。

胡敬《淳祐临安志辑逸》，清光绪二十六年钱塘丁氏嘉惠堂刻《武林掌故丛编》本。

潜说友《咸淳临安志》，清道光十年钱塘汪氏振绮堂重刻同治六年补刻本；《中华再造善本》影印中国国家图书馆藏杨氏海源阁旧藏宋刻本；《中华再造善本》影印南京图书馆藏丁氏八千卷楼旧藏宋刻本；日本静嘉堂文库藏宋刻本。

马光祖修，周应合纂《景定建康志》，《宋元方志丛刊》影印清嘉庆六年金陵孙忠愍祠刻本。

史弥坚修，卢宪纂《嘉定镇江志》，《宋元方志丛刊》影印清道光二十二年丹徒包氏刻本。

范成大《吴郡志》，《宋元方志丛刊》影印民国十五年吴兴张氏《择是居丛书》景宋刻本。

谈钥《嘉泰吴兴志》，《宋元方志丛刊》影印民国三年《吴兴丛书》本。

谢公应修，边实纂《咸淳玉峰续志》，《宋元方志丛刊》影印清宣统元年《汇刻太仓旧志五种》本。

张淏《宝庆会稽续志》，《宋元方志丛刊》影印清嘉庆十三年刻本。

吴潜修，梅应发、刘锡纂《开庆四明续志》，《宋元方志丛刊》影印清咸丰四年《宋元四明六志》本。

陈公亮重修，刘文富订正《淳熙严州图经》，日本静嘉堂文库藏宋刻本。

钱可则修，郑瑶、方仁荣纂《景定严州续志》，台北藏宋刻本。

齐硕修，陈耆卿纂《嘉定赤城志》，《宋元方志丛刊》影印清嘉庆二十三年《台州丛书》乙集本。

梁克家《淳熙三山志》，《宋元方志丛刊》影印明崇祯十一年刻本。

李亨、汤德修，卢熊纂〔洪武〕《苏州府志》，中国国家图书馆藏明洪武十二年刻本配影明抄本。

彭泽修，汪舜民纂〔弘治〕《徽州府志》，《天一阁藏明代方志选刊》影印明弘治十五年刻本。

朱怀乾修，盛仪纂《嘉靖惟扬志》，《天一阁藏明代方志选刊》影印明嘉靖二十一年刻本。

张宁修，陆君弼纂〔万历〕《江都县志》，《四库全书存目丛书》影印中国国家图书馆藏明万历二十七年刻本。

萧良榦修，张元忭、孙鑛纂〔万历〕《绍兴府志》，《中国方志丛书》影印明万历十五年刻本。

陈让等修，夏时正等纂《成化杭州府志》，《四库全书存目丛书》影印南京图书馆藏明成化十一年刻本。

田汝成《西湖游览志》，《中华再造善本》影印明嘉靖二十六年严宽刻本，明万历十二年范鸣谦重修本，明万历二十五年季东鲁重修本，明万历四十七年商维濬刻本。

沈朝宣〔嘉靖〕《仁和县志》，清光绪十九年钱塘丁氏嘉惠堂刻《武林掌故丛编》本。

胡宗宪修，薛应旂纂〔嘉靖〕《浙江通志》，《天一阁藏明代方志选刊续编》影印明嘉靖四十年刻本。

刘伯缙等修，陈善等纂《万历杭州府志》，《中国方志丛书》影印明万历七年刻本。

聂心汤〔万历〕《钱塘县志》，清光绪十九年钱塘丁氏嘉惠堂刻《武林掌故丛编》本。

施维翰等修，张衡等纂〔康熙〕《浙江通志》，清康熙二十三年刻本。

马如龙修，杨鼐等纂〔康熙〕《杭州府志》，清康熙二十五年刻本。

赵世安修，顾豹文、邵远平纂〔康熙〕《仁和县志》，《中国地方志集成》影印康熙二十六年刻本。

魏崈修，裴琏等纂〔康熙〕《钱塘县志》，《中国地方志集成》影印康熙五十七年刻本。

嵇曾筠等修，沈翼机等纂〔雍正〕《浙江通志》，清乾隆元年刻本。

郑澐修，邵晋涵等纂〔乾隆〕《杭州府志》，《续修四库全书》影印清乾隆四十九年刻本。

陈璚等修，王棻等纂〔民国〕《杭州府志》，《中国方志丛书》影印民国十一年铅印本。

吴之鲸《武林梵志》，明万历四十年刻本。

张大昌《龙兴祥符戒坛寺志》，清光绪二十年钱塘丁氏嘉惠堂刻《武林掌故丛编》本。

释超乾《凤凰山圣果寺志》，清光绪七年钱塘丁氏嘉惠堂刻《武林掌故丛编》本。

仰蘅《武林玄妙观志》，清光绪七年钱塘丁氏嘉惠堂刻《武林掌故丛编》本。

卢崧修，朱元祺等纂《吴山城隍庙志》，清乾隆五十四年刻本。

唐恒九《广福庙志》，清光绪三年钱塘丁氏嘉惠堂刻《武林掌故丛编》本。

李翥《玉岑山慧因高丽华严教寺志》，清光绪七年钱塘丁氏嘉惠堂刻《武林掌故丛编》本。

际祥《敕建净慈寺志》，清光绪十四年钱塘丁氏嘉惠堂刻《武林掌故丛编》本。

吴树虚《大昭庆律寺志》，清光绪八年钱塘丁氏嘉惠堂刻《武林掌故丛编》本。

孙治、徐增《灵隐寺志》，清光绪十四年钱塘丁氏嘉惠堂刻《武林掌故丛编》本。

管庭芬、曹籀《天竺山志》，清光绪元年上天竺法喜寺刻本。

广宾《杭州上天竺讲寺志》，清光绪二三年钱塘丁氏嘉惠堂刻《武林掌故丛编》本。

张大昌《杭州八旗驻防营志略》，《续修四库全书》影印清光绪浙江书局刻本。

丁丙《武林坊巷志》，杭州：浙江人民出版社标点本，1986—1990年。

洪适《隶释》，《四部丛刊》三编影印固安刘氏藏明万历刻本。

阮元《两浙金石志》，《石刻史料新编》影印清道光四年刻本。

丁敬《武林石刻记》（《武林金石录》《西湖金石文字录》），中国国家图书馆藏清汪氏求是斋钞本。

倪涛《武林石刻记》，《南京图书馆藏未刊稿本集成》影印清钞本。

倪涛（旧题丁敬）《武林金石记》，民国五年西泠印社活字印山阴吴氏《遯盦金石丛书》本。

倪涛《六艺之一录》，北京大学图书馆藏清稿本。

陈骙、佚名《南宋馆阁录》《南宋馆阁续录》，北京：中华书局点校本，1998年。

徐自明《宋宰辅编年录》，北京：中华书局王瑞来校补本，1986年。

延丰等《钦定重修两浙盐法志》，《续修四库全书》影印同治刻本。

高晋《南巡盛典》，清乾隆三十六年刻本。

浙江采访忠义局编《浙江忠义录》，《清代传记丛刊》影印清刻本。

丁申《武林藏书志》，清光绪二十六年钱塘丁氏嘉惠堂刻《武林掌故丛编》本。

孟元老《东京梦华录》，北京：中华书局笺注本，2006年。

吴自牧《梦粱录》，清虞山张氏照旷阁刻《学津讨原》本，清长塘鲍氏刻《知不足斋丛书》本。

周密《武林旧事》，清长塘鲍氏刻《知不足斋丛书》本。

灌圃耐得翁《都城纪胜》，《永乐大典》卷七六〇三，北京：中华书局影印本，1986年。

西湖老人《西湖老人繁胜录》，《永乐大典》卷七六〇三，北京：中华书局影印本，1986年。

葛澧《圣宋钱塘赋》，清光绪十年钱塘丁氏嘉惠堂《武林掌故丛编》重刻影宋临安陈氏书籍铺本。

沈氏《鬼董》，清长塘鲍氏刻《知不足斋丛书》本。

陶宗仪《说郛》，上海古籍出版社影印民国十六年上海涵芬楼排印本，1990年。

李栻《历代小史》，民国二十九年上海商务印书馆影印明刻本。

成寻《参天台五台山记》，石家庄：花山文艺出版社点校本，2008年。

高承《事物纪原》，北京：中华书局点校本，1989年。

赵鼎《建炎笔录》，《全宋笔记》第3编第6册，郑州：大象出版社点校本，2008年。

袁褧《枫窗小牍》，《全宋笔记》第4编第5册，郑州：大象出版社点校本，2008年。

庄绰《鸡肋编》，北京：中华书局点校本，1983年。

费衮《梁溪漫志》，上海：上海古籍出版社点校本，1985年。

洪迈《夷坚志》，北京：中华书局点校本，1981年。

陆游《家世旧闻》，北京：中华书局点校本，1993年。

郭彖《睽车志》，《全宋笔记》第9编第2册，郑州：大象出版社点校本，2018年。

周必大《二老堂杂志》，《全宋笔记》第5编第8册，郑州：大象出版社点校本，2012年。

周煇《清波杂志》，北京：中华书局校注本，1994年。

黎靖德编《朱子语类》，北京：中华书局点校本，1986年。

王明清《玉照新志》，《全宋笔记》第6编第2册，郑州：大象出版社点校本，2013年。

赵彦卫《云麓漫钞》，北京：中华书局点校本，1996年。

李心传《建炎以来朝野杂记》，北京：中华书局点校本，2000年。

叶绍翁《四朝闻见录》，北京：中华书局点校本，1989年。

王栐《燕翼诒谋录》，北京：中华书局点校本，1981年。

岳珂《桯史》，北京：中华书局点校本，1981年。

岳珂《鄂国金佗粹编》《鄂国金佗续编》，北京：中华书局校注本，1989年。

周密《癸辛杂识》，北京：中华书局点校本，1988年。

周密《齐东野语》，北京：中华书局点校本，1983年。

张仲文《白獭髓》，《全宋笔记》第8编第3册，郑州：大象出版社点校本，2017年。

罗大经《鹤林玉露》，北京：中华书局点校本，1983年。

陈世崇《随隐漫录》，北京：中华书局点校本，2010年。

刘一清《钱塘遗事》，北京：中华书局校笺本，2016年。

吾衍《闲居录》，《中华再造善本》影印中国国家图书馆藏元至正十八年孙道明钞本。

郭畀《客杭日记》，清光绪七年钱塘丁氏刻《武林掌故丛编》本。

杨瑀《山居新语》，北京：中华书局点校本，2006年。

孔齐《至正直记》，清刻《粤雅堂丛书》本。

陶宗仪《南村辍耕录》，《四部丛刊》三编影印吴县潘氏滂喜斋藏元刻本。

长谷真逸《农田余话》，明万历绣水沈氏刻《宝颜堂秘籍》本。

叶盛《水东日记》，北京：中华书局点校本，1980年。

陆容《菽园杂记》，北京：中华书局点校本，1985年。

郎瑛《七修类稿》，《续修四库全书》影印明嘉靖刻本。

田艺蘅《留青日札》，《瓜蒂庵藏明清掌故丛刊》影印明万历元年刻本。

朱彭《南宋古迹考》，清道光十八年金山钱氏守山阁刻《指海》本。

杨文杰《东城记余》，清光绪二十六年钱塘丁氏嘉惠堂刻《武林掌故丛书》本。

罗以智《新门散记》，清光绪七年钱塘丁氏嘉惠堂刻《武林掌故丛编》本。

黄士珣《北隅掌录》，清道光二十五年钱塘汪氏振绮堂刻本。

丁丙《北隅缀录》《北隅续录》，清光绪二十五年钱塘丁氏嘉惠堂刻《武林掌故丛编》本。

翟灏《艮山杂志》，清光绪二十二年钱塘丁氏嘉惠堂刻《武林掌故丛编》本。

徐逢吉《清波小志》，清光绪七年钱塘丁氏嘉惠堂刻《武林掌故丛编》本。

陈景钟汇辑、莫栻续订《清波三志》，清光绪二十二年钱塘丁氏嘉惠堂刻《武林掌故丛编》本。

姚礼《郭西小志》，中国国家图书馆藏清钞本。

王钦若等《册府元龟》，北京：中华书局影印明崇祯十五年刻本，1960年。

李昉等《文苑英华》，北京：中华书局影印本，1966年。

苏轼《苏轼文集》，北京：中华书局点校本，1986年。

王十朋《集注分类东坡先生诗》，《四部丛刊》初编影印南海潘氏藏宋刻本。

王苹《王著作集》，景印文渊阁《四库全书》本。

曹勋《松隐集》，民国九年吴兴刘氏刻《嘉业堂丛书》本。

史浩《鄮峰真隐漫录》，景印文渊阁《四库全书》本。

洪适《盘洲文集》，《四部丛刊》初编影印旧钞本。

陆游《渭南文集》，《中华再造善本》影印中国国家图书馆藏宋嘉定十三年溧阳学宫刻本。

周必大《庐陵周益国文忠公集》，《宋集珍本丛刊》影印傅增湘校清欧阳棨刻本。

杨万里《诚斋集》，《四部丛刊》初编影印江阴缪氏艺风堂藏景宋钞本。

朱熹《晦安先生朱文公文集》，《朱子全书》第20—25册点校本，上海：上海古籍出版社；合肥：安徽教育出版社，2002年。

许及之《涉斋集》，景印文渊阁《四库全书》本。

陈傅良《止斋先生文集》，《四部丛刊》初编影印吴兴刘氏嘉业堂藏明正德刻本。

楼钥《攻媿先生文集》，《中华再造善本》影印北京大学图书馆藏宋四明楼氏刻本。

陆九渊《象山先生全集》，《宋集珍本丛刊》影印明成化、正德刻本。

蔡戡《定斋集》，景印文渊阁《四库全书》本。

叶适《水心先生文集》，《四部丛刊》初编影印明黎谅刻本。

张镃《南湖集》，清长塘鲍氏刻《知不足斋丛书》本。

唐士耻《灵岩集》，景印文渊阁《四库全书》本。

曹彦约《昌谷集》，景印文渊阁《四库全书》本。

程珌《程端明公洺水集》，中国国家图书馆藏明嘉靖三十五年程元晒刻本。

戴栩《浣川集》，景印文渊阁《四库全书》本。

吴泳《鹤林集》，景印文渊阁《四库全书》本。

袁甫《蒙斋集》，景印文渊阁《四库全书》本。

洪咨夔《平斋文集》，《四部丛刊》续编影印瞿氏铁琴铜剑楼藏影宋钞本。

魏了翁《鹤山先生大全文集》，《四部丛刊初编》影印宋刻本。

程公许《沧洲尘缶编》，景印文渊阁《四库全书》本。

方大琮《宋宝章阁直学士忠惠铁庵方公文集》，中国国家图书馆藏明正德八年刻本。

刘克庄《后村先生大全集》，《四部丛刊》初编影印旧钞本。

林希逸《竹溪鬳斋十一稿续集》，景印文渊阁《四库全书》本。

吴潜《许国公奏议》，清光绪归安陆氏刻《十万卷楼丛书》本。

赵顺孙《格庵奏稿》，清道光金山钱氏守山阁刻《指海》本。

姚勉《雪坡舍人集》，民国南昌胡思敬退庐刻《豫章丛书》本。

董嗣杲《西湖百咏》，清光绪七年钱塘丁氏嘉惠堂刻《武林掌故丛编》本。

马廷鸾《碧梧玩芳集》，景印文渊阁《四库全书》本。

方回《虚谷桐江文续集》，中国国家图书馆藏清钞本。

周南瑞编《天下同文集》，中国国家图书馆藏清马思赞家钞本。

苏天爵编《国朝文类》，《四部丛刊初编》影印元至正二年杭州路西湖书院刻本。

汪元量《湖山类稿》，北京：中华书局辑校本，1984年。

程钜夫《雪楼集》，阳湖陶氏涉园刻本。

任士林《松乡集》，景印文渊阁《四库全书》本。

邓文原《巴西集》，景印文渊阁《四库全书》本。

柳贯《柳待制文集》，《四部丛刊初编》影印元至正刻本。

虞集《道园学古录》，《四部丛刊》影印明景泰翻刻元本。

黄溍《金华黄先生文集》，《四部丛刊初编》影印梁溪孙氏藏景元写本。

陈旅《安雅堂集》，景印文渊阁《四库全书》本。

郑元祐《侨吴集》，《北京图书馆古籍珍本丛刊》影印明弘治九年刻本。

苏天爵《滋溪文稿》，北京：中华书局点校本，1997年。

杨维桢《东维子文集》，《四部丛刊初编》影印清鸣野山房钞本。

贡师泰《贡礼部玩斋集》，明嘉靖十六年徐万璧重修本。

刘基《诚意伯文集》，景印文渊阁《四库全书》本。

陈基《夷白斋稿》，《四部丛刊》初编影印瞿氏铁琴铜剑楼藏明钞本。

徐一夔《始丰稿》，景印文渊阁《四库全书》本。

王祎《王忠文公集》，景印文渊阁《四库全书》本。

沈守正《雪堂文集》，《四库禁毁书丛刊》影印明崇祯沈尤含等刻本。

卢文弨《抱经堂文集》卷九，民国十二年北京直隶书局影印清乾隆六十年刻本。

阮元《揅经室集》，北京：中华书局点校本，1993年。

陈庆年《横山乡人类稿》，民国丹徒陈氏横山草堂刻本。

钱泰吉《甘泉乡人稿》，《续修四库全书》影印清同治十一年刻光绪十一年增修本。

二、中文论著

《杭州南宋临安城皇城考古新收获》，国家文物局主编《2004中国重要考古发现》，北京：文物出版社，2005年，164—168页。

包伟民《宋代的城市管理制度》。《文史》2007年第2辑，187—227页。

包伟民《宋代州县城市市制新议》，《文史》2011年第1辑，151—169页。

北京图书馆金石组编《北京图书馆藏中国历代石刻拓本汇编》，郑州：中州古籍出版社，1989年。

北京图书馆善本特藏部舆图组《舆图要录：北京图书馆藏6827种中外文古旧地图目录》，北京：北京图书馆出版社，1997年。

曹婉如等《中国古代地图集》（清代），北京：文物出版社，1997年。

陈叔侗《福州古城坊巷图》，收入福建省地方志编纂委员会整理《三山志》，北京：方志出版社，2003年。

陈杏珍《〈淳祐临安志〉的卷数和纂修人》,《文献》1981年3期,185—190页。

陈振《从厢坊制到隅坊(巷)制、厢界坊(巷)制——略论宋代城市管理制度的演变》,《漆侠先生纪念文集》,石家庄:河北大学出版社,2002年。后收入《宋代社会政治论稿》,上海:上海人民出版社,2007年,181—198页。

丁延峰、郝秀荣《海源阁藏宋本〈咸淳临安志〉散佚考》,《图书馆研究与工作》2006年1期,55—59页。

杜昊等《南宋临安太庙四至及相关地名考》,《华夏考古》2022年4期,112—118页。

杜正贤《南宋都城临安研究:以考古为中心》,上海:上海古籍出版社,2016年。

杜正贤主编《杭州中山路》,杭州:浙江人民出版社,2008年。

杜正贤等《浙江杭州严官巷发现南宋御街遗迹》,《中国文物报》2005年2月4日1版。

冯承钧译《马可波罗行纪》,北京:中华书局,2004年。

傅熹年《〈静江府修筑城池图〉简析》,收入《傅熹年建筑史论文集》,北京:文物出版社,1998年,314—325页。

傅熹年《论几幅传为李思训画派金碧山水的绘制年代》,收入《傅熹年书画鉴定集》,郑州:河南美术出版社,1999年,60—62页。

傅熹年《山西繁峙县岩山寺南殿金代壁画中所绘建筑的初步分析》,收入《傅熹年建筑史论文集》,北京:文物出版社,1998年,282—313页。

傅熹年《中国科学技术史·建筑卷》,北京:科学出版社,2008年。

高峰《杭州铁路南星桥站发现南宋京城墙》,《杭州考古》1990年1期,5页。

国家地图集编纂委员会《中华人民共和国国家历史地图集》第1册,北京:中国地图出版社、中国社会科学出版社,2012年。

杭侃《宋元时期的地方城镇》,《燕京学报》新23期,北京:北京大学出版社,2007年,1—98页。

杭侃、王子奇《宋代北方地区新建城市的考古学研究》,《东北亚古代聚落与城市国际学术研讨会论文集》,北京:科学出版社,2014年,333—362页。

杭考《南宋皇城西城墙的发现》,《杭州考古》1992年1期,51—52页。

杭州市档案馆《杭州古旧地图集》,杭州:浙江古籍出版社,2006年。

杭州市地方志编纂委员会《杭州年鉴1989》,杭州:杭州出版社,1990年。

杭州市地方志编纂委员会《杭州年鉴2004》,北京:方志出版社,2004年。

杭州市地方志编纂委员会《杭州年鉴2005》,北京:方志出版社,2005年。

杭州市地名委员会办公室《杭州市地名志》，杭州：浙江人民出版社，1990年。

杭州市人民政府地方志办公室《杭州年鉴2006》，北京：方志出版社，2006年。

杭州市人民政府地方志办公室《杭州年鉴2008》，北京：方志出版社，2008年。

杭州市人民政府地方志办公室《杭州年鉴2009》，北京：方志出版社，2009年。

杭州市人民政府地方志办公室《杭州年鉴2010》，北京：方志出版社，2010年。

杭州市文物考古所《96年度考古发掘工作简要回顾》，《杭州考古》总12期，1997年12月，2页。

杭州市文物考古所《杭州发现南宋六部官衙遗址》，《杭州考古》总10期，1995年12月。

杭州市文物考古所《杭州老虎洞南宋官窑址》，《文物》2002年10期，4—31页。

杭州市文物考古所《杭州南宋临安府衙署遗址》，《文物》2002年10期，32—46页。

杭州市文物考古所《南宋恭圣仁烈皇后宅遗址》，北京：文物出版社，2008年。

杭州市文物考古所《南宋临安府治与府学遗址》，北京：文物出版社，2013年。

杭州市文物考古所《南宋太庙遗址》，北京：文物出版社，2007年。

杭州市文物考古所《南宋御街遗址》，北京：文物出版社，2013年。

杭州市文物考古研究所《杭州临安城遗址上仓桥段东城墙试掘简报》，《杭州文博》第15辑，北京：中国书店，2015年，57—61页。

郝秀荣、丁延峰《丁丙藏宋本〈咸淳临安志〉考略》，《新世纪图书馆》2006年4期，68—71页。

何高济译《鄂多立克东游录》，北京：中华书局，2002年。

贺业钜《中国古代城市规划史》，北京：中国建筑工业出版社，1996年。

贺业钜《中国古代城市规划史论丛》，北京：中国建筑工业出版社，1986年。

姜青青《〈咸淳临安志〉宋版"京城四图"复原研究》，上海：上海古籍出版社，2015年。

加藤繁著，吴杰译《宋代都市的发展》，《中国经济史考证》（第1卷），北京：商务印书馆，1959年，239—277页。

加藤繁著，吴杰译《唐宋时代的市》，《中国经济史考证》（第1卷），北京：商务印书馆，1959年，278—303页。

蒋忠义《隋唐宋明扬州城的复原与研究》，《中国考古学论丛》，北京：科学出版社，1993年，445—462页。

郎旭峰《南宋临安城城垣若干问题研究》，《东方博物》第56辑，北京：中国书店，2015年，23—31页。

李德金《南宋临安城遗址》，《中国考古学年鉴·1986》，北京：文物出版社，1988年，127页。

李海根、刘芳义《赣州古城调查简报》，《文物》1993年3期，46—56页。

李慧漱《南宋临安图脉与文化空间解读》，《区域与网络：近千年来中国美术史研究国际学术研讨会论文集》，台北：台湾大学艺术史研究所，2001年，57—90页。

李桔松《国图藏〈杭防营志〉稿本及文献价值考述》，《北京教育学院学报》第32卷第4期，2018年8月，57—62页。

李桔松《记忆、塑造与认同：清杭州〈城西古迹考〉〈柳营谣〉解读》，《贵州社会科学》2019年2期，89—97页。

李坤《杭州市上城区地铁工程北宋至明清遗址》，《中国考古学年鉴·2019》，北京：中国社会科学出版社，2021年，253—254页。

李坤《南宋宗学遗址发掘的主要收获》，《东方博物》第67辑，北京：中国书店，2018年，7—18页。

李若水《南宋临安城北内慈福宫建筑组群复原初探：兼论南宋宫殿中的朵殿、挟屋和隔门配置》，《中国建筑史论汇刊》第11辑，北京：清华大学出版社，2015年，266—297页。

李蜀蕾《杭州白马庙巷南宋制药作坊遗址》，《杭州文博》第6辑，杭州：杭州出版社，2007年，43—57页。

李蜀蕾《杭州严官巷南宋御街遗址发掘简报》，《杭州文博》第3辑，杭州出版社，2006年，7—12页。

李孝聪《美国国会图书馆藏中文古地图叙录》，北京：文物出版社，2004年。

李孝聪《欧洲收藏部分中文古地图叙录》，北京：国际文化出版公司，1996年。

李孝聪《唐宋运河城市城址选择与城市形态的研究》，《环境变迁研究》第4辑，北京：北京古籍出版社，1993年，后收入《历史地理学读本》，北京：北京大学出版社，2006年，295—339页。

李孝聪《〈中华人民共和国国家历史地图集〉城市遗址及布局图组的编纂——兼谈历史地图与读史地图之别》，北京大学历史地理研究中心《侯仁之师九十寿辰纪念文集》，北京：学苑出版社，2003年，358—366页。

李孝聪《中国城市形制演变历史阶段之考察》，《城市与设计学报》第17期，2007年3月，1—75页。

李志庭《唐末杭州城垣界址之我见》，《杭州大学学报》第26卷第4期，1996年12月，57—61页。

梁宝华《杭州卷烟厂南宋船坞遗迹发掘报告》,《杭州文博》第 2 辑,杭州:杭州出版社,2005 年,25—31 页。

梁庚尧《南宋城市的发展》,收入《宋代社会经济史论集》,台北:允晨文化公司,1997 年,481—590 页。

林正秋《南宋都城临安》,杭州:西泠印社,1986 年。

林正秋《南宋都城临安研究》,北京:中国文史出版社,2006 年。

刘敦桢主编《中国古代建筑史》(第 2 版),北京:中国建筑工业出版社,1984 年。

刘建国《古城三部曲——镇江城市考古》,南京:江苏古籍出版社,1995 年。

刘建国主编《名城地下的名城:镇江城市考古纪实》,南京:江苏人民出版社,2006 年。

刘未《鸡冠壶:历史考古札记》,上海:上海古籍出版社,2019 年。

刘未《南宋德寿宫址考》,《浙江学刊》2016 年 3 期,42—46 页。

刘未《南宋临安府治址考》,《庆祝宿白先生九十华诞文集》,北京:科学出版社,2012 年,353—362 页。

刘未《南宋秘书省址考》,《东北亚古代聚落与城市考古国际研讨会论文集》,北京:科学出版社,2014 年,363—372 页。

刘未《南宋太庙庙址考》,《江汉考古》2016 年 2 期,98—103 页。

刘未《邵谔、王晋锡与修内司窑》,《故宫博物院院刊》2010 年 5 期,111—130 页。

刘未《宋代城市的界》,《杭州文史》第 1 辑,杭州:杭州出版社,2015 年,39—47 页。

刘未《宋代皇陵布局与五音姓利说》,《浙江大学艺术与考古研究》第 3 辑,杭州:浙江大学出版社,2018 年,165—190 页。

刘未《宋元时期的五音地理书:地理新书与茔元总录》,《北方民族考古》第 1 辑,北京:科学出版社,2014 年,259—272 页。

刘未《宋元时期的五音墓地》,《古代文明》第 16 卷,上海:上海古籍出版社,2022 年,195—264 页。

刘镇伟主编《中国古地图精选》,北京:中国世界语出版社,1995 年。

柳立言《何谓"唐宋变革"》,《中华文史论丛》2006 年第 1 辑,125—171 页。

马金鹏译《伊本·白图泰游记》,银川:宁夏人民出版社,1985 年。

马时雍主编《杭州的考古》,杭州:杭州出版社,2004 年。

毛春翔《浙江省立图书馆藏书版记》,《浙江省立图书馆刊》第 4 卷第 3 期,1935 年 6 月。

梅原郁《关于〈梦粱录〉及其作者吴自牧》,《宋史研究论文集:国际宋史研讨会暨中国宋史研究会第九届年会编刊》，保定：河北大学出版社，2002年，438—449页。

全汉升《南宋杭州的消费与外地商品之输入》，《中研院史语所集刊》第7本第1分，1936年7月，后收入《中国经济史论丛》，香港中文大学新亚书院，1972年，295—323页。

阙维民《杭州城池暨西湖历史图说》，杭州：浙江人民出版社，2000年。

阙维民《杭州城廓的修筑与城区的历史演变》，《浙江学刊》1989年6期，112—114页。

阙维民《南宋行在临安府的地图再现——历史地图学个案研究》，《历史地理》第12辑，上海：上海人民出版社，1995年，247—259页。

任筌时《南宋以前杭州城郭考》，浙江大学建筑工程学院硕士学位论文，2002年。

斯波义信著，方健、何忠礼译《宋代江南经济史研究》，南京：江苏人民出版社，2001年。

施梦以、王征宇《南宋德寿宫遗址2017至2020年发掘的主要收获》，《杭州文博》第27辑，杭州：浙江古籍出版社，2023年，5—12页。

石勘言《〈梦粱录〉制作方式考辨：兼议作者及年代问题》，《宋代文化研究》第28辑，北京：线装书局，2022年，243—272页。

宿白《青州城考略》，《文物》1999年8期，47—56页。

宿白《隋唐长安城和洛阳城》，《考古》1978年6期，409—425、401页。

宿白《隋唐城址类型初探（提纲）》，《纪念北京大学考古专业三十周年论文集》，北京：文物出版社，1990年，279—285页。

宿白《魏晋南北朝唐宋考古文稿辑丛》，北京：文物出版社，2011年。

宿白《现代城市中古代城址的初步考查》，《文物》2001年1期，56—63页。

宿白《宣化考古三题》，《文物》1998年1期，45—63页。

孙华《唐末五代的成都城》，《宿白先生八秩华诞纪念文集》，北京：文物出版社，2002年，255—290页。

孙华《中国城市考古概说》，《东亚都城和帝陵考古与契丹辽文化国际学术研讨会论文集》，北京：科学出版社，2016年。

孙正容《南宋临安都市生活考（上）》，《文澜学报》第1集，1935年1月，1—22页。

所办《杭州卷烟厂大马厂巷基建工地考古发掘简况》，《杭州考古》总10期，1995年12月，55—56页。

谭其骧《杭州都市发展之经过》，《浙江民众教育》复刊第1卷第3期，1948年4月，1—6页。

唐俊杰《1993—1994年杭州市考古工作概述》，《杭州考古》1994年1、2期，18—19页。

唐俊杰《杭州中山中路南宋御街遗址》，《2008中国重要考古发现》，北京：文物出版社，

2009 年，142—145 页。

唐俊杰《粮食仓库发掘简况》，《杭州文物通讯》第 8 期，1989 年，8—9 页。

唐俊杰《南宋皇城南城墙考》，《浙江学刊》1998 年 5 期，120—123 页。

唐俊杰《武林旧事：南宋临安城考古的主要收获》，何忠礼主编《南宋史及南宋都城临安研究》下，北京：人民出版社，2009 年，867—897 页。

唐俊杰、杜正贤《南宋临安城考古》，杭州：杭州出版社，2008 年。

唐俊杰、王征宇《杭州南宋临安城址考古》，《中国文物报》2016 年 4 月 22 日 8 版。

王佩智《西泠印社摩崖石刻》，杭州：西泠印社，2007 年。

王征宇、李坤《2015 年南宋都城临安城考古取得重大收获》，《杭州文博》第 17 辑，北京：中国书店，2016 年，2—7 页。

王征宇等《杭州市玉皇山天真院遗址考古调查简报》，《杭州文博》第 18 辑，北京：中国书店，2017 年，2—7 页。

魏嵩山《杭州城市的兴起及其城区的发展》，《历史地理》创刊号，1981 年，160—168 页。

吴启寿《〈武林坊巷志〉及其编纂者》，《文献》1985 年 3 期，166 页。

向达《元代马哥孛罗诸外国人所见之杭州》，《东方杂志》第 26 卷第 10 号，1929 年 5 月，91—104 页。

谢和耐著，刘东译《蒙元入侵前夜的中国日常生活》，南京：江苏人民出版社，1995 年。

谢和耐著，马德程译《南宋社会生活史》，台北：中国文化大学出版部，1982 年。

徐吉军《南宋都城临安》，杭州：杭州出版社，2008 年。

徐苹芳《金中都遗址》，《中国大百科全书·考古学》，北京：中国大百科全书出版社，1986 年，238 页。

徐苹芳《论历史文化名城北京的古代城市规划及其保护》，《文物》2001 年 1 期，64—73 页。

徐苹芳《明清北京城图》，北京：地图出版社，1986 年。

徐苹芳《宋元明考古》，《中国大百科全书·考古学》，北京：中国大百科全书出版社，1986 年，486—492 页。

徐苹芳《现代城市中的古代城市遗痕》，《远望集：陕西省考古研究所华诞四十周年纪念文集》，西安：陕西人民美术出版社，1998 年，695—699 页。

徐苹芳《元大都城市考古序论》，未刊讲稿。

徐苹芳《元大都的勘查和发掘》，《中国历史考古学论丛》，台北：允晨文化公司，1995 年，159—172 页。

徐苹芳《元大都路总管府址考》,《饶宗颐学术讨论会论文集》,香港翰墨轩出版有限公司,1997年,158—165页。

徐苹芳《元大都枢密院址考》,《庆祝苏秉琦考古五十五年论文集》,北京:文物出版社,1989年,550—554页。

徐苹芳《元大都太史院址考》,《宿白先生八秩华诞纪念文集》,北京:文物出版社,2002年,345—352页。

徐苹芳《元大都也里可温十字寺考》,《中国考古学研究:夏鼐先生考古五十年纪念论文集》,北京:文物出版社,1986年,309—316页。

徐苹芳《元大都御史台址考》,《中国考古学论丛:中国社会科学院考古研究所建所40年纪念》,北京:科学出版社,1993年,490—494页。

徐苹芳《元大都中书省址考》,《中国文化研究所学报》新6期,1997年,385—392页。

徐苹芳《元大都在中国古代都城史上的地位》,《北京社会科学》1988年1期,52—53页。

徐苹芳《中国古代城市考古与古史研究》,《中国历史考古学论丛》,台北:允晨文化公司,1997年,89—104页。

徐苹芳《中国城市考古学论集》,上海:上海古籍出版社,2015年。

徐益棠《南宋杭州之都市的发展》,《中国文化研究汇刊》第4卷上册,1944年9月,231—287页。

徐映璞《杭州驻防旗营考》,《杭州史地丛书》第2辑第12册,杭州图书馆,1985年;后收入《两浙史事丛稿》,杭州:浙江古籍出版社,1988年,319—351页。

杨宽《中国古代都城制度史研究》,上海:上海古籍出版社,1993年。

杨金东、赵一杰《杭州吴山三茅(宁寿)观遗址清理报告》,《杭州文博》第16辑,北京:中国书店,2016年,29—40页。

姚桂芳《南宋临安城遗址保护与利用问题的若干思考》,《探索与守望:浙江省考古学会成立20周年暨历史村镇、街区保护利用学术研讨会论文集》,北京:科学出版社,2009年,72—75页。

姚永辉《城市史视野下的南宋临安研究(1920—2013)》,《史林》2014年5期,169—178页。

姚永辉《南宋临安都城空间的变迁:以西北隅的官学布局为中心》,《史林》2019年4期,79—88页。

伊原弘《南宋初期临安的形成:从祠庙分析入手》,《国际宋史文化研讨会论文集》,成都:四川大学出版社,1991年,232—242页。

虞家钧《杭州沿革和城市发展》,《地理研究》第4卷第3期,1985年9月,59—67页。

余嘉锡《四库提要辨证》，北京：中华书局，1980年。

俞伟超《中国古代都城规划的发展阶段性》，《文物》1985年2期，52—60页。

张广达《内藤湖南的唐宋变革说及其影响》，《唐研究》第11卷，北京大学出版社，2005年，5—71页。

张建庭主编《南宋御街》，杭州：浙江人民出版社，2006年。

张劲《两宋开封临安皇城宫苑研究》，济南：齐鲁书社，2008年。

张其昀《南宋都城之杭州》，《史地学报》第3卷第7期，1925年6月，83—96页。

张星烺《中西交通史料汇编》，北京：中华书局，1977年。

张英霖主编《苏州古城地图》，苏州：古吴轩出版社，2004年。

赵正之《元大都平面规划复原研究》，《科技史文集》第2辑，上海：上海科学技术出版社，1979年，14—27页。

浙江省博物馆等《湖山镌永：杭州西湖历代摩崖题刻拓本》，北京：文物出版社，2023年。

浙江省测绘与地理信息局《浙江古旧地图集》，北京：中国地图出版社，2011年。

浙江省测绘志编纂委员会编《浙江省测绘志》，北京：中国书籍出版社，1996年。

浙江省文物管理委员会、杭州师范学院历史系考古组《杭州郊区施家山古墓发掘报告》，《杭州师范学院学报（社会科学）》1960年1期，103—114页。

浙江省文物考古研究所《杭州市南宋临安城考察》，《中国考古学年鉴·1985》，北京：文物出版社，1985年，149—150页。

浙江省文物考古研究所《五代钱氏捍海塘发掘简报》，《文物》1985年4期，85—89页。

郑嘉励《〈西湖清趣图〉所绘为宋末之西湖》，《杭州文博》第14辑，北京：中国书店，2014年，12—17页。

中国科学院自然科学史研究所《中国古代建筑技术史》，北京：科学出版社，1985年。

中国社会科学院考古研究所等《南宋官窑》，北京：中国大百科全书出版社，1996年。

中国社会科学院考古研究所等《扬州城：1987—1998年考古发掘报告》，北京：文物出版社，2010年。

钟毓龙《说杭州》，杭州：浙江人民出版社，1983年。钟肇恒增补本收入《西湖文献集成》第11册，杭州：杭州出版社，2004年。

周峰主编《南宋京城杭州》，杭州：浙江人民出版社，1997年。

朱光亚《南宋太庙朝向布局考》，刘先觉主编《建筑历史与理论研究文集（1927—1997）》，北京：中国建筑工业出版社，1997年，107—115页。

朱士嘉《临安三志考》,《燕京学报》第 20 期,1936 年 12 月,421—454 页。

朱岩石、何利群《二〇〇四年度杭州南宋临安皇城考古取得突破性进展》,《中国文物报》2004 年 11 月 17 日 1 版。

朱溢《功能与空间:南宋高宗朝临安宫城营建论析》,《学术月刊》2023 年 10 期,168—180 页。

朱溢《临安与南宋的国家祭祀礼仪:着重于空间因素的探讨》,《"中研院"史语所集刊》第 88 本第 11 分,2017 年 3 月,145—204 页。

朱溢《南宋临安城内寺监安置探析》,《浙江大学学报(人文社会科学版)》第 47 卷第 5 期,2017 年 9 月,140—153 页。

朱溢《南宋三省与临安的城市空间》,《复旦学报(社会科学版)》2017 年 3 期,17—27 页。

卓军《凤凰山小学发现南宋皇城建筑遗迹》,《杭州文物通讯》第 7 期,1989 年,4 页。

三、日文论著

安藤更生《唐宋時代に於ける揚州の研究》,《鑒眞大和上傳之研究》,東京:平凡社,1960 年,323—381 頁。

高橋弘臣《南宋の国都臨安の建設—紹興年間を中心として—》,《宋代の長江流域—社会経済史の視点から—》,東京:汲古書院,2006 年,173—209 頁。

高橋弘臣《南宋臨安の倉庫》,《愛媛大学法文学部論集(人文学科編)》第 35 号,2013 年,57—92 頁。

高橋弘臣《南宋臨安の建設・整備》,《愛媛大学法文学部論集(人文学編)》第 50 号,2021 年,19—44 頁。

高橋弘臣《南宋臨安の空間と社会》,《中国——社会と文化》第 27 号,2012 年,29—45 頁。

高橋弘臣《南宋臨安の住宅をめぐって》,《愛媛大学法文学部論集(人文学科編)》第 19 号,2005 年,107—136 頁。

高橋弘臣《南宋臨安における宮城の建設》,《愛媛大学法文学部論集(人文学編)》第 48 号,2020 年,33—54 頁。

高橋弘臣《南宋臨安における空間形態とその変遷》,《愛媛大学法文学部論集(人文学科編)》第 33 号,2012 年,1—40 頁。

高橋弘臣《南宋臨安城内外の運河—運河の問題と管理策をめぐって—》,《愛媛大学法文学部論集(人文学編)》第 53 号,2022 年,1—26 頁。

靜嘉堂文庫《靜嘉堂文庫宋元版圖錄》，東京：汲古書院，1992年。

梅原郁編《中國近世の都市と文化》，京都大學人文科學研究所，1984年。

梅原郁訳注《夢粱錄：南宋臨安繁昌記》，東京：平凡社，2000年。

山崎覚士《港湾都市：杭州—9・10世紀中国沿海の都市変貌と東アジア海域—》,《都市文化研究》2號，2003年9月，56—71頁。

斯波義信《宋代江南経済史の研究》，東京：汲古書院，1988年。

伊藤宏明《吳越杭州城考》,《鹿児島大学法文学部紀要 人文科学論集》42，1995年，125—177頁。

四、西文论著

D'Argencéd, René-Yvon Lefebvre. "Ecological Atlas of Southern Sung Hangchow", *Sung Studies Newsletter*, No.4, October, 1971, pp.7–10.

Eschenbach, Silvia Freiin Ebner von. "The Functional and Managerial Network of the Imperial Parks (Yuyuan) in the Southern Song Capital Lin'an (Hangzhou)", *Monumenta Serica: Journal of Oriental Studies*, Vol. 71, Iss. 1, 2023, pp.73–121.

Moule, Arthur Christopher. *Quinsai: With other Notes on Marco Polo*, Cambridge: Cambridge University Press, 1957.

Moule, Georges Evans. "Notes on Col. Yule's Edition of Marco Polo's 'Quinsay'", *Journal of the North-China Branch of the Royal Asiatic Society*, New Series No. IX, 1875, pp.1–24.

插图索引

图1 《咸淳临安志·京城图》……16
图2 《咸淳临安志·皇城图》……17
图3 《咸淳临安志·西湖图》……18
图4 《咸淳临安志·浙江图》……19
图5 《咸淳临安志·府治图》……20
图6-1 嘉靖二十六年严宽刻本《西湖游览志·宋朝京城图》1……22
图6-2 嘉靖二十六年严宽刻本《西湖游览志·宋朝京城图》2……23
图7-1 嘉靖二十六年严宽刻本《西湖游览志·宋朝西湖图》1……24
图7-2 嘉靖二十六年严宽刻本《西湖游览志·宋朝西湖图》2……25
图7-3 嘉靖二十六年严宽刻本《西湖游览志·宋朝西湖图》3……26
图7-4 嘉靖二十六年严宽刻本《西湖游览志·宋朝西湖图》4……27
图8-1 嘉靖二十六年严宽刻本《西湖游览志·宋朝浙江图》1……28
图8-2 嘉靖二十六年严宽刻本《西湖游览志·宋朝浙江图》2……29
图9-1 万历十二年范鸣谦重修本《西湖游览志·宋朝京城图》1……30
图9-2 万历十二年范鸣谦重修本《西湖游览志·宋朝京城图》2……31
图10-1 万历十二年范鸣谦重修本《西湖游览志·宋朝西湖图》1……32
图10-2 万历十二年范鸣谦重修本《西湖游览志·宋朝西湖图》2……33
图10-3 万历十二年范鸣谦重修本《西湖游览志·宋朝西湖图》3……34
图10-4 万历十二年范鸣谦重修本《西湖游览志·宋朝西湖图》4……35
图11-1 万历十二年范鸣谦重修本《西湖游览志·宋朝浙江图》1……36
图11-2 万历十二年范鸣谦重修本《西湖游览志·宋朝浙江图》2……37
图12 《咸淳临安志·京城图》校正本……38
图13 《咸淳临安志·皇城图》校正本……39

图 14	《咸淳临安志·西湖图》校正本	40
图 15	《咸淳临安志·浙江图》校正本	41
图 16	《咸淳临安志·府治图》校正本	42
图 17	同治六年许嘉德重刻本《浙江省垣坊巷全图》	43
图 18	光绪四年许嘉德再刻本《浙江省垣坊巷全图》	44
图 19	《浙江省垣城厢总图》	46
图 20	《浙江省城图》	48
图 21	南宋皇城范围示意图	88
图 22	临安府治遗址探方位置图	117
图 23	临安府治遗址遗迹平面图	118
图 24	临安府治遗址 T1 遗迹平面图	119
图 25	临安府治遗址 T3 遗迹平面图	120
图 26	临安府治遗址 T4 遗迹平面图	121
图 27	临安府治遗址 T5 遗迹平面图	122
图 28	临安府治遗址 T7 遗迹平面图	123
图 29	《平江图》子城部分	128
图 30	〔洪武〕《苏州府志·苏州府治图》	129
图 31	〔隆庆〕《临江府志·重刊宋临江军旧治图》	130
图 32	〔隆庆〕《临江府志·重刊洪武己巳志郡治图》	131
图 33	恭圣仁烈皇后宅遗址遗迹平面图	133
图 34	临安府治位置图	134
图 35	"临安府学"遗址遗迹平面图	136
图 36	浙西安抚司残碑	137
图 37	浙西安抚司残碑碑额复原	137
图 38	临安府治遗址与"府学遗址"遗迹总平面图	插页
图 39	明代杭州府署遗迹平面图	138
图 40	太庙遗址探方位置图	140
图 41	太庙遗址遗迹平面图	141
图 42	太庙位置图	147
图 43	秘书省位置图	157

图 44　德寿宫位置图 ··· 168

图 45　杭州卷烟厂段御街遗址遗迹平面图 ······································· 182

图 46　平江图 ··· 193

图 47　绍兴城图 ·· 194

图 48　温州城图 ·· 195

图 49　临海城图 ·· 196

后　记

本书系以 2011 年 6 月答辩通过之博士学位论文《南宋临安城复原研究》为基础增补修订而成。论文选题是 2006 年 9 月博士入学之初，由导师宿白、徐苹芳先生共同商定的。

此次增订对原论文结构作以较大幅度调整，主要针对复原论证部分展开。除保留复原方法、复原说明外，新增外城、皇城、街道、水系、桥梁、厢界六类项目的文字论证。建置部分在原有的临安府治、太庙、秘书省三组建筑之外，新增国子监-太学-武学、台官宅-太常寺-敕令所、德寿宫、宗学四组建筑的文字论证。这七组建筑群，有的南宋以来范围稳定，有的南宋时即渐次扩建，有的南宋以后陆续拓展，恰好是复原工作中具有代表性的三种类型。为了使正文阅读更为顺畅，将原论文的街巷、桥梁、建置复原资料表移入附录。

原论文附有《京城图》《皇城图》《浙江图》《西湖图》《府治图》校正本，当时底本所用《咸淳临安志》为《中华再造善本》影印中国国家图书馆藏杨氏海源阁旧藏本，图面已经修饰；校正所据《西湖游览志》为《中国方志丛书》影印明嘉靖二十六年严宽刻本，图片质量较差，部分文字模糊，影响注记识读。《咸淳临安志》现以杨氏海源阁旧藏本原件为准，《西湖游览志》同时参考明嘉靖二十六年严宽刻本、万历十二年范鸣谦刻本及万历二十五年季东鲁刻本，综合各项信息对此前校正本的注记加以修正。

由于南宋临安城复原研究涉及大量历史文献，此次增订特别加入南宋临安城营建史料编年一部。从史书、文集、笔记等各类文献中翻检出与南宋临安城营建有关的史料，并附以必要的校订考证文字，按事件早晚予以编年，始于建炎二年（1128），止德祐二年（1276）。这是本书写作的重要文献依据，也可为南宋临安城的进一步研究提供便利条件。

论文写作及书稿增订期间，承秦大树教授资助田野调查，李孝聪、孙华教授惠赐地图资料，汤苏婴、全凤燕女士联络文献查阅，铭感在心。书稿申报国家社科基金后期资助项目及后续编辑出版，承吴长青先生、缪丹女士全力支持；史料编年文字核校承黄学文、韦之昊、赵樱子同学尽心协助，谨致谢忱。

2024 年 6 月

——— **刘未著作** ———

鸡冠壶
历史考古札记
上海古籍出版社
2019 年初版

南宋临安城复原研究
上海古籍出版社
2024 年初版

图书在版编目（CIP）数据

南宋临安城复原研究/刘未著.—上海：上海古籍出版社,2024.8
 ISBN 978-7-5732-1207-8

Ⅰ.①南… Ⅱ.①刘… Ⅲ.①临安（历史地名）-都城（遗址）-复原建筑-研究-南宋 Ⅳ.①K878

中国国家版本馆CIP数据核字（2024）第105731号

国家社科基金后期资助项目
南宋临安城复原研究
刘　未　著
上海古籍出版社出版发行
（上海市闵行区号景路159弄1-5号A座5F　邮政编码201101）
（1）网址：www.guji.com.cn
（2）E-mail: guji1 @ guji.com.cn
（3）易文网网址：www.ewen.co
上海丽佳制版印刷有限公司印刷
开本889×1194　1/16　印张25.25　插页6　字数497,000
2024年8月第1版　2024年8月第1次印刷
ISBN 978-7-5732-1207-8
K·3628　定价：150.00元
如有质量问题，请与承印公司联系